女王的超级间谍

[美]罗伯特·哈钦森 著
高晶 王舒彤 译

Elizabeth's Spy Master

Francis Walsingham and the Secret War That Saved England

Robert Hutchinson

弗朗西斯·沃尔辛厄姆与拯救英格兰的秘密战争

都铎王朝
The Tudors

新世界出版社

著作权合同登记号：京权图字 01-2020-5123
Elizabeth's Spy Master by Robert Hutchinson

This edition arranged with Weidenfeld & Nicolson, a division of the Orion Publishing Group, London through Big Apple Agency, Inc., Labuan, Malaysia.
First published by Weidenfeld & Nicolson, a division of the Orion Publishing Group, London

图书在版编目（CIP）数据

女王的超级间谍 /（美）罗伯特・哈钦森著；高晶，王舒彤译．-- 北京：新世界出版社，2021.5
（都铎王朝）
书名原文：Elizabeth's Spy Master
ISBN 978-7-5104-7257-2

Ⅰ．①女… Ⅱ．①罗… ②高… ③王… Ⅲ．①弗朗西斯・沃尔辛厄姆－传记 Ⅳ．① K835.617

中国版本图书馆 CIP 数据核字 (2021) 第 056146 号

女王的超级间谍

作　　者：[美]罗伯特・哈钦森
译　　者：高　晶　王舒彤
策划编辑：熊文霞
责任编辑：熊文霞
责任校对：宣　慧
责任印制：王宝根　苏爱玲
出　　版：新世界出版社
网　　址：http://www.nwp.com.cn
社　　址：北京西城区百万庄大街 24 号（100037）
发 行 部：（010）6899 5968（电话）　（010）6899 0635（电话）
总 编 室：（010）6899 5424（电话）　（010）6832 6679（传真）
版 权 部：+8610 6899 6306（电话）　nwpcd@sina.com（电邮）
印　　刷：北京亚通印刷有限责任公司
经　　销：新华书店
开　　本：880mm × 1230mm　1/32　尺寸：145mm × 210mm
字　　数：289 千字　印张：13.5
版　　次：2021 年 5 月第 1 版　2021 年 5 月第 1 次印刷
书　　号：ISBN 978-7-5104-7257-2
定　　价：68.00 元

此书献给我的母亲，

是她给予了我热爱历史的珍贵礼物

荣誉、名声和高贵头衔
是否依旧会湮灭在尘土之中？
尽管更加博学的智者会皱眉，但我也愿意
用一己之力，提高他的名望。
公正、敬爱的读者，希望你们能够知道
一位著名的爵士长眠于此。
因出身而高贵，因计谋而闻名
击败那些置我们于危险境地的敌人。
在异乡，他们的意图，他知道
对他们，他也了解
当敌人让威胁接踵而来
他热忱满怀，为国谋福。
让众缪斯去那赞美之泉，
唱出可贵的和谐歌谣；
他在英格兰去世，苦闷日子也随之离去
不是死亡，而是异己将他抹黑：
不要埋怨这个残缺的墓志铭
在这里我已用微薄之力讲述，
他用辛劳灌溉出的首批成果
无论对谁，都会长出更好的希望。

这是一首藏头诗，诗的每行首字母拼起来便是弗朗西斯·沃尔辛厄姆爵士。作者 E. W. 可能是他的外孙女、诗人伊丽莎白·沃尔辛厄姆（Elizabeth Walsingham）。这首诗放于他在伦敦旧圣保罗教堂（Old St Paul’s Cathedral）的墓地上，1666 年在伦敦大火中丢失。

目　录

作者按

弗朗西斯·沃尔辛厄姆爵士是英国历史上伟大的无名英雄之一。作为众多伟大爱国者的一员，他捍卫着英格兰岛国、国家君主、政府、信仰和信念，抵御所有侵犯者。按理说，他应该与霍雷肖·纳尔逊（Horatio Nelson）、威灵顿（Wellington）公爵，甚至是温斯顿·丘吉尔（Winston Churchill）爵士齐名。然而，他的光芒历来都被许多人所掩盖，特别是他在伊丽莎白政府的同僚伯利（Burghley）勋爵威廉·塞西尔（William Cecil），这非常适合他影子人的身份。

是时候纠正这种失衡，讲讲一个人如何用专注而无情的行动保护了他的君主和国家，事实上，这还改变了欧洲历史的进程。

这是一个阴沉冷酷、跌宕起伏的故事，关于颠覆，关于残忍，关于贪婪，关于背叛，关于欺骗。那些人性的弱点在 21 世纪听来还是耳熟能详，是因为 400 年过去了，在国际政治、外交和间谍行动领域内，它们仍然紧跟在我们身边。

近几年，《防止恐怖主义法案》（Prevention of Terrorism Acts）写入了西方国家的法典当中，沃尔辛厄姆对如此严厉的法案肯定会感到舒心。当然，现代观念中对于人权的强调，西方社会对于严刑盘问的约束，则会让他感到挫败受阻。在1585年颁发的《女王安全保障法》（*Act for the Surety of the Queen's Person*）中，沃尔辛厄姆和伯利就创造出了反恐法规的典例，它堪比私刑，骇人听闻：给普通百姓授权，一看到任何成功威胁到伊丽莎白一世（Elizabeth I）生命的阴谋者，就将他们抓住杀死。如果阴谋者还觊觎王位的话，那他的友人和后代也会有如此下场。

当今有句名言“一个人眼中的恐怖分子是另一个人眼中的自由战士”，在16世纪80年代这句话也不为过。反对女王和国家的阴谋接二连三地出现，许多英格兰天主教徒都在秘密推行他们的宗教，对于沃尔辛厄姆来说，他们就是潜在的恐怖分子和刺客。因此，他的大多数怀疑对象就是女王的臣民——这些人受到十分强烈的宗教信仰驱动，成了国家内的敌人。不管在那个时代的当权者眼里，他们的目的错误有多大，多么危险，他们的勇气和刚毅在今天都有力量让我们感到震惊，让我们感到万分惊叹。

在沃尔辛厄姆的那个时代，处理国家敌人比21世纪要直接得多。他们往往采用重要而且简单得可怕的手段去压制敌人的威胁：背叛、抓捕、坐牢、审讯，往往还要施以酷刑，然后认罪，法律审判再做做样子，最后就是令人发指、野蛮残忍的处决。沃尔辛厄姆对抗他们的武器有他的间谍和线人、阴险的国家宣传手段以及大量惩罚性刑事法规。其中多数间谍和线人是想到有金钱回报才干了这一行，而有些则是都铎（Tudor）社会的败类。

尽管沃尔辛厄姆学识广博，接受了各种文化的熏陶，但他用起刑来还是毫不手软，要从犯人口中逼出他想知道的情报。苏格兰女王玛丽（Mary Queen of Scots）一直处于与世隔绝的状态，但有许多指控说她通过秘密渠道在和外界进行交流。1575年，在调查这些指控时，沃尔辛厄姆阴沉地告诉伯利："不用刑，我们就不可能占上风。"他随心所欲，动用了极权国家所有黑色手段来粉碎他在周围所见到的叛国和煽动叛乱行径，其中就包括他在英格兰建立的第一个拘留营——剑桥郡威斯贝奇城堡（Wisbech Castle），关在里面的是冥顽不化的天主教徒。沃尔辛厄姆的视野一直都十分开阔，他甚至还计划了要把固执反抗者流放到北美洲的新殖民地。

在险胜西班牙无敌舰队（Spanish Armada）之后，英格兰最著名的海军将领弗朗西斯·德雷克（Francis Drake）爵士赞扬了沃尔辛厄姆在保卫国家中所起到的作用：

> 我不是在恭维你，我们英格兰海军虽与敌人多次作战，但都不及你用笔打胜的战争……你的职责，还有你在女王陛下周围不可或缺的侍奉，这些都不能无视。站在敌人的对立面，你的英勇、你的奉献就已经自得其现。

在很大程度上，沃尔辛厄姆都未曾得到他那吝啬游移的君主伊丽莎白的赏识。他所栖息的世界朦胧阴暗，是一个由谎言、欺骗和背叛构筑而成的王国，现在是时候把光照进那个世界的每个黑暗角落，让沃尔辛厄姆在英国历史上享有一席之地了。即使有着极高的道德原则，他也会坚定地认为，他要的把戏值得让他拥有那道光。

罗伯特·哈钦森

2005年8月于西苏塞克斯

致谢

本书之所以能够完成，多亏了许多朋友和同事的帮助和积极支持，尤其是我亲爱的妻子莎莉（Sally），她与弗朗西斯·沃尔辛厄姆这个冷酷角色接触了许久，时间长到连她自己都记不清了。每位写这名政治家、超级间谍的人，一定都会万分感谢科尼尔斯·里德（Conyers Read），因为他在 1925 年写下了一部共三卷的弗朗西斯·沃尔辛厄姆权威传记。自那以后，关于沃尔辛厄姆的研究取得了大量进展，对于伊丽莎白一世统治的真实情况也有了改观，但他的作品还是深有见地，具有重要价值。

本书中的大部分材料都取自于当时的原始资料，所以我十分感激那些耐心、友好帮助我搜集文献和珍本书的人。此外，我还要特别感谢：哈特菲尔德庄园（Hatfield House）索尔兹伯里（Salisbury）侯爵的图书和档案管理员罗宾·哈考特·威廉姆斯（Robin Harcourt Williams）；伦敦古物专家学会图书管理员伯纳德·纳斯（Bernard Nurse）和助理管理员艾德里安·詹姆斯（Adrian James）；位于邱园（Kew）的前英国公共档案馆（Public Record Office，现国家档案馆）的工作人员，一直以来，他们主动给予了我很多帮助；大英图书馆（British Library）手稿部和珍本部；阿西纳姆俱乐部（Athenaeum Club）绝佳图书馆的凯·沃尔特斯（Kay Walters）；尊敬的杰罗姆·伯伦特（Jerome Bertram）神父，感谢他一如既往地在拉丁文翻译上提供大量帮助；罗马的英格兰圣徒学院（Venerable English College in Rome）的图书管理员，本笃会（OSB）的玛丽·约瑟夫（Mary Joseph）修女；艾利森·瓦吉特（Alison Waggitt），感谢她在书中索引部分给予的帮助；韦登菲尔德和尼克尔森出版公司（Weidenfeld & Nicolson）的伊恩·德鲁里（Ian Drury），感谢他的鼓励；执行编辑伊洛娜·贾西维奇（Ilona Jasiewicz），感谢她无微不至的关怀和耐心帮助；丽莎·罗杰斯（Lisa Rogers），感谢她的细心照料和大量编辑工作；最后，我要感谢福勒斯（Fowlers）的马塞尔·霍德（Marcel Hoad）和他的团队，感谢他们在很多方面的宝贵支持。

我要感谢所有这些善良的人们。另外，我要说明的是，本书中出现的任何错误或遗漏全部由本人负责。

序言

“我的心里并非全是恶。上帝作证，就我个人，我没有做过任何有悖于诚实的事。在任公职时，我也没有做过有失身份之事……我坦白，我十分重视女王和国家的安全，所以我仔细查出了反对他们的行为。”

——弗朗西斯·沃尔辛厄姆爵士在苏格兰女王玛丽的审判上说的话，1586年10月14日[1]

他双眼漆黑，深深地陷下去，一下就引起了你的注意。紧盯着画像看，那双眼睛似乎半睁半闭，在思考着什么，甚至透露出狐疑，好像想要一眼看穿参观者的心思，无情地刺察、探究一个人最不为人知的想法和内心深处的情感。这幅英国女王伊丽莎白一世的首席国务大臣（Secretary of State）弗朗西斯·沃尔辛厄姆爵士的肖像，是画家老约翰·德·克里茨（John De Critz the Elder）[2]所作，上流社会人士经常找他作画。此画约成于1587年，以毫不妥协之态描画了一个同样毫不妥协之人。沃尔辛厄姆的性格中的威严与强大力量，定格在了这幅单调阴郁的画像中，400 多年后丝毫没有褪色。

沃尔辛厄姆俊美的脸庞棱角分明，鹰钩鼻高挺，前额头发稀疏，看起来冷酷残忍，工于心计，这仿佛在告诉我们不可小觑了他。他的胡子修剪得整整齐齐，下面的飞边领被浆粉洗得雪白。伊丽莎白时期的宫廷装束奢华精巧，已成为一种时尚，令人向往，飞边领则是这名阴森、狂热的新教徒对此的唯一表示。这幅画现今挂在伦敦国家肖像馆（National Portrait Gallery），画面背景阴暗神秘，没有给出多少关于这个人或他生平的线索和提示。许多参观者不经意地从旁边走过，急着去看他们熟悉的都铎时期贵族肖像画。通过校园课程，更有可能是通过最近电视上的历史节目，他们还依稀记得那些贵族。

这样的话，他们就错失了和这个谜一般的人物面对面的机会。他是国家伟大、有影响的领头人之一，推动、塑造，更重要的是保卫了 16 世纪末的英格兰——一个新教刚刚萌芽的国家。

沃尔辛厄姆干的远不只是文书工作，他不只是伊丽莎白专制政府的大臣。真正说来，1570 年之后的 20 年间，国家腥风血雨，动荡不安，沃尔辛厄姆极大地参与制定并实施了英格兰的外交政策，大概就相当于现在的外交部长或美国国务卿一职。然而，他的其他更为邪恶的职责，深深触及到了女王 350 万臣民中几乎每一个人的生活，因为他也是伊丽莎白的超级间谍、秘密警察和实际意义上的宣传头目。

弗朗西斯·沃尔辛厄姆一心扑在自己的使命上，他既要保护伊丽莎白的神职人员远离持续不断的暗杀威胁，又要打压国内外与“荣光女王”（Gloriana）政府敌对的天主教徒。他在此期间惯用的手段阴险狡诈，现在情报界给这些手段起了个友好的绰号，叫“谍报技术”。如今，任何一个惊悚间谍小说的狂热爱好者，对沃尔辛厄姆黑暗可怕的手段都不陌生：死信邮箱、复杂密码、密写术、贿赂、敲诈勒索、伪造文件、利用双面间谍（有时还是三面），甚至对手无缚鸡之力的囚犯严刑逼供以获取罪证，这一套做法都可让人背信弃义。

沃尔辛厄姆的秘密活动糅合了英国秘密情报局（Secret Intelligence Service，更出名的叫法是“军情六处”）、英国国家安全局（Security Service，或称“军情五处”）和政治保安处（Special Branch of the Police）在英国现代社会中所扮演的角色。他不但要关注军事外交重要情报的搜集分析工作，还要诱捕那些密谋让伊丽莎白政府垮台的颠覆分子，并将他们无情摧毁。沃尔辛厄姆为情报工作布下了天罗地网，据说，在巅峰时期，情报网内有 53 名间谍和 18 名特工，他们都蛰伏在国外宫廷上，而英格兰境内还有众多线人，其中一些人是变节投靠了英格兰，其他的则是都铎社会中的小人物。剧作家克里斯托弗·马洛（Christopher Marlowe）很有可能就是其中一员，几乎可以肯定他在沃尔辛厄姆手下工作过，作为交换，他逃脱了国家诉讼，因为在他 1587 年的首版作品《帖木儿大帝》（*Tamburlaine*）中包含亵渎神明之语[3]。沃尔辛厄姆也雇用过各行各业的技术专家，从能迅速破译伊丽莎白的敌人所寄秘密信息的密码破译员，到一个擅长拆信重封，让收信人察觉不出一点儿痕迹的名为亚瑟·格列高利（Arthur Gregory）的人。

沃尔辛厄姆的手段让许多生来就身处高位的人一落千丈，跌落至刽子手的行刑台上，其中就包括死于1587年2月的加冕君主苏格兰女王玛丽。仅一年多后，在1588年，英格兰打败了西班牙无敌舰队，他的情报网和国际财政阴谋是取胜的重要因素。然而，他最让人不寒而栗的工作是为政府出谋划策，在国内外密集打压进入英格兰的天主教传教士和窝藏传教士的人。在当权者看来，那些传教士是在谋逆、煽动叛乱和叛国。

在英格兰当卧底期间，耶稣会会士罗伯特·珀森斯（Robert Persons）给罗马的英格兰圣徒学院院长阿方索·阿加扎里（Alfonso Agazzari）写了封信，从信中可以看出，这名在伊丽莎白统治的极权国家里东躲西藏的神父，生活中充满了不安的味道。1581年8月，这名传教士写道，沃尔辛厄姆负责搜查的手下如盖世太保般突然敲门，里面的人脑袋发蒙，吓得不得了：

> 夜里，天主教徒家中有人闯入，他们就会习惯性地藏到树林和灌木丛里，甚至是沟渠和洞穴中。
>
> 有时我们坐在桌前一同就餐，兴致高涨，畅聊信仰或虔诚之事……碰巧有人在敲前门，而且敲得比以往要急促一些的话，那人就被认为是一名官员。
>
> 就像鹿听到了猎人的声音，竖起耳朵，变得警惕起来，所有人立刻站起，饭也不吃，用最简单的方式做起了祷告，把他们托付给上帝；在仆人报告事情原委之前，他们一言不发，一点儿声音都听不到……
>
> 他们真是一直在过着命悬一线的生活。[4]

在精心编织的谎言与骗局网络中，沃尔辛厄姆如蜘蛛一般坐在中心，从一大批间谍和线人那里收集关于天主教神学院和它们在英格兰的反抗[5]支持者的情报。其中一名间谍叫查尔斯·斯莱德（Charles Sledd）。1579—1580年，年轻的斯莱德被雇用在同一个罗马的英格兰圣徒学院给沃尔辛厄姆做事，他提供了大量秘密进入英格兰的神父和耶稣会会士的外貌特征，促成他们被捕。例如：

> 约翰·尼尔（John Neale），当过一阵子牛津大学埃克塞特学院（Exeter College）院长，后在罗马被任命为神父，1579年9月8日第一次主持弥撒。约50岁，身形高瘦，棕灰色胡须，脸型瘦削，小眼睛，讲话很快。
>
> 托马斯·海德（Thomas Hide），神父，30岁左右。头发胡须呈乳白色，个子不高，看起来没什么特别的，出生于伯克郡（Berkshire）。
>
> 托马斯·沃辛顿（Thomas Worthington），在兰斯（Rheims）或杜埃（Douai）被任命为神父，34岁左右。中等身材，胡须呈棕色，短且浓密，鼻头有些泛红。身形消瘦，看起来很普通，来自兰开夏郡（Lancashire）。[6]

如果神父在一抵达英格兰时躲开了港口警觉的海关“搜查员”，他们则会遭到无情追捕。他们必须时刻准备好，始终要在沃尔辛厄姆的追捕手到来之前，立刻转移藏身之所。伦敦和别处的监狱不一会儿就关满了人。大多数人的可怕命运就是以叛国罪被处死：绞刑施到途中，受害人还有一丝气息尚存时，他们的生殖器被割下，身体里的器官被狠狠拉扯出来，放在眼前焚烧，最后他们被斩首，五马分尸。残缺不全的尸块还要示于众人，杀鸡儆猴给任何胆敢密谋反对英格兰女王的人看。全国范围内，这种骇人听闻的行刑手法在绞刑架上不断上演，场面惨不忍睹。天主教殉道者为了信仰而惨烈死去，令人痛心的死亡名单上人数一年比一年多，没有消停之意。

伊丽莎白的刑罚措施手段残忍，其根源不仅在于宗教问题，而且在于王朝自身。伊丽莎白政府对英格兰天主教徒的恶意迫害，是她父亲亨利八世（Henry Ⅷ）混乱统治直接留下的后遗症。亨利八世与他的第一任妻子——西班牙公主阿拉贡的凯瑟琳（Catherine of Aragon）离婚，其间纠葛不断，为此他还和罗马教廷反目。随后，亨利八世成为英国国教（Church of England）的最高领导者。

根据亨利八世在1544年颁布的最后一部《王位继承法》（Act of Succession）[7]和他引起争议的遗嘱[8]，都铎王朝的王位继承顺序板上钉钉：第一是爱德华，亨利八世的儿子和继承人，其母亲是简·西摩（Jane Seymour）；第二是玛丽，他和阿拉贡的凯瑟琳的女儿；第三是伊丽莎白，他和安妮·博林（Anne Boleyn）的女儿。如果这三人无法或是没有登上王位，继承权则落在弗朗西丝小姐（Lady Frances，亨利已故妹妹玛丽的长女）或是弗朗西丝的妹妹埃莉诺小姐（Lady Eleanor）的头上。

虽然亨利八世一直蔑然否认教皇在英格兰宗教上的至高权威，但事实上，他死时仍是一名忠实、虔诚的天主教徒。1547年1月，爱德华六世（Edward Ⅵ）即位，当时他只有9岁，性格老成，无力领导一个激进的新教政府。国库严重空虚，为了获取钱财充实国库，政府无情地拿空了虔诚的英格兰教会和大教堂的财产，而且还猛然废除了天主教仅剩的礼拜仪式，教徒对那些仪式都很熟悉和喜爱。1553 年，爱德华同父异母的姐姐玛丽继承王位，之后，玛丽便迅速将国家宗教管辖权重新交到罗马教皇手上，其间，她还残忍镇压了除天主教之外的新宗教信仰：玛丽在位的 5 年里，有 280 名新教异教徒惨死在火刑柱上。

因此，当亨利八世的小女儿、新教徒伊丽莎白最终于 1558 年登上王位时，绝大多数臣民都还是天主教徒。枢密院资深顾问官（Privy Councillor）拉尔夫·萨德勒（Ralph Sadler）爵士在 1569 年的记录就真实反映了当时的状况。在他工作负责的那片区域，

> 整个地区，真切地支持、认可女王陛下宗教事业进程的绅士，不到 10 名。普通百姓愚昧无知，满口迷信，都深陷于古老的天主教义当中。[9]

他提醒称，信奉新教只不过是一种表面现象。他形象地补充说："天主教这一古老信念就像酒糟[10]，沉淀在人们的心底深处。血管有一点儿动静，酒糟就要冲上心口。"

此外，对于伊丽莎白政府和英格兰新教的少数派而言，尼德兰（Netherlands）不断遭受的深重苦难一直萦绕在他们心头。1559 年，西班牙的腓力重新颁布了一项严酷的法令，命令他在低地国家（Low Countries）的属地都要抵制新教思想、言论和行为。那些被发现接触此类异端的人都必须得处死：男人被剑刺死，女人被活活烧死。不思悔改的异教徒被处以火刑，邻居是异教徒而

不告发的人自己也会被判为异教徒，同样面临着酷刑和死亡的命运。宗教裁判所（Inquisition）加于腓力的尼德兰新教臣民身上的种种行为令人发指，而腓力却对此大为骄傲。“尼德兰的异端审判比西班牙要无情得多啦，”他在1562年写道，“为什么还要采用西班牙的审判？”[11]

低地国家揭竿而起，要抵抗这次残暴的宗教压迫。对此，阿尔瓦公爵（Duke of Alva）费尔南多·阿尔瓦雷斯·德·托莱多（Fernando Alvarez de Taledo）受命领兵出征，他精心挑选的士兵个个都身经百战，他们要用大炮和刀剑将叛乱无情镇压。出征时，阿尔瓦心里强烈地认为，他参加的是一场对抗异端势力的个人运动，他打算将圣十字的旗帜插在无数新教城镇中被玷污的、血迹斑斑的防卫墙上。1567年9月，阿尔瓦设立除暴委员会（Council of Troubles），严厉审判了造反者，成千上万的人被残忍杀害，不久，委员会就被称作“血腥委员会”（Blood Council）。

越过北海（North Sea）之南，回到伦敦。在接下来沃尔辛厄姆和他的同僚管理的数十年里，尼德兰的经验教训深刻融入了新教徒的血液中。他们相信，英格兰的新天主教政权也会以同样的可怕方式进行种族灭绝般的报复，几乎可以肯定的是，他们还会叫来西班牙进行武力支持，帮忙平定不可避免的内战。这样的恐怖场面——宗教裁判所处决异端，他们走向断头台时阴森浮夸的情景，会不会常见于英格兰城镇的街头和广场上？

伊丽莎白政府最担忧的事情还是马上就发生了。

一直以来，英格兰北部都遵循旧制，心怀不满。1569年11月，北部群情激愤，公然反叛，要推翻伊丽莎白的统治，重新建立天主教。11 月 14 日，诺森伯兰伯爵（Earl of Northumberland）和威斯特摩兰伯爵（Earl of Westmorland）在 300 名武装骑手的护送下，闯进达勒姆大教堂（Durham Cathedral），毁坏了教堂内的英文版《圣经》和祈祷书，还禁止新教徒在教堂做礼拜。随后，他们向南部进发。与任何掠劫军队一样，他们一路打家劫舍，毁坏物品，为所欲为。后来在伊丽莎白的复仇军中担任宪兵司令（Provost Marshal）的乔治·鲍伊斯爵士（Sir George Bowes）就曾愤愤抱怨，这些叛军

> 掠夺走了我的全部家当和牲口……以及家中所有物品和各种维持生计的食物。他们还把我各处价值 3000 英镑的玉米给剥下带走。[12]
>
> 我的主房给他们弄得根本就不成样子，门窗玻璃和铁架，还有一些（屋顶）铅制遮盖物……全被拉下来带走。
>
> 他们还从我家拿走了我所有土地的证明文书、许可证、租契和文件，严重并永久地损害了我和子孙的利益。[13]

然而不幸的是，对叛军首领而言，他们的 7500 名叛乱手下都是从租户中征集而来，大多都没打过仗，也没接受过训练，现在这群人还成了一支军队。金钱短缺，严重缺粮，再加上疲倦和饥饿感不断袭来，再坚定的信念都会摇摇欲坠。政府动员了越来越多武装精良的王室军队来摧毁叛军，面对这样的情况，北境叛乱（Northern Rebellion）迅速成了一个无望的事业。叛军要的军事手段都被化解之后，他们犹豫不决，然后向后撤退，当政府军队向

前进发出击时，他们便悄然散去。都铎王朝的冷酷无情正在伊丽莎白血液内坚定地流淌，1570 年 1 月，她在写给战地指挥官的信中简短干脆地表示：

> 令人惊奇的是，戒严令下达后，我们还没有听到处决任何北部下等叛乱分子的消息。如果情况还是如此，你就得到那里继续你的远征，防止又有恐怖行动发生。[14]

伊丽莎白对复仇的呼声越来越强烈，为此，约有 750 名叛乱者被处死。约克郡（Yorkshire）下属的里奇蒙德郡（Richmondshire）共有 1241 人加入了叛军。女王的将军、第三代苏塞克斯伯爵托马斯 · 拉德克利夫（Thomas Radcliffe）下令绞死了其中的 231 人[15]。女王的报复行动杀光了许多村落的男性村民。2 月 4 日，指挥官托马斯 · 加格雷夫爵士（Sir Thomas Gargrave）写信给鲍伊斯，否认行动有如此大的规模，他说：

> 挑出来被杀的人都是最卑微和最下等的那类人，他们主要是教皇党，以及在这里（约克）和达勒姆（Durham）要被判处死刑的人。除了某些逃亡国外的特定人员之外，我希望其余所有人都能够得到赦免，因为我觉得可怜的丈夫和普通百姓（如果不是狂热的教皇党的话）将来都会成为忠实的国民。[16]

那些不幸的人，慢了一些，没能迅速集结在伊丽莎白的旗帜下抵御反叛者，同样也不可能逃脱她的无情惩罚。她命令：“不能放过那种情况下的任何一个冒犯者，但要让他们接受审判，得到应有的惩罚。”[17]

反叛首领当中，第七代诺森伯兰伯爵托马斯·珀西爵士（Sir Thomas Percy）逃到苏格兰避难，但苏格兰摄政大臣莫里伯爵（Earl of Moray）詹姆斯·斯图尔特（James Stewart）把他交给了英格兰政府，1572 年 8 月珀西在约克被斩首[18]。他的脑袋被钉在城中米克尔盖特门（Micklegate Bar）的最上方，这尖锐地说明，叛徒的惨淡下场必然如此。珀西的谋逆同伙、第六代威斯特摩兰伯爵查尔斯·内维尔（Charles Neville）则逃往佛兰德斯（Flanders）[19]。1570 年 3 月 13 日，伊丽莎白政府发表声明，要求所有叛乱者必须宣誓效忠，坦白他们的罪行，并听有关反叛罪孽的布道[20]。后来，坎特伯雷（Canterbury）大主教马修·帕克（Matthew Parker）写下宗教布道作品，他坚定强调，服从女王就是全体英格兰人对上帝的责任。

然而，其他更有权势的声音，发出了截然不同的意见。

1570 年 2 月 25 日，教皇庇护五世（Pius V）[21]颁布诏书《在至高处统治》(*Regnans in Excelsis*)，宣布将伊丽莎白逐出教会，剥夺这位“自封”的英格兰女王的王位，解除她所有臣民对她的效忠。诏书上说，伊丽莎白篡夺了教会最高领导者的地位，在玛丽一世把国家带回了“天主教信仰并且结出丰硕成果”之后，她又“彻底摧毁”了英格兰[22]。几个月后，有放肆之人将这份诏书钉在了圣保罗大教堂的庭院、伦敦主教家的花园门上，供所有人观看，观者无不纳罕[23]。

这是梵蒂冈（Vatican）在反击新教英格兰运动中所犯的一个严重策略错误，因为它立刻转变了伊丽莎白天主教臣民的身份，让他们每个人都成了女王生命的显著威胁者。对于他们谋逆反对国家，反对女王，庇护五世给予了他的祝福，也就是他的允许。就伊丽莎白和她的大臣而言，北境叛乱恐慌过后不久，现在所有的英格兰天主教徒都是国内潜在的敌人。

此外，还有大量的天主教传教士正被派往英格兰，支持在那里秘密举行的弥撒庆典，并大规模传教。英格兰天主教流放者密谋入侵英格兰，推翻伊丽莎白，把她的大臣和顾问打入大牢，这些疯狂而又不切实际的阴谋，无时无刻不存在，无时无刻不造成威胁。处在教皇、欧洲天主教国家和国内天主教徒之中，女王政府和国家宗教现在正面临着威胁，在他们眼里，这个威胁明晰而切实存在，危及到了他们的存亡。

满怀的切实仇恨激起了针对伊丽莎白的个人攻击。许多天主教徒说她是来路不明的异教徒，是安妮·博林的私生女，因为安妮在王后阿拉贡的凯瑟琳还没有去世时，就偷偷摸摸嫁给了亨利。有一份1570年9月写下的备忘录，上面满是阴暗、愤愤之语，沮丧感肆意灼烧着每一页，其作者可能是一名流亡布鲁塞尔（Brussels）的英格兰天主教徒，里面讨论了“英格兰的状况”，说伊丽莎白

> 实际上是《启示录》中刻画的娼妓，喝着这名妓女的酒，大地上的王都醉了。
>
> 喝着耶稣殉道者的鲜血，伊丽莎白也醉了，看来那个娼

> 妓地位还真是重要。然而更确切的是，在玛丽女王[24]统治的幸福时光中，他们就知道，她会因勾结叛国而失去生命，但国家的一位显要贵族予以干涉并救了她一命。[25]
>
> 因此，看到现在充满邪恶气息的伊丽莎白不但要缠着上帝，还要绕着人民，我们需要……天主教贵族停止附和她这个君主。[26]

许多英格兰天主教徒热切期望苏格兰女王玛丽能够取代伊丽莎白的地位。玛丽是法国弗朗索瓦二世（Francis Ⅱ）的遗孀，后来嫁给了达恩利勋爵（Lord of Darnley）亨利，再度成为寡妇后又嫁给了风度翩翩的第四代博思韦尔伯爵（Earl of Bothwell）詹姆斯·赫伯恩（James Hepburn）。在她的个人纹章上，她轻率地在英格兰盾徽中加入了苏格兰和法国的标志，这直截了当地表明了她对英格兰王位的觊觎。玛丽坚称，她是英格兰王位最有说服力的假定继承人，因为她是亨利八世的姐姐玛格丽特（Margaret）的直系后裔[27]。她经常会大声发表这种声明，这深受现任君主的不喜，而那些要依靠现任掌权者来维持自己荣华富贵的人也不爱听这话。

1568年，苏格兰爆发短暂内战，玛丽战败后逃往英格兰。伊丽莎白把她关在英格兰中部和北部地区各式高级监牢中，严加看守，力图将她与英格兰政治纷争隔离开来。实际上，她是在伊丽莎白一世的囚禁中走完了余生。

对于沃尔辛厄姆而言，玛丽一直都是个严重的威胁——威胁着女王和王位，还有他的国家和他挚爱的宗教。早在1572年，沃尔辛厄姆就称她是“那个邪恶的女人”，他断言，只要玛丽活着，伊丽莎白的统治就不能享有平和，“她忠实的手下也不能确保生命安全”[28]。沃尔辛厄姆一向都是精于算计，小心谨慎，他破译了玛丽的信件，再稍加伪造，做出她有罪的证据，最终把苏格兰女王套入了陷阱之中。

如今，这名伊丽莎白时期的英格兰超级间谍所扮演的角色鲜有人知。都铎王朝卓越人物、王朝首席大臣（Chief Minister）、伯利勋爵威廉·塞西尔爵士的权威和存在，几乎让沃尔辛厄姆黯然失色。

但是，沃尔辛厄姆的名字仍会在不经意的场合突然出现。美国国家安全局（National Security Agency）是负责窃听国际电话、窃取传真和电子邮件的政府机构，它的网站上超现实的“儿童页面”就以沃尔辛厄姆为特色，上面还有一个游戏。游戏里有一个暗码，可替代标准字母表中的字母，玩家可据此形成一个简单密码。“单词 hello，”网站诚意给出答案，“加密后，就是 ITSSG。”冬天的夜晚，漆黑又漫长，这个游戏给那些一起围在电脑屏幕前的人提供了不少乐趣，这无疑可以单纯地打发一下时间，或许还能学到些东西。

不过，在沃尔辛厄姆的那个时代，这个游戏要致命得多，参与者下的都是最高赌注。那时，一旦搞错了答案，惩罚就是酷刑和砍头。

第一章

“服务于我们的时代”

“特别关注……以贵族和乡绅为主……你会发现每个人的癖好，他适合走什么道路，是当元帅还是顾问，是天性坦诚开放，是深藏不露，还是表里不一，以及他在国外待遇[1]如何……”

——弗朗西斯·沃尔辛厄姆爵士给他一位侄子的建议，
约写于16世纪70年代末[2]

弗朗西斯·沃尔辛厄姆出生于1532年[3]左右，家中独子，父母是威廉和乔伊斯（Joyce）。威廉是伦敦的一名律师，在肯特郡（Kent）拥有大量房产。乔伊斯则是赫特福德郡（Hertfordshire）切森特（Cheshunt）的埃德蒙·丹尼爵士（Sir Edmund Denny）之女，安东尼·丹尼爵士（Sir Anthony Denny）的妹妹。安东尼是亨利八世内宫的首席侍臣，在亨利八世疾病缠身离世前的最后几个月里，安东尼才是幕后无形的真正指挥者[4]。因此，政治思想，尤其是新教政治思想在沃尔辛厄姆的血液里流淌沸腾。

1513 年，弗朗西斯的伯父埃德蒙·沃尔辛厄姆爵士（Sir Edmund Walsingham）在弗洛登原野战役（Flodden Field）上英勇杀敌，最后英格兰人以压倒性的胜利击败了苏格兰人。随后，亨利八世为嘉奖埃德蒙·沃尔辛厄姆爵士“不俗、真实与忠诚的表现”[5]，赏赐了他大量财物，并任命他为伦敦塔中尉[6]。

关于沃尔辛厄姆家族的祖先一直都有几处不明朗。有好几种家世之说试图证实他们血统高贵——他们是诺福克郡（Norfolk）北部沃尔辛厄姆庄园贵族的直系后裔。其中一个说法就来自罗伯特·格洛弗（Robert Glover），他在 1570 到 1588 年某些时候担任了萨默塞特纹章官（Somerset Herald），是一名阿谀奉承之徒。他罗列了一大串沃尔辛厄姆家族成员名单，有些被封了爵士，最早的是一个叫托马斯的人，于 1337 年去世[7]。这份家谱大部分是虚构的，纯属伊丽莎白时代的伪作，在历史上全然站不住脚。赤裸裸的事实是，沃尔辛厄姆家族是由经商起家。

沃尔辛厄姆家族算不上是“完全光辉显赫”，沃尔辛厄姆的墓志铭后来对这一点也毫不隐晦。他们的祖辈艾伦·沃尔辛厄姆（Alan Walsingham）出身低微，是一名卑下的皮匠——换句话说，就是鞋匠。1403 年，他在伦敦天恩寺街（Gracechurch Street）的圣贝尼特（St Benet）教区买了几所廉价公寓。财富增长后，他就在伦敦别处花大价钱购置了若干房产，包括在东市场路（Eastcheap）的一幢“豪宅”，以及位于克里波门（Cripplegate）的一个名叫“公鸡和铁环”的酒厂兼酒馆。到 1412 年，艾伦持有的房产让他一年就得交纳总计达 17 英镑 11 先令的高额税钱，相当于今天的 7000 多英镑。他的儿子托马斯是一名葡萄酒商，也涉足了其他的赚钱买卖，比如将鱼和布料从伦敦出口。在提高城市阶级地位上，托马斯得了一桩好姻缘。他娶了玛格丽特·贝姆（Margaret Bamme）——金匠亨利·贝姆（Henry Bamme）的女儿。贝姆家族颇有权势，家族在1390年和1396年出过两位伦敦市长。1424年，托马斯在肯特郡的奇斯尔赫斯特（Chislehurst）买下斯凯德伯里（Scadbury）庄园当作他的乡间别墅，这里就是沃尔辛厄姆家族后世子孙的祖宅。托马斯的后代一直都在做利润丰厚的葡萄酒生意，到弗朗西斯·沃尔辛厄姆的祖父詹姆斯才做出了从商人到绅士的决定性成功转变，获得了“爵士”的称号，并被授予了在社会上具有重要意义的盾徽。这是典型的15世纪英格兰许多家族成功迈入上流社会的发家史。

詹姆斯有两个儿子，弗朗西斯的父亲威廉排行老二，在格雷律师学院（Gray's Inn）学习法律。1524年，威廉被任命为肯特郡治安长官，并在1526年和1532年续任此职。1526年，亨利八世和王后阿拉贡的凯瑟琳举荐他为伦敦公设律师[8]。3年后，威廉·沃尔辛厄姆负债累累，共欠下托马斯·克伦威尔（Thomas Cromwell）330英镑，白纸黑字，密封保留。克伦威尔是亨利八世的首席大臣，一个贪得无厌之人。1530年，威廉与另外两位委员受命调查失势的枢机主教沃尔西（Wolsey）的财产。两年后，他成为伦敦代理执行官（Under-Sheriff），这一职位只有两人担任。威廉当律师当得风生水起，又新购置了大量房产，包括在肯特郡和圣玛丽奥尔德曼伯里（St Mary Aldermanbury）教区的富茨克雷（Foots Cray）庄园、罗克斯里（Rokesly）庄园和柴尔斯菲尔德（Chelsfield）庄园，威廉在伦敦的家就位于圣玛丽奥尔德曼伯里教区。1534 年，威廉去世，根据他的遗嘱，柴尔斯菲尔德庄园要保留下来给他的 5 个女儿当嫁妆，“如果我的妻子乔伊斯在儿子弗朗西斯 21 岁之前去世，那富茨克雷庄园可用来偿还我的债务并赠予给我的女儿”[9]。乔伊斯 27 岁就守了寡，威廉只给她留下了一个时年两岁的幼儿弗朗西斯，他所有的女儿后来都嫁给了好人家。1538 年，乔伊斯改嫁给了赫特福德郡普拉西（Plashy）的朝臣约翰·凯里爵士（Sir John Carey）[10]，这桩婚事可能是由乔伊斯的娘家——在赫特福德郡拥有产业的丹尼家族讨论安排的。

令人沮丧的是，关于沃尔辛厄姆早年生活的记录都很简略，这或许很符合他影子人的身份，因为沃尔辛厄姆后来成了伊丽莎白女王情报机构的头号人物。

沃尔辛厄姆 16 岁进入剑桥大学国王学院（King’s College）[11] 学习，众所周知，当时该学院受新教影响颇深，院长是爱德华六世的改革派老师约翰·奇克（John Cheke）。沃尔辛厄姆的老师托马斯·加德纳（Thomas Gardiner）也是新教的坚定拥护者。1548 年 11 月 12 日，沃尔辛厄姆入学，享有与研究员同桌吃饭的权利，然而他似乎没有拿到学位，在 1551 年前就毕业了。然后沃尔辛厄姆在欧洲游历，拜访了“许多异域之邦，对那些国家的习俗、法律、语言和政策他都学习得很精准，而且理解深刻”[12]，一年后，在返回伦敦之前，沃尔辛厄姆已经是一名坚定虔诚的新教徒。他在格雷律师学院学习，俨然是想跟从父亲走上法律的道路。然而，在法律这古板枯燥世界中，沃尔辛厄姆壮志难酬，好梦未圆。

1553 年 7 月 6 日，年仅 16 岁的爱德华六世去世。他的肺部感染化脓，再加上败血症和肾衰竭，走时已“瘦骨嶙峋”。按照计划，新教政府重臣立即宣布亨利八世的妹妹玛丽的外孙女——十多岁的简·格雷（Jane Grey）是爱德华的合法继承者。爱德华同父异母的姐姐玛丽公主从伦敦逃到了安全的东安格利亚（East Anglia）。在那里，她把对她的天主教事业忠心耿耿的人集结起来组成军队，在向伦敦进军的途中，队伍越来越壮大。7月19日，懊悔不已的枢密院匆忙拥立玛丽为王。天主教又卷土重返英格兰。

为了安全，尤其是在1554年事变发生之后，大约有1000名新教改革者逃离了英格兰。当时，托马斯·怀亚特爵士（Sir Thomas Wyatt）在肯特郡发动叛变，抗议玛丽嫁给西班牙的腓力，叛变最终在伦敦市西门被镇压。沃尔辛厄姆家族的有些亲戚可能在那次破产的暴动中被抓，而且他们还被牵涉进了一次行动当中，试图通过简·格雷——这位英国历史上遭受虐待的悲惨人物——来维护新教在王室中的延续[13]。当然，当玛丽试图灼伤新教的热忱，在伦敦史密斯菲尔德（Smithfield）和许多英格兰城镇的集市广场上烧死异教徒时，沃尔辛厄姆已离开英格兰海岸，再一次前往欧洲，年轻人心怀谨慎，所以他没有像英勇战士一般站出来。

在欧洲游历了一番之后，1555年12月29日，沃尔辛厄姆再次出现在意大利的帕多瓦大学（University of Padua），他在那里被选为领事，即在民法系学习的英格兰学生代表，并在学校的管理评议会享有重要席位。但奇怪的是，他在这个自由开明的还不错的席位上学习的时间很短暂，因为他在1556年离开了帕多瓦，去了法国、瑞士，可能还有德国的法兰克福（Frankfurt）。1558年，玛丽去世，新教徒伊丽莎白即位，亨利八世最后的血脉登上了英格兰王位，也掀起了国内一片动荡。之后，沃尔辛厄姆结束流亡，回到了英格兰。

沃尔辛厄姆大约是在1560年母亲去世时回到英格兰的，他的母亲被葬在圣玛丽奥尔德曼伯里教堂她第一任丈夫的身边[14]。尽管沃尔辛厄姆现在的新教信仰十分狂热，但葬礼上还是望了弥撒，一些吊唁者还领受了圣餐。流亡期间，他有4个姐妹结了婚[15]。妹妹玛丽嫁给了沃尔特·迈尔德梅（Walter Mildmay），后来伊丽莎白政府的财政大臣，他创立了剑桥大学伊曼纽尔学院（Emmanuel College）[16]，是沃尔辛厄姆忠实的朋友。沃尔辛厄姆时年28岁，能说一口流利的法语、意大利语和拉丁语——其实他后来被看作当时“最优秀的通晓数国语言的人”[17]。他有自己的盾徽，上面图案复杂，标记了沃尔辛厄姆家族历来的婚姻，上面有一句格言 *Auspicante Deo*，意思就是“上帝赐福”[18]。他是时候结婚，做出一番事业来了。

在这期间，他遇见了安妮·卡莱伊尔（Anne Carleill），或姓卡莱尔（Carlyle），伦敦一名葡萄酒商的遗孀，杂货商乔治·巴恩斯爵士（Sir George Barnes）的女儿，巴恩斯在1552年当过伦敦市长。当时，安妮与亡夫还有一个年幼的儿子克里斯托弗。1562年，沃尔辛厄姆与安妮结婚，同年4月他把肯特郡富茨克雷的房产卖给了约翰·吉利布兰德（John Gillibrand）。他还把赫特福德郡帕克伯里（Parkebury）的庄园出租，一家人曾在那里如同乡村雅士一般平静地住了好些年，附近邻居有丹尼家族成员和伊丽莎白的首席大臣威廉·塞西尔爵士。

对那名寡妇来说，沃尔辛厄姆可是个好对象——他有钱，认识一些有权势的亲友，前景看来一片光明。在伊丽莎白第二次重组议会后[19]，沃尔辛厄姆利用那些关系，在多塞特（Dorset）的莱姆里杰斯（Lyme Regis）港口和牛津郡集镇班伯里（Banbury）兼任议员，但他似乎没有在议会立法中起到积极作用。

不幸的是，1564年安妮去世了。他们结婚才两年，没有孩子。安妮的遗嘱在同年7月29日签署，上面留了100英镑（相当于今天的2万多英镑）给她的丈夫。“经他同意”，安妮做主将小部分遗产赠给了她的亲友。当中有10英镑给了她的朋友克里斯托弗·鲁滨逊（Christopher Robinson），他是一名公证人，见证安妮写下遗嘱，并随后对其进行公证，住在旧圣保罗大教堂附近的帕特诺斯特街（Paternoster Row）上，而且他还是安妮的姐夫、铸币厂官员威廉·多丁顿（William Dodington）的“小金库”。安妮还将2英镑遗赠给了前夫的姐妹西塞莉·哈斯滕登（Cicely Hastenden），原姓卡莱伊尔。最重要的是，摆在她面前的还有与前夫所生儿子的生活和教育问题：

> 我的丈夫拥有我儿子克里斯托弗·卡莱伊尔（Christopher Carleill）的监护权，要将他抚养成为一个正直的人。除了我儿子的奖学金，我的丈夫要在他21岁之时将我所有剩余的钱和财产都给他。[20]

大约在1566年8月，沃尔辛厄姆与寡妇厄休拉（Ursula）[21]结婚。再婚后，沃尔辛厄姆还是照样执行了遗嘱。厄休拉十分富有，她的前夫是怀特岛（Isle of Wight）阿普尔库姆（Appuldurcombe）[22]的理查德·沃斯利爵士（Sir Richard Worsley）。他几个月前才过世，留下了两个年幼的儿子约翰和乔治，以及庄园带来的大量财富，有前身是本笃会修道院的卡里斯布鲁克（Carisbrooke）庄园以及座落于花园般的怀特岛上的戈兹希尔（Godshill）庄园和弗雷什沃特（Freshwater）庄园。阿普尔库姆庄园雄伟堂皇，位于戈兹希尔教区，一幢大型房屋就伫立在广袤的土地上，其中还有一个滚木球草场，1511 年庄园通过联姻到了沃斯利家族手上。

第二年，悲剧降临了沃尔辛厄姆的新家。他的两个继子

> 正在阿普尔库姆的庄园门房里上课，在（当地民兵）集合之前，仆人正在门房边晾火药。
>
> 一丝火星飞进了火药堆中，点燃了旁边的一个大桶，炸掉了门房的一边，两名孩子和一些人当场死亡，詹姆斯·沃斯利（James Worsley）则在事故中受了伤，这名小伙子是孩子们的亲戚，和他们一起在那里上学。[23]

和沃尔辛厄姆结婚后，厄休拉身边不只出现了这一桩祸事。两名男孩惨死后，就其前夫遗嘱的条款和意图引发了一场激烈的法律纠纷[24]。厄休拉和她的小叔子、遗嘱执行人约翰·沃斯利（John Worsley）纠葛重重，约翰宣称两个孩子死了，那本应该在他们成年后给他们的各类动产现在应该归他所有。这场官司打了很久，1571 年 6 月，法律最终还是站在了沃尔辛厄姆和他妻子这边[25]。

尽管这场恼人的官司分散了沃尔辛厄姆的注意力，但他第二次婚姻带来的额外之财让他可以不用再出租帕克伯里的庄园。1568 年 3 月 5 日，他在伦敦克里波门的圣贾尔斯（St Giles

Cripplegate）教区买了一栋房子，虽然距离有点儿远，但他还是保留了在阿普尔库姆的一处精美的乡村住所。随后，他还买了一栋新的城镇大宅“帕佩”（Papey）[26]，房子大而坚固，街对面是圣玛丽斧（St Mary Axe）教堂[27]，隔壁则是弗莱彻家族府邸（Fletchers' Hall），背靠东北部城墙。沃尔辛厄姆的连襟罗伯特·比尔（Robert Beale）在旁边新建了一栋房子，当时他是枢密院的一名书记员，娶了厄休拉的妹妹伊迪丝（Edith）[28]。

关于厄休拉的生平，我们知之甚少，但伦敦国家肖像馆里仍保存着厄休拉的一幅令人敬畏的肖像画[29]，作于1583年，画者不详。画中她大约40岁出头，是一名优雅的红发女士，戴着一顶紧贴头部的黑色“巴黎帽”，飞边领被浆粉洗得很白，脖子上戴着一条金项链，又长又沉，明显就很贵的样子。她鸭蛋脸，尖下巴，双唇噘着，鼻头有尖角，就像鸟嘴一般。关于她的表情和那薄薄的、显露出不满的嘴唇，人们略有谈论，它们强烈表明，这位女子的感受和看法都必须得到重视，可以很容易想到，厄休拉可忍受不了她丈夫的任何荒谬举动。从保留下来的沃尔辛厄姆信件中，可找到他和厄休拉关系的蛛丝马迹，里面明确暗示，沃尔辛厄姆的第二段婚姻中没有多少安生日子。1571年6月，沃尔辛厄姆从巴黎写信给女王的内宫司库托马斯·赫尼奇（Thomas Heneage）爵士，谈到了伊丽莎白和安茹（Anjou）公爵正在商议的婚事。沃尔辛厄姆说这位法国求婚者：

> 暴躁易怒，但他有理由来控制和驾驭（女王）。你知道，这样的性情再好不过了……通常就是理想丈夫的典范。否则，

你和我就不会像现在这样有如此之高的默契程度。但是在这件事上，赫尼奇夫人和沃尔辛厄姆夫人都不会给我们公正的评价，因为她们站在一边。[30]

1574 年 1 月，他告诉他的朋友威廉·莫尔（William More）：

我告诉了你我妻子做的事，说真的，忍受吧，先生。你也结了婚，所以你也了解，莫尔太太的训诫对你有什么效果。[31]

尽管这些迹象都说明他俩关系紧张、婚姻不和，但沃尔辛厄姆在 1589 年 12 月写下的遗嘱中，还是亲切地把厄休拉称作“我深爱的妻子”，而且她还是遗嘱的唯一执行人[32]。在他们 24 年的婚姻中，沃尔辛厄姆可能是一位宽厚的丈夫，总是试着补偿妻子，因为他对工作十分上心，无时无刻不把心思放在复杂神秘的国家事务中。不同于丈夫的单调乏味和谨小慎微，厄休拉似乎酷爱漂亮昂贵的东西，经常光顾一家金器店[33]。

厄休拉给沃尔辛厄姆生了两个女儿。大女儿约生于 1567 年 10 月，名叫弗朗西丝；二女儿玛丽生于 1573 年 1 月上旬[34]，但 7 岁时就夭折了[35]。

现在我们来到了沃尔辛厄姆职业生涯的决定性时刻，和他早年生活的大部分时间一样，这一刻也是迷雾重重，令人心向往之。1566 年 9 月，伊丽莎白的首席大臣塞西尔在国家档案上匆匆写下了对沃尔辛厄姆的隐晦评价，这是沃尔辛厄姆的首次亮相。议会待议事项备忘录中夹杂了这样一条简短记录：他告知说沃尔辛厄姆先生“将成为议员”[36]。因此，沃尔辛厄姆加入议会一事就这样定了下来。就像演员在脚灯光中影影绰绰一般，沃尔辛厄姆在议会中扮演的角色一直都很模糊。毫无疑问的是，他出现在议会中，也许充当了一名说客，或许是煽动议员给特定法规投票，这对当时伊丽莎白政府实现其政治目标十分重要。至于是什么议题，其结果是否成功，我们至今未知。两年后，沃尔辛厄姆又有一次简短亮相，但这次却意义重大。1568 年 8 月 18 日，36 岁的沃尔辛厄姆给塞西尔去了一封信，这封信可以说开启了他对女王的服务事业，这项事业卓越、艰苦，但大多数时候却劳而无功。

几年前，沃尔辛厄姆取代尼古拉斯·思罗格莫顿爵士（Sir Nicholas Throgmorton）[37]，成为代表莱姆里杰斯的下议院议员，现在两人是亲密伙伴。思罗格莫顿当过英格兰驻巴黎大使，随后开始支持法国胡格诺派（Huguenot），他因病请沃尔辛厄姆写信与塞西尔联系，汇报一个叫罗伯特·斯图尔特（Robert Stewart）的密使的情况，他来英格兰寻求女王对他们在法国内战中的工作的支持。沃尔辛厄姆敦促首席大臣就斯图尔特的事情，马上安排他觐见伊丽莎白。因为此事敏感，他有许多重要情报只能“亲口”告诉女王，而且他还请塞西尔安排好他的住宿，并要“适当招呼”他。沃尔辛厄姆还附言说：

> 关于大人您让我处理的这些事情，明天早上我会去大人那里，告诉您我在其中做了什么。[38]

最后几个词显露了真相，说明沃尔辛厄姆目前在塞西尔手下从事秘密工作（塞西尔早就积极地在为伊丽莎白做情报工作了）。

那些为政府办事的人中，有一个叫鲁克斯比（Rooksby）的人，当时他在爱丁堡（Edinburgh）参与间谍行动，负责侦查苏格兰女王玛丽宫廷上的阴谋[39]，1568年5月中旬玛丽逃至英格兰，而伊丽莎白不愿给她提供庇护。同年9月，西班牙国王腓力二世（Philip Ⅱ）让唐·古埃拉尔·德·斯佩斯（Don Guerau de Spes）接替迭戈·德·古兹曼·德·席尔瓦（Diego de Guzman de Silva）担任驻伦敦大使，斯佩斯是个好斗又善耍阴谋之人，说塞西尔"诡计多端，是个虚伪的骗子、老异教徒"。驻扎在尼德兰的西班牙指挥官阿尔瓦公爵费尔南多·阿尔瓦雷斯·德·托莱多收到法国方面的报告，称玛丽"被她的仆从和你勾结策划的阴谋给彻底毁了，他们每每去你那里时，都受到了监视"[40]，他不得不责令斯佩斯这个"多事的蠢材"不要再耍阴谋。塞西尔的一位私人秘书阿灵顿（Allington）收了斯佩斯的贿赂要谋杀塞西尔，之后被捕。这名西班牙大使的信件被迅速拦截，并由一名叫萨默斯（Somers）的政府解码官破译[41]。1568年的那个夏天，沃尔辛厄姆用语言技巧和"口舌之才"[42]来武装自己，以一腔爱国热情走进了这个黑暗而又危险的世界。

沃尔辛厄姆寄出了那封关于胡格诺派信使斯图尔特的信，两天后，他再度写信提醒塞西尔，有人密谋在女王的寝具和家具上染上毒物，趁机毒死女王。这则惊人情报来于"意大利人弗兰基托"给沃尔辛厄姆的密报，他化名为托马索·弗兰基托上尉（Captain Tomaso Franchiotto），来自托斯卡纳（Tuscany）的古老城寨卢卡（Lucca），是一名新教徒，做了40多年的法王间谍[43]。塞西尔很了解弗兰基托：他的另一个化名是“弗朗索瓦上尉”（Captain François），他向首席大臣揭发在英格兰的法国间谍用的就是这一代号[44]。

苏格兰女王玛丽是国内外急剧增多的天主教阴谋的焦点所在，天主教徒们要将她推上王位取代伊丽莎白，英格兰越来越迫切地需要监视国内的颠覆分子和间谍。9 月 7 日，沃尔辛厄姆提供情报说“一名法国人和一名意大利人秘密住在伦敦”，他寻求城中当局的援助，立即搜查这两人的住所。他还建议要让酒馆和客栈上报留宿在店里的外国人，这就是如今广为熟悉的住宿登记制的前身[45]。一星期后，沃尔辛厄姆告诉塞西尔，他已安排当时的伦敦市市长托马斯·罗爵士（Sir Thomas Row）每周列出在伦敦各处落脚的所有陌生人的名单。他还报告了“从朋友那里”得来的情报，两名疑似“身染可怕疾病”的人员刚刚离开了泰晤士河（River Thames）南岸的萨瑟克区（Southwark）。此外，他很周到地附上了洛林（Lorraine）枢机主教、苏格兰女王玛丽的舅父夏尔·德·吉斯（Charles de Guise）在伦敦雇用的秘密间谍的外貌特征[46]。

次月，沃尔辛厄姆传递情报说马赛（Marseilles）准备往英格兰北部输送士兵，所需的 12 艘桨帆战舰都已经准备就绪，“以更好完成一些密谋行动”[47]。后经证实，这份情报是空穴来风。随之而来的尴尬让沃尔辛厄姆在间谍世界中得了一个很大的教训——评估分析原始情报和了解消息来源可靠性都十分重要。或许正是因为如此，12 月下旬，他对他所提交的更多来自巴黎的情报都持怀疑态度，情报上说法国和西班牙正紧密联手“要变更宗教，推动苏格兰女王玛丽”在英格兰的事业。他向塞西尔解释了自己的疑虑：

因为那则消息太过笼统，一点儿详情都没有。我认为现在还是没有必要打搅大人。

但是，又鉴于消息来源方真切坚决地表示消息可靠，事件本身具有至高重要性，现在情况紧急，我个人十分乐意去效忠女王陛下，如果此后任何这种（受上帝保护的）事情果真要发生，而我将它隐瞒则可能会让我面临危机，所以我认为我还是有责任写信给您。[48]

这里，沃尔辛厄姆就面临着间谍行动中永恒的两难困境——因为心里怀疑情报的真实性和可靠性，不管这种疑虑有多小，你能承担不把可能至关重要的情报上报的后果吗？古今如出一辙！2003 年萨达姆·侯赛因（Saddam Hussein）统治的伊拉克（Iraq）被怀疑拥有大规模杀伤性武器，就这件事情，军情六处和中央情报局（CIA）官员毫无疑问也面临着一样考验人的困境。回到 1568 年，沃尔辛厄姆试着去解释他的困惑：

恳求大人，我没有任何冒犯之意，我认为，对于我们的重要任务（粉碎天主教阴谋），担心越多，危险越少；担心越少，危险越多。相比其他，没有事故才最危险。[49]

要防止骄傲自满！后来沃尔辛厄姆从塞西尔手中接过伊丽莎白的情报机关，完全重组了英格兰海内外间谍网络时，这句话成了他的一个关键信条。对于沃尔辛厄姆而言，这封信和这则情报也标志着他事业中最令他头疼的问题就要浮出水面——妩媚性感的苏格兰女王玛丽，以及在她周围不断出现的阴谋。

那年秋天，英格兰空气中弥漫着阴谋的刺鼻恶臭。英格兰大贵族托马斯·霍华德（Thomas Howard）是第四代诺福克公爵、纹章院院长以及枢密院顾问官。上一年，他的第三任妻子伊丽莎白[50]不幸难产去世，孩子也没保住。他的父亲是野蛮自大的萨里（Surrey）伯爵——在亨利八世垂死之际因叛国罪被处死的“诗人伯爵”。诺福克一生都虔诚信奉新教，然而，他却缺乏深谋远虑[51]，对政治一窍不通，要命的是，就算已是英格兰的首富，他仍一直极度渴望着更高的权势。当时，诺福克和其他调查特派员[52]被任命前往英格兰北部调查苏格兰女王玛丽，有指控称她在1567年12月与人勾结杀死了自己的丈夫达恩利伯爵亨利·斯图亚特（Henry Stuart）[53]，此人毫无魅力可言，酗酒成性，还染上了梅毒。

10月16日，诺福克从审议中脱身休息，与苏格兰国务大臣威廉·梅特兰（William Maitland）在卡伍德（Cawood）附近的乌斯河（River Ouse）岸用鹰打猎，卡伍德位于约克的西南方，两地相距8英里。在一天的愉快消遣中，这名苏格兰人突然建议让诺福克公爵和苏格兰女王结婚，这样可以省事地把两个国家结成强大联盟，还能确保玛丽对英格兰王位的继承权。诺福克再三考虑对这个结婚计划很是动心。

果不出所料，这个谋杀调查无果而终。伊丽莎白在伦敦召开了一次枢密院全体会议，避开苏格兰代表方的诡计，继续进行调查[54]。现在，女王逐渐怀疑她的表弟诺福克了[55]，她突然直截了当地问诺福克是否打算和苏格兰女王玛丽结婚。在她眼中，这场婚姻对她个人和英格兰王位都是威胁。诺福克公爵假惺惺地回答说：

> 我不会对那种觊觎王位之人动心。如果女王陛下让我这么做，那我宁愿被关进伦敦塔，因为我绝不会娶这种人，不然，我还得留心自己有枕边之忧。[56]

渐渐地，诺福克非常懊悔说出了那些轻率之言，他愚蠢地把心思越来越多地放在与玛丽的婚事上。在伊丽莎白手中，玛丽实际上就是个囚犯，她从这场婚姻中看到了逃离的机会，而且她还能越过重重阻碍，要求继承英格兰王位，于是这名苏格兰女王热情允诺，向公爵表达了她的爱意[57]。还不限于此，她还在坚定寻找其他机会来解救自己。她秘密联系了天主教徒诺森伯兰伯爵和威斯特摩兰伯爵，向他们寻求帮助，必要时还可动用武力。

第二年即1569年年中，玛丽和诺福克所盘算的婚事势头正起。宫廷走廊上的窃窃私语一直都让伊丽莎白深感怀疑，现在她变得恼怒不已。那年夏天，她分别给了诺福克三次机会来确认他是否真的想娶苏格兰女王。三次，他的内心都鼓不起勇气向伊丽莎白袒露他的计划。9月6日，在汉普郡（Hampshire）蒂奇菲尔德（Titchfield）视察时，诺福克最终还是在病床上告诉了伊丽莎白他的打算，为此他承受了都铎家族典型的暴脾性。愤怒的伊丽莎白禁止任何人提及这门婚事，鉴于诺福克的忠诚，她只是严肃地指责了他，让他"不得再插手苏格兰事务"。诺福克迅速向伊丽莎白保证，他对玛丽"只有一点儿关注"，她的地位和财富在他眼里一文不值。诺福克的愚蠢骄傲引祸不断，让霍华德家族在都铎王朝时期苦难重重，他吹嘘说他的收入"不比苏格兰整个国家的少……站在诺里奇（Norwich）的滚球场上时，他感觉自己就好似国王”[58]。这种言论肯定会让骄傲易怒的英格兰女王发狂。

9月26日，经常打冷战（染上疟疾）身体依然抱恙的诺福克公爵到了肯宁霍尔（Kenninghall）位于诺福克郡的乡间豪华别墅，希望他的离开能够让伊丽莎白消消气。他甚至还注意到，他受到了大臣们的孤立排挤，于是他写信给女王，称他的敌人“因女王陛下对我的极度不悦感到宽慰，他们对我议论纷纷，连我的朋友也不想与我来往”。

在这种情况下，诺福克的离开并没有让伊丽莎白心软。她担心他未加说明就突然消失是要带动她的天主教臣民反叛，而他就在其中打头阵，成为他们的有名无实的领袖。1549年在英格兰西部、中部和东安格利亚爆发了反对她同父异母的弟弟爱德华六世的“祈祷书”叛乱，这样的惨痛回忆一定在她的脑海中不断放大。她采取安全措施，关闭了英格兰的主要港口，让民兵保持高度警惕。现在，伊丽莎白正安坐在温莎城堡（Windsor Castle）的保护墙之内，9月25日，她强制召唤诺福克觐见，倒霉的霍华德家族本该收到王室命令，但不知为何它却没有传到公爵手里。

第二次的王室命令比前一次更为紧急，最终传到了诺福克手中。10月1日，在30人的护送下，诺福克出发前往温莎城堡。他以叛国罪被捕，弗朗西斯·诺利斯爵士（Sir Francis Knollys）将他押进了伦敦塔，监禁在总管的房间内。讽刺的是，他的祖父第三代诺福克公爵托马斯自1546年12月亨利八世下令以叛国罪将他抓捕后，在这个房间内关押了六年。

伦敦迅速出版了恶意攻击诺福克婚姻计划的小册子。辩论文章《关于诺福克公爵和苏格兰女王的虚假婚姻的论述》（*Discourse*

Touching the Pretended Match between the Duke of Norfolk and the Queen of Scots）无疑是由沃尔辛厄姆所作，塞西尔可能在背后鼓动过[59]。这表明，早期已经有专门的人来制作最原始的宣传材料，面向的读者主要是急不可耐的英格兰新教徒[60]。作者直言不讳，不浪费任何机会来抹黑攻击对象的名誉，就像所有的有效虚假信息或是如今的“导向性陈述”那样，中间利用了大量真实和真假参半的信息，让人信以为真。如果是由几百年后希特勒民族复兴大计的帝国部长，有些跛脚的约瑟夫·戈培尔（Josef Goebbels）创造了此法的话，他一定会得意扬扬。

苏格兰女王宣称这份小册子“要么是教皇党人之言，太邪恶了；要么就是无神论者所作，那就更糟”。她联合

> 基督新教的联盟对头，打着神圣的名义，要铲除所有公开信仰新教的亲王和治安官。有件事还是很出名的，只是知道的人不多。论国籍，她是一名苏格兰人。就那个国家为数不多的虔诚之人而言，为表尊敬，我会忍着不说我对那个国家的看法。论个人意愿……虽然近来她做出行动，试图掩盖和隐藏她的恶行，让我受到蒙蔽，但我还是要把她那可怕的行径[61]公之于众，要让世界都知晓。
>
> 论她母亲那边的同盟，人人都知道，她来自那个反对上帝和破坏欧洲共有和平的家族[62]。唉，但是很多人早就感觉她也会如此。
>
> 她向我们的君主示好，结果用了各种手段来表明自己恶念熏心。众所周知，受野心驱使，她戴着英格兰盾徽，以示自

己为王位的竞争者。

接着，诺福克公开遭到各种谩骂。他的宗教信仰只有“上帝和他自己”知晓，但在那份言辞恶劣的小册子中，能很明显地看出，他所谓的新教信仰并不虔诚，原因有五点：

第一，他的儿子是在教皇党政府的管控下接受教育的，这就说明了问题；

第二，他的家族堕落，他最信任的那个人是教皇党人；

第三，他对国家中的主要教皇党人都很信赖；

第四，他最后一任妻子是位教皇党人，以及最后一点，这段虚假的婚姻也能说明问题。

“任何自称有宗教信仰的人，或是尊敬世间荣耀的人，抑或是重视自身安全的人，会为了爱情与犯下如何可怕罪行的人联姻吗？”沃尔辛厄姆问道，他想知道其可能性，这也引起了人们对达恩利被杀一事的恐慌。玛丽可以郑重发誓说她对伊丽莎白没有任何威胁，或是“承认所有事都是为了女王的安全”，但小册子上只是冷冰冰地写着：“要是她居心不良，再怎么求情都没有用，只有用刀刃来解决问题。”

关于这个婚姻会带来英格兰和苏格兰之间的联盟，沃尔辛厄姆无情抨击：

如果我们只用一只眼睛，一只热爱看到上帝荣耀延续、

> 君主安全、国家安宁的眼睛，就看好两人的结合，我们将会看到，分裂比联合能够带来更多的利益。

玛丽和达恩利的儿子、三岁的詹姆士六世（James Ⅵ）有一个新教“管理者”，他是在“忠实倾向于”英格兰和伊丽莎白的环境下长大的。

> 凭此，在詹姆士统治期间，女王相信两国的联盟完美无缺。因此，你看到女王安居其位，两国联合，完全没有必要采取这样的解决办法（联姻）。[63]

在迅速发明出小册子这种宣传手段后，沃尔辛厄姆被赋予了一个新的角色——秘密警察，因为一起反对女王的阴谋被发现了。

现在，一个古怪邪恶的人物进入了阴谋团伙之中——意大利银行家罗伯托·里多尔菲（Roberto Ridolphi）。他出生于1531年11月，家中和佛罗伦萨（Florence）贵族里多尔菲·迪·皮亚扎（Ridolphi di Piazza）有联系。父母双方都是佛罗伦萨银行业和贸易业的杰出领导者[64]，后来他自己也进入了商界。1561年他来到伦敦执行了五年的任务，把教皇庇护五世提供的秘密资金输送给英格兰天主教徒，以助他们推翻伊丽莎白和她的政府，这次的密谋行动叫作“英格兰事业”。法国和西班牙的大使都牵涉到阴谋中来，伊丽莎白的一些天主教贵族（与里多尔菲有生意往来），和玛丽派往伦敦的特别大使罗斯（Ross）主教约翰·莱斯利（John Leslie）也参与其中[65]。里多尔菲拜访了西班牙大使的家以及诺福克在伦敦的霍华德庄园（Howard House），两次拜访都受到塞西尔手下间谍的密切监视。10 月 7 日，莱斯特（Leicester）伯爵罗伯特·达德利（Robert Dudley）写信给塞西尔和沃尔辛厄姆，告诉他们伦敦市长亚历山大·奥尼恩（Alexander Auenon）已得令立即逮捕里多尔菲。他被关在沃尔辛厄姆在帕佩的家中，遭到了沃尔辛厄姆的几次审讯[66]。

这是沃尔辛厄姆第一次审问嫌疑人。他用流利的意大利语密集审讯了好些天，里多尔菲承认了他与罗斯主教的交易，他还用海外来的钱贿赂了罗斯主教和诺福克。伊丽莎白对这个佛罗伦萨人的一些回答感到困惑，它们似乎“与真相差之甚远”。里多尔菲还要因几个事项遭到进一步审讯，于是伊丽莎白要了几份沃尔辛厄姆审讯这些事项时提出的问题。四天后，关于审问嫌疑人，特别是关于这个银行家与苏格兰女王玛丽的往来[67]，伊丽莎白下达了更多指示。沃尔辛厄姆还在里多尔菲的家中搜查犯罪文件，把所有的证据都交给了塞西尔。11 月 11 日，莱斯特和塞西尔突然写信给沃尔辛厄姆，令他把拘留中的里多尔菲释放，将他软禁在他自己的住所中。信上说，女王现在“有意要仁慈行动”，她乐于

> 在一定条件下给里多尔菲自由。告诉他，他滥用了自己的特权，因为他只能以商人的身份住在这里，却干涉了国家事务。对于这些问题，他只招认了一部分。如果女王陛下想要严厉些的话，会逼他坦白更多。然而，女王会给他自由，前提是你得以书面协定牵制他，让他交纳 1000 英镑担保金。此外，除非得到女王同意，否则他不得以任何方式干涉女王陛下和

国家的事务。[68]

次年1月，这笔用于懿行的钱返还给了里多尔菲。他彻底自由了[69]。到底发生了什么？用现代间谍用语来说，沃尔辛厄姆可能"策反"了里多尔菲——劝他为女王办事，当双面间谍。纹章官、古董商威廉·卡姆登（William Camden）算是沃尔辛厄姆的熟人，他说沃尔辛厄姆"搜查隐藏秘密时机智无比。如何笼络人心并将他们为己所用，他都了若指掌"[70]。后来，这些天赋在击垮霍华德家族中派上了用场，彰显了它们的全部价值。塞西尔可能也希望重获自由的里多尔菲能够引出参与密谋的其他逆党。

政府对女王和国家安全的关切完全不是空穴来风。里多尔菲阴谋已被扼杀在摇篮中，在关键时刻，这名教皇安插在伦敦的间谍已被清除，不能参与活动；诺福克公爵也被牢牢地监押在伦敦塔。但是，潜在的天主教徒造反，再加上他们可能会试图解救苏格兰女王玛丽，对这两者的担忧持续不断，已成为压倒一切的重要问题。

他们最糟糕的预想果然成真了。

1569年11月，英格兰北部的天主教大贵族——第七代诺森伯兰伯爵托马斯·珀西，以及第六代威斯特摩兰伯爵查尔斯·内维尔集结起来，武装他们的租户，向达勒姆进军。随后，他们又一路向南，计划解救被关押在斯塔福德郡（Staffordshire）塔特伯里城堡（Tutbury Castle）的苏格兰女王玛丽[71]。虽然叛军武器并不精良，没有接受过多少军事训练，但他们还是成功把王室军队赶出了巴纳德（Barnard）的城堡，之后他们突然向达勒姆撤退，因为当时他们离伦敦265英里（约425千米），如果军队再进发的话，他们担心政府会迅速将他们制服。伊丽莎白的惩罚是非常严厉的：除了处决叛乱者，她的军队还摧毁了他们的房子和地产，这意味着英格兰北部的经济在约两百年间无法完全恢复。

十个月后，1570年8月上旬，诺福克最终被从伦敦塔内释放，但被软禁在他伦敦的家中，受到亨利·内维尔爵士（Sir Henry Neville）的严密监视。

同时，沃尔辛厄姆在塞西尔和女王心中的地位稳步上升。在释放诺福克的同月，沃尔辛厄姆受命去法国宫廷上执行外交任务，法国爆发血腥内战后，他要负责为法国胡格诺派新教徒正名和确保他们的安全。然而，法国驻伦敦大使伯特兰·德·萨利尼亚克·德·拉·莫特·费奈隆（Bertrand de Salignac de la Mothe Fénelon）却认为，沃尔辛厄姆此行不只是要让胡格诺派安心，他更多的是要探明他的主子法国国王查理九世（Charles Ⅸ）对苏格兰女王玛丽的态度以及对苏格兰的政策。

呈递国书的场合看起来很豪华，其实大多不过是既古板又流于形式。8月28日，沃尔辛厄姆和英格兰大使亨利·诺里斯爵士（Sir Henry Norris）来到法国宫廷，国王的母亲凯瑟琳·德·美第奇（Catherine de Médici）抛开细枝末节，上来就直接攻其要害。她径直问沃尔辛厄姆，苏格兰女王玛丽在英格兰受到虐待，是不是因为伊丽莎白的大臣憎恨她。大使的回答同样直言不讳，他说他尊贵的主人不会被任何大臣转移她放在光荣事业上的注意力，此外，她能够而且也会向世人证明，她的行为是正确的。

一个直率的回答——但很明显，这个英格兰代表团给法国王室留下了另一种印象。西班牙驻巴黎大使弗朗塞斯·德·阿拉瓦（Francés de Alava）报告称：

> 这名觐见的英国贵族全身都着黑色，他傲慢地走进来，径自无礼地与国王王后讲话。退下时，他和诺里斯举止十分粗鲁，这两人走出门后，我听到大家都在谴责他们。他们对安茹公爵（亨利，国王的兄弟）没有一个像样的致意，连一个眼神都没有，更别提在场的其他大人物了。[72]

沃尔辛厄姆对这次会面的描述却是大相径庭，他说这次讨论气氛热情友好。此外，他在巴黎的外交工作让他得以接替诺里斯担任英格兰驻巴黎大使，但他不想要这份工作。临时回到伦敦时，沃尔辛厄姆写信给一名女士——很有可能是他的妻子——说他希望伊丽莎白能够发现

> 目前我在这份工作上的经验太少了，她会选择一些更能胜任的人做这件事，不会再雇用我。夫人，你明白，我内心非常怀疑我无法处理好自己的情况。

沃尔辛厄姆说自己宁愿在英格兰以“一块面包和奶酪”度日，也不愿意留在法国，享用“他们最好的（佳肴）和款待”，他的言语之中闪耀着清教主义的光辉。不幸的是，他还是清醒地承认“因为我生来就是普通百姓，而不是贵族，我必须服从上面，听从指令”[73]。

沃尔辛厄姆拒绝接任这个工作，核心原因可能是常驻海外的大使个人花费出名地高，而众所周知的是，女王极不喜欢花钱来还清她名下的欠款。因此沃尔辛厄姆才不愿意为了加深女王对法国的兴趣而让自己破产。他告诉塞西尔，如果伊丽莎白决定任用他，那么

> 即便我的本事和工作能力都一般，她也一定得下决心给它们出路，让它们可以背负这个（财政）负担。我们都知道亨利·诺里斯爵士生活优裕，但他都觉得开销很大，所以这不适合我，我承受不了这么大的负担去施展我其他的普通本领……[74]

最后，几乎可以肯定，多次讨论过后，女王同意每日给他补贴 3 英镑 6 先令 8 便士（按今天的币值就是 657 英镑）。这很小气了，16 世纪 60 年代她给驻巴黎大使的补助就是这么多，但这笔钱至少提前三个月到账了。另外，他的旅途开支、把 10 匹马和他的家当运到法国的费用都得到了解决，总计 84 英镑 9 先令 11 便士[75]。1570 年 12 月 23 日，伊丽莎白任命沃尔辛厄姆为大使，他的职责有：遵从女王命令，传递女王的信息；告知女王法国发生的政治事件；提升和保护在法英格兰商人的利益。

西班牙驻伦敦大使斯佩斯告诉西班牙国王腓力二世：“女王不久就要派沃尔辛厄姆去法国当她的新大使了……她认为比起其他人，沃尔辛厄姆更有可在法国掀起纷争”[76]。五天后，沃尔辛厄姆离开英格兰，他的妹夫罗伯特·比尔担任他的秘书。

沃尔辛厄姆把生命中这段时期发生的事都记录了下来，但只

有部分日志存留[77]，而且遗憾的是，它们都缺少细节刻画，只是叙述了他见了谁，和谁吃了饭。1571 年 2 月 14 日，他觐见法国国王，讨论了英格兰布商的投诉，布商说他们在交易中受到不公对待，以后这会是双方之间的老话题。据沃尔辛厄姆记录，几周后的 3 月 2 日，他在巴黎城门口撕去了十三个月前就颁布了的将伊丽莎白逐出教会的教皇诏书[78]，很明显这是由一名不怀好意的天主教徒弄上去的。有报告说，腓力二世的马德里（Madrid）宫廷接收了爱尔兰叛党，就这事他还同西班牙大使德·阿拉瓦进行了交涉，但除了西班牙语，德·阿拉瓦拒绝用任何语言交谈（沃尔辛尔姆不会说西班牙语）。后来，沃尔辛厄姆告诉塞西尔“相较于我对他，他似乎对我不感兴趣……我从来都没有和如此骄傲的人，或是那种在面容和言语上都这么不屑的人说过话。我不想再与他有什么联系了”。[79] 仅仅过了两周，沃尔辛厄姆就到克莱蒙（Clermont）去见他的妻子厄休拉，此前她就到了奥弗涅大区（Auvergne）。3 月 19 日，周日“下午两点左右”，厄休拉抵达巴黎[80]。

保留下来的日志大多记录了沃尔辛厄姆的日常事务，是一位大使为努力保护国家利益所做的普通工作。他早已开始接触秘密情报了——对于任何外交工作，情报都是其中的重要部分：日志记录，1571 年 6 月 8 日，“雅科莫带了大量信件从英格兰出发”抵达法国。几乎可以确定，那人就是雅科莫·马努奇（Jacomo Manucci），佛罗伦萨人，后来在沃尔辛厄姆的间谍网络中负责管理大量间谍，是沃尔辛厄姆的亲信，能够处理非常敏感的问题。6 月 26 日，沃尔辛厄姆的意大利老友“托马索上尉”弗兰基托给他寄了几封信，还分别于 11 月和 12 月两次在巴黎和他会面。

沃尔辛厄姆在巴黎的主要外交工作就是处理拖了许久的两国婚事讨论，此时伊丽莎白已经 37 岁了，就要嫁给法国国王的弟弟、比她小 17 岁的安茹公爵亨利。沃尔辛厄姆告诉莱斯特，伊丽莎白的求婚者

> 比我高三指，面色蜡黄，身形很好，腿又长又细，但是相当匀称。关于他的健康状况，我发现说法太多了，我不知该相信什么。[81]

作为一名虔诚的新教徒，沃尔辛厄姆是不可能赞同伊丽莎白和天主教徒结婚的，但在巴黎外交的龙潭虎穴中，他还是很小心地隐藏了自己的个人情感。他对莱斯特强调，他已经抛开了“我背后的强烈个人情绪，在这里，我要顺从君主的情感，无论她让我做什么，我都会认真完成”[82]。

伊丽莎白政府内的一些人认为，沃尔辛厄姆“会坚决反对”这项计划，但他的真情袒露似乎让这场婚姻的支持者大为满意。英格兰的对手担心英法政治联盟会让两国实力大增，他们自然就要试图阻拦安茹的婚姻计划。在巴黎的罗马教皇大使（Papal Nuncio）轻蔑地告诉安茹，伊丽莎白年纪大了，可能连孩子都生不出来了，而且她还是一名异教徒。法国宫廷的吉斯（Guise）家族派系权倾朝野，他们想方设法来阻挠这场婚事。他们散布流言蜚语，中伤伊丽莎白和她的政府，想影响瓦卢瓦（Valois）王朝和洛林枢机主教查尔斯·德·吉斯的态度，他们甚至还买通了

安茹的一个亲信，让他去劝说公爵放弃与伊丽莎白成婚，转而选择苏格兰女王玛丽。宗教问题一直是英法联姻商讨过程中的绊脚石。1572 年 1 月上旬，英格兰特别大使亨利·基利格鲁（Henry Killigrew）[83] 和托马斯·史密斯爵士（Sir Thomas Smith）[84] 最终在法国王太后的私人房间里见到了她。王太后告诉两人，她的儿子是一名虔诚的天主教徒，一直在守夜祈祷、戒斋，这才致使他“身形消瘦，面色阴沉”。公爵母亲说，在英格兰偷偷摸摸做礼拜会让公爵很不舒服，必须要在公共场合举行大型弥撒仪式。史密斯挖苦说：“哎呀，夫人，那公爵再怎么说也要有四个修会那么多的会士、修道士、咏礼司铎，再去朝圣请求宽恕，还要加上圣油、圣膏、圣人遗物和所有这些场面上的东西吧，这些要求可绝不会得到满足的呢。”[85] 很明显，这场婚事实际上已不了了之。

事到如今，沃尔辛厄姆又开始心事重重，他最担心的事情发生了：他严重缺钱。大使工作需要大量用钱，他被迫负了债。1572 年 3 月 3 日，他告诉伯利，他超出俸禄花了 1600 英镑，他不得已卖掉了自己每年可入 60 英镑的土地，而他欠下的债务总计超过 730 英镑。7 月末，沃尔辛厄姆做了一个不太明智的举措。他想着俸禄就快要到了，便向凯瑟琳·德·美第奇的密探吉多·卡瓦尔坎蒂（Guido Cavalcanti）借钱，结果现在欠下了几千英镑 [86]。

沃尔辛厄姆给伊丽莎白挑选结婚对象的职责并没有结束。难以置信的是，他竟然把目光放在了安茹公爵的弟弟、17 岁的阿朗松公爵（Duke of Alençon）弗朗索瓦身上——把伊丽莎白的未来丈夫替换成他。但他却不是什么理想的意中人：由于染上过严重的天花，他涉世未深的脸上坑坑洼洼，身形瘦弱，个头又偏矮。沃尔辛厄姆深感疑惑，阿朗松公爵爱慕虚荣的情妇是如何接受他这种生理条件的。沃尔辛厄姆坦率地向塞西尔表示（此时，在女王难得一见的慷慨下，塞西尔因其工作而被封为伯利勋爵），他对这场可能的婚事有所担忧：

> 我发现，最大的阻碍……就是看着不舒服。除了脸上有天花疤痕，这位绅士脾气还极差。我斟酌了一番，女王陛下美丽的眼睛看到此番会是怎样，我觉得不会有任何喜欢之情产生。[87]

其实，伊丽莎白并没有听进对阿朗松年龄和外貌的外交奉承话，她担心，如果她和一位还不成熟，下巴刚开始长胡子、只有一截胡茬儿的青年走入婚姻的殿堂，“世人大多会对此觉得荒谬”。

更糟的是，英法结成重要政治联盟来对抗西班牙的可能性越来越低。法国胡格诺派首领海军上将加斯帕尔·德·科利尼（Gaspard de Coligny）一直力主在低地国家发动战争，抵抗腓力二世的西班牙势力。这对伊丽莎白政府可不是个好兆头，政府人员焦虑不堪，因为如果法国控制住佛兰德斯，对英国海上力量和贸易会有重大影响。1572 年 6 月，伯利写信提醒沃尔辛厄姆，法国对低地国家港口的控制会制约船舶调动，管控英格兰商人，还有“伴着危险和耻辱，我们对英吉利海峡（English Channel）和爱尔兰海（Irish Sea）所拥有的主权会被削弱”[88]。下个月，对法国的扩张野心心存忧虑的伊丽莎白派汉弗莱·吉尔伯特爵士（Sir Humphrey Gilbert）[89]［1569 年他残忍镇压了爱尔兰南部的菲茨莫里斯叛乱（Fitzmaurice Rebellion）］带领1000多名志愿兵去抵抗西班牙，占领泽兰（Zeeland）的沿海城镇法拉盛（Flushing）和斯鲁伊斯（Sluys），以防法国军队侵占这两地。这次远征完全是非正式的，吉尔伯特知道，如果他不幸败北了，女王就会立马与他撇清干系。

在巴黎，凯瑟琳·德·美第奇担心科利尼的政策会让法国与西班牙敌对，卷入一场可能会造成毁灭的危险战争中去，而且西班牙或许还会两面夹击。必须得掀起大波浪来减弱或消除胡格诺派对法国对外政策的影响。

法国公主瓦卢瓦的玛格丽特（Marguerite of Valois）嫁给了新教国王纳瓦拉的亨利（Henry of Navarre）。四天后，即1572年8月22日上午11点左右，科利尼在罗浮宫（Louvre）觐见安茹公爵后，便沿着贝蒂西（Béthisy）街散步，因为地面泥泞，很脏，他脚上穿着套鞋。吉斯党人指使化名为莫尔韦尔（Maurevert）的莫尔韦（Maurevel）去暗杀科利尼。刺客开枪时，科利尼突然弯下腰来整理鞋子，这个举动救了他一命，所以他只是受了伤，并没有死。这一枪是由火绳钩枪[90]从一栋房子窗户的铁栅中射出的，房主是吉斯公爵以前的老师皮埃尔·德·皮勒（Pierre de Pille）教士。暗杀未遂的刺客穿过附近教堂的回廊，跑到塞纳河畔，那儿早有一匹备好鞍的马，他骑马逃跑了。

科利尼被抬回家中，左手肘部和手上都受了伤，流血不止。国王在罗浮宫打滚球时听到了枪声，得知有人企图刺杀科利尼，他似乎气得发狂，立即派御医安布罗斯·帕尔（Ambrose Paré）去救治受伤的科利尼。这名海军上将的右手食指不得不截掉。

然而，王室的震怒和关切不过是惺惺作态。8 月 24 日，圣巴塞洛缪节（St Bartholomew’s Day）凌晨，刺杀所有胡格诺派领袖的行动开始了，行动计划迅速而又缜密。尽管住所受到王室军队保护，受伤的科利尼还是首当其冲，在家中卧室里被刺中胸膛而亡。刺杀他的人是波希米亚人贝斯梅（Besme），也叫瓦诺维茨（Vanovitch），吉斯家族党羽。科利尼的尸体从窗口被猛地扔出落在街上，吉斯公爵和国王的私生兄弟昂古莱姆（Angoulême）公爵就在那里候着。科利尼的头被砍了下来，血淋淋的尸体被拖走，束上锁链挂在蒙特福孔（Montfaucon）的公共绞刑架上。不久之后，其他十余名胡格诺派领袖也惨遭杀害：拉·罗什富科（La Rochefoucauld）被蒙面人刺中，几个小时前他还在和查理九世开玩笑；拉·福斯（la Force）勋爵和他的一个儿子双双惨遭割喉。

沃尔辛厄姆的家在圣日耳曼市郊的伯纳丁（Bernardins）码头[91]，半夜里，他和妻子以及四岁的女儿弗朗西丝听到塞纳河上游的圣日耳曼欧塞瓦教堂（Church of St Germain l’Auxerrois）响起了钟声。他们和家中访客——正在法国游历的菲利普·锡德尼（Philip Sidney）都不知道，这虔诚的钟声其实预示着一场血腥的大屠杀。巴黎著名新教徒的家全都被迅速确认，他们的房门上被画了一个白色十字记号，暗示着他们就是即将来临的大屠杀的目标。

那天是周日，早上太阳升起的时候，河对岸的罗浮宫方向，钟声和炮火声此起彼伏，绵延不绝。下午 3 时左右，城里一些吓坏了的英格兰人跑到沃尔辛厄姆的家中寻求庇护，告诉了他们这个残酷骇人的事件：一群天主教暴民和训练有素的军队共谋要将胡格诺派教徒赶尽杀绝。有三名英格兰人已经被杀。可以肯定，沃尔辛厄姆锁好了大使馆，带领他们在里面为生命祷告。西班牙驻巴黎大使坚称，暴徒攻击了沃尔辛厄姆的家，沃尔辛厄姆不得不怯懦地东躲西藏，但这很有可能是个假消息。查理九世肯定派了讷韦尔公爵（Duke of Nevers）领导一支禁卫军来保护沃尔辛厄姆和他的家人，以及持续不断的屠杀过程中越来越多的避难者[92]。胡格诺派上将布里克莫特（Briquemault）爵士弗朗索瓦·德·博韦（François de Beauvais）也逃到了沃尔辛厄姆的家中，但被王室军队给拖出来绞死了[93]。

接下来的几天中，3000多名胡格诺派教徒在巴黎被残杀，这场大屠杀就像染上恐怖红色的绸缎一般，席卷了法国其他地方。尽管王室最后还是下了停止令[94]，据估计，屠杀进行到10月，图卢兹（Toulouse）、波尔多（Bordeaux）、里昂（Lyons）[95]、鲁昂（Rouen）和奥尔良（Orléans）已有7万名新教徒惨死。

沃尔辛厄姆把他的妻女成功护送出城，两人回到了英格兰。沃尔辛厄姆乘坐的马车受到王室保护，但他在巴黎城内走动时，依旧猖獗的暴民对他高声辱骂[96]。他担心送往英格兰的信件会被拦截，于是坦述了圣巴塞洛缪节大屠杀，让外交信使记牢[97]，担任此职的可能是沃尔特·威廉斯（Walter Williams），一个忠心耿耿的威尔士人，在接下来的15年里，他都在沃尔辛厄姆手下办理各类事件[98]。

9月1日，沃尔辛厄姆觐见凯瑟琳·德·美第奇。她告诉沃尔辛厄姆，她的儿子国王查理九世现在只允许法国有一种宗教，那就是天主教。

五天后，尼卡斯特罗（Nicastro）主教、威尼斯（Venice）教宗使节约翰·法基内蒂（John Facchinetti）写信给科莫（Como）枢机主教托勒密·加利（Ptolemy Galli），祝贺

> 法国方面的好消息，海军上将死了，胡格诺派教徒和他们的领袖也遭到了屠杀……谈到纳瓦拉（新教）贵族和孔代（Condé），国王（查理九世）说：“让这群懦夫立刻闭嘴。”还有……他要将纳瓦拉伯爵所有的绅士和仆从都赶尽杀绝。[99]

在罗马，教皇格列高利十三世（Gregory XIII）下令唱《赞美颂》（*Te Deum*）来庆祝对抗新教的重大胜利，他还要制一枚奖章来纪念此次事件，奖章背面有一个天使，拿着十字架和出鞘的剑，刺死了胡格诺派教徒。或许无意之间对抗英格兰的国际战线正在逐渐形成，形势已经不可逆转。

圣巴塞洛缪节大屠杀所带来的恐惧，给沃尔辛厄姆的余生留下了创伤。目睹了法国残忍镇压这些新教徒，沃尔辛厄姆吓呆了。他看到街道上血流成河，血液都凝固了起来，巴黎城内的盲目仇恨和偏见点燃了熊熊大火，他闻到了火的烟味。日复一日，天主教暴徒在大使馆的墙外大声疾呼，怒吼着要取躲在里面的英格兰人的性命。在乱哄哄的屠杀中，大使馆以微弱的力量守护着新教徒的安全。沃尔辛厄姆看到他英格兰同胞脸上掩饰不住的恐惧时，他的记忆也被烧灼着。

对于沃尔辛厄姆，还有对伊丽莎白政府而言，法国这场令人震惊、骇人听闻的大屠杀提醒了他们：西班牙在低地国家也开展了野蛮的、灭绝性的反新教运动，而且这也预示着，如果天主教

重返英格兰，国家会发生些什么。

这位表情严肃的大使肯定发了誓，要竭尽全力来保护他珍贵的新教国家。国家现在危机四伏，强大、坚定、对天主教绝对忠诚的敌人正虎视眈眈。

第二章

“国家之毒”

“……如果他们表现得还像以前那样油盐不进，那就把他们带进伦敦塔，严加看守，再上拉肢架，严刑拷打，逼问出他们参与或接触的所有事件中不为人知的消息。”

——1587 年 1 月枢密院就处理天主教囚犯所下达的指令[1]

女王玛丽一世在其统治期间残忍烧死了 280 名异教徒，火焰余烬被吹散在风中，她同父异母的妹妹伊丽莎白在 1558 年 11 月登基后，对于英格兰新国教的热忱应运而生。新女王和她的政府所面临的问题就是，虽然国家律法牢牢建立了新教圣公会，但绝大多数臣民，尤其是英格兰北部和西北部的臣民，仍然笃信天主教。在伊丽莎白统治的不同时期，这些天主教徒都被视为女王和国家的严重威胁。1573 年 4 月，沃尔辛厄姆从法国归来[2]。几个月后，他受命向天主教徒施加极权国家的镇压手段，消除他们的威胁。伊丽莎白统治时期，主要是 16 世纪 80 年代沃尔辛厄姆负责国家安全期间，约有 125 名天主教神父和 60 名反抗者被追捕并以叛国罪残忍处决，其中还包括 3 名妇女[3]。

1571 至 1572 年，一场推翻女王的阴谋大大刺激了英格兰，这次还是那个大阴谋家罗伯托·里多尔菲在从中作梗。1570 年 8 月，诺福克公爵从伦敦塔获释，随后被软禁在伦敦的霍华德庄园内。不出几天，那名胆大包天的佛罗伦萨人就秘密拜访了他。在这么不恰当的时机拜访，是受不到什么欢迎的。里多尔菲让疑惧的诺福克写信给驻扎在尼德兰的西班牙元帅阿尔瓦公爵，为阶下囚苏格兰女王玛丽筹募资金。诺福克很聪明地避开了他——“我开始厌恶他了”，很久以后，诺福克说道，他要“找机会摆脱他”。

诺福克能洞察到这一点，实属难能可贵，因为最后正是这名双面间谍被利用来欺骗诺福克，把他推向了断头台。尽管诺福克遭遇了种种变故，但他的克星苏格兰女王玛丽还是一心想嫁给他，并要将他卷入一场新的危险阴谋中。1571 年 1 月 31 日，玛丽写信给诺福克，怂恿他从家中逃出，“尽管危险，她自己也将出逃”，这样他俩就可以结婚了[4]。我们可以想象，诺福克看到这封完全不切实际的信后一脸狐疑的表情。里面的内容肯定是在疯狂地自欺欺人，甚至是在做青天白日梦。

先把这名苏格兰女王的幻想摆在一边，诺福克公爵最终还是垮台了，事件诱因是佛兰德斯人查尔斯·贝利（Charles Bailly）被捕。1564 年，年轻的贝利开始为玛丽办事，后来他在玛丽的伦敦间谍罗斯主教约翰·莱斯利手下当差。1571 年 4 月上旬，伯利在多佛（Dover）的间谍发现贝利在为英格兰流亡者传送书籍和信件，而他没有有效的过关证，便将他拘留了起来。“他背后隐秘地藏着”两封书信，行踪飘忽不定的里多尔菲在布鲁塞尔指示贝利要把信交给罗斯主教[5]。这名犯人被押回伦敦，关在伦敦塔中的比彻姆塔（Beauchamp Tower）。贝利在监禁中心如死灰，他在塔内三楼房间内刻下的颓丧之语一直保留到今天[6]。墙上有些话痛苦地表现出了他的真情实感，他在塔内行刑人手下受到的折磨是他悲伤的根源。贝利在拉肢架上短短地待了一阵——拉肢架是一种残忍的工具，能拉伸受刑人的身体，使其脱臼，过程极其痛苦[7]——而且受到了威胁，说还有类似的刑罚在等着他。受刑和威胁逼得贝利招出了惊人的消息。他承认，里多尔菲在 3 月 25 日离开英格兰，要将玛丽的私人号召传给低地国家的阿尔瓦公爵、他的主人国王腓力二世和教皇，呼吁他们出资出兵攻打英格兰，其目的是要推翻伊丽莎白，把苏格兰女王推上王位，将天主教重新确立为国家宗教。3 月初，里多尔菲还再次前往了位于查特豪斯广场（Charterhouse Square）的霍华德庄园拜访诺福克公爵，并留下一份文件，里面简要说明了入侵计划，列出了约四十名暗中支持玛丽的英格兰大人物，每个名字都标了数字，作为密信中的代号[8]。

在巴黎，时任伊丽莎白驻瓦卢瓦宫廷大使的沃尔辛厄姆立即听到了密谋的风声。5 月 14 日，他写信给伯利：

> 我接到密报，西班牙大使给了里多尔菲保证信，让他转交给阿尔瓦公爵；里多尔菲和公爵交谈了许久，然后被派到罗马，手里还带着要给西班牙国王的保证信。他允诺本月 20 日会到达马德里。
>
> 关于他策划的这个秘密事件，我现在还没了解多少。尽管

如此，我认为我还是有责任要告诉大人这么多，或许再通过其他的消息，我们多少可以猜出此事后续如何。[9]

然而，这个佛罗伦萨银行家没能给西班牙将军留下个好印象。在他们会谈期间，里多尔菲激动描述着西班牙在进攻英格兰的问题上该如何慷慨，要派出6000名火绳枪兵，再带上军事装备，包括25门大炮，给诺福克领导的英格兰天主教平民军增势，以此来解救玛丽，捉拿伊丽莎白。他还竭力主张要在哈里奇（Harwich）港登陆，这让他消息的可靠性大打折扣，因为他称哈里奇在诺福克郡，而实际上它是在埃塞克斯（Essex）。很快，里多尔菲就没什么可信度了，精明的阿尔瓦才不会相信这个计划有多高明。后来他告诉腓力二世，里多尔菲"很会瞎扯"，他"说话只是生搬硬套"。与里多尔菲所说的恰恰相反，将军力劝国王，只有在英格兰天主教徒起义叛变，并且伊丽莎白已经"死掉……或是成为阶下囚"之后，西班牙才会提供军事援助，然后他们就有了一个"必须得好好把握"的机会。阿尔瓦还补充说："我们可以告诉（诺福克），如果这些条件都满足了的话，他所想的都会实现。"[10]看看1569年英格兰对北境叛乱的残忍镇压，这样的要求几乎不可能实现，而这名西班牙将军对此也一定了解。里多尔菲还不清楚阿尔瓦嘲讽地摒弃了他的计划，就在他火速赶往梵蒂冈和马德里之际，腓力早已知道贝利被捕后这一筹谋已经败露，于是接受了阿尔瓦截然不同的军事建议。

回到伦敦，贝利被转移进了萨瑟克区的马夏尔西监狱（Marshalsea Prison），伯利把他的密探威廉·赫尔勒（William

Herle）安插了进去。赫尔勒通晓数国语言，他伪装成爱尔兰神父，要从贝利嘴里套出更多的情报[11]。女王的调查者们抽丝剥茧地把密谋细节梳理清楚，然后如同拼拼图一般逐一还原了这场危险阴谋的全貌。行动的时刻到来了。

在讯问下，诺福克的仆从背叛了他。1571 年 9 月 7 日，诺福克再次被捕，被关在伦敦塔里严加看管。三天后，他可怜巴巴地给伊丽莎白写了一封投降书，称他的“内心完全不知所措，两颊沾满泪水”，想求得她的原谅。他懊悔那天自己起了念头要娶苏格兰女王玛丽，因为他一直“只渴望平静的生活”[12]。“我们所有人都想要平静的生活，而且我们当中几乎还没有谁被指控犯了叛国罪。”枢密院成员费心审问了诺福克好几次[13]，他结结巴巴地为自己的行为找借口，但他心里知道，是他的愚蠢和虚荣促使他走向毁灭。

9 月 30 日，安全地待在巴黎的里多尔菲写信给苏格兰女王玛丽，报告他与教皇和西班牙国王的协商成果，补充说他现在得谨慎地“退出大众视野，不再给伊丽莎白女王添堵”[14]。记载中没有留下玛丽对该信所做出的反应，但情况如何，我们可想而知。

伊丽莎白直言不讳地说西班牙大使斯佩斯“与狂热分子一起，要暗中恶化英格兰的局势”，之后他便被逐出了英格兰。

一时谣言声四起，在欧洲四处回荡。1572 年 1 月上旬，罗马方面收到一封简报，里面错误报告说玛丽已被判了勾结密谋罪，现在她“被严密监禁，任何人都不准和她说话，食物就通过窗户给送进来”[15]。

马德里教廷大使约翰·巴普蒂斯塔·卡斯塔纳（John Baptista Castagna）大主教称，里多尔菲事件“十分重大，要是先前没有发觉真相的话，国王（腓力二世）就会遭到无尽羞辱”。如果不出所料，诺福克和其他反叛者被处死了的话，唯一要做的事情就是耐心等待，因为发动战争

> 和故意进攻那些国家，而不等它们内部（天主教）权贵叛乱，不是什么好时机，连国王都不会想在这时行动。以上是对那两封我收到的关于这个事件的密信的答复。[16]

1572年1月16日，为了保命，诺福克在威斯敏斯特大厅（Westminster Hall）接受审讯。指控他的证人都没有出席露面，防止诺福克向他们提出质疑。公爵给人的印象是有时高傲自大，让人想起旧时霍华德家族的傲慢，但其他时候，他又是一副可怜相，说他的记忆力“减退了很多，回答不了那些堆积如山的问题”。毫不意外的是，其他贵族都一致认为他有罪。总管大臣（Lord High Steward）什鲁斯伯里伯爵（Earl of Shrewsbury）宣布判处诺福克死刑[17]，伦敦塔的斧刃就不祥地对准了他。

诺福克不像是个叛国贼。他的罪名更应该是愚蠢地隐瞒情报，而不是密谋推翻伊丽莎白和她的政府。他诉说道“我不知如何去猜忌别人，我遭人背叛、构陷，完全是我自己一手造成”[18]。

6月2日早上8点，诺福克公爵爬上塔丘（Tower Hill）的断头台。他告诉围观群众，他只是和里多尔菲——一个“陌生、放肆的人”——交谈了几句，但就一次，而且

> 我不是对女王有什么成见，许多人都知道，我和里多尔

> 菲有票据和债券这样的金钱往来。我以为他是个安于享受英格兰安宁生活的人，他本该有脑子辨别出那些阴谋诡计的。[19]

诺福克也强调，他自始至终都是一名虔诚的新教徒：“让上帝见证，我现在不是，而且过去也绝不是教皇党人，因为我知道宗教是什么。”刽子手仅仅一刀就砍下了诺福克的脑袋，他死时才34岁，尸体就埋在伦敦塔内的圣彼得及温库拉小教堂（Chapel of St Peter ad Vincula）。

1571年10月，里多尔菲在巴黎听到了密谋败露的消息，最终他返回罗马。在那里，教皇庇护五世为表感谢让他当了教皇特使。后来里多尔菲在佛罗伦萨住了40年，从事利润丰厚的金融交易工作，赚了大笔的钱。1612年2月18日，里多尔菲在佛罗伦萨安详离世。400多年后的今天，我们很难确切了解他在事件中扮演了什么角色。1569年冬天，他不情愿地在沃尔辛厄姆的伦敦家中待了一段时间，之后几乎可以确定，他成了英格兰政府的双面间谍。我们不禁可以想象，里多尔菲这名密探也是伯利精心策划的巧妙计谋中的一部分，在最后消灭了诺福克和天主教贵族残留的威胁，那些贵族在几年前的北境叛乱之后就一直心怀不满。在这个阴谋丛生和两面三刀的神秘世界里，伯利这名阴谋论者干得如鱼得水：精明的首席大臣对于玩这种秘密花招肯定很在行。多年后，在1600年，沃尔特·雷利爵士（Sir Walter Raleigh）写信给伯利之子罗伯特·塞西尔爵士（Sir Robert Cecil），说当时普遍认为“是你的父亲……谋划促成了诺福克的毁灭”[20]，这或许值得注意。

伊丽莎白政府或许能斩断阴谋的一角，但祸患难以根绝，随着一月又一月、一年又一年时间的推移，还会有许多其他事情冒出来要去对付。

1573年12月20日，沃尔辛厄姆被任命为枢密院顾问官，伊丽莎白的第二位首席国务大臣。据估计，枢密院共有17人，第二天，作为其中一员的沃尔辛厄姆宣誓“做一名对女王陛下忠心耿耿的顾问官”。从许多方面来看，所有这些不过是让沃尔辛厄姆的工作看起来名正言顺一些，因为他4月从法国回来之前就已经在担任女王的非正式亲信顾问了。沃尔辛厄姆还未离开法国时，莱斯特告诉他：

> 你知道我是怎么看待你的，还有所有人会把你放到什么位置上，甚至是女王陛下会怎么想。其实你早就在当顾问官了，不仅如此……很多情况下，顾问官是不许接触那些你早已熟悉的事情的。[21]

沃尔辛厄姆在法国时就健康状况不佳，从返回英格兰到被任命为国务大臣的这段时间内，他可能一直在休养康复，然而，他依然在接收国外来的情报。8月，沃尔辛厄姆把一名意大利间谍的信转交给伯利，信上提到了尼德兰新教领袖奥兰治（Orange）亲王的种种行动，而且还说有人企图刺杀亲王[22]。格洛斯特郡（Gloucestershire）彻什姆（Churcham）的理查德·阿诺德（Richard Arnold）恳求沃尔辛厄姆接受“一对灰狗”，此前因他“病得厉害”，无法把狗给沃尔辛厄姆，从阿诺德的恳请中，我们可以略微窥见沃尔辛厄姆那段时间在国内的生活。

把带狗猎捕野兔这种乐趣放在一边，现在该回来为伊丽莎白服务了。国务大臣需要处理几乎每一份与国际事务有关的文件，与各路外国大使馆打交道，并处理乏味的国家行政事务，如制订房屋建筑计划，剿灭海边猖獗的海盗，授予贵族头衔，还有管理贸易。

此外，沃尔辛厄姆还成了伊丽莎白的秘密警察：广布眼线根除叛国行径；刑讯逼供；逐郡挨家挨户缉拿1574年开始在英格兰传教的逃亡神父。对沃尔辛厄姆这个经常饱受疾病之苦的人来说，他的工作量肯定是个巨大而又沉重的负担。

现存一份1592年的文件，上面描述了首席国务大臣在伊丽莎白手下的职责，其作者可能是沃尔辛厄姆的姻亲兄弟罗伯特·比尔，他曾当过爱德华·沃顿爵士（Sir Edward Wotton）[23]的秘书。文件共13页，当中给了一些全面合理的忠告——官员该如何与据理力争的女王打交道，展示出了沃尔辛厄姆的工作气氛。例如，如果有一些令人不快的事情要和女王讨论，“或是有十分重大的事件有待解决，你不要一个人去承担这个重任，要和其他人一起去”。人多保险在当时也是个绝佳的主意。如果“女王陛下很生气，或态度不友善的话，那件事就算你再想说，也不要拿来麻烦女王，除非事态紧急”。当女王最终同意签署一些国家文件时，大臣应该“在言语之中说些相关之事来讨好她，她可能会因此得到些许乐趣”。不幸的是，关于女王的幽默感，里面没有给出任何建议，确切地说，就是文件中没有提及到底什么才能取悦女王。（沃尔辛厄姆竭尽全力，总是在新年赠送礼物给女王，这成了一种习惯。1578年1月，他送了大量的法国绸缎，伊丽莎白似乎特别喜欢。）[24]

这份指南也指出，太多的书记员或仆从会给政府事务带来负担。最重要的是，“要让你的秘密服务（只）有几人知晓。财政大臣（伯利）手下就只有两三人（知道他的事）”。当时和现在一样，安全就是一切：

国务大臣必须有一个专门的匣子存放他的印章、密码本和秘密情报，匣子钥匙由他自己保管。每个盒子或小抽屉要用字母，而不是用国家地区的名称来区分，而且如何区分这一点也只能自己知道。

至于间谍：

有女王陛下的津贴，再加上沃尔辛厄姆大人自掏腰包，他在四十多个地方都（雇了间谍）。拉·莫特（la Mott）先生和穆维塞尔（Mauvesier）先生[25]在的时候，沃尔辛厄姆的一些秘书泄露了与法国和西班牙交易中的机密。许多苏格兰贵族、大臣以及那些被赶到英格兰，受沃尔辛厄姆解救的人，都对沃尔辛厄姆青睐有加。他还用钱收买了神父、耶稣会会士和国家叛徒，让他们放弃对抗国家。

然而，鉴于他的大方很不讨喜[26]，我认为你还是不要像他一样。[27]

对沃尔辛厄姆而言，镇压天主教颠覆活动和阴谋完全就是一场个人使命，近乎于为宗教献身。他本质上是一名激进的新教徒。

确实，伊丽莎白也视他为“极端清教徒”，她偶尔还会不公地责怪沃尔辛厄姆，说他对英格兰还没有像对信徒一样上心，她对沃尔辛厄姆宗教信仰的评价过于苛刻了。不过，沃尔辛厄姆也的确给了当时的清教徒领袖托马斯·卡特赖特（Thomas Cartwright）100英镑的经济援助，用来抵制兰斯出现的天主教《新约》，但可以说这本来就是他的宣传职责所在。后来，他出钱给清教徒约翰·雷诺兹（John Reynolds）在牛津大学谋了个讲师职位。沃尔辛厄姆对欧洲政界有着深刻的策略眼光，他认为所有国家的新教徒要不顾一切地团结起来，抵抗天主教势力的巨大威胁。他们要准备好，用狡诈手段保护英格兰年幼脆弱的新教，不让任何外来者加入。大约在1583年，苏格兰国王詹姆士六世就称他狂热地信仰新教，为其“可以不择手段”[28]。

1582年，前驻巴黎大使理查德·霍普金斯（Richard Hopkins）写信给沃尔辛厄姆说：

> 大人您疯狂地打击我们古老的天主教和教徒。因此，在与我们宗教相关的最主要人员当中，您可以算是国内一名最为严厉的迫害者了。[29]

沃尔辛厄姆坚定地认为，新教终归该要取胜，在新任西班牙驻伦敦大使贝尔纳迪诺·德·门多萨（Bernardino de Mendoza）的记录中就可找到佐证，而且里面还记有沃尔辛厄姆在审讯中可能采用了的手段，不可否认的是里面含有主观因素。1578年6月，这名大使报告称，几个月前，他得知沃尔辛厄姆审问了一名天主

教犯人，问他是否相信伊丽莎白被逐出教会了，这名囚犯声称他并不了解，但国务大臣沃尔辛厄姆

却写下，（这名囚犯）认为女王马上就要被开除教籍。他接下来问道，如果女王正在被逐出教会……她是否还应行君主之事，犯人说要和以前一样，而沃尔辛厄姆却记录道：囚犯回答，正在被逐出教会，那她就不是女王了。

接着，沃尔辛厄姆还把这份所谓的供词交给了女王，说这供词说出了天主教徒心里的普遍想法，这样一来，女王就知道该怎么对付天主教徒了。[30]

后来，1584年1月30日，沃尔辛厄姆写信给克里斯托弗·哈顿（Christopher Hatton）爵士，谈及他对一名神父的审讯：

我确信，你以后既会想让他积极提供情报，又会担心他不知晓（任何与外界有联系的）情报。

有人提供（信息）给我，说他是一名神父，他们对此有百分之百的把握……因此，我觉得有些奇怪，他的回答应该是事先就准备好了。要是施压逼他发誓，他就会说出不同的话来。

（如报告中所说的一样）如果他确实就是一名神父，和他的同伙一样不把女王的权威放在眼里，那他就不太会把效忠女王当成一回事。[31]

1592年，为了维护一位正直之人的名声，耶稣会会士罗伯

特·珀森斯（Robert Persons）出版小册子《回应伊丽莎白打压天主教徒的不公和血腥法令》（*Response to the Unjust and Bloody Edict of Elizabeth against the Catholics*），当中抨击了沃尔辛厄姆

> 他不满足于只是嘲笑、恐吓和侮辱耶稣基督的信徒，竟然还要猛烈地打压他们，为他的宗派辩护，强烈反对我们宗教中的真理，可以说，他是个残忍、不人道之人。[32]

鉴于沃尔辛厄姆在政府中的地位，难免会有天主教徒和他们的支持者一起来诽谤中伤他。后来一名作家谴责沃尔辛厄姆，说他身上

> 明显有着野蛮残暴和宗教狂热的印迹。宗教热情蒙蔽了他的双眼，他深信每个天主教神父都是骗子，会危害国家的安定，所以他亲自主持去调查他们。[33]

也许，沃尔辛厄姆不会反对这种看法。

然而，这不是一个人要报他的宿仇或是发起一场运动。尽管沃尔辛厄姆称那些传教神父为“国家之毒”，但实际上，除了“要杀少部分神父，以杀鸡儆猴”，他大概是反对将被抓传教神父赶尽杀绝的。1586 年 12 月，沃尔辛厄姆写了一份文件，上面区分了两类神学院神父：一些人“学问精深，精明慎重”，其他的则“心思简单，热情有余，智慧学识不足”。他竭力主张第一类神父应该“受到严密监视，让他们没有途径接触情报，因为就算他们正在流

亡，也会造成大量损害”。至于第二类神父，他们“就像过去其他人一样被放逐，如果他们要回来，就对他们处以刑罚。对那些更加可怕的人，比如早就离开现在又回来的，立即处死”[34]。四年前甚至还有个计划，要把一些英格兰天主教徒流放到北美洲，这可能是沃尔辛厄姆想出来的。在北美洲这个陌生恶劣的环境中，光是生存问题就能很好地打消在他们心中具有相当分量的叛国阴谋。把不良分子送到殖民地这个主意，比我们想的要早得多。

不对，尽管沃尔辛厄姆狂热信仰新教，奋力追捕天主教逃亡者，但他只是在尽力执行政府的决策。1590 年沃尔辛厄姆去世后，国家打击天主教反抗者和耶稣会传教士的运动还在如火如荼地进行，与他监管时没有什么两样。

毫无疑问，伊丽莎白的生命安全确实经常受到天主教狂热信徒的威胁，1570 年，教皇庇护五世颁布诏书《在至高处统治》，斥伊丽莎白为异教徒，宣布她的所有臣民不再效忠于她以及她的统治政权后，情况更甚。阴谋接踵而来，全都意在用暴力将伊丽莎白拉下王位，在英格兰恢复天主教信仰。1583 年 10 月，就“约翰·萨默菲尔德（John Somerfield）反对女王陛下的某些言论”，伦敦塔内的许多囚犯都受到了审讯。约翰·萨默菲尔德化名为约翰·霍兰（John Holland），是一名来自沃里克郡（Warwickshire）爱德内斯顿（Edneston）的绅士，在对英格兰迫害天主教徒一事表示抗议时，萨默菲尔德说他“要让女王一枪毙命，还想看见她的头颅被钉在柱子上，（因为）她就是一条毒蛇”[35]。后来，在被处死的前一天，萨默菲尔德被发现在新门监狱（Newgate Prison）的牢房中“用他的吊袜带”自缢。沃尔辛厄姆手下一名在埃克塞特监狱当卧底的间谍说，萨默菲尔德是被天主教事业的支持者“吊死的，因为害怕他招供出更多对这些人不利的信息”[36]。很明显，萨默菲尔德的精神状况并不稳定，就连西班牙大使门多萨也说他是个“疯子”。在审讯他时，为了判决他是否精神失常，“他们在法庭上带来了由五名（枢密院）顾问官签署的信件，证明他精神正常——但有许多证据都指向了相反的结论”。[37]

门多萨还报告说，萨默菲尔德被捕后没几天，就有一名英格兰水手到法院去。

> 他十分大胆，找到了去法院的路，女王和两名夫人也在那里。她……生气地叫人把他抓住，带到莱斯特伯爵的房中加以讯问：是不是门多萨派他去谋杀女王的，身上有没有携带武器，尽管他只有一把钝刀而已。

水手说他此行就是要激起百姓对门多萨的怒火，要让他们“高呼，是因为这位西班牙大使门多萨的干涉才让那个疯子想要行刺女王”。门多萨说这名闯入者曾告诉法国大使，有 300 名天主教徒发誓要杀死伊丽莎白[38]。这段插曲所表现出来的特征，就像是国家授意的宣传活动。

入侵和反叛的威胁无时不刻都存在着。1572 年 7 月，冒险家托马斯·斯塔克利爵士（Sir Thomas Stucley）[39]建议西班牙国王腓力二世采用他的疯狂计划来推翻伊丽莎白，他写道：

> 戴克斯大人［伦纳德·戴克斯爵士（Leonard Dacres）］

提议要雇6000名士兵，其中1000名是外国火绳枪兵，要在6个月内把这个国家（英格兰）从自封的（女王）手中给夺过来，或者至少要夺走……坎伯兰郡（Cumberland）、威斯特摩兰郡、诺森伯兰郡、达勒姆郡、约克郡和兰开夏郡，把它们变成安全的避难所，如以前一般自由、独立的国度，让英格兰天主教徒在那里休养生息。[40]

斯塔克利建议，腓力的军队或者也可以占领怀特岛、朴次茅斯（Portsmouth）和南安普敦（Southampton），“因为这些地方集中了许多英格兰天主教徒”。他鲁莽冲动，很是乐观，主动请缨去攻占这三地，“一举成功，只需一个晚上，不超过12小时，接着再去伦敦，行程不到两天，可以直接朝那里进发”。

三个月后，斯塔克利在今天比利时（Belgium）的鲁汶（Louvain）为新任教皇格列高利十三世草草写下一份框架协议的纲要，内容与教皇对英格兰的政策有关，他再一次敦促要入侵英格兰，到那时，他承诺会有“大量（天主教徒）加入到入侵队伍中来，没有什么人会反对他”。此外，“教皇陛下不应放弃苏格兰女王的事业，她为天主教信仰受了这么多年苦，处在水深火热中，现在她不应被她的国家遗弃”[41]。又是那个事业，那个“过去的美好事业”。

第二年，1573年，摧毁伦敦新教政府的计谋放缓，马德里新任教廷大使尼古拉斯·奥尔马内托（Nicholas Ormanetto）主教勃然大怒。

大臣塞西尔，为表示他的伟大和权威，或可将其称为英格兰的王者。他用了各种方法和手段来根除英格兰天主教，并助长邻国的异端邪说……

还有我们的女王（苏格兰女王玛丽），尽管那个自封的女王各式劝说，还有塞西尔施展诡计，她仍然拒绝追随胡格诺派；不仅如此，她虽是一名女子，在众多敌人之中孤立无援，在世人眼中她饱受压迫和中伤……但她还是坚定信仰天主教不动摇。尽管被抛弃贬低，但她却睥睨所有基督教君主所谓的仁慈……

如果有了信仰天主教的陛下（腓力二世）的援助，英格兰和苏格兰又恢复神圣信仰，对他的赞美该是什么，他的功绩该多么伟大！特别是如同救世主所说的那样，一个人的灵魂胜过全世界，许多东西都会由此获得。[42]

喧哗与骚动之中，先不说把伊丽莎白推下英格兰王位的合法性，梵蒂冈肯定开始质疑这样做的可行性了。教廷档案中有一份不寻常的备忘录，拟于1573至1574年，里面就教皇庇护五世绝罚英格兰女王的诏书提出了各种令人不快的疑问。它坦白承认了那些争论，说诏书“不再约束天主教徒，因为它未能实现目标，没有帮助到天主教事业，反而破坏了它”。文件还补充说：

天主教徒会问心无愧地在民事上顺从（伊丽莎白）。

虽在心里抱有疑惑，他们甚至会承认她是圣公会的领导者。

他们还会为她辩解，反驳非法的攻击者。

接着，作者大概是想起了这份备忘录的读者所持有的看法，他话锋一转，猛然回到正统观念上来：

> 但是他们不会为了捍卫伊丽莎白而与那些要施行教皇诏令的人，或是狂热的新教信徒作对，而且这样做几乎没有胜算。相反，在这种情形下，他们还会与那些人合作一起反对她。
>
> 虽然诏书没有（在英格兰）发布，但女王还是会被合法废黜，因她扰乱了普世教会的安宁。

1575至1576年，又有了一起侵略英格兰的诡计，发起者是一个奇怪的组织，由流亡罗马的英格兰人组成，他们当中有斯塔克利、英格兰耶路撒冷修道会（Order of Jerusalem）会长理查德·谢利爵士（Sir Richard Shelley）和弗朗西斯·恩格尔菲尔德爵士（Sir Francis Englefield），该侵略计划还递交给了教皇格列高利十三世，以求得到他的庇佑和支持。为了这项事业，教皇给了他们特别的十字架，而且经斯塔克利请求，教皇还分别特赦了十个“令人敬重和忠诚的人（阴谋者）”，恩典包括：

> 为了天主教会的繁荣和神圣天主教信仰的兴盛，保护并解救苏格兰女王玛丽，让英格兰、苏格兰和爱尔兰回归原本，并且根除异教徒，每次我为他们当中任何一人做了祷告，再过五十天，他们在守教节日期间就会有一百天的赎罪机会。[43]

在教廷宝库中，还有对付英格兰的其他神学武器：正在欧洲新建的英格兰神学院接受培训的传教神父。1574 年，有三名传教士被派往英格兰。四年后，英格兰已经有了 50 多名传教士，当中大部分都是英格兰人，服务于一个感觉受到了压迫和威胁的天主教团体，他们劲头十足地发展新信徒。

伦敦枢密院似乎一直都没察觉到他们新教政策所面临的危机愈演愈烈，直到 1577 年 6 月，一名叫卡斯伯特·梅恩（Cuthbert Mayne）的神父在康沃尔（Cornwall）被俘处死，情况才有所改变。梅恩“是一名教士，神学知识渊博”，他在杜埃受训，后伪装成管家，给当地乡绅弗朗西斯·特雷根（Francis Tregian）[44] 当牧师，他就是在特雷根的家中被捕的 [45]。1577 年 11 月 30 日，梅恩最终在朗斯顿（Launceston）集市被绞死，然后被剖腹，五马分尸。他的头被挂在城门上，被分为四块的尸体则分别送到了特雷根家附近的巴恩斯特普尔（Barnstaple）、博德明（Bodmin）、韦德布里奇（Wadebridge）和特里戈尼（Tregony），以威慑后来的天主教反抗者。

梅恩被捕后不久，政府就严厉警告了天主教徒停止传教行为。新任伦敦主教约翰·艾尔默（John Aylmer）对天主教传教士的活动和他们的秘密集会很警觉，6 月 21 日，他写信给沃尔辛厄姆：

> 我和坎特伯雷大主教会了面，我们从国内许多教友和主教那儿得到消息，教皇党人的数目急剧上升。一意孤行要脱离教会，拒绝做礼拜向上帝祷告的人也越来越多。[46]

枢密院被激得采取了紧急行动，他们要求所有教区上报它们所在地区的叛乱到了何种地步，以此来估计问题的规模。他们也提议要把那些更加顽固的人聚集起来，关押在我们今天看来是集中营的地方。在这段时期，沃尔辛厄姆亲手写了一份文件，列出了十座城堡来关押叛乱者：威斯贝奇和金博尔顿（Kimbolton）城堡（剑桥郡）；班伯里城堡（牛津郡）；弗拉姆灵厄姆（Framlingham）城堡（萨福克郡）；波特切斯特（Portchester）城堡（汉普郡）；维泽（Vize）城堡（威尔特郡）；墨尔本（Melborne）城堡（德比郡）；哈顿（Hatton）城堡（柴郡）；威格莫尔（Wigmore）城堡（赫里福德郡）；巴纳德城堡（达勒姆郡）。这项计划没有全然实施，但有几座城堡被征用来关押天主教徒[47]，其中就数威斯贝奇城堡最臭名昭著[48]。

1580年10月，威斯贝奇来了第一批犯人。之前，伊利（Ely）主教理查德·考克斯（Richard Cox）就受命要把城堡管理得“井然有序，牢不可破”。天主教神父会被监禁在威斯贝奇和班伯里城堡，平信徒则关在伦敦的众多监狱中。玛丽一世统治时受任的林肯（Lincoln）主教托马斯·沃森（Thomas Watson）[49]和威斯敏斯特修道院（Westminster Abbey）院长约翰·费肯哈姆（John Feckenham）[50]成了犯人，包括他们在内的8名神父被关在一起，监狱管理体制非常严格。犯人被锁在单独的牢房中，每天只有吃饭时间才可以被放出来，中晚餐前还有30分钟的活动时间。1588年英格兰打败西班牙无敌舰队后，监狱才放松了纪律和看守，那时狱中大约有35名囚犯。仆从等人员可以进入监狱，神父也获准能够出去在城堡附近的镇上闲逛。

关在威斯贝奇城堡内的这个团体，没受到多大限制，它变成了一个教会学院，一个讨论神学问题的论坛，一个世界各地天主教平信徒朝圣的场所[51]，特别是上流人士的儿子都往这里跑，他们伪装成仆人混进去。一名天主教犯人就讲述了他是如何在城堡中秘密举行弥撒的：

> 夜深人静之时，上面窗户放下来一条绳子，我们就从绳子上拿到弥撒的祭衣。清早在监狱长和其他犯人醒来之前，我们就用同样的方式把衣服还回去。[52]

监狱纪律十分松散，1590 年有指控称囚犯看守人托马斯·格雷（Thomas Gray）工作敷衍了事，政府任命了委员会去调查那里的情况。威斯贝奇的事态真是失去控制了：神父可以互相开门，他们吹着口哨，用力跺脚，打断楼下格雷的清教徒祷告会，就连格雷的女儿厄休拉都皈依了天主教。调查建议挑选“镇上可靠的百姓”来帮助看守囚犯，在未经允许的情况下，格雷不可擅自离开城堡；禁止任何人拜访城堡；往来信件需要审查；除了吃饭时间，犯人间不允许交流[53]。

其他地方则过于乐观地采用了一些方法，要让反抗的囚犯信服，他们的宗教道路是错误的。1580 年 8 月，一群囚犯被带到约克大教堂（York Cathedral）接受教化，他们在那里受到训诫，要“摒弃你们无用错误的天主教观念，全然恭敬顺从现在建立的真正宗教”。犯人们无礼地忽视了这些情真意切的呼吁，他们大声地咳嗽，用手捂住耳朵，想要盖住训诫的声音。他们拒绝用英语背诵主祷文，之后便一同被送回了约克城堡[54]。

这一切该停下来了。1580年春，伊丽莎白政府开始加紧对反抗者的控制。6月，西班牙大使贝尔纳迪诺·德·门多萨向他的主人国王腓力二世报告称："过去三周，他们对天主教徒的控告比过去要严厉得多。以前那些被保释出来的人现在又回到监狱里去了。"[55]

同年12月，伯利在马夏尔西监狱的老牌密探威廉·赫尔勒写信给军事指挥官、海军总司令爱德华·霍西爵士（Sir Edward Horsey）[56]，称伊丽莎白"对教皇党人比以前要严厉，她决心要让反抗者宣誓效忠"。他说，第一次拒绝就会被认为是藐视王权（罪名是坚持教皇对英格兰具有管辖权），再拒绝的话就是在"背叛现有的一切"。赫尔勒强调，这样"会让他们心里十分恼火，直接导致他们在国内暴动、耍阴谋，而在国外沮丧气馁"[57]。

伯利推行了大量的惩罚措施，要将法律的刀锋磨砺去对抗天主教威胁。1580至1581年，议会一帆风顺地通过了新法规，对于那些不参加英国国教礼拜仪式的人，从每周罚款1先令苛刻地增加到每月罚款20英镑。这些罚款似乎只是零零碎碎地征收的，因为接下来的5年中，只有69名反抗者缴纳了罚款，总计达8938英镑1先令11便士，用今天的币值来算，约为150万英镑。更重要的是，这一法案还宣称，所有来英格兰给新教徒传教的神父都是最大的卖国贼[58]。5年后，又有一项新的法律[59]出台，允许女王没收不缴纳罚款的天主教徒的土地和财产。法令只给了"在英格兰的耶稣会会士、神学院神父和其他神父"40天的时间离开英格兰，违者就被认为是叛国，而且还会面临死刑。后来的5年中，这些罚款收入总计达 3332 英镑 9 先令，相当于今天的 50 万英镑，吝啬的伊丽莎白对此肯定是十分满意的。

受到新法规支持，1581 年 7 月，伊丽莎白命令沃尔辛厄姆去审问各类受控密谋反对她的人，其中就包括“逃亡神父”托马斯·科塔姆（Thomas Cottam）[60]和卢克·柯比（Luke Kirby）[61]，两人都是耶稣会神学院学生，一个来自杜埃 Douai[62]，一个来自罗马的英格兰圣徒学院。沃尔辛厄姆对他们审讯的主要内容就是，他们到达英格兰之后，和他们接线的人是谁，他们对教皇的入侵计划了解多少，以及他们是否与苏格兰女王玛丽有联系。

这些倒霉蛋可能是沃尔辛厄姆在追捕罗伯特·珀森斯和埃德蒙·坎皮恩（Edmund Campion）时顺道清理出来的。这两名耶稣会会士在 1580 年 6 月抵达英格兰，珀森斯比坎皮恩先到，避开了多佛港和格雷夫森德（Gravesend）港的搜查人员后，他趁夜坐了一艘小船，沿泰晤士河逆流而上前往伦敦。珀森斯发现自己周围都是“从肯特郡回来的女王的乐师，如果上帝的神圣之手没有阻拦他们一段时间的话，他就会面临极大的危险”。珀森斯徒步在伦敦穿梭，找不到一间住所，他

> 被迫前前后后走了半天，从一个地方走到另一个地方……直到中午，他才下决心冒险去马夏尔西监狱，询问关在监狱里的一个叫托马斯·庞德（Thomas Pound）[63]的绅士在谁的房间吃饭。珀森斯看到了庞德，还有许多耶稣会信徒，他们为了上帝的事业和天主教信仰在监狱里备受折磨，对此一幕他却感到异常欣慰。[64]

与此同时，坎皮恩也到了伦敦，他在伦敦市郊西边赞善里（Chancery Lane）的一栋房子里躲了10天。按庞德的建议，坎皮恩写了封信给枢密院，解释他和珀森斯来英格兰的原因——给天主教徒布道和慰藉，而且他还强调说，他们此行没有任何要钩心斗角的意思。这封信应该要保密，只有他们当中一人被捕时才公开，但庞德却愚蠢地到处散布文件，有一份副本还落到了沃尔辛厄姆手里。抓捕两人的行动开始了。

坎皮恩在兰开夏郡和英格兰中部地区活跃，但当权者收到了乔治·艾略特（George Eliot）——一名有谋杀嫌疑的线人的举报，1581年7月17日，坎皮恩在耶茨（Yates）先生[65]家中，即伯克郡旺蒂奇（Wantage）附近的莱福德农场（Lyford Grange）被捕，他一直躲在农场门房上的密室中。这名神父被押送回伦敦，他手脚被捆，倒坐在马背上，帽子上贴了一张纸，上面写着"反动耶稣会会士"几个醒目的大字[66]。一抵达伦敦，坎皮恩就立刻在莱斯特伯爵的家中受到了审讯。沃尔辛厄姆很有可能也是审问者中的一员，当天晚些时候，他匆忙离开去巴黎执行外交任务[67]。他在法国写信给伯利，希望女王"能好好利用坎皮恩透露的消息，严惩那些犯罪者。要是像过去一样过度宽恕他们的话，只会造成严重损害"。

伦敦塔内，为了逼坎皮恩说出他的援助者都有谁、珀森斯的下落和谋杀女王的细节（政府相信此事是在兰斯的神学院内密谋的），他在拉肢架上受了三次刑，严重受伤。在11月14日的审判中，坎皮恩都无法按例举起右手，申辩自己"无罪"，不出所料，他被判了刑。12月1日，坎皮恩坐在囚车中奔赴泰伯恩行刑场，以叛国者的身份惨死，现在那个地方是伦敦的大理石拱门（Marble Arch）。在绞刑架上，坎皮恩告诉围观人群，如果“我们的宗教的确让我们成了卖国贼，那我们就该受刑，但……（我们）现在是，并且一直都是女王忠诚的国民，与旁人无异”。此外，他还为伊丽莎白祈祷，“女王陛下，愿您的统治和平长久，繁荣昌盛”。他还向旁观者承认，“如果你们都把信仰我的宗教视为叛国行为，那我就有罪”。1886 年 12 月，教皇为坎皮恩行了宣福礼，1970 年教皇保罗六世（Paul Ⅵ）追封其为圣徒。

整个 16 世纪，拉肢架都是逼犯人招供的首选工具。有指控称，苏格兰女王玛丽和外界通过秘密渠道在进行交流，1575 年在调查此事时，沃尔辛厄姆就阴郁地告诉伯利：“不用刑，我们就不会占上风。”[68] 当时也还有别的逼供工具可用，包括“清道夫的女儿”（Scavenger's Daughter）[69]，即用一个铁环紧紧挤压被审讯者的脑袋，其身体则呈蜷缩状被固定住，再把金属手套给带上，手套上的螺丝钉会把手给挤烂。倒霉的囚犯也会被关进“立锥黑牢”（Little Ease），它是伦敦塔内的一个小牢房，小到无法站立或躺下，这给提高审问效率，剥夺囚犯睡眠的现代手段开了先河。坎皮恩就进过立锥黑牢，他在墙内狭小的空间中待上了令他焦虑的 4 天。还有一个特别关押犯人的地方，叫“坑室”（Pit），它是一个只有 20 英尺深的漆黑地牢。据说，其他牢房则是害虫害兽肆虐，特别是老鼠，在涨潮的时候，它们就从泰晤士河的浅滩上跑到牢房里面去了。

如果在如此极端的刑罚下犯人还是拒绝讲话或坚持抗辩的话，他们就会面临着“压刑”的煎熬，即把石头或是其他重物堆在犯人身体上，直到他们求饶，否则就压死他们。1586 年，这可怕命运就降临在了约克一名屠夫的妻子、女教师玛格丽特·克利瑟罗（Margaret Clitherow）的头上。她被指控窝藏神父[70]，但拒不交代任何事情，之后惨死。这样强烈的信念给审讯者确实带来了许多麻烦。枢密院顾问官、狂热的新教徒弗朗西斯·诺利斯爵士列出了一份“审讯教皇党人时”所用的讯问话术清单，上面说“天主教反抗者闪烁其词或申诉抗议”的话，最好要对他们予以反击[71]。

托马斯·诺顿（Thomas Norton）是首个恶名昭彰的“拉肢刑毒手”，他原来是一名律师，后改行当了印刷工、剧作家和诗人，住在伦敦行会会馆。诺顿在伦敦塔内关了一段时间，之后便成了一名追捕教皇党人的狂热分子[72]，他写信给沃尔辛厄姆，询问要如何才能最好地为女王服务。在开始审讯和拷打犯人之后，1582 年 3 月，诺顿写信给沃尔辛厄姆，生气抱怨一本反动书籍，上面说他给耶稣会会士亚历山大·布赖恩特（Alexander Briant）施拉肢刑的时候，手段太过严酷，导致布赖恩特的“两条腿变得不一样长”[73]。下个月，塔内关押的一名神父用拉丁文写了封信，寄给其他天主教徒，诉说“他们正遭受的虐待和酷刑”[74]，信中有一份受刑神父的名单，上面就有布赖恩特的名字。

1585 年，诺顿去世，但在此之前，他迎来了他异常多变的职业生涯中的辉煌时刻：审讯弗朗西斯·思罗格莫顿（Francis Throgmorton）并给他拉肢。1583 年 11 月，思罗格莫顿牵涉到了一桩杀害伊丽莎白的新阴谋当中。沃尔辛厄姆命令枢密院书记员托马斯·威尔克斯（Thomas Wilkes）“明天上午早些时候”带思罗格莫顿去伦敦塔，“当场看他受拉肢刑”[75]。思罗格莫顿被残忍地捆在架子上，第一轮受刑后他拒绝说话。沃尔辛厄姆相信，诺顿会冲垮这个犯人的防线：

> 尽管他的天主信念表现得很强大，但我曾见识过那些像思罗格莫顿一样坚定的人，他们都屈服了。
>
> 我相信，不需再用极刑给他拉肢，上一轮刑罚所带来的疼痛就足够了，他其实比看起来要更痛苦。[76]

他对诺顿手段的乐观和信任是全然有理的。11月19日，思罗格莫顿又一次上了拉肢架，但“在刑罚开始之前”，他就招供了。

像许多这些年来出名的政府工作人员那样，诺顿相信凭自己的经历和政治洞察力，他值得拥有更多的关注。后来，他写下辩论文章《叛国链条》(*Chain of Treasons*)[77]，里面包含1583至1585年间大量天主教反叛阴谋的详细情况，以教育和娱乐大众，当中也有许多赞美伊丽莎白的拉丁文诗篇。诺顿还留下了自己的手稿记录《诺顿先生的方法》(*Mr Norton's Devices*)，其中囊括了提供给嫌疑人让其宣誓效忠于君主的资料，以及为“防止耶稣会会士和传教士玷污国家”而改革教会、宫廷、大学和学校的计划[78]。1585年8月16日，诺顿在伦敦东部的阿尔德盖特(Aldgate)外目击了一场斗殴，这是他最后一次在国家档案中亮相。闹事双方是女王的乐师、威尼斯人马克·安东尼·巴萨诺(Mark Anthony Bassano)和“几名士兵，巴萨诺当时正要前往佛兰德斯”[79]。

诺顿的继任者理查德·托普克利夫(Richard Topcliffe)

（1532—1604 年）好似是打压天主教徒的宣传利器，手段十分厉害。他声名狼藉，极其令人厌恶，自诩是搜查神父的大将，拷问很有一手，沃尔辛厄姆经常派他去从不走运的拘留者那里逼问情报。托普克利夫很招人憎恨，英格兰那些拒不参加国教礼拜的人对他是又怕又恨，因为他有时明显只是为了取乐，就要转拉肢架上的绞盘施刑，或是辱骂和折磨他手下的受害者，将他们的上肢痛苦地吊在滴答漏水的伦敦塔牢房的墙壁上。

在今天，托普克利夫可以说是一名完全丧失理智的施虐狂，有着病态的性幻想。从 16 世纪 80 年代到 90 年代，当权者视他为一名坚定的逃亡神父搜查者，执行任务时他阴冷偏执，顽固坚持，近乎着魔。托普克利夫总能觉察并发现神父的弱点，然后就如同紧紧围住猎物的豺狼一般穷追猛打。真同情那些落入托普克利夫无情魔爪的可怜神父和反抗者，他们许多人都不可避免地都走上了通往绞刑架的道路，受虐致死。以可怜人理查德·坦卡德（Richard Tankard）为例，1589 年 5 月 24 日，枢密院下令，授权让伦敦塔中尉欧文·霍普顿（Owen Hopton）

> 从布莱德维尔（Bridewell）（监狱）狱卒手中接管被拘禁的神学院神父、化名为亚克斯利（Yaxley）的理查德·坦卡德，对其严加看守……监禁要稳固牢靠，在平时，只有托普克利夫先生才能与他接触。[80]

托普克利夫是林肯郡萨默比（Somerby）的罗伯特·托普克利夫（Robert Topcliffe）的长子，他的母亲叫玛格丽特，是第三代盖恩斯伯勒（Gainsborough）的伯格勋爵托马斯之女，12 岁时，他成了孤儿。虽然被伦敦格雷律师学院录取，接受律师培训，但托普克利夫除了打理他在约克郡北赖丁区（North Riding）、诺丁汉郡（Nottinghamshire）和林肯郡的房产，似乎就没有追求过任何事业。40 岁出头时，他在议会内外积极打压天主教徒。在 16 世纪 70 年代末的一次王室出巡中，托普克利夫私下提醒伊丽莎白要注意那些在德比郡巴克斯顿（Buxton）集会的“各色下流天主教畜生”[81]。1578 年 8 月 30 日，托普克利夫写信给什鲁斯伯里伯爵，说到了他和女王谈话时说的那件事：

> 我在洗澡或是等夫人们用完浴室后潜藏在那些地方时才想起，（教皇党人）之中，有一个很令人讨厌的天主教神父，叫戴汉姆（Dyrham）还是杜兰德（Durande）来着。随此信附上的还有大臣先生（沃尔辛厄姆）写给您的信……他希望您能逮捕那个神父，调查他去教会这件事，并神不知鬼不觉地把他关进大牢……
>
> （这封信）本该早已到达大人手上，但我最好的马不小心摔断了腿，为此我希望大人能谅解。[82]

看来很明显，托普克利夫对他的工作十分满意，在残忍审讯无助被铐的天主教囚犯中，他获得了无尽满足。1594 年，耶稣会会士约翰·杰拉德（John Gerard）被关在伦敦普特利（Poultry）监狱时落入了托普克利夫的掌控之中，他说托普克利夫“年迈，头发花白，但一贯邪恶”，“残忍至极，如饥似渴地吸着天主教徒的血”。拷问者告诉他：“知道我是谁吗？我是托普克利夫！你肯定经常听到人们谈论我。”为了让杰拉德信服，托普克利夫“啪的一声把剑摔在桌子上，随手就可以拿到，仿佛要是发生了什么情况，他就会拔剑”[83]。

西班牙无敌舰队大败后，好几名被俘的英格兰人也落在了托普克利夫的手上。1588 年 9 月 8 日，就被关在新门监狱的特里斯特拉姆·温斯莱德（Tristram Winslade），伦敦圣詹姆士宫（St James’s Palace）给托普克利夫和伦敦塔中尉下达了命令。

> 此前温斯莱德在一艘西班牙舰船上被抓，大人们都同意把他送到伦敦塔……然后随大人们的意愿给他用刑，指定个时间在拉肢架上审讯他。[84]

托普克利夫肯定是有自己的乐子，此外还有一种更叫人恶心的满足感。在审问时，托普克利夫可能沉溺在一种怪诞的性幻想当中。神父托马斯·波尔蒙特（Thomas Pormont）[85] 被捕后遭到处决，他的口供上说，托普克利夫在自己位于威斯敏斯特圣玛格丽特教堂（St Margaret’s Church）庭院边上舒适的家中，审讯他时，就污言秽语地吹嘘。他告诉波尔蒙特：

> 他就要去（中间文稿被撕）与女王陛下亲近；他多次都把（被撕）放在她双乳之间，还有她的脖子上。
>
> 他把手放在了女王的膝盖上，不但看到了她的双腿和膝盖……（文字遗失）。

女王摸了摸她的肚子，他告诉她，她的腹部在世间女子中最为柔软。

女王问他：“看这手臂、这腿、这身体，像国王亨利一般英武吗？”他回答说：“是的。”

她赐给了他一条白色亚麻紧身裤，上面还用了白色丝绸。

他和女王很是要好。他想和女王说话时，就可以把她从任何人身边带走，而对她不喜欢的人，她也不会表现得那么愉悦。[86]

自大的托普克利夫生硬地告诉波尔蒙特，招出情报后，作为交换，他会凭一己之力就帮神父赢得宽恕。似乎毫无疑问的是，托普克利夫彰显出自己在宫廷的权势，是想要让他手下的犯人敬仰他。此外，他还强调称他的地位坚不可摧：他丝毫都不在乎枢密院里的政府官员，因为他相信他的权力是私下里直接从伊丽莎白本人那里获得的。这或许可以说成，他得意于自己和童贞女王伊丽莎白所谓的亲密关系，故作慷慨，其实是要震慑住世间其他的波尔蒙特，逼他们投降。然而，他的淫邪之意不仅限于自吹自擂，他还偏离正道进入了意淫的虚幻世界当中。可以肯定，托普克利夫有什么鲜为人知的癖好。他坚信，波尔蒙特神父是伊丽莎白的坎特伯雷大主教约翰·惠特吉夫特（John Whitgift）的私生子。他对惠特吉夫特一点儿都不敬重，对惨受惊吓的波尔蒙特说：“大主教……更适合在厨房的女人堆中指导，而不是在女王的宫廷中当顾问。”在那时，波尔蒙特肯定至少在心里怀疑抓捕审讯他的托普克利夫精神不正常，而托普克利夫仍在漫无边际地闲扯，然后还把怒火撒在了和他一样追捕天主教亡命徒的对手身上：“告诉理查德·扬（Richard Young）法官，如果大主教在他（托普克利夫）手里，他就会绞死他，再来500个人也不是问题。”

1592年6月，托普克利夫给伊丽莎白写了封奇怪的信，信上请求女王准许他用自己的暴力手段索取情报。托普克利夫建议道，天主教

囚犯应该要戴着手铐，背靠墙壁站在地上，双手尽可能地举高。[87]

托普克利夫就用了这种法子对付新门监狱的耶稣会神父罗伯特·索斯韦尔（Robert Southwell）[88]，索斯韦尔“双手戴着镣铐，吊在半空，无法入睡，囚犯平时就是被这样对待的”。[89]很少有人能够受得住他的折磨。安妮·贝拉米（Anne Bellamy）被监禁在威斯敏斯特宫的门楼上，受了托普克利夫的一轮刑罚之后，她出卖了包括她父母和亲朋在内的26人。后来，托普克利夫强奸了贝拉米，怀孕的她被迫在1592年嫁给了托普克利夫的仆从尼古拉斯·琼斯（Nicholas Jones），以掩盖这件丑事[90]。

托普克利夫还坚信“工人得工价是应当的”这个《圣经》信条：他要求为他的骇人工作得到奖励和荣耀。托普克利夫和王座庭庭长（Lord Chief Justice）克里斯托弗·雷爵士（Sir Christopher Wray）就林肯郡科灵厄姆（Corringham）和斯托（Stow）盈利颇丰的牧师住宅租赁问题引发纠纷。1584年10月，他就此事向伊丽莎白申诉，强烈抱怨说法官要“徇私舞弊”地自己办理此事，他还机敏地把刀指向了雷的家族，说“大人他的祖父是科尼尔斯

（Conyers）勋爵的晨间弥撒牧师和东威顿（East Witton，约克郡）的牧师”[91]。

审讯是个令人害怕和煎熬的过程，之后到来的便是被歪曲的审判和恐怖的处决。这些神父被认为是卖国贼，对他们的死刑判决看似合法，实则不合理，不用再疑惑了，其本质残酷可怕。国家使用的一套合法手段，故意带有浓厚的《圣经》象征意义，执行起来冷酷无情且蓄谋已久。几十年后的1606年，反对詹姆士一世（James Ⅰ）的火药阴谋（Gunpowder Plot）过后，著名法官爱德华·科克爵士（Sir Edward Coke）说，他们对阴谋者的“虔诚杀戮”向所有人表明，受害人是因谋逆反对国家而亡，而不是为了他们的宗教献身。当他们还活着时，他们的器官被猛地扯出，这说明不法分子不值得“踩在生养他们的土地上”。因为他们“一直在与自然相悖而行”，所以坐在囚车中去往绞刑架的路上，“他们仰面朝上被系在一匹马的尾巴上”。受害人先是被处以绞刑，因为“在天地之间将脖子吊起”说明这人不配在天地中占有一席之地，然后他们的头被砍下，因为就是脑袋“想出了花招”。受害人还遭受了阉割，说明他们“不能留下后代”，而且心脏也被移除，因为这颗心“竟然怀有这样可怕的叛国阴谋”。他们四分五裂的身体就在各公共场合大肆展示，激起了人们的羞耻感和罪恶感。这名嗜血的年迈法学家补充说道：“我要把他们的尸体给空中的鸟儿和地上的野兽吃。”接着他还引用了《圣经》中的话——《耶利米书》（Book of Jeremiah）第八章第二节：他们的骸骨被“抛散在日头、月亮和天上众星之下……这些骸骨不再收殓，不再葬埋，必在地面上成为粪土”[92]。

若是托普克利夫还在的话，他肯定会对科克的话感到乐趣无穷。1591 年 12 月 10 日，埃德蒙·詹宁斯（Edmund Jennings）[93]在伦敦市东郊霍尔本（Holborn）街口被杀，他的死力证了托普克利夫在执行死刑时给自己封了个什么角色。站在绞刑架上，一脸得意的托普克利夫催促这名受害人坦白他的叛国罪行，以求得伊丽莎白的原谅。詹宁斯的脖子上早已经套上了绳索，他平静地回答说："我从未冒犯过她。要是做弥撒就是叛国的话，那我坦白我叛了国，而且我还觉得光荣。"这话让托普克利夫很是恼火，他不给詹宁斯时间去"背诵《我们的天父》（*Pater Noster*）"[94]就把他从垫脚梯上给踢了下去，詹宁斯吊在空中，几乎就快要被勒死，拼命地喘气。残忍的是，绳子紧接着被剪断，他双脚重重地落在地上，托普克利夫将他绊倒，挥舞着屠夫用的利刃。詹宁斯大声惨叫，呼叫他的庇护者圣徒格列高利来救他。这名刽子手浑身沾满鲜血，一脸惊讶地喊道："活该！他的心脏在我手上，而格列高利不过在他的嘴里。"[95]

1590 年年中，伪装成天主教徒的托普克利夫在伦敦弗利特街（Fleet Street，又称"舰队街"）的一家杂货店又逮住了一位名叫安东尼·米德尔顿（Anthony Middleton）[96]的神父，一同被捕的还有爱德华·琼斯（Edward Jones）[97]。当琼斯被告知要让中央刑事法庭（Old Bailey）的陪审团来审判他时，他宣称爱德华六世统治期间通过了一项法令，除非是有两名"合法目击者"的证词，或是自己主动认罪，罪行才可确立，不然就不能以谋逆罪起诉犯人。琼斯说在他的案件中，他既没有认罪，也没有两名目击证人来指认他。暴怒的托普克利夫一跃而起，朝犯人挥着一张羊皮纸，厉声说：“错！这不就是你的供词？”琼斯回答说：“那是严刑逼供，我双手被缚吊在半空，不是我自愿说的。”

米德尔顿在弗利特街被处死时，幸灾乐祸的托普克利夫不准这名神父说话，“除非你说说上帝的荣耀，还有尊敬女王和国家的话”。米德尔顿回答道：

> 你知道，托普克利夫先生，我从来没有接近过任何人，也没有在任何场合认罪，所以你是在污蔑我。但如果要我死一万次的话，我也愿意为了罗马天主教信仰赴死。我希望我的死能够让众多天主教徒更加坚定他们现在的信仰。

神父的反抗激怒了托普克利夫，他让神父立刻闭嘴，人群蜂拥围住绞刑架，大喊：“除掉他！”

这名刽子手把米德尔顿的心脏扔进绞刑架上的火盆中时，他还仍有呼吸。

在追捕天主教神父的任务中，由间谍和线人组成的网络帮了大忙，其中一大得力干将当属查尔斯·斯莱德。1579 年，他乔装成天主教徒，潜入了罗马的英格兰圣徒学院，待在裁缝所罗门·奥尔德雷德（Solomon Aldred）的家中，奥尔德雷德后来也成了沃尔辛厄姆的间谍。1580 年 5 月，斯莱德返回英格兰，他一回来就列出了几份关于天主教流亡者和神父的长名单，一些还写上了外貌特征，名单上的所有人他都在法国和意大利见过。他把名单交给了沃尔辛厄姆，并附上了一本他在罗马写的不寻常的日记，这本日记一直保存至今，以牛皮纸对开本形式装订，陈放在大英图书馆[98]。1579年7月11日星期六，斯莱德抵达英格兰圣徒学院，卢克·柯比领着他四处参观——柯比是名神父，1581年落入了沃尔辛厄姆的手中，后来被处决。斯莱德发现

> 所有的学者都在他们自己的房中，一间房中有三四人……屋内装饰很好，每人都有一个床位……最后，柯比带我去了绅士约翰·帕斯奎尔（John Pasquall）的房间，和他一起的还有三名神父，乔治·马丁（George Martin）、乔治·伯克（George Birke）和爱德华·里斯通（Edward Ristone）。

这三人仔细询问了他来罗马的原因——明显怕他是名间谍。

星期一，斯莱德向耶稣会会士托马斯·德比希尔（Thomas Derbyshire）认罪忏悔，德比希尔赦免了他，并给了他一份拉丁文证明书，表明他是一位虔诚的天主教徒（不过，斯莱德后来向沃尔辛厄姆保证，“我心里根本就不赞同这种说法”）。这份证明书是一张“通行证”，能够让人进入由流亡罗马的英格兰天主教徒所组成的令人兴奋的世界：

> 每个在和我说话或见面前怀疑我的人，后来都和我相熟起来……他们都相信我和他们属于同一个宗派和信仰，而且他们也乐意尽可能地让我高兴……许多人都友好地祝愿我能当上神父。

11月29日，斯莱德参加了英格兰天主教徒的餐后会议，会议

上讨论了入侵英格兰的计划：

> 他们选定的登陆地点……在（威尔士的）米尔福德港（Milford Haven）。据他们估计，抛锚停泊在那里的船只上，可能会有三四百名士兵。

接着，他们还考虑会有什么兵力集结起来阻挠他们：

> 他们一致同意，伦敦城内……能打好仗的人数量不会超过 1.2 万，最多只可能有 2 万……其他所有地方也不可能再找出 6 万善战之人。

伦敦塔内存有供 3 万人作战的军需品，至于火药，“他们确信英格兰内储量不多，而且每天还要往佛兰德斯运送火药”。这群密谋者也断定，支持他们的贵族“比支持女王陛下的贵族要多”，而且他们都“备有大量的马匹和盔甲”[99]。

这完全就是种自我欺骗、不切实际的奇想。

斯莱德也传递过从英格兰圣徒学院搜集的有用战术情报，例如：他们的“警戒情况”，或者是传教神父之间使用的密码（当中就有很平常的“耶稣玛丽”暗号），以及他们把密信偷送到英格兰的途径：粘在可以合法运到英格兰的书籍的封面中间，途经地点主要是多佛。

1580 年 5 月 17 日早晨，斯莱德回到伦敦，之后他立即设法和沃尔辛厄姆见面。当天下午，斯莱德来到宫廷之上，通过沃尔辛厄姆手下官员弗朗西斯·米勒斯（Francis Milles）的帮助，他见到了这名超级间谍。9天后，伦敦治安法官理查德·扬给他安排了另一次会面，斯莱德把他拿到或抄下的谋逆记录和各种信件都交了上去。

斯莱德的事业就此开启，他将成为沃尔辛厄姆手下线人中最优秀的一员。

第三章

女王的情报机关

“罗马来情报说，教皇已派了14或16名耶稣会会士前往英格兰，封他们为圣徒，为他们提供庇护，让他们免遭任何伤害。我们要在他们图谋不轨之前，及时把他们找出来。”

——1582年7月17日从纽伦堡（Nuremburg）寄给沃尔辛厄姆的情报[1]

1573年12月，弗朗西斯·沃尔辛厄姆爵士被任命为首席国务大臣，之后他便立即开始负责政府在许多领域的情报收集工作：国内外增长的天主教威胁；宗教纷争引发的入侵英格兰计划；各国政府这些欧洲政治舞台上主要玩家的意图和政策。沃尔辛厄姆如饥似渴地寻求情报，在他死后的80年里，这名超级间谍精明、狡诈的名声一直都在流传。“在那群耶稣会会士的游戏中，他要胜过他们；而用模棱两可的话进行欺骗，他们也不如他。”大卫·劳埃德（David Lloyd）在《国家名人传》（*State Worthies*）中如是说[2]。

沃尔辛厄姆从伯利勋爵那里接手的情报网组织松散，只是零零碎碎的部分在起作用。伯利手下的一名间谍约翰·李（John Lee）一直在跟踪 1569 年北境叛乱的逃跑者，1572 年 11 月他在安特卫普（Antwerp）暗中监视低地国家的西班牙军队时被抓。两年后，伯利让沃尔辛厄姆为间谍托马斯·巴斯（Thomas Bath）说情，巴斯化名托马佐（Tomazo），在佛兰德斯被捕，现在面临着“生命危险”[3]。

在间谍领域，这样的意外事故——被抓、被暗杀或是被收买叛国——几乎都是不可避免的，因此要保证积极可用的间谍的数量。很明显，沃尔辛厄姆也需要在对女王和国家有明确威胁的地区，如法国和罗马的新英格兰神学院、梵蒂冈、尼德兰、法国宫廷、西班牙及波罗的海诸国，安插更多的间谍。而且，他还命令那些随时准备调度的间谍，要清除有关各种问题和事件的情报——今天的中央情报局委婉地将其称作“不定期雇佣”。

通过正常外交渠道、国内各郡治安官，以及雇用间谍监视反英国国教的天主教徒的主教，国际情报早已流入了伦敦。沃尔辛厄姆的一些枢密院顾问官同僚，如莱斯特，也操控着自己的私人“情报”小组。英格兰主要港口的海关搜查制度高度活跃在第一线，搜查员要负责拦住和盘问国外来的旅人，查找他们身上是否藏有什么消息和信件。总的来说，虽然时而有指责声说搜查员受贿，但这一制度还是产生了效果。实际上，英格兰驻巴黎大使爱德华·斯塔福德（Edward Stafford）就抱怨过，他的私人信件在苏塞克斯的拉伊（Rye）港口遭到拦截，搜查员还读了里面的内容。沃尔辛厄姆告诉他，为了避免“这样的不便”，他应把私人信件放入官方包裹中——相当于今天的外交邮袋。

国务大臣沃尔辛厄姆要开始建设一个海外情报网了。起初，他任用了他在巴黎当大使时雇用的意大利间谍，他们都经过了考验，十分可靠。沃尔辛厄姆早年在欧洲游历期间，肯定私下结交了许多熟人，现在他们都对他的新工作帮助极大。1571 年 3 月 4 日，他告诉伯利“他的间谍从一个叫达比希尔（Darbyshire）的英格兰耶稣会会士那里获知，有人密谋推翻伊丽莎白女王”[4]。就在沃尔辛厄姆被任命为伊丽莎白的国务大臣前夕，他又写了封信给伯利，推荐他手下两名人员做情报工作：

> 如果大人怀疑低地国家对女王陛下有任何不好之意，我想萨塞蒂（Sassetti）（上尉）[5]会很好地调查此事，因为他和基亚平·维特利（Chiapin Vitelli）很熟。

切托纳（Cetona）侯爵维特利是一名西班牙将军，所以，萨塞蒂很了解低地国家的军政要人和争议。有这方面的了解对通信解密很重要，它可以用来确认经常提到的地点或人名，这些都是破译密码的线索。此外，沃尔辛厄姆还推荐了他的另一名意大利亲信雅科莫·马努奇做秘密工作：

> 大人您写信给我，让我找人在西班牙做事。如果现在就需要的话，我觉得我可以找到法子，把我的旧日仆从雅科莫安插到法国大使在西班牙的官邸里。[6]

1573—1574 年，佛罗伦萨人雅科莫为沃尔辛厄姆在里昂和法国别处办事（他的信件都是用意大利文写成的），但后来凯瑟琳·德·美第奇将他关了起来。最终他回到了伦敦，住在恩德夏夫特圣安德鲁（St Andrew Undershaft）教区，控制欧洲的部分英格兰间谍网，代沃尔辛厄姆执行特别精细的任务，他还经常以口头而非书面形式传授国务大臣的指令。

在国内，偶尔会有市井间的好事之人，如好管闲事的邻居——一个住在拐角附近忌恨你的人，提供大量关于隐秘天主教徒和他们煽动言论的情报。通过这种来源，我们发现汉普郡灵伍德（Ringwood）教区牧师的妻子爱丽丝·莱克（Alice Lake）受到调查，然后招了供。埃德蒙·伊顿（Edmund Eaton）向上报告称，莱克说“女王的日子不会长久”[7]，1586 年 12 月下旬她便受到了审讯。还有一个叫格里菲思（Griffiths）的威尔士人，他知道一个“三英寻深”的洞穴，里面躲藏着刚从海上抵达英格兰的传教神父。威廉·埃德蒙兹（William Edmonds）跪在德文郡（Devon）大托灵顿（Great Torrington）的教堂里祈祷，亚历山大·巴里（Alexander Barry）看到他沿着教堂长凳在朗读“天主教义问答”[8]。在有叛意的威斯特摩兰郡，“重量级”自耕农约翰·沃伦德（John Warrender）报告说“神学院神父和耶稣会会士的数量激增”，他还附了一份逮捕名单，并补充说：“捉拿教皇党人和神父的唯一办法，就是委派一两名可靠的绅士在教区内搜查。”[9] 沃尔辛厄姆在这些文件的边缘签上了他的私人标记：一个三叶草图案，以表示里面一些内容很重要。

海外英格兰商人也在为沃尔辛厄姆所用，给他提供帮助，而沃尔辛厄姆也经常为他们提供外交支持，解决当地的贸易争端。布商和克尔赛粗呢商[10]托马斯·贝克纳（Thomas Beckner）就是其中一例，超级间谍曾帮他解决了他在鲁昂的法律纠纷，“12年来，这些纠纷都令我忧虑不已”。1584年，他写信给沃尔辛厄姆，承诺“我和我的家人会永远追随您，因为您友好记住了我的恳求”。此后，贝克纳经常向伦敦寄送情报，汇报他的所见所闻。同年8月，他报告了一个人的活动：

> 詹姆斯·彭森（James Penson）……经常和教皇党人来往，他还被人看到出现在欧洲（Eu）和其他可疑地区来回运钱。每日都有英格兰神学院（神父）从这里出发，前往英格兰和苏格兰。兰开夏郡约翰·萨瑟海特爵士（Sir John Sotherhet）的一个儿子和一名神父现在一起过来了。[11]

第二年，他汇报说鲁昂施行了不同寻常的安全措施，并补充：

> 有人还说，国王要把所有外来人口都赶出城去，许多贵族都在各地征兵，说是这个夏天要围攻日内瓦……据说国王决定在国内只实行一种宗教。[12]

除了这样的小道消息，海外的英格兰爱国者也是有一点儿消息都要联络沃尔辛厄姆，例如1584年2月理查德·斯塔林吉（Richard Stallynge）也是在法国鲁昂报告：

请大人原谅我的鲁莽，对您而言，我只是个无名之人……我朋友写了封信给我，但我不知道这封信会有什么影响……信可能是从西班牙最远的海峡那里寄来的……我朋友说有许多士兵正在前往佛兰德斯地区……[13]

别的人则写信给沃尔辛厄姆说要自愿“提供绅士服务，以感谢女王陛下”。例如：1583 年 8 月汉弗莱·詹尼（Humfrey Jenney）在米兰写道：

在西班牙、法国和意大利，您都被认为要掌控好那艘高贵的船（女王），保护她免遭海难，上帝会为其保驾护航，让其一帆风顺。虽然大人您不认识我，但我斗胆恳请大人能接受我当您卑微的朋友和仆从。[14]

还有不忠的天主教徒，特别是被捕神父，他们在散发着恶臭的牢房里被单独监禁，孤身一人面临胁迫，遭受非人折磨，濒临死亡，这些人都是潜在间谍的有利来源。1581 年 12 月就有这样一例：被关在伦敦塔的约翰·哈特（John Hart）神父写信给沃尔辛厄姆，说他愿意成为间谍，以求得宽恕。哈特恳求道，他“和艾伦博士（英格兰天主教流亡者的实际领袖）关系亲密……（这样他能够）揭露艾伦所有的计谋，了解他心里的特殊机密”[15]。过去信仰坚定却因恐惧和痛苦而动摇的人还有许多。

现在，沃尔辛厄姆首要关心的就是由苏格兰女王玛丽带来的威胁，他形象地将玛丽称为“怀抱在胸中的毒蛇”。因此，他最紧急的任务就是要找出在不同的监狱里玛丽和外界进行交流的秘密渠道。这样一来，沃尔辛厄姆就可以利用她的信件，监视他所认为的叛国阴谋。

1574 年 5 月，苏格兰政府拘捕了一个名叫斯图尔德（Steward）的 18 岁少年。这名年轻人在唐卡斯特（Doncaster）从苏格兰人亚历山大·汉密尔顿（Alexander Hamilton）那里拿到信件包裹，然后帮玛丽把信送给她在苏格兰的支持者。汉密尔顿是第六代什鲁斯伯里伯爵乔治·塔尔博特（George Talbot）孩子的家庭教师，而塔尔博特在当时则是苏格兰女王在谢菲尔德（Sheffield）的"看守人"或狱卒。

汉密尔顿被押往伦敦，沃尔辛厄姆亲自审讯了他。他竭力否认自己参与处理了玛丽的任何秘密信件。最终，苏格兰方面又来了更多的情报，消息指向了伦敦书商亨利·科凯恩（Henry Cockyn）。因涉嫌充当玛丽和一些英格兰显贵的中间人，科凯恩被立即逮捕。1575 年 2 月 5 日，沃尔辛厄姆沮丧地写信给伯利，讲述调查进展：

> 今天我们审讯了科凯恩，没有得到任何东西。他以前就被关过 3 次，总是被温和对待，因为他不把（威胁）当回事。我觉得用酷刑无济于事（那家伙十分坚定），只会让他更加顽固——他把自己看得很随便。[16]

沃尔辛厄姆用了另外一招——秘密宽恕科凯恩，并贿赂他，让他招出一切。更重要的是，他还保证不会说是科凯恩泄露了消息。

沃尔辛厄姆冷酷地向这个书商明说，如果他拒绝这个交易，“他就会受刑，被逼着把这事的根源说个明白”。

这个策略奏效了。科凯恩按预期写下了供词，承认他答应了玛丽在伦敦的代表罗斯主教约翰·莱斯利的要求，把莱斯利的信件交给苏格兰女王，而且他还经常把宫廷之事告诉她。科凯恩进一步承认，在处理苏格兰女王的信件时，他也帮她带过信给被处死的诺福克公爵的弟弟，亨利·霍华德勋爵以及公爵的侄子菲利普［后来的阿伦德尔（Arundel）伯爵］，什鲁斯伯里伯爵的5名仆从也牵涉其中，其中一人还在为法国大使拉·穆维谢尔勋爵米歇尔·德·卡斯泰尔诺（Michel de Castelnau）办事。科凯恩还提到了伊丽莎白的侍从女官科巴姆（Cobham）太太的名字，她也是整个通敌链条中的一环。[17] 在离宫廷这么近的地方都有了背叛，虽然女王对这个惊人消息十分愕然，但可预想，谨慎的她犹豫了，她支支吾吾，最后也没做什么，除了做出任何政府在这样的窘境中都会有的反应——成立调查委员会。恼火的沃尔辛厄姆告诉莱斯特：

> 女王陛下冷淡处理此事，这伤了所有忠实大臣的心。为了她的安全，他们小心谨慎地处理这个病态国家被揭露出来的痛处，结果陛下宁可将之忽略，也不去治理。[18]

伊丽莎白极大考验了沃尔辛厄姆的耐心，这不是第一次，也不会是最后一次，但他仍然坚定不移地对威胁女王生命和国家的阴谋保持着警觉。

1579 年，沃尔辛厄姆在泰晤士河附近的萨里郡巴恩斯

（Barnes）购买了巴艾尔姆（Barn Elms）庄园。他生命中的最后10年大部分都是在那里度过的，那时他需要远离宫廷的争吵和闲言碎语，不过，要是水流平缓的话，他可以乘船较快到达怀特霍尔宫（Palace of Whitehall）或格林尼治宫（Place of Greenwich）。通过一些骑马送信人，他仍和他在伦敦的部门保持紧密联系。为此，他乡间住宅的马厩中养了68匹马，伦敦附近的住所里则养了23匹。

到1580年，沃尔辛厄姆全新的“情报员”网络几乎拥有了全面执行任务的能力。法国12个城镇、德意志9个城镇、意大利4个城镇、低地国家3个城镇、西班牙4个城镇，以及囊括阿尔及尔（Algiers）、的黎波里（Tripoli）和伊斯坦布尔的庞大奥斯曼土耳其帝国（Turkish Empire）境内的城镇，都有沃尔辛厄姆的间谍。

沃尔辛厄姆迫切想在海外展示他的实力。同年早些时候，他想出了一个大胆的计划，就连现代化的中央情报局在最疯狂地异想天开时，也不敢在今天提出这样的计划，更别说去执行了。沃尔辛厄姆大胆计划，在法国教宗使节亚历山大·里亚里奥（Alexander Riario）枢机主教去巴黎的途中将其绑架。他要收买拉罗谢尔（La Rochelle）的胡格诺派海盗去俘获里亚里奥，这样就可以对关于梵蒂冈联合西班牙军队可能会对爱尔兰进行的军事远征计划进行审问。虽然一些安排都已就位，但这次涉险的绑架并没有实施，原因不明。或许是伯利阻挠了这个谋划，也有可能是向来慎重的伊丽莎白将其否决了。

不屈不挠的沃尔辛厄姆在法国雇了一个叫贝斯特（Best）的间谍，让他伪装成对政府不满的英格兰人，去查明教皇计划的进展。

贝斯特的消息来自西班牙驻巴黎大使的秘书，但他还没开始执行任务，就在 1580 年 7 月法国首都的暴动中被残忍杀害了，这次动乱就发生在街上，十分可疑。

一扇门关了，另一扇门就会打开，这是情报收集工作中常有的事。有人告诉沃尔辛厄姆，一名在博洛尼亚（Bologna）的教皇间谍想要卖情报给英格兰政府，于是他立即派私人秘书劳伦斯·汤姆森（Lawrence Tomson）[19] 去意大利北部的博格尼亚。在交纳了必需的贿赂金后，汤姆森得知，教皇格列高利十三世打算派雅科莫·博纳坎帕尼尼（Jacomo Bonacampanini）募集一支军队。在吉斯公爵亨利的帮助下，这名将军将入侵英格兰，把伊丽莎白拉下王位。令人沮丧的是，这个告密者拒绝透露任何有关入侵日期、时间、地点和军队规模这些极为重要信息的细节。

沃尔辛厄姆的大多数间谍完全是受金钱驱使做事。他们有商品，即有情报可售，这名超级间谍也非常乐意去买，而不顾伊丽莎白拨给谍报这块工作的十分羞涩的预算。1581 年，爱德华·斯塔福德爵士就敏锐地告诉他："如果没有无赖的话，诚实之人就得不到任何关于反对他们的事业的实情。"

在 1574 年 7 月，沃尔辛厄姆雇用了戴维·琼斯（David Jones）在伦敦找寻关于藏在那里的神父的情报。琼斯的任用时间不长，因为对沃尔辛厄姆大多数间谍来说，他们要么是潜伏很快会被发现，要么就是沃尔辛厄姆的怀疑他们的忠诚度或可靠性。他们许多人手头拮据，像玛格达莱妮学院（Magdalene College）的学者詹姆斯·威尔士（James Welsh），他找不到教师工作，所以给伦敦主教当间谍。这样的情况往往会导致间谍提供的情报夸大或是失真，因为他们想得到更多的回报，沃尔辛厄姆肯定始终都深刻地意识到了其中的危险。

琼斯向超级间谍的机要秘书弗朗西斯·米勒斯承认，他“与另外两人，大卫·萨德勒（David Sadler）和弗利特街悬剑酒馆（Hanging Sword）的布卢伊特（Blewitt）先生”在马夏尔西监狱向一名神父告解过。琼斯似乎只做了一个多月的线人，他写给米勒斯的第三封信上报告说，他快要被饿死时，是考金斯（Cawkins）夫人“一个声名狼藉的教皇党人”救了他，铁石心肠、贪得无厌的琼斯请求道：“求求你告诉我的主人，把她按法令被没收的东西全都给我，就连她脖子上那条仅存的项链，我都要。”[20] 基督徒的仁慈就只有这么多！一个月后，这个线人写了最后一封信，可怜巴巴地想借 2 先令“还给乔治”酒馆。

罗伯特·巴纳德（Robert Barnard）也成了一名间谍，他受过一些教育，化名为罗伯特·伍德沃德（Robert Woodward），在清除逃亡神父和反抗者上十分积极，他提供了三年多的报告，上面总是签着他的代码或假名 P.H.。1581 年 1 月 5 日，他的首封信上细致入微地提供了在欧洲流亡的威斯特摩兰伯爵的动向，以及伯爵从教皇那里收了 500 克朗这一消息。这只是巴纳德的牛刀小试，接下来他继续提供了更多关于加德纳（Gardiner）先生与其妻子的情报，内容十分丰富。加德纳的妻子来自米德尔塞克斯（Middlesex）的阿克斯布里奇（Uxbridge），两人收容了一个叫吉姆雷特（Gimlet）的神父。

同年 10 月，巴纳德在伦敦工作，极度缺钱。他恳求沃尔辛厄姆：

我必须谦卑地求您考虑一下我。我欠了房东4镑多，为此，他威胁我说要把我关进牢里。过去三个月里，我没有从大人那里得到任何东西。求大人给我些活儿，这样不用太麻烦大人您，每月我都能有所入，大人您用我的话，对您也不会有坏处。

我有办法进入伦敦所有的监狱，所以教皇党人很相信我，我在他们当中也有几个特别熟的人，只有伦敦塔除外，因为那里没有什么来往的东西可利用，也不会在国内掀起风浪来，但我确定能从那里听到些消息。[21]

以前，超级间谍肯定听那些迫切想要动用他情报机关资金的人这样自夸过，但巴纳德还提交了一系列报告，帮助沃尔辛厄姆掌握英格兰反抗者跳得越来越快的脉搏。下面是两份1582年的报告：

4月19日：今年春夏两季不可能会有叛乱。教皇党人无望从教皇和西班牙国王那里获得援助。（耶稣会会士）珀森斯正在鲁昂写书，为坎皮恩正名。

现在伦敦的耶稣会会士很少。一个是圣殿教堂的神父瓦伊内（Vaine）先生，另一个是格雷律师学院的莱伊尔（Lyell），还有一个马奇先生，住在霍尔本高街（High Holborn）的白天鹅标记那里。[22]

11月17日：据情报，神学院神父亨肖博士（Dr Henshawe）[23]寄了封信给朋友，上面说他与耶稣会会士霍尔特（Holt）神父[24]和海伍德（Heywood）神父[25]在斯塔福德郡待了3个月，让228人皈依天主教。如果大人乐意的话，我可以走一趟。我肯定和他们碰得了面，通过我在斯塔福德郡的熟人，我可以见到他们三人。[26]

后来沃尔辛厄姆对这些神父进行了突袭，至少有一例他做得很成功：约翰·马奇（John March）。记录中，马奇是一名神学院神父，1588年9月仍被关在伦敦的一所监狱。1582年7月，巴纳德告发了第一代拉姆利勋爵（Lord Lumley）约翰（约翰曾卷入佛罗伦萨银行家里多尔菲原先的阴谋当中，1569至1573年被关在牢里）。一个叫卡特[27]的人因散布天主教小册子被关过几次，间谍巴纳德告诉沃尔辛厄姆，他和卡特的妻子交谈过。卡特在圣奥拉夫（St Olave）教区哈特街（Hart Street）的住宅遭到突袭，当天他又被抓了起来，带去了伦敦塔。他的妻子和巴纳德走在兰贝斯（Lambeth）的一条路上，她向巴纳德透露，她要去找拉姆利，"上帝，真希望我不认识这人……我要去告诉他，我家里的东西都被拿走了"——书籍、祭服、十字架、圣杯和其他弥撒所需物品。这些都属于拉姆利，"大人的两名绅士史密斯先生和凯恩斯（Caines）先生用了各种法子，又不断乞求，我丈夫不得不收留了他们"。巴纳德建议沃尔辛厄姆：

如果大人您想立刻把史密斯和凯恩斯两人抓起，那就按卡特所供认的去指控他们，卡特的妻子也要带走。不单单是此事，还有其他所有与教皇党人往来相关的事件和活动，她知

> 道的和她丈夫一样多……
>
> 如果这件事要追究到底的话，还会有此类事情浮出水面，很久以来它们都被掩盖得很好……[28]

卡特“在拉肢架上是半死不活，但他嘴巴很严，只是呼喊着‘耶稣’的名字”[29]。拉姆利躲开了国家的惩罚，而且还很奇怪地过着喜悦的生活，他经常公然在他们于萨里郡奇姆（Cheam）和尤厄尔（Ewell）之间的庞大豪华的无双宫（Nonsuch）中举行天主教弥撒[30]。他还有自己的唱诗班，弥撒结束之时，唱诗班就会吟唱威廉·伯德（William Byrd）特意为拉姆利所作的圣乐[31]。

后来，巴纳德成了某种四处流动的双面间谍，利用他的情报来揭露天主教神父。他会定时写信，详细讲述他在国内来回走动时所发现的顽固天主教徒。1584年12月，巴纳德寄来了一份题为“与弥撒神父有关的秘密消息”的名单，里面列出了近百名来自柴郡、兰开夏郡、威斯特摩兰郡、诺森伯兰郡和约克郡这些仍有叛意的英格兰地区的反抗者和神父。他开头说：

> （柴郡）康格尔顿（Congleton）的沃伯顿（Warberton）夫人雇用了一个自称是沃肯斯（Walkens）的老神父，但他真名叫威廉·沃辛顿（William Worthington）。在康格尔顿时，他就给沃伯顿夫人当管家，不过他偶尔会去国外待一个月或六周，他曾去过罗马。

接下来，他说在约克附近：

阿科姆农场（Acame Grange）盖尔（Gail）先生的妻子心里对我下了决断[32]。盖尔先生结婚八年从未去过教会，但婚礼上举行了弥撒。他6个孩子都受了天主教洗礼。他的妻子是理查德·斯特普尔顿（Richard Stapleton）爵士的女儿。格雷夫斯（Graves）先生是蒂克尔（Tickell）的公证人，他的房子曾被镇上叫库茨（Cootes）的官员搜查过，搜出来几本书和一些其他的东西，但他至今仍未受到进一步的处罚。

巴纳德也会告发贪污官员：

德比郡一个叫吉尔平（Gilpin）的官员贪污受贿，吉尔平的手下，替他处理事情的莱（Lye）也纳贿……像这样的人还有芒迪（Munday），我在经过的许多地方都见过他，他对交易十分严格，（实际上）规模也不大……但是（造成了）很大伤害，在一个地方……他假装去找《羔羊经》（*Agnus Dei*）……却在一个寡妇的箱子里拿了40英镑。些许这类……（意外？）就会引起叛乱，或致使官员被杀。

在结尾处，巴纳德保证他的情报绝对真实：

最后一次和大人见面后，我去了上述的大多数地方：至于其他地方的情报，我有百分之百的把握，为的就是让大人满意我的服务。[33]

沃尔辛厄姆的间谍和随从效率惊人，他们特别活跃于伦敦熙熙攘攘、臭烘烘的大街小巷中。1580 年 7 月，耶稣会神父罗伯特·珀森斯写道“搜查越来越严密和频繁……间谍很多，而且做事卖力，几乎每小时我们就听说一些（神父）被带走，他们要么就是身有嫌疑，要么就是被发觉反叛”。同月，五六名刚到英格兰的神父早已被抓了起来。胆大包天的耶稣会会士在萨瑟克区的圣玛丽奥弗里（St Mary Overy）召开教会会议，计划他们的传教活动。会议就快要结束时，前英格兰圣徒学院在俗学生亨利·奥顿（Henry Orton）[34] 在去避难所的路上不幸被沃尔辛厄姆的间谍查尔斯·斯莱德给认了出来，斯莱德曾在罗马见过他。斯莱德尾随奥顿想发现他的藏身之处，但又厌倦了追捕，就直接抓住了他。两名神父藏在暗处，不如手中握住一个。只要再多点儿耐心，他就可以抓住整个英格兰耶稣会领导者[35]。珀森斯议论道：“我们都没有被一起带走……这太不可思议了。”不过当天，斯莱德又俘获了一名神父罗伯特·约翰逊（Robert Johnson）[36]，“当时他正在街上散步”。

> 斯莱德在追捕神父上十分起劲。珀森斯说，他比其他人更爱挡我们的道，枢密院给他授了权，他想去谁家就可以直接闯入，然后四处搜查。只要有一点儿赃物，他就会拼命地搜。[37]

珀森斯后来写信给罗马的英格兰圣徒学院院长阿方索·阿加扎里，说那些“变节的教友”正在为沃尔辛厄姆做事，他们“对我们是个巨大的麻烦，有害至极”。还有一次，他抱怨说他无法把信写得太长，“因为我不能轻易停留太久，让我写完一页”[38]。抓

捕他的人对他一定是步步紧逼。另一方面，1586年，行刑偏执狂理查德·托普克利夫向枢密院大肆抱怨，约有20名

> 名声很大、很有学问的神学院神父到了伦敦。他们伪装起来，大肆在伦敦街上走动。在他们当中，惯有的恐惧和胆怯变成了欢笑和慰藉，似乎他们所想的美好日子还未过去……[39]

名字奇怪的马利维尼·卡特林恩（Maliverny Catlyn）也是沃尔辛厄姆手下的间谍，他直接就被指派去暗中监视躲藏起来的天主教徒。超级间谍似乎早就认识卡特林恩，因为1586年4月22日卡特林恩在鲁昂写信给他，自荐要为其服务，开辟“道路，进一步（原文为斜体）参与到事情中去，为了女王陛下的安全，需要把这些事情都给揭露出来”。卡特林恩曾在低地国家作战过，可以说是一名不苟言笑的清教徒，认为演员和舞台剧于道德无益[40]。他骗取了流亡法国的英格兰天主教徒的信任，报告了“一则秘密情报，一个万分危险之人把神父亚当斯（Adams）、三本《羔羊经》和埃德蒙·坎皮恩的些许珠宝带到了英格兰”[41]。

两个月后，卡特林恩受到朴次茅斯港口搜查员的扣押，被囚禁在那里的监狱。这位机会主义者把此次入狱的经历当成了掩人耳目的说法，在后来获取情报时很好地派上了用场，显然，他很会投机取巧。他请求沃尔辛厄姆安排把他转到萨瑟克区的马夏尔西监狱，一到那儿，他就拉拢了爱德华·杰克逊（Edward Jackson）神父和其他囚犯。可怜无辜的杰克逊神父！他相信卡特林恩“就要加入他的阵营”，于是向他略微提及了教皇和西班牙腓

力二世正在拟订的侵略计划。卡特林恩立即把这一情报寄给了沃尔辛厄姆，敦促要把另一个犯人（名字未知）召去审问：

> 毫无疑问，吓吓他或是温和对待他，他就会告诉你个中详细情况，也就是说，立即审问这个邪恶之人，告诉他事情的重要性，对此我现在仍深信不疑。

卡特林恩表示要让沃尔辛厄姆把他叫过去，这样他可以越发慎重地透露更多情报：

> 再者，此处不便，除非把信件内容告诉看守，否则我很难拿到笔、墨还有纸。说实话，他把我当成叛国的大罪人，所以我只好把这封信当成是我就那项嫌疑写下的……悔过书，以女王陛下的名义托付他加快把信交到大人的手上。[42]

1586 年 8 月，卡特林恩踏出了马夏尔西监狱的大门，按沃尔辛厄姆的指示前往英格兰北部，调查那里天主教的不忠行径。有了监狱里的经历之后，这名间谍深信被关神父的颠覆情绪高涨。他告诉他的主人：

> 如果您想要阻止这种涌动，那就堵住源头。相信我，英格兰的监狱就滋养了许多教皇党人。看在上帝的份上，把他们都赶走，或是继续严密看守他们，这样他们就不会每天荼毒别人。[43]

讽刺的是，这名间谍的想法无意间在耶稣会会士罗伯特·珀森斯那里得到了附和，不过当然，珀森斯是从相反的角度来看的。他坚持认为，神父被关押起来

有时候比不受监禁对我们更有用处。这些在押的神父，他们总是确定待在同一个地方，这样许多无法找到其他神父下落的人就可能去探视他们。[44]

早秋，卡特林恩回到伦敦，接着他就受雇去侦查许多有名望的人，超级间谍怀疑他们支持天主教。11 月卡特林恩报告：

昨天，我发现伍斯特伯爵[45]和莫登（Lord Mordaunt）勋爵[46]乘摆渡船[47]秘密去了一个无名酒馆（红狮），他们和一个人交流了一番，那人我并不认识。这四五周里，我尽了全力去刺探国内一个超级大人物的内心想法，我和他待了几个小时，可以肯定，我已经看破了他的意向，我接下来再告诉您。[48]

卡特林恩继续为沃尔辛厄姆在伦敦和北部办事，时间至少持续到 1587 年 6 月，但恼人的是，国家档案中没有更多的线索或迹象，我们无法得知这个神秘的大人物到底是何身份。卡特林恩必定拥有绅士般的风度和举止，可让其自由周旋于更高阶层的社会人士之间。尽管如此，他还是饱受贫困之苦，在 1586 年 12 月某日，他恳求沃尔辛厄姆给他些钱，因为“我和我的家人可能就要度过迄今为止我们所体会过的最寒冷的圣诞节节期了”[49]。他收到

了 5 英镑，权且作为对他所付出努力的报答。

沃尔辛厄姆在他的私人秘书当中聚集了一批能人，组织和处理他的情报工作，为了不引人注目，据点就设在他伦敦的新家——哈特街圣奥拉夫教区希兴里（Seething Lane）的一幢漂亮房子里[50]。它离城南只有几百码，坐落在大堡垒和伦敦塔监狱附近，也很方便。一些间谍可以直接写信给沃尔辛厄姆，其他间谍则由他的助手管理，用现代情报用语来说，这些助手就是“情报官”。

当然，阻挠阴谋的最佳办法就是要拦截他们在计划、执行诡计时所必需的通信。与 21 世纪相同，信号情报在 16 世纪也十分重要。除了还在发展的密码术（这一点我们会在第四章详谈），政府反间谍机构必须查明各种用于秘密传送情报的手段。那时候，密写墨水受到了广泛使用：明矾[51]稀释液或是将牛奶和柠檬汁混合兑水，遇热则可使字体显现。如果无法获取这些用料的话，身处困境的间谍便会将自己的尿液掺水稀释，用来写字[52]。敌对双方都会利用看似无害的书来传递指令，单独给出的密码就对应着书页上的一个或几个字。再者，情报能藏在精装书的皮质封面里，酒瓶和行李箱内衬也可以藏信，苏格兰女王玛丽就曾把信藏在时髦女式皮鞋的高跟中。还可利用死信邮箱，即把信藏在事先安排好的地点，随后另一名间谍就将其安全取走。最有价值的事情则是能发现解码的方法——时运不佳的诺福克公爵就把他的密码书藏在伦敦查特豪斯家中的两片屋顶瓦片之下。

一切事情，重中之重就是不要让你的对手发现他的信件曾被偷看过。沃尔辛厄姆雇用的亚瑟·格列高利在打开、重封拦截信件上是个老手，用这种方法，收信人都不知道他们被玩弄了。格列高利的特别技能是伪造印章，所以他很可能接受过一些雕刻贵重金属的训练。沃尔辛厄姆死后，伯利的儿子罗伯特·塞西尔爵士暂代首席国务大臣，直到1596年才得到正式任命，他也把格列高利雇来做类似工作。格列高利这人一直都很神秘，在生命快要走到尽头之时，他请求得到赏赐，但这也是情有可原的。塞西尔档案中就有他的请愿书，写于詹姆士一世统治早期：

> 想想我曾做过的工作，还有我以后能做的事，请将反抗者土地的三分之二赐给我……还有要保证每月给我20英镑。

格列高利继续直言："这次赏赐对国王陛下是没什么好处，但我收了这些就当是我工作的酬劳，以后就不会再求什么了。"[53]

沃尔辛厄姆信赖的主要助手就是伦敦海关官员威廉的儿子，密码破译员托马斯·菲利普斯（Thomas Phelippes）。他在剑桥大学获得了文学硕士学位，住在利德贺市场（Leadenhall Market），离希兴里只有500码的距离。他能说一口流利的法语、意大利语和拉丁语，但西班牙语不太熟练。苏格兰女王玛丽说他"个头矮小，很瘦，褐色头发，一张脸上全是小麻子（天花留下的疤），视力不好，看起来30岁的样子"[54]。菲利普斯是可能其貌不扬，但他在破译密码和伪造物件上的本事成了摧毁她的武器。

1578年，菲利普斯初次登场，沃尔辛厄姆派他暂时去驻巴黎大使埃米亚斯·波利特爵士（Sir Amyas Paulet）手下工作，破译在那里拦截的信件。随后，他就负责管理在法国的间谍，法国爆发宗教内战期间，他还把伊丽莎白提供的秘密资金带给法国胡格诺派。菲利普斯在不同时期使用的假名是“约翰·莫里斯”（John Morice）和“商人彼得·哈林斯”（Peter Halins），他的仆从凯西（Casey）也经常被派去执行精细任务。

在事业全盛时期，菲利普斯的工作备受重视。1586 年 5 月，沃尔辛厄姆告诉菲利普斯“女王已经签署了他的请愿书，同意给他 100 马克[55]的补助，而且女王很看好他的工作”[56]。六个月后，沃尔辛厄姆把他和伊丽莎白的谈话告诉了菲利普斯，女王说菲利普斯“欠财政大臣一个大人情，他在女王面前给菲利普斯说了好话”[57]。菲利普斯向来是个贪得无厌之人，1589 年 8 月，这名密码破译员向沃尔辛厄姆抱怨，他听说他的好友波利特去世了，“米德尔莫尔（Middlemore）先生得到了波利特在（兰开斯特）公爵领的文书一职，但女王陛下曾经承诺要把那个职位给菲利普斯本人”[58]。

爱德华·伯纳姆（Edward Burnham）也是沃尔辛厄姆的仆从，他则被用于执行敏感外交任务，并涉足海外情报收集工作。1577 年，他被派去皮卡第（Picardy）和法国北部，“观察了解法国在那里征集了什么兵力进入低地国家”，并和军事长官进行交谈。令人惊讶的是，超级间谍非常执着于保密工作，但他却准许伯纳姆记录他的任务——“女王陛下的首席大臣，我尊贵的主人，弗朗西斯·沃尔辛厄姆爵士指派任命我去……执行……特别任务”[59]。想必这份记录只有女王可以看——他之所以如此措辞或许是希望博得女王的些许青睐。

六年后，1583 年，伯纳姆被派去尼德兰，向尼德兰新教政府保证伊丽莎白的友好，同时，他也是要去确定尼德兰对法国有几分信赖，因为他们在低地国家抵抗西班牙军队时，法国提供了援助。1585 年，伯纳姆带了几封信和口头指令给女王在荷兰的大使威廉 · 戴维森（William Davison）和商人冒险者公司（Merchant Adventurers's Company）在泽兰的代表乔治 · 吉尔平（他也是沃尔辛厄姆的间谍），让他们以非正式形式告诉荷兰，伊丽莎白准备为他们提供保护，条件是他们要把法拉盛、恩克赫伊曾（Enkhuizen）和布里尔（Briel）这三个城镇交给英格兰作为财政担保。接下来，伯纳姆有了一个更为危险的任务：在 1588 年无敌舰队入侵的准备阶段，他被调遣去监视西班牙军队的司令部，向英格兰预警该支军队的调动情况以及他们在英吉利海峡登船的消息。

伊丽莎白的国库平素都是囊中羞涩，沃尔辛厄姆的间谍行动到底用了里面多少钱，各方估计的数值差距很大。"若需支钱，得要女王下令"，御玺在令状上盖章后才可实现。1582 年 7 月的支出记录是保留下来的最早记录，女王给了沃尔辛厄姆 750 英镑作为当年的情报机构经费（相当于现在的 12 万英镑），按季拨款。1585 年之后有更为详细的记录存留了下来，上面说，1585 年的经费是 800 英镑，1586 年则到了 1100 英镑。此后，天主教暴动，西班牙无敌舰队的威胁初露端倪，使得每年的开支涨到了至少 2000 英镑，不过一些人估计说 1588—1589 年间沃尔辛厄姆拿到的钱总计高达 3 万英镑（相当于现在的 480 万英镑）[60]。1610 年，沃尔辛厄姆的继任者、王室政府工作者罗伯特 · 塞西尔爵士的国家支出预算或许更好地说明了女王的情报机关有了稳定增长的资金。折合成现在的币值看，1583 至 1584 年支出了 946502 英镑；1584 至 1585 年 1646171 英镑；1585 至 1586 年 1357883 英镑；1586 至 1587

年 1825915 英镑[61]。有件事是肯定的：因为要支付国内外两处的情报收集工作的花销，所以预算永远不够。如果确有必要，沃尔辛厄姆花钱从不畏手畏脚。1580 年，面对着苏格兰的潜在威胁，沃尔辛厄姆命令在苏格兰的英格兰间谍罗伯特·鲍伊斯（Robert Bowes）爵士和当时的英格兰驻巴黎大使亨利·科巴姆（Henry Cobham）爵士，要“不惜一切代价”收集情报。无敌舰队的威胁解除后，伊丽莎白就立即于 1589 年把情报机关的预算减少到了 1200 英镑。她一向如此，难怪超级间谍常常要自掏腰包。

1582 年 5 月，对抗英格兰的国际阴谋又有了苗头。当时，苏格兰和英格兰中部边界的边防长官约翰·福斯特爵士（Sir John Forster）的仆从拦捕到一人，此人伪装成牙医，说得不好听点儿，就是个拔牙匠。他带着全套拔牙工具，当中还有一面小镜子，看着有点儿恐怖。被释放后，他匆匆离开，却忘了将镜子带走。镀银镜面下藏着一批折叠起来的文件，它们来自西班牙驻伦敦大使贝尔纳迪诺·德·门多萨，收信人是苏格兰的耶稣会神父威廉·克赖顿（William Creighton）。实际上，那人就是扮作拔牙匠掩盖他的秘密信使身份的。

6 月，沃尔辛厄姆在伦敦收到了这批文件。令他高兴的是，它们清晰地指向了一场阴谋，涉及人员有：门多萨及他的主人西班牙国王腓力二世、苏格兰女王玛丽和埃斯梅·斯图亚特（Esmé Stuart）——德奥比涅（d'Aubigny）勋爵、伦诺克斯伯爵（Earl of Lennox）、年幼的苏格兰国王詹姆士六世的亲信。苏格兰方面又来了情报，说法国驻伦敦大使卡斯泰尔诺宅邸是个情报交换所，存有与苏格兰女王的所有通信。

现在，沃尔辛厄姆对法国大使家中发生的所有事情都很感兴趣，大使家在索尔兹伯里宅邸，伦敦城西，离热闹繁忙的弗利特街南只有几码。1583 年 2 月，卡斯泰尔诺的名声不知为何遭到了抨击，里面颇有官方造谣中伤这名大使的味道，也许正是超级间谍本人在背后煽风点火。

受到如此攻击，卡斯泰尔诺气得语无伦次，他写信给沃尔辛厄姆，生气地抱怨：

> 贵国宫廷之上、王土当中有好几人想要抹黑我的名誉，意图对法国非议。他们唆使一个没用的荡妇来污蔑我，说我行事不端，但我的行为举止一直都很体面虔诚。
>
> 我不想再听到她到处向人诽谤我，所以我已禁止她出现在我家。而听她扯谎的人也没有白白浪费这个噱头，他们在贵国宫廷和别处从中取乐，利用她四处鼓吹，借着污蔑我的由头谴责所有法国人……
>
> 在我看来，停止造谣，鞭笞这个荡妇，用烙铁烫烂她的舌头，还算便宜了她。首先应要让她招供，她这样诋毁中伤，从中取乐，幕后主使是谁，她不可能为了从我这里得到施舍而这样大费周章。[62]

暂且不说这个黑色宣传，超级间谍正四处寻找一名可安插到法国大使馆的间谍。他找到了苏格兰神学家威廉·福勒（William Fowler），同年秋，法国不准他再研究神学，驱逐了他，后来他去了英格兰，但随即就被关进监狱。为了换取自由，福勒同意在沃尔辛厄姆手下当间谍。他告诉法国大使他可以提供苏格兰事务方面的情报，但转过头就将卡斯泰尔诺和苏格兰人的交易告诉了英格兰政府。

法国大使的日子可就不好过了。1583 年 3 月，又有一名耶稣会会士，化名为布里尔顿（Brereton）的威廉・霍尔特（William Holt）神父，在爱丁堡的利斯港登船前往法国时被扣押[63]，是沃尔辛厄姆的间谍罗杰・阿尔蒙德（Roger Almond）透露了他的消息，他化名威廉・瓦瓦苏（William Vavasour），被称作"变节教皇党"[64]。这名神父被发现携带大量加密信件，很快，信中内容被暗中抄了下来。苏格兰人审讯了霍尔特，他承认，"教皇和许多天主教贵族为了宗教事业，为了苏格兰女王的利益，正在考虑向英格兰发动战争"[65]。很明显，他是门多萨的间谍。苏格兰对此阴谋的调查进展缓慢，这让沃尔辛厄姆恼火不已。4 月 16 日，他写信给鲍伊斯，说伊丽莎白真切期望能够"大力调查霍尔特，用刑让他招供"。然而，还没逼问出更多信息，霍尔特就逃走躲了起来。

福勒也报告说，一名"侍女"要乘船前往苏格兰，卡斯泰尔诺让她捎带了几封信。一接到报告，沃尔辛厄姆就下令在泰晤士河口的格雷夫森德拦住该船，进行搜查。船上找到了三封信，后转交给了超级间谍，收信人是法国驻苏格兰大使曼维尔勋爵（Lord Mainville）弗朗索瓦・德・罗恩彻罗勒斯（François de Roncherolles）。毫无疑问，亚瑟・格列高利的本事在此有了用武之地，他打开信封，记下了里面的内容，然后再将包裹密封。就信件延误一事，曼维尔得到了道歉，言辞恳切，让他相信了这些信没有被人动过手脚。爱丁堡的英格兰间谍鲍伊斯说这个法国人

“在一定程度上相信了”道歉之辞，因为“信上的火漆完好”。

阴谋进展到了什么程度，如何才能证明玛丽也牵涉其中，沃尔辛厄姆仍然没有摸到头绪。一个月后的4月，他在伦敦的法国大使馆成功安插了第二名间谍，该间谍化名为亨利·法戈（Henry Fagot）。最近调查明确显示，他是个意大利人，暂住在法国大使馆，真名叫焦尔达诺·布鲁诺（Giordano Bruno）[66]。卡斯泰尔诺亲切友好，饭后在餐桌上说个没完没了，情报就源源不断地来了，值得为此涉险。布鲁诺说吉斯公爵来了封信，鼓励大使为了苏格兰女王玛丽继续他的秘密活动。4月28日，他甚至还提到了双面间谍威廉·福勒的到来，“他几乎每天都出入大使的住处……通过他，大使知道了发生在苏格兰的所有事”[67]。

据布鲁诺报告，第二晚，一个叫思罗格莫顿的先生和卡斯泰尔诺一起用餐，“大使说他最近给了苏格兰女王1500克朗”[68]。读到此处，沃尔辛厄姆的眼睛一定闪着光，他立即派伦敦间谍严密监视29岁的弗朗西斯·思罗格莫顿。人人皆知，这个目标人物有着狂热的天主教信仰，是超级间谍1571年去世的旧友尼古拉斯·思罗格莫顿爵士的侄子。

布鲁诺仍旧潜伏在大使馆，炮制了大量信息，它们全由法文写成，上面带有一个记号，是天文学或占星学中的木星标志，以表明消息的真实性。5月4日，福勒又出现了，他

> 在大使的家中吃了饭，带了两枚金戒指，上面嵌有（珠宝），但不知是什么宝石。通过伦诺克斯公爵，他们去了苏格兰女王那里，大使要把戒指给她。今天大使收到（妻子）来信，

信中她说希望能早日来到英格兰，并强烈恳求（大使）在这些事情上要隐蔽再隐蔽。我今天也听到大使说，待在英格兰让他惶恐不已，他察觉苏格兰已蓄势待发，很快就会有大事发生……几位贵族之间敌意很重，吉斯公爵和伦诺克斯公爵掌握着这一切的关键。大使和一名英格兰贵族已经就此事互通有无，不过是哪位贵族不得而知。[69]

沃尔辛厄姆的这名间谍还收买了大使秘书库尔塞勒勋爵（Seĭgneur de Courcelles）尼古拉·勒克莱尔（Nicholas Leclerc），让他成了英格兰政府的卧底。约在1583年6月上旬的某一天，布鲁诺告诉沃尔辛厄姆：

如大人所愿，我和大使秘书已成了朋友，只要给他些钱，他就会告诉我他做的所有事情，包括与苏格兰女王相关的一切事情，还有与她通信时使用的密码。[70]

沃尔辛厄姆迫不及待地抓住这个机会，立马就筹到了钱。次月，库尔塞勒开始把大使信件副本交给布鲁诺。信末，布鲁诺又提及了一个重磅消息：

苏格兰女王的首要间谍是思罗格莫顿先生和亨利·霍华德勋爵[71]，他们只会在夜晚从她那里拿东西。要给她带东西时，大使也是在晚上行动。

他在信末的附言肯定让沃尔辛厄姆发笑："大使秘书让我告诉您，烦请您严加监视一个叫福勒的苏格兰人，这人十分危险。"

超级间谍费尽心血收集了对思罗格莫顿不利的证据，然后在11月4日清早发起突袭：两名"没有什么声誉的"绅士被派去思罗格莫顿的家中将其抓捕，他家在泰晤士河岸保罗码头附近，就在贝纳德兹城堡（Baynards Castle）东边。当他被押送到伦敦塔时，从他家中搜出了几份列了许多天主教贵族名字的文件，以及非常适合外国侵略势力使用的港口计划。当中还有12份非法的英格兰王位血统承袭档案，以彰显玛丽要求其继承王位的合法性。与此同时，亨利·霍华德勋爵被捕。

尽管思罗格莫顿先前就发誓"宁死千次，也不会指控任何人"[72]，但第二次在拉肢架上受刑就足以让他开口。痛苦和恐惧让思罗格莫顿冷汗直流，他脱口说出吉斯公爵会指挥此次进攻，并计划在苏塞克斯的阿伦德尔港登陆，解救苏格兰女王玛丽，让天主教重返英格兰。虽然教皇和西班牙腓力二世允诺承担远征的费用，但由于缺乏资金，计划被搁置一旁。他的供词清晰地表明，站在阴谋网络中心的人，其实是狡猾卑鄙的西班牙驻伦敦大使贝尔纳迪诺·德·门多萨。

1584年1月19日，西班牙大使被召唤到大法官托马斯·布罗姆利爵士（Sir Thomas Bromley）在伦敦的家中，与枢密院顾问官委员会见面，当中就有沃尔辛厄姆。所有人都到齐后，冷酷的国务大臣站起身来，表情严肃而坚定，他手里抓着一张纸，上面列了6条对门多萨的指控，他用流利的意大利语一条一条读了出来，而门多萨怒气冲冲，面色阴沉，迫不得已地听着：

1. 与苏格兰女王之间有秘密情报往来；

2. 与女王陛下某些臣民密谋营救苏格兰女王；

3. 试图（探询）英格兰天主教徒，要是天主教贵族派遣军队过来，他们是否愿意加入外国军队；

4. 鼓励天主教徒，说（西班牙）国王会为他们提供援助，支付一半费用；

5. 明知英格兰逃亡者、苏格兰女王的仆从查尔斯·佩吉特（Charles Paget）[73]到达这里而不上报，他过来就是为了刺探天主教徒的想法，察看港口和登陆场所；

6. 收到弗朗西斯·思罗格莫顿寄出的……一个（绿色丝绒）小盒，里面都是密谋计划和文件。[74]

沃尔辛厄姆尖锐地说，女王更需要的是大使这个职位，而不是他这个人，她欣然大方地给了门多萨 15 天时间离开英格兰。

受了这些指控，门多萨说话气势汹汹，他愤怒地要求沃尔辛厄姆对针对他的指控给出依据。他傲然怒喝道："我贝尔纳迪诺·门多萨不是生来就要搅乱各国，而是要去融入各国。"[75]然而，在沃尔辛厄姆手下间谍的紧密跟踪下[76]，门多萨在几天之内就不声不响地离开了英格兰，同年 11 月，他成了西班牙驻巴黎大使。

1584 年 7 月上旬，荷兰新教领袖奥兰治的威廉在米德尔堡（Middleburg）被杀，伦敦方面，对各种阴谋和刺杀伊丽莎白的担忧不断加剧。沃尔辛厄姆写信给巴黎的斯塔福德：

> 勃艮第人［巴尔塔扎尔·瑟拉克（Balthazar Serack）］谋杀了奥兰治亲王……当亲王离开用餐室时，他假装有封信和几件事要传达给亲王，然后用怀里的手枪击中了亲王，亲王还没来得及说句话，即倒下身亡。你来判断一下这事会让我们受到多大损害。[77]

此次谋杀事件，益发凸显了女王生命时刻面临威胁这一事实，也坚定了英格兰政府根除颠覆活动的决心。那些卷入思罗格莫顿阴谋中的人都受到了相应的惩罚。1584 年 7 月 10 日，思罗格莫顿在泰伯恩行刑场以叛国罪被处决，亨利·霍华德勋爵又进了监狱[78]，接下来遭殃的则是第八代诺森伯兰伯爵、1569 年北境叛乱领导者的兄弟亨利·珀西（Henry Percy），以同谋罪被捕后，1585 年 6 月 20 日，珀西用上了三发铅弹的手枪射向胸膛，在伦敦塔内自尽[79]。

沃尔辛厄姆最能干的间谍还有尼古拉斯·伯登（Nicholas Berden），他化名为托马斯·罗杰斯（Thomas Rogers），是著名天主教平信徒乔治·吉尔伯特的仆从，随吉尔伯特一起去了罗马。1583 年，他作为间谍首次联络沃尔辛厄姆，给了他一份关于"罗马为苏格兰女王所展开的活动"的记录。但没过多久，天主教流放者就怀疑他叛变，把他在圣安吉洛（St Angelo）教皇城堡关了一段时间，城堡高高俯瞰着台伯河（River Tiber）。发誓忠于天主教后，伯登被释放，返回英格兰。没过多久，他迅速把誓言和忠诚抛诸脑后，又给沃尔辛厄姆当起了间谍。1584 年 1 月 1 日，伯登写信给托马斯·菲利普斯，他的话让人想起了维多利亚时期的

爱国正剧:

> 我坦诚自己是一名间谍，但我不是为了得到什么，而是为了服务于我的国家……每当需要我做任何事的时候，我都会不顾一切地以身赴险，这是为了国家荣耀和我的信誉。你会看到，我时刻都准备好，坚定地去做。[80]

1585年3月，伯登在伦敦执行任务，他被派去监视阿伦德尔伯爵菲利普·霍华德（Philip Howard）的一举一动，因为霍华德逐渐有了策划阴谋的嫌疑。凭借着对反抗者的了解，伯登很快就融入了天主教群体，不久还和化名为埃德蒙兹（Edmonds）的威廉·韦斯顿（William Weston）神父友好地吃了顿饭。在伯登看来，这顿饭还是让他收获颇丰。后来，他向沃尔辛厄姆提供了四五个藏匿有耶稣会会士的房屋地址，另外还有11名天主教绅士，以及他们窝藏的11位神父的姓名。他补充道:

> 还有，教皇党人估计罗马和兰斯会有四五十名神父到伦敦这里来……因此，我履行职责，告诉大人您这些地址。我时刻准备着按您的光荣指令采取进一步行动。[81]

4月上旬，伯登调查了伦敦塔天主教囚犯之间的秘密通信手段。他告诉沃尔辛厄姆:

> 我和塔内最近关进来的囚犯热尔韦·皮尔庞特（Gervais

> Pierrepoint）[82]聊过，那里的苏格兰耶稣会会士克赖顿（威廉·克赖顿神父）是否有什么办法和朋友商讨事情。他告诉我，克赖顿第一次进监狱是被关在马丁塔（Martin Tower），就在尼古拉斯·罗什卡罗克（Nicholas Roscarrock）[83]的牢房那里，尼古拉斯经常用一些工具打开他们俩的牢房门，这样他们就可以随意说话……还有，是尼古拉斯通过自己牢房那扇离地面很近的窗户将克赖顿写的信递出来交给一个小姑娘的。奥顿（亨利·奥顿神父）[84]经常派那姑娘去尼古拉斯那里，因此只要通过他，信件就可以传到伦敦塔外……[85]

一周后，伯登向沃尔辛厄姆报告说那些偷运进英格兰的天主教书籍已经开始流入天主教徒手中，他和威廉·艾伦（William Allen）博士（后来成了枢机主教）的仆从理查德谈了话，得知第二天晚上艾伦就要离开伦敦前往法国。

> 他带了两名桨手去蒂尔伯里要塞[86]……法国加来（Calais）的尼古拉斯·德·休（Nicholas de Hew）会在那里接应他，然后……带他去迪耶普（Dieppe）或迪耶普附近。

为了得到奖励，伯登还向沃尔辛厄姆告发了两名学者——牛津大学的巴克（Barker）和剑桥大学的摩尔（Moore），两人都是文学硕士。他们会和艾伦上同一艘船，打算在兰斯的学院接受神父任命。伯登问了艾伦的仆人，传教神父目前是如何进入英格兰的。

> 艾伦博士……给了每位神父……6英镑或是8英镑旅费，还有一套新装……这些神父大多是乘坐到纽卡斯尔（Newcastle）运煤的法国船只抵达英格兰的……他们之所以会选择去那个地方，（是因为）女王陛下的纽卡斯尔官员罗伯特·海克利夫（Robert Highcliffe）实际上是个教皇党人，对他们的到来很清楚。这三四年来，他的妻子也一直信仰天主教，在她的引导下，这些神父和他们随身携带的书籍都能安然通过……

很明显，沃尔辛厄姆简要告诉过伯登他需要问的问题，而且这名超级间谍对三本正在发行的煽动性书籍格外感兴趣：艾伦的《对天主教徒真实、真诚和谦逊的辩护》（*True, Sincere and Modest Defence of Catholics*），1585年出版；《莱斯特的联邦》（*Leicester's Commonwealth*），1584年9月在巴黎和鲁昂出现，作者不详，里面含有大量对女王亲信的诽谤；最后是罗斯主教约翰·莱斯利的《论苏格兰女王、最非凡的玛丽女王的权利、头衔和利益》（*A Treatise touching the Right, Title and Interest of the most Excellent Princess Mary, Queen of Scotland*），也于1584年出版。伯登发现，他已故主人乔治·吉尔伯特的仆从威廉·布雷（William Bray）和化名为布鲁尔顿（Bruerton）的罗杰斯（Rogers）两人“将绝大多数这类书籍带进了英格兰”。鲁昂“一个叫弗林顿（Flynton）的人还保管了1000本艾伦的书，1000本《莱斯特的联邦》和500本罗斯主教的书，这些本来是要让理查德带过来，但是他不敢”。

在信的边缘，伯登草草写下：

> 最近这个罗杰斯在温彻斯特（Winchester）被汉普郡郡长抓住，然后带到了库珀（Cooper）主教那里，主教把他送进了克林克（Clink）（监狱）。之后他越狱躲在一个寡妇家中，（那是汉普郡）朴次茅斯和彼得斯菲尔德（Petersfield）之间的一个农场，等着威廉·布雷来找他……他们要从附近小河乘船去阿伦德尔。[87]

信末，伯登说他在伦敦奥尔德斯盖特街（Aldersgate Street）的贝尔（Bell）酒馆邂逅了布雷。他“准备继续他的行程，前往鲁昂……他说要是我需要（天主教）《新约》的话，他可以找他兄弟特里梅因（Tremayne）。特里梅因那里保管了 90 本没卖出去的《新约》”。

后来，伯登去了法国，暗中监视那里的英格兰天主教团体。1586 年 3 月，他写信给沃尔辛厄姆，提出要去窥探在法国和意大利的流亡者。事实上，伯登是一名双面间谍，当时他也正在给那些流亡者收发信件，并把在英格兰收集的情报告诉他们。他提议“要与各方保持全面通信，以便向沃尔辛厄姆通报情况”。托马斯·菲利普斯对此信表示了赞同：“从伯登写给沃尔辛厄姆大臣先生的信上看出，沃尔辛厄姆等人派给他的任务非常关键。”可能是在 1586 年 7 月，伯登写信给菲利普斯，以自谦的、假意殷勤的姿态再次重申了自己工作的专业性：

> 虽然我是一名间谍（这工作必要却令人讨厌），但我做这事不是为了得到什么，而是为了祖国安全……

要动用大人的钱财让我心里很是难过。如果他现在要对一些人提出诉讼，那请同意我的请求，让我来拿出那些叛国贼的积蓄……[88]

不久，他就提出了首个请求。6 月 11 日，回到伦敦的伯登请求菲利普斯：

请大人从我这里赎买关于盖特豪斯（Gatehouse）（监狱，在威斯敏斯特）神学院神父拉尔夫·比克利（Ralph Bickley）的失礼之举的情报，它对我来说值 20 英镑；还有关于理查德·舍伍德（Richard Sherwood）的失礼之举的情报，他化名为卡尔顿（Carleton），被关在（伦敦城）伍德街（Wood Street）的债务人监狱（Counter），值 30 英镑。我现在极度缺钱，得了这两笔钱的话，我会很感激，不然我都不知道该如何过活了。[89]

最终，在 1588 年，伯登决定离开惊心动魄的间谍世界，要过“普通点儿的生活”。他写信给沃尔辛厄姆，说他想当一名王室家禽供应商，“他父亲在世时”，他曾在这一行做过三年。有了国务大臣的推荐，伯登不到一个月就任职了。这可是个翻天覆地的变化：前一秒还是间谍，后一秒就成了体面的鸡肉销售商。

沃尔辛厄姆雇用了许多双面间谍，他知道，如果西班牙出钱收买，他的一些间谍很容易就会倒戈相向。其中一个就是安东尼·波因茨（Antony Poyntz），托马斯·赫尼奇爵士妻子的兄弟，内宫司库、沃尔辛厄姆的旧识。波因茨是内殿法律学院（Inner

Temple）的法学生，但几年来一直麻烦不断。1586 年 12 月他被派往巴黎监视门多萨，然而没过多久他就向大使表明了自己的身份，大张旗鼓地挥着王室保证信来证明自己讲的都是实话[90]。后来，沃尔辛厄姆遣他去西班牙收集关于无敌舰队威胁的情报，但他干得怎样就不得而知了。

放荡卑鄙、见利忘义的间谍中，有一人在今天还赫赫有名，即剧作家克里斯托弗·马洛，沃尔辛厄姆间谍网中最出名的间谍。1586 年，马洛在巴黎和兰斯以学生身份为沃尔辛厄姆办事，因为他的这种行为，他很难拿到文学硕士学位，但枢密院迅速介入，剑桥大学官方也在其中帮了忙。1587 年 6 月枢密院称“马洛对女王陛下有良好的服务，其行事忠诚，理应得到学位”。几乎可以确定，后来他还继续当着间谍，侦查伦敦的天主教阴谋，以报答国家免除对他的诉讼，因为他 1587 年创作的首部剧作《贴木儿大帝》中包含了对神明的亵渎之语[91]。

1587 年 2 月，菲利普斯写信给一个“即将前往苏格兰的人”，那时苏格兰女王玛丽刚被处决不久，这封信形象地展示出了沃尔辛厄姆的间谍在执行任务之前所得指令是什么样的。信上说，这个不知名的间谍

> 现在就要去苏格兰，把注意力放在对英格兰抱有敌意之人的身上，有此类嫌疑的人也不要放过。
>
> 首要观察在国王母亲死去后，国王和苏格兰有地位之人身上发生的变化。
>
> 打听迄今为止，那些对女王（玛丽）有敌意的村市受到了

何种影响。

仔仔细细地搜寻英格兰天主教徒在苏格兰的靠山，何人派他们前往英格兰，他们在替谁办事，谁在英格兰接应他们，他们任务目标又是什么。

探听国王对宗教（新教）的态度有何变化，他是否有意要听从西班牙或法国。

找出天主教徒在苏格兰和英格兰两国雇用的间谍是由谁在掩护。

每周报告探听到的消息。

派仆人去诺森伯兰郡郡长安德森（Anderson）先生那里拿到保证信，然后有序地在这里用邮寄的方式把保证信交上去。

绝不能向安德森先生泄露身份。

从这里的天主教徒手里拿到保证信。

小心提防大卫·英格尔比（David Inglebye）。[92]

1584 至 1585 年，怀疑猜忌的不安情绪笼罩着伦敦，略有些疯狂的威廉·帕里博士（Dr. William Parry）出现，在不断上演的阴谋诡计里成了另一个主要甚至是离奇的人物。编年史家卡姆登说他“非常骄傲，干净整洁”，来自弗林特郡诺斯罗普（Northrop）的一个家族[93]，先后娶了两名有钱的寡妇[94]，用她们的钱财给自己开辟道路。

16 世纪 70 年代期间，帕里替伯利暗中监视着居住在罗马、巴黎和锡耶纳（Siena）的英格兰天主教徒。1580 年，帕里闯入债主休·黑尔（Hugh Hare）在伦敦圣殿的家中，袭击了他（帕里欠他 600 英镑），黑尔受伤严重，但帕里没有被判处死刑。在普特利监狱关了一年多后，帕里签下保证书，保证不再闹事，并缴纳了 1000 英镑保证金[95]，重获自由。作为回报，帕里领了伯利和沃尔辛厄姆的命令再次去国外跟踪监视英格兰天主教徒，他先是去了巴黎，然后去了威尼斯，最后到了米兰和里昂。1583 年 5 月 10 日，他向伯利夸耀："如果没有上当的话，我就可以撼动兰斯的英格兰神学院的根基，彻底摧毁受雇在罗马做事的英格兰人的信誉。"

次年 1 月，帕里回到伦敦向女王直言，他卷入了教皇格列高利十三世和苏格兰女王玛丽在巴黎的间谍托马斯·摩根（Thomas Morgan）之间的交易当中，这两人谋划要夺取女王的性命。他坚称，他的加入纯粹是为了揭露国内外这些"邪恶之人"的阴谋，为了证明他所言非虚，帕里还拿出了科莫枢机主教托勒密·加利写给他的一封信，信中教皇赐福于他，并赦免了他的罪恶。起初，伊丽莎白并不为他的说法所动，"她怀有疑虑，我离开的时候很担心。"帕里写道。后来女王改变看法，相信了他的忠诚。1584 年 5 月，帕里写信给伯利，想要当伦敦圣凯瑟琳收容院（St Katherine's Hospital）的院长[96]；被拒后，他在 9 月又寻求当个"教长、市长或是大法官事务秘书"，还说这"是我所渴望的"。最终在 1584 年，他在议会下议院中担任昆伯勒（Queenborough）议员。

同年 12 月中旬，下议院讨论了针对耶稣会会士和神学院神父的新法规。帕里是唯一反对该法案的人，说它"残忍又血腥，完全是在铤而走险，有害于英格兰民族"。在这样的紧张时期，他这番话可谓是轻率又鲁莽，毫不意外，很快就有警卫官拘禁了帕里，第二天，在女王授意下，克里斯托弗·哈顿爵士将他放了出来。仍旧缺钱的帕里又开始做间谍捞钱，他策划了一场反对女王的新阴谋，并在里面充当自由密探。在原野圣吉尔斯教堂（St Giles in the Fields）会面时，帕里建议流亡叛徒威斯特摩兰伯爵的堂弟埃德蒙·内维尔（Edmund Neville）去谋杀女王。这次暗杀将在马背上进行：

> 趁女王在圣詹姆士宫骑马到处走动时，派 8 名或 10 名骑手去刺杀她。原来我们曾考虑在花园里行动，逃跑极其简单，乘船就可以到（肯特郡）谢佩岛（Isle of Sheppey）。但最后我们还是决定执行第一个计划。[97]

很快，内维尔就出卖了帕里。帕里被捕，被带到沃尔辛厄姆在希兴里的家中受审，当晚还睡在了那里，后来他去了伦敦塔。内维尔也被押了起来（10 年后出狱），而对于深不可测、变化多端的帕里，摆在他面前的只有通往绞刑架的路。1585 年 3 月 2 日，帕里在威斯敏斯特宫的宫殿庭院（Great Palace Yard）里被处死。

一份感恩伊丽莎白获救的特别祈祷文在四处传播，里面严厉抨击了帕里，说他是个

> 卑鄙小人，生性如此，没有宗教信仰，打着幌子说要兢兢业业地为我们仁慈的女王尽心竭力，侍奉到底，假装要发掘……她所面临的险境……实则经常不顾一切，决心要用他

的诅咒之手摧毁圣洁的女王陛下……

幸运的是，上帝站在女王这边，“牵制住了（帕里）邪恶的内心和血腥的双手”[98]。宣传和宗教有时不可分割。

现在，伦敦的贵族只要稍微流露出一丁点对天主教徒的同情，都免不了遭到怀疑。1585年4月，阿伦德尔伯爵菲利普·霍华德从利明顿（Lymington）小港出航，结果在汉普郡海岸被扣押，带到了伦敦塔。次月，在接受审讯期间，他因一封三页长的信而受到指责，据说此信是他写的，“对女王和国家构成重大威胁”。收信人是霍华德在诺福克的一位地产官员威廉·迪克斯（William Dix）。信的开头是这样写的：“先生，因信中所包含的事项，最好是阅后就将其扔入火中烧毁，不要留在书房内。”里面内容涉及他在诺福克土地的详细问题，例如最近的木材买卖，而且字迹看起来“和他的很像”。霍华德说他对一切都不知情，当时信奉天主教的消息人士也坚称此信完全是伪造的。最初是沃尔辛厄姆的间谍发现了这封信，“刚好趁他出海之时，假装将其拦截”。据说，这封信是“由一些人伪造出来的，正如国务大臣与霍华德的一些劲敌注意到的，伪造此信之人事先也注意到霍华德要离开……”[99]

谁能察觉到这是那个目光短浅的伪造奇才托马斯·菲利普斯的一双巧手创造的佳作呢？在清除新教王权和国家所面临的最大威胁——苏格兰女王玛丽的过程中，他的本领将会起到至关重要的作用。

第四章

巴宾顿阴谋

> “她说自己是王位竞争者，难道我们君主的安全该建立在她之上，依靠她吗？我说的事情无人不知，无人不晓。我们其他秘密行动目的也是如此……她要是居心不良，再怎么求情都没有用——只有用刀刃来解决问题。”
>
> ——弗朗斯西·沃尔辛厄姆爵士，《关于诺福克公爵和苏格兰女王的虚假婚姻的论述》，1569 年[1]

思罗格莫顿阴谋破碎之后，人们真切担忧对伊丽莎白的谋害会再度发生。大家纷纷把尼德兰奥兰治亲王的死挂在嘴边。伯利和沃尔辛厄姆认为，一触即发的阴谋正对英格兰新教政权产生威胁，为了将其化解，他们需要一劳永逸地破除苏格兰女王玛丽作为王位继承人所带来的隐患。

所谓的《联合契约》（Bond of Association）就是他们想出来的锦囊妙计。

在所有人眼中，它和私刑没什么区别。

这个想法最初还很简单，很可能是狡黠的伯利琢磨出来的。《联合契约》中称，任何谋害伊丽莎白的邪恶之人都无资格继任成为英格兰统治者。由此看来，其目的很明显就是要立刻把玛丽从所有天主教阴谋的焦点中移开。后来可能是沃尔辛厄姆对其做了一系列更为强硬的修改。1584 年 10 月 19 日，枢密院在汉普敦宫召开会议，提出了该契约的最终版本，与最初版本相比，内容有了很大的改进[2]。它规定凡是暗杀伊丽莎白的人一律处死，不管他们是否清楚他们的阴谋是要拿走女王的性命。此外，忠实的臣民也要签署这份契约，他们要发誓“全力报复”觊觎王位之人的所有后继者，“将他们斩草除根”[3]。在伊丽莎白忠实的新教臣民当中，这份契约有着极大的宣传价值，它让臣民们更加相信，他们的宗教信仰和生活方式受到了严重威胁。

枢密院顾问官“自愿而且很主动地”签署了契约，由此他们郑重地联合起来

> 通过武力和其他所有复仇手段……抵挡、追踪和攻击各色人等……和他们的幕后主使。只要能对付高贵的女王陛下，那些人什么事都干得出来，什么都可以商议、通过。对这些人，绝不能放弃使用暴力手段将其追捕，要把他们、他们的顾问、援助者和教唆者都赶尽杀绝。[4]

这些严厉明了的文字清晰表明这个国家感到自身面临着严重危机。后来，沃尔辛厄姆把文件副本给贵族和主要绅士都送了过

去，尖锐地暗示他们，为保护女王安全，真正的爱国者会觉得很有必要签署这份“必需且是职责所在的”文件[5]。尽管法律界即律师和地方法官对此有强烈的疑惑，但成千上万的百姓还是在契约副本上签了名，不识字的人就简单画个十字作为自己的标记。他们在上帝面前发誓要执行规定，无情追捕和消灭任何要谋杀伊丽莎白的人。教堂里甚至还有特别的礼拜仪式，把宣誓过程弄得更加神圣。弗林特郡收集签名时，天主教徒、威尔士教师理查德·怀特（Richard White）在雷克斯汉姆（Wrexham）被活生生地车裂，因为他写了首歌来庆祝奥兰治的威廉的死[6]。

沃尔辛厄姆下令把文件拿给苏格兰女王玛丽看，在她读完之后要仔细记录“她的表情和言论”[7]。如果他是想让玛丽对全民发誓报复感到不安的话，那他可能就要失望了，玛丽并没有表现出任何窘迫。实际上，1585 年 1 月 5 日，她欣然亲笔签署了这份文件[8]。

1585 年 3 月，议会通过《女王安全保障法》[9]，将该契约庄严载入了法律，这样一来，民众的任何报复行动都笼罩在新法之下。现在，由枢密院顾问官和法官组成的委员会就要坐下来，听听那个王位索求者的犯罪证据，她涉嫌牵扯进叛变阴谋和计划，或者说是外国对英格兰的入侵当中。

如果罪名坐实，他们将难逃死刑。

倘若伊丽莎白遭到暗杀，只要委员再次给出有罪的裁决，忠实臣民就会“采取一切可行的暴力手段”，对那些涉事人员“诉诸死刑”[10]。

伯利也试图去推行一项新的议会法案，在伊丽莎白遭到谋杀时，授权“大议会”（Great Council）领导建立一个过渡政府。然而，这严重影响了女王自身的决断权，事实上，只有她才能决定天赐王权应该属于谁，所以她坚定否决了首席大臣的慎重提议，这让他很窝火[11]。

同年4月，被关在斯塔福德郡塔特伯里城堡的苏格兰女王玛丽开始由埃米亚斯·波利特爵士严加监视[12]，他是一名冷峻的清教徒，沃尔辛厄姆的密友。早在之前，玛丽就转入了那座更为安全的城堡，那里光线昏暗，周围壕沟围绕，潮湿阴冷，有害健康，空气中弥漫着从简陋厕所传来的恶臭。

以前负责看守玛丽的是什鲁斯伯里伯爵和老练的拉尔夫·萨德勒爵士，但这两人的行事都很随意，波利特却和他们大为不同。受了沃尔辛厄姆的严格指示，波利特不准玛丽在未获准许的情况下与外界交流[13]。国务大臣告诉波利特，要禁止他的仆从和苏格兰女王仆从之间有任何往来；不准玛丽的仆从离开城堡；不许任何陌生人进入城堡；特别留意玛丽的“洗衣女工和马车夫”，因为他们过去有替她携带秘密信件的嫌疑[14]。这名拘谨古板的看守者疑虑重重，不确定他是否能得体地实行这些严厉的安全措施。他苦恼于去搜查洗衣女工，“把她们脱得只剩内衣”，周围有许多粗鲁的士兵，这“不合适”[15]。

在英吉利海峡的另一边，1585年3月1日，玛丽在法国的间谍托马斯·摩根被关进了巴黎巴士底狱（Bastille）[16]，但他还能给他身陷塔特伯里的女主人写信。这个威尔士人曾是什鲁斯伯里伯爵的仆人。10年前，沃尔辛厄姆调查亨利·科凯恩给玛丽携带信件一事时，他立马逃离了英格兰，并一直靠近法国天主教阴谋的旋涡中心，卷入了思罗格莫顿阴谋和帕里阴谋。沃尔辛厄姆曾令英格兰驻巴黎大使斯塔福德抗议过摩根的行径，之后摩根被监禁，但法国坚决拒绝把他引渡回英格兰，而且摩根的文件只有仔细剔除了其中败坏名声和涉嫌犯罪的材料之后，才会交给英格兰[17]。背信弃义的高卢人！怒不可遏的伊丽莎白写信给法国国王：

> 我发誓，如果不把他交给我，那我肯定，和我结盟的一定不是一名国王，而是教宗使节或神学院院长。和你联盟，就好像我与他们结成的不利联盟一般，让我感到羞耻。[18]

然而，抗议也没什么用。摩根仍舒舒服服地待在巴士底狱，所谓的监禁也只是个幌子而已。

回到英格兰后，5月，沃尔辛厄姆下令让波利特拆开法国驻伦敦大使卡斯泰尔诺给玛丽的信件，看完之后直接把信交给犯人。现在没有什么保密的必要了，涉事之人都很清楚，他们的信件正遭到拦截。此外，间谍尼古拉斯·伯登来信说“德比郡芬顿（Fenton）先生”的仆人拉尔夫·埃尔威斯（Ralph Elwes）正秘密给苏格兰女王送信。沃尔辛厄姆试图去追踪这个信使的下落，但失败了。到如今，沃尔辛厄姆更为急切地要找出玛丽不忠和叛国的铁证，至于她是如何联系外界的，他倒没有那么上心了。

玛丽不停抱怨塔特伯里城堡居住条件差，9月13日，国务大臣沃尔辛厄姆让波利特去查看斯塔福德郡的查特利（Chartley）庄园，以其作为关押她的新场所。他说伊丽莎白

> 并不担心阴冷的塔特伯里城堡会加重（玛丽的）病情，她只是觉得把玛丽转移到别的地方是正确之选。听说埃塞克斯伯爵的查特利庄园又大又坚固，考虑到它四周环水，所以女王让你去查探一下，再看看你想法如何。[19]

1585年平安夜，玛丽和她的仆从按时搬到了查特利庄园。

9月，克劳德·德·卢比斯宾·德·夏杜勒夫（Claude de l' Aubespine de Châteauneuf）接替卡斯泰尔诺成了法国驻伦敦大使，众所皆知，他是苏格兰女王的狂热支持者。玛丽极力让夏杜勒夫提防自己的秘书，她本能地担心沃尔辛厄姆会将他们策反，而且她还让大使避免使用明矾溶液充当密写墨水，因为这种密信很容易被发觉。玛丽说，秘密信息可以藏在新书中，"写在第四、第八、第十二和第十六页，这样每隔四页写下去……把你用这种方法留下信息的所有书籍都绑上绿色丝带"[20]。

托马斯·摩根也在四处寻找更为安全的法子和玛丽秘密联络。通过正常的外交渠道，他能给伦敦的法国大使馆寄信件包裹，但如何神不知鬼不觉地把它们弄进查特利，这是个更棘手的难题。如同宿命一般，摩根决定雇用吉尔伯特·吉福德（Gilbert Gifford）。吉福德来自一个天主教家庭，当过见习神父，中间起起伏伏。他被罗马的英格兰圣徒学院开除，但1582年获准去了兰斯的学院，3年后，他成了教会执事、哲学准教授。1585年12月上旬，吉福德离开法国前往英格兰，身上带有格拉斯哥（Glasgow）大主教、摩根和逃亡天主教徒查尔斯·佩吉特写给玛丽的信。

"年轻，脸上没有一点儿胡须"的吉福德在拉伊直接遭到阻拦，被捕后，港口搜查员理查德·丹尼尔（Richard Daniel）把他押送到了伦敦。他在格林尼治宫见到了沃尔辛厄姆，托马斯·菲利普斯和他一起住了段时间，这样就可以严密监视他。伯利板着脸，审讯了吉福德好几次，没费多大力就将其收买。吉福德拿了可观的酬劳，同意让超级间谍经手玛丽收发的所有秘密信件。兜里揣着沃尔辛厄姆给的 20 英镑情报机关资金，他被派去拜见夏杜勒夫，而夏杜勒夫则委任自己的秘书科尔达洛特（Cordaillot）处理苏格兰女王的信件。

现在，唯一要做的事就是想办法弄到进出查特利的信件，而又不引起玛丽和她仆从的怀疑。沃尔辛厄姆遣菲利普斯去斯塔福德郡，找出一个合适又隐蔽的办法。

菲利普斯在庄园待了四五天，见到了玛丽。据说玛丽试探了他，看他受不受贿，菲利普斯对此肯定觉得好笑，但这至少说明了一点，玛丽对他的到来并没有怀疑。几番调查之后，通信方法定了下来。附近伯顿（Burton）镇的一个啤酒商每周都会用小木桶给查特利送一次啤酒。经决定，可把秘密信件放在防水木筒中（木筒很小，能通过塞口进入酒桶），然后再告诉啤酒商，波利特称其是个“老实人”——用这种方法把信送到查特利，接着再反过来帮玛丽送信给吉福特。

计划迅速得到执行。1586 年 1 月 16 日晚，苏格兰女王收到了近一年来的首封密信，为此她很是开心。讽刺的是，身在巴黎的写信人摩根推荐吉尔伯特·吉福德为女王办事。玛丽立即匆匆写下回信，信中对她新信使的安危表示了关心：“我担心他会被突然发现，面临危险，我的看守人（波利特）在各处都进行了严防死守。”[21] 这封信很快就到了沃尔辛厄姆的手里，他把信交给菲利普斯破译抄写，然后再由亚瑟·格列高利重新密封，寄给法国大使，最终摩根在 3 月 15 日收到了这封信。这一方法运作成功，双方都很高兴，但原因截然不同。

接下来的几周，玛丽都忙着口授信稿，以弥补她长时间没有写信造成的缺口。这些信都稳妥地塞进了空酒桶中，2 月 5 日晚些时候，吉福特把它们交给了玛丽的监视人波利特，波利特写信给沃尔辛厄姆：

> （吉福特）想要快点把这些信寄给您，菲利普斯先生可能建议吉福特的父亲……叫他尽快回伦敦……好让他在方便的时候把这些信交给法国大使，以此更好证明他的信用。

多疑的波利特一直不相信吉福特的诚实与忠心：“我希望不是我，而是你最好的朋友来告诉你，他有一两次说话搞了两面派（说话自相矛盾）……”[22] 他也怀疑伯顿的那个啤酒商，“天晓得在这小事的掩盖之下，是不是酝酿着更大的叛变阴谋。”

玛丽的信主要寄给吉斯公爵、格拉斯哥大主教和摩根。这些信依旧被拦截、破译、重封，然后在 2 月 19 日送给了夏杜勒夫。长时间以来，大使馆内积攒了很多要给玛丽的密信，法国大使把它们全都给了吉福特。紧接着，吉福特把信转交给了菲利普斯，菲利普斯向沃尔辛厄姆报告说：

> 那一方（吉福特）带了 21 个大大小小的信件包裹，他来

得没有我想的那么快，但他自己觉得很及时了。我发现信上日期都是很久以前，而且信又这么多，看来是情报滞留了……[23]

菲利普斯还送回了一个他之前误拿走的“字母表”，这是解码的关键。虽然现在来看，这些信都失去了时效性了——它们来自摩根、天主教流亡者查尔斯·佩吉特、珀森斯神父、西班牙的弗朗西斯·恩格尔菲尔德爵士、巴黎的门多萨、吉斯公爵和帕尔马（Parma）公爵。但对于沃尔辛厄姆来说，这就是个情报宝库，他热切地读着。4月，吉福特动身前往法国，托马斯·巴恩斯（Thomas Barnes）取而代之成了信使。大使馆来的信件包裹太大了，挤不进酒桶的塞口，所以信纸被分成了小卷，这样起码就不需要格列高利再将信件重封。如此多的信件，菲利普斯和玛丽的机要秘书吉尔伯特·柯尔（Gilbert Curle）肯定花了许多时间来破译和抄录。

玛丽和沃尔辛厄姆在信件中都使用了多种加密术。国家档案馆下面的公共档案馆位于萨里郡邱园，里面保存了两卷小小的蓝皮对开簿子，上面就记录了沃尔辛厄姆最后诱捕苏格兰女王玛丽时所使用的密码和解码方法[24]。光第一卷就有55套独立的密码或字母表，一些是后来波利特在查特利搜查玛丽的房间时找出来的。所有这些都是简单换位密码：混用数字、字母和符号，借以替换英文或法文写成的人名、地名和词汇。

对于稍微有点儿复杂的密码，收寄双方都要有一本密码书来破译。密码换得越频繁，信息的安全性就越高。因此，今天的“一次性”密码给那些试图破译密码的人提出了真正的难题。下面就是16世纪末期使用的一种简单换位密码：

a	b	c	d	e	f	g	h	i	j	k	l	m
p	k	G	B	C	I	A	R	Q	Z	D	N	T
n	o	p	q	r	s	t	u	v	w	x	y	z
E	Y	X	M	F	W	O	J	H	L	U	S	V

因此，加密信息TPFS FCWGJCB YE TYEBPS通过密码就可以读取为“Mary rescued on Monday”（周一援救玛丽）。为了进一步掩饰信息，词与词会写在一起，之间不留空格，以免在书写含有元音字母的短词时留下线索。

被关在查特利时，玛丽和吉尔伯特·吉福德使用的密码中有“#”“X/”“V”和“Z”这几个符号，它们分别代表法国国王、西班牙国王、伊丽莎白和玛丽自己[25]。在其他的密码里，“X”指代教皇；“ø”是指代情报；“8”指代信件包裹；“y”指代信件；“e”指代秘密；“_”指代弗朗西斯·沃尔辛厄姆。[26]有趣的是，为了掩饰会面场所和个人身份，2005年巴基斯坦基地组织间谍在手机短信中也使用了密码，他们的密码系统和这个非常相似。

16世纪60年代，伯利开始关注密码使用和解密方法。当时，数学家、占星家和魔术师约翰·迪伊（John Dee）带了本名为《速记法》（*Stenographia*）的书回到英格兰，它由斯潘德海姆（Spandheim）修道院院长特里特米乌斯（Trithemius）在15世纪末写成。从1583年1月开始，沃尔辛厄姆拜访过迪伊几次，两人偶尔会通信，他对书中提出的方法进行了修改，使之能够为沃尔辛厄姆所用[27]。

破译替代密码的基本点就是多次利用字母表中的字母。此法沿用了很久，其中技巧可追溯到9世纪的阿拉伯密码破译者阿尔·肯迪（al-Kindi）。在任何英语文体中，字母“e”的使用率为13%，而字母“z”则不到1%。不管用什么字母、数字或符号来替代，使用率是保持不变的。所以，只要分析密码中不同字母的使用率，还是有可能找出每个字母是替代了哪个元辅音字母的。不过在16世纪，为了蒙蔽译码员，使他们的工作复杂化，一些密码中会含有“无意义暗码”，如：不带有任何意义的虚假字母，或是像托马斯·菲利普斯时而提及的“把前面的字母写两遍”，密码规则由此被改变了。如果译码员手上有一本密码书的话，他们的工作自然就会轻松很多。1586年3月玛丽就犯了这个致命错误，她把一组新密码寄给夏杜勒夫，结果沃尔辛厄姆将其拦截并记了下来。

把秘密信件送到查特利，又要把查特利的密信带出，整个行动中的关键人物当然就是那个伯顿的啤酒商。要是没有他的合作，这个精心制订的计划就会崩溃瓦解。据称，他是一位虔诚的天主教徒，但他既收了沃尔辛厄姆的丰厚贿赂，又从苏格兰女王玛丽那里拿了大笔钱，却没有一丝羞愧。他还着眼于市场的发展，提高了啤酒价格，为此他很坦然，因为他知道，波利特现在不能另找他人供应啤酒。吉福德则假装要付钱给啤酒商，反过来从摩根那里诈钱[28]。波利特很反感。

这个“老实人”和那人过分耍花招，他想得更多的是自己的利润和酒，其次才是他们的服务……他的住所离这里只有 10 英里，但我都不知道他什么时候及时给女王送过信件包裹，总是等拿了钱的六七天之后才送……

所有会面地点都由他随意选择，这个必须要顺从他，而且还不能和他有其他联系，就是说，他不能脱离自己的轨道，或是至少他给这件事情跑腿不能耽误他的生意。[29]

且不论这些花样繁多的小心思，沃尔辛厄姆已经在陷阱中放下了诱饵：他只须等虎口猛然关闭，把玛丽关在里面。

所需的关键证据，就源于约翰·巴拉德（John Ballard）。1581 年 3 月 4 日，巴拉德在法国沙隆（Châlons）被任命为神父，后来当月秘密进入英格兰，不久便被捕关进了威斯敏斯特的盖特豪斯监狱，他在那里遇见了神父安东尼·蒂勒尔（Anthony Tyrrell），两人一起逃离了英格兰，并在 1584 年的节礼日（Boxing Day）回到南安普敦。1586 年大斋期某日，巴拉德在伦敦城西圣殿关（Temple Bar）外的普劳酒馆（Plough Inn）吃饭，在场的还有许多天主教年轻绅士，其中就有安东尼·巴宾顿（Anthony Babington）和伯纳德·莫德（Bernard Maude）。

巴宾顿，25 岁，娶了一名年轻的女士[30]。1579 年什鲁斯伯里伯爵负责监视玛丽时，巴宾顿就是伯爵手下的一名侍臣。1583 至 1584 年，他给苏格兰女王传递过 5 个信件包裹，随后就推掉了这个危险差事。耶稣会神父威廉·韦斯顿说他"面庞英俊、形体健壮、聪明伶俐、友善幽默"[31]，但他不懂人情世故，不是个行动派。

莫德以前是约克大主教埃德温·桑兹（Edwin Sandys）的家仆，他乱指控桑兹，说他是个异教徒。桑兹给了莫德和他朋友一些钱，乐观地试着封住他们的口，但莫德敲诈勒索的罪名随后被坐实，他不得不把钱还给大主教，向女王缴纳了300英镑“罚金”，还在伦敦弗利特监狱（Fleet Prison）坐了三年牢。如果他不认罪，那就和一般罪犯一样，被“割掉耳朵”[32]。和其他不法之徒一样，为了提前出狱，他同意为伊丽莎白政府做秘密工作。当莫德坐在普劳酒馆和天主教同仁饮酒作乐、谈笑风生时，谁能想到他也是沃尔辛厄姆的间谍呢？

巴拉德完全上了莫德的当。5月，他和莫德一同前往鲁昂，接着就去了巴黎，他在那里碰到了当地英格兰天主教平信徒领袖查尔斯·佩吉特。巴拉德告诉佩吉特，英格兰天主教徒都愿意拿起武器反抗伊丽莎白，现在时机刚好，因为大多数最优秀的新教军事领导者和士兵都不在英格兰，他们与莱斯特的远征军正在低地国家作战。佩吉特对此全盘接受，他激动地把巴拉德引荐给西班牙驻巴黎大使门多萨，巴拉德又重复了一遍他的话。在一封日期为1586年5月19日的信中，佩吉特告诉玛丽（沃尔辛厄姆后来读了此信）：

> （门多萨）认真听了他的话，并让他去确认每个郡有多少人愿意拿起武器反抗，他们又能提供多少武装军队和非武装军队……他也告诉了门多萨各港口的情况，以及许多其他适合让他知晓的信息。[33]

精明的门多萨对此俗套肯定是再熟悉不过了：一直有人幻想英格兰天主教徒发生暴动，只需外国军队入侵，就可以彻底压倒新教异端大军。这种话他和西班牙政府听得多了，但与军事实力不足这一残酷现实相比，那些人更多的是在痴心妄想。不过这次参战人数多了起来，这名西班牙大使肯定竖起了耳朵仔细听。后来，他写信给身在马德里的国王腓力二世，把情况仔细描述了一番，还亲自将此急件加密：

> 4 名英格兰人告诉我，他们至少讨论了 3 个月要去谋杀伊丽莎白，最后得出了一致意见，互相发誓要做成此事。这 4 人都是有地位之人，有权进入女王的住所。
>
> 一有机会，他们就会告诉我什么时候行动，是给她下毒还是刺杀她，这样我就好给陛下您送情报，请您在事成之后能帮他们一把。[34]

5 月 22 日，莫德和巴拉德回到英格兰，之后巴拉德神父便立即前往伦敦霍尔本的赫恩出租屋（Herne's Rents）寻找巴宾顿。他告诉巴宾顿，一场对抗伊丽莎白的大阴谋正在进行中，教皇西克斯图斯五世（Sixtus V）对此很支持，西班牙国王和一支 6 万人的外国军队就要进攻英格兰，军队领导者可能会是吉斯公爵。巴拉德说，门多萨发誓，9 月在英格兰海岸一定会有一支强有力的军队登陆。

巴宾顿不知道的是，这个惊人消息与神父在巴黎的谈话没有一丝相像之处，但巴拉德的这名狂热听众激动不已，此事在他头脑中不断发酵升级。巴宾顿承诺，他会和密友登比郡（Denbighshire）的托马斯·索尔兹伯里（Thomas Salisbury）、汉普郡波特切斯特的奇迪奥克·蒂奇伯恩（Chidiock Tichbourne）和伦敦的罗伯特·巴恩韦尔（Robert Barnwell）讨论这个计划，如此一来，他们都会被卷进阴谋旋涡之中。这事很令人激动，而且又具有宗教正义性，他们也动心了。在巴宾顿的房中多次会面后，到6月上旬，阴谋参与者已增至13人。其间，巴拉德则跑到北方，考察那里会有多少天主教贵族支持起义，间谍伯纳德·莫德和他同行，沃尔辛厄姆从而可监视到巴拉德的一举一动，并获悉情报，了解在英格兰全体公民当中煽动叛乱的劣行已到了何种狂妄的地步。

1586年7月6日，巴宾顿写信给苏格兰女王玛丽，谈到了

> 这个伟大而光荣的行动，它牵扯的事项不但关系到最非凡的陛下您……和所有行动参与者的性命，还有我们国家的荣耀和幸福……我们被迫受到奴役，受到束缚，成千上万个灵魂陨落。我们要拯救自己，恢复祖先的信仰，这是我们最后的希望。

巴宾顿告诉玛丽，分别有6个行动因素需要实现、确认。第一，进攻英格兰是必需的；第二，军事实力要足够强，以确保战争胜利；第三，选择好入侵军队登陆或补给的港口；第四，“各处必须要有强大的队伍加入，确保他们能（成功）登陆”；第五，把玛丽从监狱中解救出来；第六，要彻底摧毁伊丽莎白，让她永世受罚。

巴宾顿还推荐了那些“在我看来，可在英格兰西部、北部、南威尔士、北威尔士、兰开斯特郡、德比郡和斯塔福德郡担任中

尉的最佳的人选”。他会亲自带队营救玛丽：“我，再加上 10 名绅士和百名追随者，就可以把陛下从敌人手中救出来。”

要怎么对付伊丽莎白呢？

> 教会把那个篡位者驱逐出去后[35]，我们不再顺从她，为了将她除掉，有 6 名绅士会承担这次悲壮的刺杀义举（原文如此），他们都是我的密友，对天主教事业和为女王陛下服务都怀有极大的热情。

他也在为行刺者寻求丰厚的报酬：

> 基于他们所做出的无穷贡献和女王陛下的慷慨，如果他们（活着）逃脱……他们英雄式的暗杀应得到荣耀的报酬，或是让这份报酬惠及给他们的后代。这样一来，有了女王陛下的肯定，我就能让他们放心。

在给玛丽私人秘书克劳德·诺的信末尾的附言中，巴宾顿打听了一个叫罗伯特·普利（Robert Pooley）的人，“我发现他偶尔会有情报给女王陛下。我私下和他接触过，也稍微知道他的情况，但也更怀疑他了。请告诉我一下你对他的了解”[36]。可怜的巴宾顿！太天真了，容易受骗。普利也是沃尔辛厄姆的双面间谍——他其实是沃尔辛厄姆女儿弗朗西丝的家仆，1583 年 9 月，弗朗西丝嫁给了文武双全的军士兼诗人菲利普·锡德尼爵士。早在 3 月 11 日，摩根就告诉苏格兰女王，按他的建议，普利“被安插进了大臣沃尔辛厄姆的女儿锡德尼夫人那里，通常这样一来，他就可以去沃尔辛厄姆家中，由此就能找出许多情报给陛下您了”。他得意扬扬地说着，仿佛很确定他已经赢了超级间谍[37]。

巴宾顿那封足以给他定罪的信被转交给一个“无名小男孩”，接着小男孩去了利德贺市场，把信给了住在那里的菲利普斯。信很快就被破译，然后交到了沃尔辛厄姆手上，沃尔辛厄姆意识到收网的时刻马上就要来临了，他命令菲利普斯亲自把信带去查特利，在那里等着玛丽回信。7月7日晚9点，菲利普斯离开伦敦，“要不是因为治安官极度冷漠，当中一些人又对此不屑一顾”耽误了时间，他本可以快些抵达目的地。菲利普斯生气地告诉沃尔辛厄姆：“大人您需要整顿一下这种重要岗位了。”[38]

最终，这名译码员于7月9日抵达查特利，第二天伯顿啤酒商就该来这里，给庄园每周送一次啤酒了。巴宾顿的信被藏进酒桶中，按时送给了玛丽。

玛丽的秘书吉尔伯特·柯尔和克劳德·诺破译了巴宾顿的信，把它交给了苏格兰女王。忧心且多疑的克劳德·诺强烈建议女王不要理会这封信[39]。但重获自由以及成为英格兰君主的机会诱人地摆在面前，玛丽就没有克劳德·诺那么小心翼翼了。她立即开始关心该把信藏在何处，屋内所有人都被敌人给紧密监视着，她很有可能把信藏在了自己身上。第二天，7月11日，玛丽决定听天由命，进一步与秘书进行了讨论。几番草拟后，回信最终用法文写成，柯尔将其译成了英文，然后加密，在7月18日寄了出去。

7月14日，菲利普斯写信给他在伦敦的主人，说他和波利特留意了玛丽的“每个小心思。她开始要恢复健康和体力，昨天还乘着马车出门兜风”。他在题外话里描述了他是如何见到玛丽离开庄园的，她“脸上挂着微笑，但我却想到了这句诗：*Cum tibi dicit Ave, sicut ab hoste cave*[40]——当他和你打招呼时，要像敌人一般提防他”，这邪恶得令人毛骨悚然。

玛丽给巴宾顿的回信于7月17日写成，有六页半那么长[41]。它引人注目的内容最终决定了玛丽的命运，而其本身也成了当时和接下来几百年间的历史学家不断争议的话题。玛丽显然是鼓励这些阴谋者的：

> 我们的敌人设计要把我们的宗教从国家内根除，而且还要将我们全都摧毁，你们及时站出来阻止，我禁不住要大大赞赏你们。
>
> 我早就告诉了国外的天主教君主，经验也证明，我们把这方面的事情拖得越久，我们的敌人就越有空闲去压倒这些君主……与此同时，这里的天主教徒也面临着各种各样的迫害和不公，他们的数量、力量、钱财和势力也在与日递减，如果不尽快给出补救措施的话，我担心他们会不能齐心协力起身反抗；而不管在何时给予他们援助，他们也无力接受了……

令人惊异的是，玛丽接着还否认了她“对这项事业有任何特别的兴趣”——她只是为了“国家公众的利益”。不过她很快就不再收敛，在下面说到了推翻伊丽莎白阴谋的实施细节。字里行间都透露出，在如何实行阴谋诡计上，她成了名十分老练的活动家：

现在，为了给我们的事业打下深厚的根基，让它成功，你们一定要仔细考察：

1. 你们当中可以聚集多少步兵和骑兵，每个郡派谁去领导他们，以免军队没有总指挥。

2. 北部、西部和南部的哪些镇市、港口和避难所可以确定为我们所用，用来接受低地国家、西班牙和法国的援助。

3. 哪里最适合聚集主力军，而且又能带来巨大优势。对于正在集合的军队，你们是否要和他们同行，用什么方法。

4. 你们从国外天主教君主那里要了多少骑兵和步兵，他们的承诺要多久才能兑现，要按你们军队的比例把他们的军队分配进去；这里哪些港口最适上述三个国家的军队登陆，有什么军需品给他们。

5. 谁来供应盔甲和金钱（防止你们缺少这些），你得问他们要。

6. 那六名绅士打算用什么方法开始行动。

7. 还有，我用什么方法逃脱这个堡垒。

她还给了巴宾顿一些建议：

你要把这事认认真真、一五一十地告诉贝尔纳迪诺·德·门多萨，他是西班牙国王常驻法国的大使，此外，他还在这里（英格兰）当过大使。我保证，你会很乐意让他参与进来。我会写信给他讲述此事，尽最大力气去鼓动他。你得选择和门多萨以及那些外国要人一起处理此事，他们既忠实又非常隐蔽，你个人一定要忠于他们……

接着玛丽还说到了要在何时实施政变：

国内外正在准备此事，军队也已就绪，接下来就是那六名绅士行动的时候了……我可能会被突然转移，那么，在等待外国援兵时，所有的兵力都要发起攻击，过来解救我，一定要又快又彻底。

突袭查特利庄园，重获自由，这自然是玛丽心里的头等大事。她敦促那些负责暗杀伊丽莎白的人，“在他们周围，或至少在宫中，要有四名壮士，配有优质、敏捷的马匹”，只要伊丽莎白一死，他们

就要赶快通知那些要来解救我的人……在我的看守得到处决我的命令之前……或至少要在他在屋内强打精神转移我之前，他们要立即来到我这里解救我。

《联合契约》的条款或许仍旧在苏格兰女王的耳朵里回响，所以她也在担心着被解救之后的安全问题。她想有

有一群骁勇善战的军队，或是一些非常强健之人来保护我，我可以安全地待在你们和到来的外国援兵之中。我完全有理由相信，要是那个女王再把我给抓住，她就会把我永远关

在牢里，让我无法逃脱……

玛丽深知沃尔辛厄姆的线人间谍网，她强调了间谍的危害性

和你们当中的假冒同胞所带来的重重危险，特别是一些神父，我们的敌人早就策反了他们，就是为了要找出你们……不管怎样，你们身上不要携带任何不利的文件。以前所有犯了这样错误的人都被判了一样的罪，而在其他方面，就找不到任何可以指控他们的证据了。

思罗格莫顿和诺福克的下场肯定一直萦绕于她的脑海中，所以她才说出了这样的话。

在信件末尾，她重新回到了营救她这件事上来，并给出了三个可选计划：

第一，在某个我能骑马外出的日子，我可以到（这个房子）和斯塔福德（Stafford）之间的旷野那边去，那里通常没有多少人经过，但肯定会有五六十人带着我过去，他们是我的看守者的手下，都骑着马，带有武器……不过只有十八到二十名骑手带有手枪。

第二个方法就是半夜或稍晚一些过来，放火烧了谷仓和马厩，地点你知道，就在房子附近。趁我的看守官和他仆从都跑到起火点去救火，你们就出来，打他们个措手不及（每人要有一个记号，这样在夜色下也能认出自己人）。我周围只有几

个仆从负责看守，希望我届时能给你们发信号。

第三种办法，清早……会有人驾马车过来，马车上都装满东西，当领头的马刚好走到大门中间时，你们就把马车翻倒，或推翻（马车上的货物），趁此机会立即带着人马过来，控制住庄园，把我带走。在那些人数不定的士兵过来援助之前（他们驻扎在外面，零零散散，离这里半英里远，有的还离这里整整一英里），你们可以很轻易地做到这些。

不管此事结局如何，只要我活着，我就会永远感激你们，感谢你们主动身入险境来救我。我会用尽一切办法，竭尽全力褒奖你们在其中的贡献。

我还有更多的密码要给你，随函附上，你马上就会收到。

玛丽心里想的全都是阴谋，这封信就是她思虑的结果，信末，她郑重地说："请把这封信迅速秘密烧掉。"

7 月 18 日晚，这封信从啤酒桶中取出，交给了仍在查特利的菲利普斯。破译其中内容后，这名沃尔辛厄姆的手下幸灾乐祸地在信封上画了个绞刑架，然后把它送给了超级间谍。凭借其侦探般敏锐的直觉，菲利普斯清楚，这信将会成为给玛丽定死罪的重要证据。

菲利普斯还做了件事：他忍不住在信末编了一段话，试图得到更多要谋害伊丽莎白之人的信息[42]：

另：我想知道那六名就要去完成（计划）的绅士的姓名和身份，因为我可能会根据他们的信息，进一步给出你们需要遵守的建议……即便如此，我也希望能知道所有主要参与者一干人等的名字。还有，特别是你们的进展，你时不时地也要告诉我一下……

在抄写这封信的时候，特别是抄到她在信中打听用什么方法暗杀伊丽莎白的那部分时，菲利普斯加入了许多可大大置玛丽于死地的话。

7月19日，菲利普斯写信给沃尔辛厄姆：

您已经拿到这名女王给巴宾顿的回信了。如果他现在还在国内，原信就会送到他的手上，然后他再做出详尽的回复。

我希望大人能迅速决定是否要逮捕他，这样，我就能相应做出行动。我认为……对他，您已掌握了足够的信息，除非您是想找出更多共谋者的详情，不过把他关押起来照样可以得到。如果大人打算抓他，那要给选定人员足够的费用，委任他们重职，再让他们去搜查他家。

菲利普斯充分了解玛丽这封信的重要性：

但愿上帝让女王陛下充满英雄般的勇气，为上帝的事业，为她自己和国家的安全复仇，我希望这封信能成为扳倒她的证据。至少，我希望陛下能绞死诺和柯尔，正是他俩让埃米亚斯·波利特爵士将看守犯人的差事视作己任的。

众所周知，伊丽莎白对政府开销抓得很紧，菲利普斯借机鲁莽抨击了这件事，他报告说波利特现在希望女王能“多多考虑”监押玛丽的费用，而不是一味把钱花在用兵上，就连代表女王利益的伯利都抱怨说守卫部队人员冗余，内耗过于庞大了。菲利普斯告诉沃尔辛厄姆，女王“把钱看得死死的”令波利特很不悦。他补充说：“伦敦来信说巴拉德还在逃，搜查也因走漏了风声而结果不理想，听到这些消息，我感到很抱歉[43]。”

三天后，7月22日，当时仍在宫廷上的沃尔辛厄姆告诉菲利普斯，他的工作得到了伊丽莎白的赏识：“你回来之后，女王陛下会亲自告诉你，她是多么欣赏你的工作。”菲利普斯未雨绸缪，最终解决了苏格兰女王玛丽这个拖延已久的大麻烦：

希望这事进展良好。不然，参与揭露真相的我们一番辛苦之后却得不到一点儿安慰。

你尽量悄悄回来，那些阴谋者都想看你倒下，你寄来信件上面的那个绞刑架大大增加了他们的怀疑。他们当中一些人很熟悉我们在伦敦的哨所。

（我）希望在你回来之前巴宾顿就被抓了。我的朋友（吉福特）还在这里。匆忙之中，我把你交托给上帝。

你亲爱的朋友

弗朗西斯·沃尔辛厄姆

另：你回来之后再来处理巴宾顿，他一直待在这里。你一定要带上给他寄的那封信的原件。[44]

7月29日，当这个倒霉的阴谋者突然要离开他在斯塔福德郡利奇菲尔德（Lichfield）的大本营时，收到了玛丽的回信。8月3日，巴宾顿在伦敦写信给苏格兰女王，带了一些不好的消息：

> 同时，陛下您可能知道一个叫莫德的人（为了此事，他与门多萨手下巴拉德一起离开了法国），他被发现是在给英格兰办事。巴拉德已经告诉了莫德他来这里的原因，最近他还受命带了几封信去苏格兰。
>
> 是谁的背叛把我置于了怎样极度危险的处境，而整个阴谋可能会有什么大危险，我们有什么办法能在某种程度上阻止它，在上帝的帮助下弥补其余过失，我在下封信中再告诉陛下您。

所以，这个阴谋岌岌可危，摇摇欲坠，或按间谍用语来说，就是要“吹了”。但巴宾顿还保持无望的乐观态度：

> 我的君王，是上帝要您为大众谋福利，不要灰心，也不要怀疑我们会有一个好结局。这是上帝的事业，是教会也是您的事业，在上帝和人类面前，它都充满了荣光。我们怀着热情和忠诚，抛掉所有野心和对俗世的关注，承担着这个事业，因此，疑虑就不会不期而至。我们发誓，我们仍将奋起直至死去。[45]

这个天真之人的话崇高又鲁莽，无情地让他走向灭亡。

在这部紧张短剧的几幕中，沃尔辛厄姆见过巴宾顿，想劝他归顺。他向这个阴谋者提出了关于苏格兰女王玛丽的几个问题，而且，按耶稣会神父威廉·韦斯顿所说，他“让（巴宾顿）热爱自己的国家，忠于自己的君主”。几天后，他又招来了这个阴谋者，但这次的语气更加温和，意在和解。

> （沃尔辛厄姆）伸出了手，说：“哈，自信一点，想说什么就说什么。”所有这些细节都是巴宾顿亲口告诉我的……我很清楚，沃尔辛厄姆这人很会骗人，他心里决定了什么，就会不择手段去实现。

韦斯顿告诉巴宾顿：

> 我不知道能用什么法子逃出他的魔爪。若是屈服了，你就放弃了你的宗教；若是拒绝了他的提议，你就肯定难逃杀身之祸。[46]

沃尔辛厄姆从巴宾顿那儿没得到什么支持。尽管他明显暗示说要合作（他显然是想要把所有涉案人员都记上名，一网打尽），但巴宾顿毫无顾忌，愚蠢地决定选择走宗教这条道路，一条殉道之路。

7 月 9 日，巴拉德回到伦敦，带来了令人沮丧的消息，伊丽莎白的天主教臣民公然参加叛变的可能性不大。他们嘴上说要全心全意支持毁灭新教政权，但要让他们拿起武器反抗，他们就没那么有激情了。然而，可怕的是，巴拉德无疑是名宗教狂热分子，或许他还不切实际地相信会有奇迹发生，所以他不愿承认他的伟大计划已笼罩着不祥之兆。他告诉其中一名共谋者约翰·萨维奇（John Savage），有人向他承诺，有6万人已准备好在北部援助他，但大多数人都没有盔甲，而“法国”自然会来提供[47]。

超级间谍知道莫德的身份已曝光，他觉得是时候收回阴谋者周围的天罗地网了。他计划、行事向来都十分有效率，首先需要做的，就是在伦敦拥挤的监狱里腾些空间出来，从曝光的整个阴谋来看，他预计会有许多人被抓。所以在7月底，沃尔辛厄姆给菲利普斯寄了一份名单，上面按监狱列出了被关神父和反抗者的姓名，他让菲利普斯去决定他们的最终命运。

当时伦敦关押了神父和有嫌疑的神学院学生共34人、反抗者56人，当中许多人都由国务大臣亲自打入大牢[48]。一些人无疑早已注定要被处死。译码员菲利普斯把名单副本寄给了沃尔辛厄姆手下化名为托马斯·罗杰斯的间谍尼古拉斯·伯登，让伯登根据他对这些犯人的私下了解提出些想法和建议。

沃尔辛厄姆的文件[49]标题很直接——《待解决犯人名单》（*Prisoners to be Disposed of*），读起来很阴冷。那些犯人的最终命运就取决于他们眼中彻头彻尾的敌人和卖国贼的一念之间。菲利普斯写下了他的意见，然后伯登（用斜体字）加上了自己的看法。

马夏尔西监狱（萨瑟克区）[50]

神父——［*不绞死的话，就适合关在威斯贝奇*（城堡，位于剑桥郡）］

爱德华·卡弗利，是一名绅士和神父。[51]

帕尔默，化名斯坦福德，是一名绅士和神父。斯坦福德先生的兄弟，斯塔福德郡治安法官……骄傲自大。[52]

詹姆斯·爱德华兹，据说学识渊博[53]；威廉·克莱雷金特[54]。

适合驱逐出境：约翰·利斯特[55]、约翰·哈伯利[56]、弗朗西斯·蒂勒森[57]、尼古拉斯·奈特[58]、托马斯·布莱姆斯顿[59]、约翰·博尔顿、拉尔夫·克罗基特、罗伯特·威尔科克斯。

考虑是否绞死（*或是送到桨帆战舰上*）[60]：

约翰·史密斯，化名欧文，流放之人，但是欧文这个名不常叫；乔治·波特，狡猾执拗。

平信徒[61]——有钱的绅士（*适合关在威斯贝奇*）：贝克特先生、老摩尔先生、约翰·威廉姆森先生、夏克斯顿先生、沃尔特·布伦特先生。

可怜的傻瓜，但非常混蛋（*没钱又愚蠢，简直是十恶不赦*）：理查德·韦伯斯特、威廉·格林、彼得·劳森、罗伯特·霍兰德、化名为詹宁斯的莱昂内尔·伊兹、约翰·塔克、亨利·韦伯利、威廉·克拉布、托马斯·谢利的仆人。

普特利监狱[62]

小拉尔夫·爱默生有时在给英格兰耶稣会会士当仆人[63]。

萨瑟克区王座法庭监狱（King's Bench Prison）

克里夫顿，神父，被判藐视王权罪。

两名兄弟生活极其贫困。

威斯敏斯特门房[64]

神父：约翰·包德温（John Bawdwin）[65]，适合将其驱逐；拉尔夫·比克利。[66]

平信徒——办事能力极强的绅士（*适合关在威斯贝奇*）：汉弗莱·坎伯福德、沃尔特·怀特霍尔、托马斯·沃辛顿[67]，收藏家兼钱币修补人约翰·休斯。

卑鄙小人（*随你关在哪里*）：欧文·弗莱彻、理查德·约翰逊、托马斯·爱德华兹、罗杰·阿斯特尔、约翰·阿帕里、安东尼·斯内普——威廉·谢利的仆人、秘密顾问，与佩吉特在英格兰的仆人很熟。

伍德街债务人监狱[68]

神父：约翰·巴文特博士，年纪很大，不是神学院学生[69]；约翰·马多克斯，年纪也很大，特别适合关在威斯贝奇；理查德·戴维斯，化名为温克菲尔德，让威廉·弗利顿和他的整个家族堕落，是耶稣会会士的伟大指引者；理查德·舍伍德，化名卡尔顿，是一名绅士，并非神父，很出名。

平信徒[70]：托马斯·谢利，有才干的绅士；罗杰·莱恩和威廉·海厄姆，两人都是绅士，不满19岁；约翰·昌德勒和达顿，生活极其贫困。

萨瑟克区纽因顿（Newington）白狮酒馆[71]

神父：乔治·科林森，将其放逐；托马斯·海盖特，化名辛普森，是一名流放之人……

平信徒：有才干的绅士（威斯贝奇）：约翰·贝肯赛尔先生；史密斯先生，收藏大家兼钱币修补人；理查德·桑普森和理查德·沃德伦[72]，可怜的恶棍（送到桨帆战舰上或是绞死）。

萨瑟克区克林克监狱[73]

神父，没有任何（小智慧，也不老实）：约翰·亚当斯，流放之人；约翰·洛，适合关在威斯贝奇；约翰·鲁滨逊，老神父；爱德华·詹姆斯；帕里，化名为摩根；保罗·斯彭斯。

平信徒：本杰明·斯图克维特，有些本事（适合关在威斯贝奇）。

可怜的家伙：约翰·朗德尔、约翰·布拉兹托克、斯蒂芬·切斯特、理查德·道斯、老约翰·怀特。

新门监狱

神父：奥尔本·多尔曼，不是神学院学生，但是很出名（佩吉特说他是治安法官）（在这里，伯登简单画了个小小的绞刑架）[74]。威廉·威格斯、艾萨克·希金斯、伦纳德·海德，这些都是坏家伙。罗伯特·罗利（罗力）和纳特，流放之人。

平信徒：有才干之人（威斯贝奇）女领袖多萝西·坡恩斯福特；小摩尔。可怜人：托马斯·本克维尔；罗伯特·贝拉米；布赖恩·莱西。

是时候突袭这群阴谋者了，但沃尔辛厄姆在泰晤士河畔的里士满宫（Richmond Palace）为宫廷事务忙得不可开交，隐隐约约总是会有人担忧他要等很晚才去反击。沃尔辛厄姆担心突然收网会漏掉嫌疑人，于是两天之内他给回到希兴里的菲利普斯火速去了四封信。

8月2日，沃尔辛厄姆[75]写信令菲利普斯去破译巴宾顿写给玛丽的回信，那封信是波利特寄给他的。

女王陛下（伊丽莎白）迫切想要这封信，请你一旦……破译此信，就把它带在身边，因为我觉得你亲自递送此信比较合适。

我已令弗朗西斯·米勒斯去和你商讨抓捕巴拉德一事，我希望现在立马就把巴拉德处死，除非破译此信后你发现里面有原因可让他免遭处罚。

还是要把巴宾顿和他的同党给抓住。很遗憾吉（福德）不在，他怎会……有要离开的念头，这让我大为惊异。

请你想想派谁去抓捕巴宾顿，用何种方法。

我想着在彻底审查他和巴拉德之前，这两人就关在我家。

希望你想过要审讯他们的问题，（找到证据），好让（尼古拉斯·）伯登确定主要阴谋者以及神职人员和世俗人士的名单。

我很乐意知道乔治·佩卡姆（George Peckham）爵士[76]的同谋是谁，因为我觉得他和他的伙伴托马斯·杰拉德爵士（Sir

Thomas Gerard）是超级阴谋者。[77]

第二天，8月3日，沃尔辛厄姆仍旧忙于王室事务，但他明显心事重重，非常担心他的猎物会逃跑，他赶忙在里士满宫给菲利普斯写了第二封信[78]：

很遗憾，事情（结果）很不理想。我非常怀疑女王陛下在处理此事时没有保密，这非常有必要。情况表明，（巴宾顿）感到怀疑、恐惧，已经离开了。

我担心邓恩[79]已经告诉了他什么。我给埃米娅斯·波利特爵士（Sir Amias Paulet）（原文如此）寄了封信，通知他巴宾顿离开一事，希望他能秘密下令将其抓捕。但我怀疑他会跑到某些地方去。

我觉得你不需要离开，我们要在这里找出他离开的原因，这要好好保密。

我在找普利（沃尔辛厄姆的间谍），希望他可以给我们一些消息。

没有别的行动办法能将巴拉德带走，只能以他是普通耶稣会会士这个名目[80]。因此，我已下令让弗朗西斯·米勒斯和你一起商讨此事，他这人嘴很紧……

你不知道，我对此事非常苦恼。我担心再多说什么会遭人猜忌。祈祷上帝，让我们获得比预期要好的成功，愿上帝保佑你。

请你向H.奥夫利（H. Offley）先生了解一下，吉（尔伯特）·吉（福德）现在怎么样了，他借离开置身事外，我不知该怎么想。让信使今天去巴宾顿那里，看他有什么答复。

几小时内，沃尔辛厄姆在里士满宫又匆忙写了第三封信[81]：

……你的拉丁文信件给了我安慰。我想，（如果你的）信使今天没有从巴宾顿那里得到任何答复，那就立即将他逮捕，以防他逃跑。如果你觉得再给点时间，他会答复的话，那还是再等等。

然而经讨论，答复有可能还会迟迟不来，如果真是这样，这会大大阻碍我们的工作，让我们无法迅速展开抓捕。

这些事面临许多困难，难以解决。我觉得只有这样：少了答复总比少了他那个人要好。

由于种种原因，我不打算和（巴宾顿）谈话了。所以，要是普利来这里了，我就把会面时间拖到周六，为的就是在此期间将巴宾顿抓捕。

我想要用此前同意的方法抓捕巴拉德……

我打算把你的信件内容告诉女王陛下。同时，我想令你的信使去征求答复，除非你发现了一些不这么做的原因。所以在匆忙之中，我把你交托给上帝。

沃尔辛厄姆在信末附言："我给你寄了两张签了名的白纸，可作为逮捕令。"

当晚，沃尔辛厄姆给菲利普斯写了最后一封信[82]：

普利一直都在支持我，他大力担保，（巴宾顿）是忠诚于我和公共事业的。

为了坚定我的看法，巩固我对他的好印象，他把巴宾顿的话告诉了我：有一个叫巴拉德的人，是国内重要的阴谋家，他和天主教徒勾结要挑起国内叛乱，西班牙大使和查尔斯·佩吉特就在旁唆使。

我让普利去大力感谢巴宾顿提供消息，并以我的名义让巴宾顿尽力从巴拉德那里套出关于和他打交道的那群人的消息。我还叫了普利下周六来我家见我。

虽然我没有发现什么，普利对我一直都很诚实，但我不愿对他开诚布公，只是说了这些话，可能会有用……

拖到周五之后再逮捕巴宾顿，我觉得不好，也承担不来。这事不是靠机缘或运气就能完成。

我想他曾催促法国大使派人过来，但我觉得大使不该插手此事。真计较起来了，他都不知该回答什么。

为了让我在该事中隐身，我叫海军上将[83]签署了一份对巴拉德的逮捕令，希望听到他被捕的消息。

很遗憾没有听到吉（福德）的消息，他本该在这个时候给予我很好的帮助。

海军上将所签的逮捕令在弗朗西斯·米勒斯的手上。

这封信发出后的几小时内，菲利普斯在伦敦普利家中的花园里追查到了巴拉德的下落。沃尔辛厄姆所布之网上的洞看来已经合上了。

第二天，8月4日11时至午时之间，普利的家被包围，伦敦治安法官理查德·扬的间谍逮捕了巴拉德。令巴宾顿感到惊讶的是，他躺在床上，却没遭到逮捕，普利则仍然装成他的朋友，跑到宫中向沃尔辛厄姆求情，为他申辩。普利在宫中被抓，进了伦敦塔。这次阴谋失败，看起来完全就是一场闹剧。

巴宾顿还不知道普利被扣押的消息，给他写了封信：

> 我住所这里发生的事情都很奇怪……你要小心留意你自己那里，以免我的不幸让你受过。再见了亲爱的罗宾，因为我认为你是真心待我。如果不是，那就别了吧！*Omnium bipedim nequissimus*（所有两只脚的东西，都是最邪恶的）。[84]

此刻，巴宾顿一定感到迷惑、害怕。听了沃尔辛厄姆给出的诱人条件，勉强逃过他的追捕后，巴宾顿决定逃走。

但他在保罗走廊（Paul's Walk）的人群中碰到了他的几个同谋，保罗走廊是旧圣保罗教堂里面的两条走道，当时，人们习惯白天去那里消磨时光，有四处闲逛的人，有到处找乐子的人，还有外表浮夸的时髦男子[85]。巴宾顿问他们："巴拉德被抓了，他会背叛所有人！现在有什么补救措施？"约翰·萨维奇回答说："没办法了，现在只有把女王给杀了。""行，"巴宾顿说，"那你明天到宫里去刺杀吧。"但萨维奇说他衣着不得体，无力地补充说："我穿着这身衣服，根本就不可能靠近女王。"巴宾顿恼怒地把他的戒指和钱包里所有的钱都给了萨维奇，让他去买些新衣服，直言让他"赶快了结此事"[86]。

超级间谍让他的仆人斯丘达莫尔（Scudamore）[87]给巴宾顿送了封信，解释说巴拉德被捕和他一点儿关系都没有，这也是为了让他和斯丘达莫尔走近一点儿，免得被理查德·扬的手下带走。他们去附近酒馆吃饭，就在他们不安地用餐时，一位信使带了张便条给斯丘达莫尔。巴宾顿立即怀疑这是对他的扣押令，他把披风和剑放在长椅后，借口说自己要去柜台付账，便逃离酒馆，往威斯敏斯特跑。在那里，他碰到了查诺克和另一名阴谋者罗伯特·盖奇（Robert Gage）。现在这三人惊恐万分，他们逃到了伦敦北部乡村圣约翰伍兹（St John's Woods），接着再往西北走，去米德尔塞克斯的哈罗。为了掩饰自己，他们把头发剪短，还用胡桃汁把脸涂黑。8月14日，他们和另外两名阴谋者——罗伯特·巴恩韦尔和亨利·邓恩（Henry Dunne）在乌森登庄园（Uxendon Hall）附近被抓，那里是著名的反叛者家族贝拉米一家[88]的住所，当时他们在寻找食物。后来，剩下的阴谋者全被迅速围捕，带去了伦敦塔。

一个月后，他们被分为两组在威斯敏斯特受审，沃尔辛厄姆就在其中担任委员。诉讼期间，巴拉德除了为自己申辩外，还稍微提到了苏格兰女王玛丽：

> 我密谋解救苏格兰女王，我有罪；我四处奔走要改变宗教，我有罪；但我计划杀害伊丽莎白女王陛下，我无罪。[89]

其间也有提及玛丽写给巴宾顿的信。不出所料，所有阴谋者都被判了死刑，受刑方式和以往的叛国贼一样——绞刑、剖腹然后车裂。对伊丽莎白来说，这还不够，因为她曾切实担心过自己的安危。她告诉伯利，在阴谋者的“弥留之际”，要给他们额外折磨，让他们痛苦——她强调说“要让他们更加恐惧”[90]。女王说，他们犯的都是大罪，就该“受更大的苦痛”[91]。命令下达后，第一组包括巴拉德和巴宾顿在内的7个人于9月20日被处死，他们都是慢慢死亡，比往常在原野圣吉尔斯教堂绞刑架上死去的人都要慢[92]。围观人群都不愿看到如此惨烈的行刑场面，所以第二天，另一组犯人获准绞刑断气之后再处以其他极刑。

在这种时候，宣传非常重要。很有可能是沃尔辛厄姆下令手段要仁慈一些的，因为他要确保印发资料上对处决场面的描述，能显示出伊丽莎白的“宽仁之道”。

没过多久，普利就从伦敦塔内被放了出来。

第五章

苏格兰女王的审判

“你们的良知何在？不要忘了，世界远不止英格兰王国。”

——1586年10月13日，苏格兰女王玛丽
在审判前对委员说的话[1]

苏格兰女王玛丽是“世界上最坏的女人”，对这一点，伊丽莎白心里没有丝毫怀疑。1578年5月，她就直言不讳地告诉来伦敦为玛丽求情的法国大使，“几年前她的头就该被砍下来了”。伊丽莎白还生气地向雷茨伯爵（Duke of Retz）杰罗姆·贡迪（Jerome Gondi）明言，“就算搭进她的国家，她的自由，只要她还活着一天，我就不可能舒心”[2]。但在巴宾顿阴谋之后，沃尔辛厄姆要最终摧毁苏格兰女王的计谋取得成果时，这名时而无情的都铎君主却疑心重重，担惊受怕，反常地感到焦虑。

古董商威廉·卡姆登在形容苏格兰女王玛丽时毫不吝惜，说她是“对她的宗教最为坚定的女人，无比忠于上帝，内心宽厚，

坚定不移；有高于性别的智慧，风华绝代”。他写道：“在那些女王之中，她被认为是用幸福换来了灾祸。”[3]

1586 年，玛丽 43 岁了，她还是仪态尊贵，有着皇家魅力，但这外表下，是她在伊丽莎白手上囚禁近 20 年落下的伤病和心理阴影。五年前，罗伯特·比尔就曾向沃尔辛厄姆汇报过，苏格兰女王

> 迫切希望时而能得益于呼吸一下新鲜空气，并不是说她要逃离伊丽莎白女王的掌控，而是因为缺少新鲜空气，令她身体虚弱抱恙，她想借此恢复一下。
>
> 她还说，虽然年岁不高，但她的身体老了，头发变得灰白。她不可能会再有丈夫了。[4]

他对玛丽心境的描述中包含着一种悲痛，但他又念其必然，深感无可奈何。她知道，经年的无聊厌倦和久坐不动的生活令她美貌不再：她现在有了双下巴，站起来都感到痛苦，驼背，双腿肿胀，得了关节炎，走路一瘸一拐。辗转囚禁于英格兰北部和中部各处时，她遭受着各类疾病的折磨——胃溃疡、水肿、头痛、便秘、神经痛、病毒性发热和风湿病，这俨然就是一部医学词典。有些病可能是由精神压力造成的，而像呕吐、腹痛和四肢无力，则是遗传代谢紊乱卟啉病的症状[5]。

重要的是，近 20 年来，玛丽完全与监狱围墙外的真实世界隔离开来。1584 年 12 月到 1586 年 1 月之间，她的联系人也无法向她提供未经审查的信息[6]。与世隔离，内心孤寂，她希望获救并继

承英格兰王位的想法无疑是不现实的，有时她无望地抱着乐观态度。玛丽被迫处在一个毫无尊严可言的、失落的世界里，或许是她拄的那根拐杖支撑着她，让她得以忍受其中的孤独。煎熬之中，她就像只骄傲、花哨的凤头鹦鹉，锁在豪华监狱的铁栅中，她时刻对自己的身份有着清醒的认识，时刻要守护她的地位和周围人对她应有的尊重。

玛丽的身体状况不佳，而且她自己也越来越意识到，她与时间抗衡获取王位的胜算不大，但她确实是国内外对英格兰新教政权和伊丽莎白的王位——更确切地说是伊丽莎白的性命持续构成威胁的典型化身。在伊丽莎白和她极为忠诚的大臣看来，16 世纪 80 年代期间，反宗教改革运动（Counter-Reformation）的天主教势力正在集结惊人的力量来对抗她的王国。

他们认为，西班牙目前在西欧占有稳固的统治地位，影响力和权力逐步扩大，所以他们担心英格兰会遭受何种后果。自 16 世纪 60 年代起，北海对面的尼德兰一直在爆发反西班牙起义，血腥残暴。1584 年 7 月，奥兰治亲王威廉被暗杀，起义事业现在面临着失败。1585 年 12 月，伊丽莎白不情愿地令其亲信莱斯特伯爵罗伯特·达德利[7]指挥一支 6000 人的英格兰军队，支援尼德兰起义者的独立运动，抵抗帕尔马公爵亚历山大·法尔内塞（Alexander Farnese）总督领导的帝国军队，但达德利缺乏指挥才能，战绩平平。三年前，在更南边，西班牙的腓力二世控制住了葡萄牙这个财源不断的帝国，并用其强大的海军来充实他本就勇猛的舰队。

在英吉利海峡的另一边，法国新王亨利三世（Henry Ⅲ）实际上已在 1585 年 6 月屈服于国内占统治地位的天主教党派，其领头人是玛丽的表兄吉斯公爵亨利。

在罗马，沃尔辛厄姆的间谍先前就报告过，教皇格列高利十三世一直在鼓动腓力二世进攻动乱不安的爱尔兰。1585 年 6 月 1 日格列高利去世之后，新任教皇西克斯图斯五世不遗余力地支持反宗教改革运动。在职业生涯早期，他是一名过分热情的威尼斯宗教裁判所成员[8]，无情地对教皇资产和统治进行了改革。在他手下，罗马教廷变得越来越精干和刻薄，全心全意要挽救迷失在新教信仰中的天主教国家和地区。

在爱尔兰海的另一边，英格兰军队开展残酷的镇压行动后，长达四年的德斯蒙德叛乱（Desmond Rebellion）最终在 1583 年被平息，约 3 万名爱尔兰平民被活活饿死。这种野蛮征服，让本就焦躁不满的国度沸腾着反对和怨恨的情绪。

因此，沃尔辛厄姆、伯利和其他枢密院顾问官的周围环绕着深重的疑惑和危险——尤其是在伊丽莎白自己的国家内，许多天主教臣民都视苏格兰女王玛丽为他们的合法君主，甚至是伊丽莎白死后唯一的合法继承人。在所有恢复英格兰天主教信仰的行动中，玛丽所扮演的关键角色受到了国外天主教流亡者以及他们在梵蒂冈和马德里的幕后主脑的万分重视。

不管多么草率和无望，一些人还是准备用行动来支持他们的信仰。1586 年 6 月上旬，有人向第四代苏塞克斯伯爵亨利·拉德克利夫（Henry Radcliffe）举报，“朴次茅斯附近的乡村”意欲叛乱。几天之内，拉德克利夫就报告说他已将叛变镇压，并抓住了其中一些领导者，6 月 13 日，他补充说“一些暴动的核心人员就要出海”，他会努力去逮捕他们[9]。

玛丽远离了所有这些恐慌，她表面上只是静静地等待时机，继承王位，她给一名支持者写信说“我会耐心等待，不入险境”[10]。实际上，她时时刻刻都深陷在动乱之中，头脑中无时无刻不在谋划。

沃尔辛厄姆的间谍网很有效率，揭露了一起又一起蓄意暗杀伊丽莎白的阴谋，一些阴谋还计划引入外国军队，让他们在英格兰登陆，支持政变。1586 年，支支吾吾、笨手笨脚的巴宾顿溃败，在伯利和沃尔辛厄姆看来，这场阴谋是压垮骆驼的最后一根稻草。同年 10 月 2 日，伯利写信给英格兰驻法国大使斯塔福德：

> 最近我们揭露了一起阴谋，那场阴谋非常可怕，而且执行得很迅速，所以在我们看来，对于后来的行动，我们已经彻底将其看穿了……
>
> 我从来没有像现在这样劳累过，这里的工作又迅速增加，无论是谁犯了罪，我绝不会放过。愿上帝赐予我恩典。[11]

沃尔辛厄姆将玛丽称作“那个邪恶的女人”，是时候向她反击，清除她所带来的严重威胁了。

一大批著名律师聚集起来，考虑在英格兰审判玛丽的合法性。1945 年 11 月开始，在纽伦堡对第三帝国仍然活着的领导人进行了审判；2005 年，萨达姆·侯赛因在伊拉克受到审判，在这些审判开始之前，都有过类似的讨论。和现在一样，当时写下了一页又一页的法律论证，洋洋洒洒用了很多拉丁语，博学的律师追溯古文献，在其中寻找先例。

反对：就她自身而言，她是一名曾受膏的、不受约束的女王，因此不在女王陛下的审判范围内，如果要将其否认……

回复：她是不是女王还是个疑问，因为她在苏格兰……已被废黜，她自愿将她在苏格兰的所有权利和利益都给了她的儿子（詹姆士六世）。被废君主就不再被视作君主。因此，西班牙国王废黜那不勒斯（Naples）国王弗雷德里克（Frederick）之后，弗雷德里克就被判不再是国王了。

每个君王，没有了自己的领土，就不过是个普通人而已。

反对：指控她的那项罪名，不算是完全的犯罪，不能据此将她判处死刑……那她要服从哪条法律？

回复：可以说，考虑到她对英格兰王权的拥护，应该按英格兰的现行法律法来衡量她的一举一动，而非国际法。

根据这些现行的法条，她的行为就是叛国。

对于外国人和外地人，对于他们所居之地颁布和执行的法律，他们照样也得遵守里面的规定，接受相应的处罚……一国君主在其他国家也会像普通人那样犯叛国罪。[12]

伯利和沃尔辛厄姆花了几天时间筛选律师的意见，他们断定，他们能让伊丽莎白和大众信服，玛丽能够完全合法地被判犯有叛国罪。这种极为重要的法律阐释坐实了她的死罪。根据几年前通过的《女王安全保障法》中的条款，玛丽将会受到由枢密院顾问官和其他贵族组成的委员会的审判，当中人数不少于 24 人。伊丽莎白需要稍稍劝说苏格兰女王坦白她的罪行。她敦促玛丽的看守人埃米亚斯·波利特爵士：

要让那个凶恶的女谋犯知道，是她那恶毒的罪行迫使我痛苦地发出了这些命令。我希望她祈求上帝能饶恕她的背叛行为，拯救她的性命，让她脱离这个多年来令人难以忍受的险境。[13]

伊丽莎白宣布要没收玛丽的钱财，开除她的仆人，可能是希望这种压力能让她大病一场，甚至是让她死去，这样她就能巧妙地避开下令处死玛丽的麻烦。沃尔辛厄姆则觉得这种策略并不明智。9月5日，他告诉波利特：

女王陛下一意孤行，我不明白为什么你现在还愿意去执行此事。要是后来出了什么乱子……女王陛下怪不了任何人，她要自己负责。

因“一次严重烫伤”，沃尔辛厄姆右腿发炎，离开了宫廷，所以“不能尽职与女王陛下讨论此事”。

尽管身有病痛，沃尔辛厄姆还是抓紧时间安排，要让苏格兰女王合法受罚，他迫切想在1586年圣诞节之前将她处死。那天下午，他告诉波利特，他要去和伯利与哈顿会面，决定是将玛丽转移到北安普敦郡的福瑟临黑城堡（Fotheringay Castle），还是让她去伦敦塔受审[14]。他们明智地建议去伦敦塔，因为那里更加安全，但就伊丽莎白而言，那里离王宫太近了，所以她断然拒绝了这个想法。他们也考虑过伦敦东北方的赫特福德城堡，但伊丽莎白还是拒绝把那当成监狱。

9月9日早晨，波利特去没收玛丽的现金。后来，他向沃尔辛厄姆描述说“我们发现她躺在床上，犯了老毛病，脖子一侧的疮口溃烂，让她双手不能动弹”。

> 她竭力拒绝，情绪激动，说了许多脏话来骂您（她也骂了我，但我没说什么），她斩钉截铁，说女王陛下就算控制住了她的躯体，也永远不能掌控她的心。她拒绝交出小柜子的钥匙，我叫仆人拿撬棍去砸开柜门，于是她让步将其打开了。[15]

在里面，波利特发现了5000枚法国克朗，两个共装了104英镑2先令的袋子（相当于今天的14500英镑）以及3磅银币，她说她还要给仆人薪水，而屋内一点钱都没有了，所以那3磅银币就留给了她。从她的秘书克劳德·诺屋内则发现了更多的钱，总计达1445英镑18先令（相当于今天的199500英镑）。在进一步搜查中还找到了一个小匣子，装着玛丽的所有印章，里面还有金币和银币[16]。

自前一年12月起，玛丽就一直被关在查特利那不利于健康的庄园中，9月25日她被重兵押送抵达离伦敦75英里的福瑟临黑，路上花了4天[17]。

审判早在紧锣密鼓地准备着。沃尔辛厄姆雇用格雷领主（Master of Gray）[18]、詹姆士六世的内宫侍臣和服饰总管帕特里克，去探明苏格兰国王对其母亲所受审判的态度。林克鲁登区长（Provost of Lincluden）、苏格兰枢密院顾问官罗伯特·道格拉斯（Robert Douglas）写信给苏格兰驻伦敦大使阿奇博尔德·道格拉

斯（Archibald Douglas），说詹姆士

厌恶女王陛下那些恶毒臣民的邪恶计划，他认为，即使实施这些计划，危险也不会由此减少，而且这好像是要针对他一样……至于要烧死他的母亲……我觉得国王陛下一点也不介意她被那样苛刻地对待。[19]

格雷也报告说，詹姆士认为，玛丽应该要“被关进伦敦塔或其他（原文如此）牢固的房子里，不要让她接触任何情报，她的仆人也要被带走，有罪的就严厉惩罚”，以后，玛丽周围的人都要为伊丽莎白所雇[20]。

同时，伯利在福瑟临黑二楼大致规划一下了大法庭的布局[21]，里面还有为审判准备的特别装饰。一面墙上挂着华盖布，上面饰有鲜明的英格兰纹章，虽然伊丽莎白来听审的可能性微乎其微，但华盖下方的高台上为她准备了一个御座。“像在议会室那样，一排（齐腰高的）围栏”就摆在房间里，把法庭律师席“与下面隔开，那里是给既不是审判委员，也不是女王博学律师的人准备的”。尽管伯利在最初规划中没有安排，但他还是给玛丽准备了把高背椅子，上面套有深红色天鹅绒，按他的命令，椅子没有直接面对御座，而是紧挨其右。在她面前是一张给律师准备的桌子，上面就放着他们的文件，沿着她正对着和背对着的墙边，摆放有给审判委员的矮长椅。整个房间都挂有天鹅绒帷帘，以增加威严之感，这更是为了让场面看起来具有合法性。

10 月 6 日，16 世纪 60 年代英格兰驻苏格兰玛丽宫廷的大使

托马斯·伦道夫（Thomas Randolph）表示他想参加诉讼（已获准），“因为他知道那个女人以前反对女王陛下的种种勾当”[22]。

这是英国历史上最为悲惨、令人心酸的一个戏剧性事件，其场景已经设置好了。

10月11日星期二，大多数委员都聚集在福瑟临黑，虽然沃尔辛厄姆热切想要决定苏格兰女王的命运，但他似乎不在他们之列[23]。第二天早上一大早，刚刚抵达的伯利派财政大臣沃尔特·迈尔德梅爵士，伊丽莎白的公证人爱德华·巴克（Edward Barker）[24]及议会传令官斯塔勒奇（Stallenge）在波特利的护送下，去玛丽的房间把伊丽莎白的信交给她。完全如苏格兰女王所料，上面说她因叛国以及加害伊丽莎白，现在要面临审判。

> 我无比痛心，但我已经知道你……大肆抗议，假装自己不知情，或是没有同意过任何反对英格兰和我个人的企图，通过最为清晰、确凿的证据，我足以发现，事实并非如此，而且这类指控你的证据必将得到证实。
>
> 因此作为权宜之计，我派了国内许多大贵族和德高望重的贵族，某些枢密院成员，以及一些首席法官去你那里，指控你……秘密同意了那场最为可怕、残忍的阴谋。
>
> 最后，（鉴于你确实是在我的保护之下，你要服从我国法律和我对你的审判，审判会最大可能地遵守我国的法律）你没有正当理由对诉讼方式提出异议，我选择了很有名望的重要人士来做此事，为此，委员会已加盖御玺，授权他们行动。
>
> 因此，我建议并请求你，相信我所授权的高贵人士，他

们在那里的时候，会不时以我的名义向你提出问题，你要对此做出回答，就像是回答我一样。

写于温莎城堡

1586年10月6日[25]

他们站着，迫切想看玛丽的反应，但她面无表情，平静地读完了此信。最后，她告诉他们：

我很悲痛，女王陛下，我的王室姐妹因对我误报的信息而产生了误会……她令我以平民身份亲自出现在审判席上，这似乎有些奇怪。

我是一名真正的女王，不会做任何事情来损害我的王室威严，或侵害地位和我一样的君主……

我并不感到沮丧，也不会因这个灾难而一蹶不振……

我对英格兰的法律法规知之甚少。我没有律师，也完全不知道谁会是我的伙伴。

我的文件和记录都被拿走了，没人敢来支持我。

我没有干过任何事反对女王，也没有鼓动任何人去反对她……但我不否认，我曾把我和我的事业交托给外国君主。[26]

带着王室的尊严和镇定，玛丽大胆自信地说出了这番话，显然经过了仔细准备和考虑。

伯利忐忑不安，在城堡别处等待着。玛丽把君主身份当成她的重要武器，用其攻击审判的合法性，对这一点，他一点都不感到惊讶。伯利和他的顾问肯定整晚都在紧张地讨论，用什么手段说服苏格兰女王参加诉讼。犯人出现在法庭上，把正当法律程序的画面补充完整，给大众营造一种公平审判的印象，这极其重要。

第二天周四，伯利领导着由委员组成的代表团，再一次尝试劝说玛丽出席特别法庭，但她依然坚持反对。

> 我是一名女王，不是普通百姓。
>
> 如果我出现在法庭上，那就有负于君主的尊严和威望，这无异于承认我理应服从英格兰法律，甚至是与宗教相关的事务。
>
> 我愿意回答所有的问题，但前提是要由自由议会来审讯我，而不是这些委员，他们无疑是精心挑选出来的，很有可能早就默默地给我判了刑。[27]

她的话铿锵有力，财政大臣怒气冲冲地将其打断，说伊丽莎白待她已很仁慈，但对一个被监押了许久的犯人来说，这没什么说服力，然后他干脆直说，就算她不出庭，委员还是能够合法审判她，而且他们也会这样做。“所以，你回不回答我们的问题？”他问道。玛丽重复说：“我是一名女王。”但伯利厉声反驳：“我的主人伊丽莎白女王，除了自己，不知道自己的国家内还有别的女王。”他告诉玛丽

> 您自诩拥有英格兰的王位继承权，有人质疑您，女王陛下却惩罚了那些人。那时候您计划要和诺福克公爵结婚，她

宽厚地赦了您，没有判您叛国罪。她还保护您，让您免遭自己臣民的暴力。[28]

玛丽只是悲伤地笑了笑。这场持续两小时的会面结束了，双方都很生气、沮丧。

政府的策略是坚决否认玛丽在王室中的地位。他们别无选择。玛丽反复申明自己是一名女王，如果他们承认的话，诉讼就毫无胜算，因为众所周知，在任何反对君主的阴谋案中，不能审判其他国家的女王[29]。

当天下午，伯利和另一批委员重返玛丽的住所。玛丽谈到了伊丽莎白给她的信件上第三段中的一个片段，她想知道“保护”一词是什么意思。她告诉他们：“我来英格兰是为了寻求援助，但不久就被关了起来。这就是保护吗？”伯利巧妙避开了这个问题。他看过这封信，但他却说，他和他的同僚都不敢妄自解释他们高贵主人话语中的含义。玛丽冷淡回应，一针见血：

> 你们深受你们的主人信任，肯定知道她的愿望和意图。
>
> 要是如你们所述，委员会赋予了你们这样的权力，你们当然有权解释女王的信。[30]

她精明地补充说这封信“是沃尔辛厄姆写的。他承认自己是我的敌人，我也清楚他做了什么来对付我和我的儿子”。她尖锐的反驳让那些委员措手不及。他们聚在一起讨论，这封信写成的时候，超级间谍是不是真的在伦敦。但为何要讨论这件事呢？这种讨论根本就无关紧要。他们有权合法审判她，多余的讨论因此就显得没有价值，但他们仍旧窃窃私语。

这时，福瑟临黑围墙外面天色已经越来越黑了。最终，伊丽莎白的副宫务大臣克里斯托弗·哈顿爵士想了个折中的办法。他告诉玛丽：

> 您是被指控（而不是判处）密谋摧毁我们的夫人、受膏的女王。
>
> 您说您是女王，那就是吧。
>
> 但在这类犯罪中，即便您回答了问题，您的王室尊严也依旧还在，不会因为民法、教会法、国际法，或自然法而失去。如果犯了这样的罪，却没有受到惩罚的话，所有的公平正义都会摇摇欲坠，然后倒塌。
>
> 如果您是清白的，却不参加审判，那您就是在抹黑您自己的名誉。

好言好语之后，这名律师一不小心变得焦虑，要反击她的辩驳之辞："您抗议说您是无辜的，但伊丽莎白女王却不这么想，为此她很痛苦。"这话戳破了谎言，这场诉讼根本就是不诚实、不公正的。它承认，审判甚至还没有开始，玛丽就被裁决定了罪。整个房间内都投下了刽子手斧头的阴影。

哈顿意识到自己犯了错，赶忙喋喋不休地说了起来。他高贵的主人任命了"最高尚、慎重和正直"的委员来审理玛丽的案件。"如果您洗清了罪名，"他假惺惺地说，"我们会由衷地感到开心。”“相信我”，哈顿继续道，连“女王自己都会开心得不得了。我（离开）时，（她告诉）我，您被指控有这项罪名，她前所未有地感到悲痛”。他没提到任何王室成员的特权，敦促玛丽说：“出席审判吧，证明您是无罪的，免得因您拒绝审判，给您招来了嫌疑，让名誉永远沾上污点。”

他的花言巧语没有让玛丽动摇，她很有判断力，相信委员审判不会有什么好结果。此外，就算是在这样的危急时刻，她还是顽固坚持着她所认为的对英格兰王位的继承权。玛丽坚决要求出现在“合法聚集的”议会面前，“这样我可能就会被宣布是下一任（英格兰王位）继承人”。当然了，她更想让伊丽莎白和枢密院直接听审她的案子，以便让她的“异议得到接纳，认可玛丽是女王最近的血亲”。

审判员们面色阴沉，玛丽直面他们，大胆地说：“我知道，让我的对手来审判我，他们会对所有能证明我清白的抗辩加以阻挠，但我断然不会屈服。”

伯利恼怒不已，他盛气凌人地挥了挥手，结束了讨论。他直白地告诉玛丽，“就算您缺席，继续顽固反抗”，委员们“明天照样会开始审判”。她厉声回答：“你们的良知到哪里去了！你们的道义呢！你们用审判对付我，愿上帝惩罚你们和你们的家人。”

苏格兰女王的话在会面厅里回荡，代表团离开时，鞠躬后退，以示他们对王室礼仪的尊重和关切，这与他们不断贬低玛丽王室身份的举动形成鲜明对比，很不相称。

那天深夜，一名朝臣带着伊丽莎白给玛丽的另一封信，火速从伦敦赶来，信上可能是暗示要暂缓审判。但女王显然是知道了福瑟临黑的最新讨论，开头就直截了当地谴责她：

> 你谋划了各种方法手段，要让鲜血四流，夺走我的性命，摧毁我的国家。
>
> 我从未严厉对付过你。恰恰相反，我一直都在维护你，就像对我自己一样，用同样的关怀去保全你的性命。
>
> 你的背叛行为将在你面前得到证实，你的所作所为将要昭然于世。你要回答我派过去的贵族和国内其他贵族的问题，就像我在那里，你回复我一样，这样我会很高兴。
>
> 我听说你态度傲慢，因此，我要求、警告、命令你去答复他们。
>
> 只有老老实实回答，我们才会给你更大的帮助。
>
> 伊丽莎白

这名信使也带了另一封信，这次是给伯利的。上面吩咐他说，委员返回伦敦之前不要宣布判决，并立即把完整的诉讼报告交给她。关于苏格兰女王的命运应该走向何方，伊丽莎白逐渐变得摇摆不定。

10月14日，周五一大早，玛丽要求见小部分委员。这一次，沃尔辛厄姆就在其中，想必他是连夜赶到了福瑟临黑，这是她第一次和她的大仇敌面对面。代表团抵达后，在短暂的寂静中，他们肯定互相审视了对方的表情，想要猜测和领悟对方的心思和意图。

然而，空气中似乎飘溢着和解的气息：一夜间，苏格兰女王突然意识到，在她缺席的情况下来审判她，这有损于她的事业，因为她的呼声根本就没有人听到。或许伊丽莎白还稍稍暗示过，她可能会得到宽恕，这动摇了玛丽早前坚守其王室地位和尊严的决心。现在，伯利再问了她一次，如果她所申辩的君主地位在书面文件中“不受认可”，她是否要出席临近的法律诉讼。几番争执之后，玛丽不情愿地同意了，再怎么说，她还是迫切地想洗清加诸她身上的指控。

> 为了证明我（对伊丽莎白）的友善，并说明我并不拒绝回答对我的控告，我准备只对涉及伊丽莎白女王生命安全的指控做出答复。对于这些指控，我发誓、坚持，我是无辜的。
>
> 任何有关我与外国君主的来往与协商的事情，我都不会说。[31]

那天上午晚些时候，9 点过后没多久，36 名委员[32]在大法庭集合，他们沿着墙坐在矮长椅上。法庭律师席上坐有 7 名法官[33]；瓦伦丁·戴尔（Valentine Dale）律师[34]和福特（Ford）律师，他们都是民法博士；约翰·波帕姆（John Popham），女王的首席检察官（Attorney General）[35]；托马斯·埃杰顿（Thomas Egerton），副检察长（Solicitor General）[36]；爱德华·巴克，伊丽莎白的公证人或登记员；托马斯·高迪（Thomas Gawdy），高级律师；最后则是两名书记员，记录审判内容[37]。

玛丽“感到虚弱不适”，不再虔诚斋戒，而是喝了一小杯葡萄酒，之后便庄严优雅地走进法庭，她穿着长裙和黑天鹅绒披风，长长的白色面纱从她的寡妇麻纱帽上垂下，她的宫女勒妮·博勒加德（Renée Beauregard）提着裙裾。

在持戟士兵的护送下，她精心安排的前进队伍明显让人感到一种病态。因患有风湿，她走路很困难，管家安德鲁·梅尔维尔（Andrew Melville）和内科医生多米尼克·布尔古安（Dominique Bourgoing）在两边搀扶，紧跟其后的是外科医生雅克·热尔韦（Jacques Gervais）、药剂师皮埃尔·戈里安（Pierre Gorion），以及吉利斯·莫布雷（Gillis Mowbray）、简·肯尼迪（Jane Kennedy），艾丽斯·柯尔（Alice Curle）三名侍女。然而，如果玛丽认为这样的场景会让法官产生一丝同情，那她就大错特错了。

玛丽进来的时候，委员们都礼貌地拿下了帽子，她用手尊贵地示意了一番，以回应他们。看到华盖下面的御座，她停了下来，朝它点了点头，说："我生来就是女王，我的座位应在那华盖之下。"悲痛停留片刻之后，她恢复镇定，在御座右边坐了下来，然后转向站在右边的梅尔维尔，议论道："唉，这里有这么多的律师，但没一个是我的。"[38]她对一些法官的面孔并不熟悉，于是向站在后方的波利特询问周围委员的身份。

大法官托马斯·布罗姆利站起身，面对着玛丽，法庭上的窃窃私语渐渐消失。他开始了审判：

> 怀着非常沉重的心情，最为高贵和伟大的伊丽莎白女王说您密谋要摧毁她和英格兰，颠覆宗教。出于她的身份和职责，并表明她没有忽视上帝、她自己和她的百姓，她不带有任何恶意，任命了这些委员来听审，您可能会矢口否认这些事，与它们撇清关系，表明您的清白……[39]

夫人，您已获悉我们来这里的原因了；请您听一听我们委员会的宣读，我向您保证，您想说什么，待会您都可以说。[40]

然而，玛丽痛苦地站起来，再次抗议说她是一名不受约束的君主和女王，她强烈表示要“告诉全世界，虽我似乎被指控反对女王，但我没有犯过这样的罪”。两名书记员在桌上匆匆用笔正式记录下她的反驳，用以任命法官的拉丁文王室委任状也被宣读了出来。

高级律师高迪身穿一袭蓝袍，肩膀一侧有红披肩，头戴一顶圆帽，看起来光鲜亮丽。他开始为女王审理玛丽的案件，详述了巴宾顿阴谋的细节，包括巴宾顿和玛丽的往来信件。他说玛丽知道那个要杀害伊丽莎白的阴谋，而且她“同意、赞成了那个阴谋，承诺会予以帮助，还告诉了他们用什么方法手段”来取得最后的成功。苏格兰女王打断了他，激烈而大胆地反驳道：

我不认识巴宾顿。我从未收到过他的信，也没有写过信给他。我从来都没有密谋要摧毁女王。你要是想证明，那就拿出我亲笔签名的信来。

四周沉默了一会儿。高迪带着胜利的笑容，迅速回应：“但我们的确有您和巴宾顿通信的证据。”玛丽对自己的立场仍旧很有把握，回答说：

如果有，那你怎么不拿出来？我有权利要求一起查看信件原件和副本。很有可能是我的敌人篡改了我的密码。我现在没有了解全部情况，无法回应这项指控。了解之后，我必须郑重申明，我没有犯过那个加在我身上的罪名，这样我才满意。

不可否认，我热切希望得到自由，也尽了全力去获取自由。

我有这种自救的想法实属人之常情，但上帝见证，我从未谋害过女王的性命，也没有同意过反对她的阴谋……

接下来，她开始撒谎，添油加醋地抗议，这足以给她定罪了：

我正式说明，我没有写过那些对我不利的信。这几人铤而走险，犯下罪行，我根本不知情，也没有参与其中，这也要我负责吗？[41]

玛丽的第六感来得很及时，突然，她一定是开始迅速地预感到情况不妙，在她周围，沃尔辛厄姆的埋伏正无情地步步逼近。另一名律师站起读了两封信，一封是她写给巴宾顿的，另一封则是巴宾顿写给她的。沃尔辛厄姆的一位仆人仔细把上面的段落译成法语，读给所有人听，好让他们了解信上说了些什么。苏格兰女王试着要脱离险境，呵斥道：

这些信可能确实是巴宾顿写的，但请证明我收到了它们。如果巴宾顿或其他任何人说我曾收到，那他们是在公然撒谎。不要把别人的罪行加给我。

我有一捆信几乎整整一年都没有拿到过，大约在那个时候，那捆信到了我手上，但我不知道送信人是谁。[42]

玛丽继续说："要是巴宾顿真的交代了这些事情，那为什么不让他和我对质就把他处死？那是因为我们见面就会揭露真相，所以要赶忙处死他。"

面对这样的证据，苏格兰女王决定打出她强有力的同情牌——寻求法庭众人的怜悯，她肯定，他们只是不能公然说出他们的个人想法。她指出，长时间监禁她这事侵犯了她的权利：

如你们所见，我已失了健康，四肢也不灵活。没有人帮助，我连路都走不了，手臂也不能用，大部分时间我只能卧病在床。

不只这个，因为审判，我还失去了上帝赐予我的小才能，例如我的记忆力，它能帮助我回忆以前的所看所读，身处残酷环境下，它对我很有益。还有我处理重要事件的本领，过去上帝召唤我去履行国家职责，由此我得以获得这项本领，而它现已被奸诈之人剥夺。

我的敌人还不满足于此，他们现在力图摧毁我，他们对抗我的手段，与我地位相当的人都闻所未闻，在现任女王统治之前，国内也无人知道，甚至是现在，公正的法官都不会对这些手段表示赞同……[43]

玛丽坚称，她不怕

人们的恐吓。我永远不会否认耶稣基督，我很清楚，世间否认耶稣基督的人，耶稣基督也会在天父前否认他们。我要求再审讯一次，而且要有律师为我辩护，或是承认我的话是女王之言。我来英格兰，是相信你们的女王对我的友谊和承诺。请看这里，法官大人（她从手指上取下一枚戒指），看你们主人给我的信物，代表着友爱和保护——请好好认一认。

为获得怜悯，她的辩解之词铿锵有力，在上演的戏码中，她也是能言善辩，然而就像孩童搭的纸牌塔轰然倒塌一般，所有这些都被沃尔辛厄姆精心构筑的证据网给毁灭了。她的死亡之信，即她在1586年7月17日写给巴宾顿的那封信被宣读了出来——连最后宣告性的请求也没有落下："请把这封信迅速秘密烧掉。"

受挫，绝望，苏格兰女王突然放声大哭，但她的反抗之意却并没有减弱。她擦了擦眼睛，指着坐在房间另一头律师席末端的沃尔辛厄姆：

仿造密码和字迹是很简单的事，最近在法国，一名年轻人就这样做过，他还吹嘘说是我儿子的兄弟。

这一切恐怕都是沃尔辛厄姆先生为了摧毁我而干的。我确定，他曾要夺走我和我儿子的性命。

她的眼睛里闪着光，仍旧指着房间另一头伊丽莎白的超级间谍。她发出挑战："但沃尔辛厄姆先生，我认为你是一位正直之人，所以我请你以正直之人的身份告诉我们，你有没有做过这样的事。”[44]然后，她把注意力转向了针对她的其他指控：

> 至于巴拉德，我听别人提起过他。
>
> 法国来消息说他是一名非常坚定的天主教徒，想要为我服务，但我也获知，他其实和沃尔辛厄姆先生有重要的情报往来，我必须要提防……
>
> 我要申明，我从来没有想过要毁灭英格兰女王，我宁愿自己死百次，也不想看到许许多多的天主教徒为了我而受折磨，因你们对我的仇恨而将他们判刑，残忍杀害。[45]

财政大臣伯利就坐在她前面的长椅上。他突然站起，坚定地说：“忠实的臣民不会因宗教而被处死。一些人是犯了叛国罪而死，因为他们坚持维护教皇诏书和教皇权威，反对我们女王的权威。”玛丽反击道：“然而我听到的恰恰相反，印刷书籍上也是这么说的。”伯利回道：“这些书的作者也称女王的王室特权被收回了。”

房间的另一端，沃尔辛厄姆站起身来，打断了他们的对话。他朝着这名王室囚犯的方向尊敬地低了低头，一反常态地急切回答她对他的指控。

> 我要申明，我的内心没有一丝恶意。上帝作证，我的所作所为于我个人我问心无愧；而作为国务大臣，我只是尽了本分而已。

仿佛是要强调自己的话，沃尔辛厄姆停顿了一下，然后直接对玛丽做出回应。终于，这两名对手——两个互为死敌的人要对质了：

> 您说我对您有恶意，经常说一些对您不利的事情，我已承认自己是您的敌人，还有，我甚至谋划在同一天杀死您和您的儿子。
>
> 但是，我向您保证，我对任何人都没有恶意。
>
> 我没有要过任何人的命。
>
> 我要申明，我是个有良知的人，对我的主人忠心耿耿。
>
> 我坦白，我向来对所有与女王和国家安全有关的事都很警惕，并密切留意了一切反对它们的阴谋。
>
> 至于巴拉德，如果他真的给我提供过帮助，那我不可能拒绝他，而且我还应给他报酬。如果我和他有什么秘密交易的话，那他怎么不直接说出来以保全性命？[46]

玛丽显然是触动了沃尔辛厄姆心中的痛处，逼着他讲出了他的个人想法和动机。这番出奇坦率的解释，表明了伊丽莎白超级间谍的个人信条和办事原则，虽然部分——特别是提及苏格兰女王的那些——是含糊之辞，但对一个身处阴暗的间谍世界却在国家审判中意外受到关注的人来说，这样处理也是合理的。

玛丽被他的抗辩给打动了。沃尔辛厄姆口若悬河，看起来又很真诚，她可能因此缓和了情绪，而审判压力也让她疲惫不堪，她恳求沃尔辛厄姆不要因她的话而生气，她只是直接重复了别人报告给她的话。现在，国务大臣应该不相信那些诋毁玛丽的人了，正如玛丽不信任那些指控他的人一样，她说“间谍的信用值得怀疑，他们掩盖一事，而言他事”。玛丽突然再次放声大哭，补充说：“我永远都不会密谋摧毁我最亲爱的王室姊妹，因为这样做无异于泯灭我的心性。”

高迪迅速插话道，下午会给出证据来证明她所言非真，因此，上午这场猛烈的戏码结束时已经是下午1点了，午饭时间到了，诉讼结束。玛丽告诉她的拥护者，这场审判让她想起了耶稣受难，耶稣落在庞修斯·彼拉多（Pontius Pilate）手上，犹太人对他的态度就和她正面对的一样。看样子，她早已愿意当一名神圣的殉道者。

休息进食过后，诉讼转向了玛丽的秘书克劳德·诺和密码破译员吉尔伯特·柯尔的供词，在抓捕了巴宾顿的共谋者后，沃尔辛厄姆就逮捕了这两人。他们的证词对玛丽来说犹如晴天霹雳，撼动了她满满的自信心，但她脸上顽强维持着勇敢的样子。她起身对控告她的人说，他俩可能把她未口授的内容都加到信里面去了——确实，他们手上的信她可能都没看过。

> 如果光靠信件和秘书的证词，那所有君主都会威严不再，安全难保。我没有和他们说过任何事，除了那些出于人之常情而提出的能让我最终恢复自由的事。
>
> 除非是我亲口说出的话，或亲笔签名，其他是不会令我信服的。
>
> 如果他们写了什么有害于我的王室姊妹的事，那是他们合伙写的，我不知情。

他们胆大妄为，要自己承受惩罚。我相信，如果他们现在在这里的话，就会洗清我在这件事上受到的所有指责。要是我的文件在我手上的话，我才能有针对性地回答这些事情。[47]

第二天，也是在福瑟临黑审讯的最后一天，更多的证据被拿了出来，伯利和苏格兰女王之间也进行了最后一次交锋。玛丽指责他是她的敌人。“不，”财政大臣说，“我是女王敌人的敌人。”[48]

审判延至十天后在星室法庭（Court of Star Chamber）举行，法庭就在安全的威斯敏斯特宫里。委员们在法庭上查看了反对玛丽的证据，一致判她有罪，她“在英格兰内谋事行动，想要伤害、杀死、毁灭我们高贵的女王”[49]。沃尔辛厄姆写信给莱斯特：

我们本来很快就要宣判了，却收到撤销宣判的密令。在一些影响下，我们无奈休庭，本月 25 日在威斯敏斯特审判将重新开始。我发现，这个邪恶之人就是上帝派来惩戒我们罪恶的试炼，她对女王陛下毫不感激，且无权以自身安全为由就对女王陛下进行攻击。[50]

事件进展缓慢，可以明显察觉，沃尔辛厄姆备感挫败。

虽然委员宣布了判决结果，但要公告对玛丽的裁决，伊丽莎白还是举棋不定，她需要一点儿推动力来签下那张处决令。10 月 29 日，议会再次集合，向女王陈情，请女王执行死刑[51]。言语之间处处显露出伯利和沃尔辛厄姆的痕迹：

> 长久以来，玛丽以其各种极度危险、可恶的行为，令我们忧虑不已，忍无可忍。她……通常被叫作苏格兰女王，蓄意阴谋摧毁最为神圣和高贵的陛下您，而我们最重要和唯一的幸福就在于您的安全（诚如我们对上帝的珍视）；玛丽如此这般行事，我们不但会失去万能上帝降福于我们的最为真挚、正统的宗教，让我们和高贵的王权重回天主教的苛刻束缚，而且还会完全毁灭、推翻我们的幸福国家和这个最为高贵国度的联邦。

"在所有事情当中"，对玛丽的裁决和判刑"是最为光荣、公正和合法的"。"除了公正地立即处死那个女王"，议会再也找不出"任何可行的办法，来保证女王陛下的安全，如不这样做，可能会惹得万能的上帝不悦，严厉惩罚我们"。上帝在这种事情上和女王陛下的意见一致，总是令人宽慰的，沃尔辛厄姆就毫无疑问相信上帝站在他们那一边。

伊丽莎白越来越疑心那名有计划的弑君者，最终她"用一个没有答案的答案"回复了请愿书，它表现出来的意思真是意味深长：

> 我不会谴责你们的判决，也不会误解你们的理由。请你们接受我的谢意，理解我的疑虑，对我不置可否的回答不要见怪。
>
> 如果说我不会应你们的要求行事，那也许只是一种言不由衷的托词。
>
> 如果说我会照做，那我可能会让自己落入危险之中，而

你们又在努力保护我。

女王的上下两院肯定读了好几遍这段令人费解的文字，讨论它的真正含义。尽管用词隐晦，但意思却再明确不过了：伊丽莎白对亲自下令处死苏格兰女王这事真的很拿不准。

伯利设法迫使女王表态，最终在12月4日，女王同意宣布对玛丽的判决——伦敦市民点燃篝火，高兴地庆祝这一消息[52]。

第六章

“嗜血之渴”

“你会发现，这样拖延下去会让人惧怕，因为如此一来，各种恐惧和危险滋生，每天都会有新麻烦出现……永不停歇，直到……将这名女士绳之以法，以平息上帝的怒火，她的存在对君主和百姓都是威胁。”

——1586年1月17日埃米亚斯·波利特爵士

给第二国务大臣威廉·戴维森的信[1]

1586年12月上旬某个时候，沃尔辛厄姆草拟了对苏格兰女王玛丽的处决令[2]。考虑到要将公之于众，他要确保文件生动重述了巴宾顿和他的共谋者的计划。他补充说：

玛丽自称有权获得英格兰王位，谋划实施了……许多事情，想要伤害、杀死、毁灭我们高贵的女王……我们在公告中宣布了上述判决，公告在里士满宫盖上御玺，日期为12月

（空白）日……

根据我们国家的古老法律，他们理应被处以死刑。迄今为止，我们对玛丽的恩惠和容忍大大助长了她和她同伙的胆量，他们不断招惹是非，企图对抗我们和我们的国家，因此……这同样促使我们判处玛丽死刑，她理应受此刑罚。

这份令状指示“两名或更多的”特派委员去往“北安普敦的福瑟临黑城堡，立即把玛丽的头给砍下来，不能失败”。沃尔辛厄姆仔细签署了这份文件：“注意：要在公告下发之后再行动。”

11月19日在福瑟临黑，巴克赫斯特（Buckhurst）勋爵和枢密院书记员罗伯特·比尔将死刑判决告知了玛丽。两天后，看守玛丽的波利特以及他的新助手德鲁·德鲁里（Dru Drury）爵士告诉她，现在她在法律上被视为死人，而且“不再享有尊荣”，他们要将她接见厅御座上闪闪的华盖撤走。玛丽的仆从不准他们这样做，但波利特的8名仆人还是扯下了华盖，借此侮辱她的王室身份。波利特还多此一举，粗暴下令要移走玛丽的台球桌[3]。11月23日，苏格兰女王写信给在巴黎的门多萨：

请为我赞美上帝，因为他的恩典，我才有勇气欣然赴难，接受那些异教徒对我极为不公的判决，有这份荣耀……去应基督教会敌人的要求，牺牲我自己。

他们十分抬举我，甚至表示，如果我活着，他们的宗教就无法存在。而且他们还坚定地认为，他们女王的统治也会因此而不安稳。

> 对于这两种情况，我没有反驳他们，接受了这份他们迫切要授予我的荣耀，正如我公然把我的生命热忱地献给天主教那样。[4]

她正从天主教殉道者这个新身份中寻找无穷慰藉和道德力量。

12 月 1 日，宣告玛丽判决的公告下发后仅 6 天，伯利就下令把玛丽移交给北安普敦郡郡长托马斯·安德鲁斯爵士（Sir Thomas Andrews），让他在拿到还未签名的处决令后，为立即处死玛丽做好准备[5]。显然，伯利和沃尔辛厄姆相信这件事很快就能解决——最好是在圣诞节之前。

但是一切都不如他们期望的那么明朗。

伊丽莎白的顾问们还是感到了一种挥之不去的忧虑，他们担心玛丽会依靠女王的怜悯之心，以及女性之间，女王之间的情绪感染力，为自己赢得缓刑的机会。12 月 19 日，玛丽写信给伊丽莎白，诚挚地感谢女王要立即处决她的“重要决定”，她还补充说：“在离开这个世界，准备去往更好的地方时，为了所有那些被你定了罪的人……我希望在那一刻，我的鲜血和我的国家都能被记住。”这让他们忧虑更甚。波利特自作主张推迟转交这封信，害怕它会影响到在情绪上已备受折磨的女王，但伊丽莎白最终还是在 12 月 23 日拿到了它[6]。这封信肯定增加了女王因优柔寡断而带来的痛苦，而且天主教秘密传教歌曲《圣诞十二天》也着实让她高兴不起来。

国外对处决会做出什么反应，该举动又会造成什么外交后果，这些都在不断困扰着她。

罗杰·阿斯顿（Roger Aston），向将自己置身事外的玛丽之子詹姆士六世的机要代理人发出通告称，苏格兰国王恳求的“唯一事情”，就是“留住她的性命。只要把她的命留住，女王陛下（伊丽莎白）想做什么都可以”[7]。尽管于情面他是这样回应的，但报告也暗示，即便苏格兰女王被处死了，爱丁堡也不会下最后通牒，不会发动战争。

法国国王亨利三世的特别大使蓬包纳·德·贝利埃弗尔（Pompone de Bellièvre）前往伦敦，向伊丽莎白递交了一封抗议信。他警告称，如果玛丽被杀害了，他的主人就“视其为对他的侮辱”。英格兰女王并不担心这种软弱无力、半心半意的威压，她轻蔑地回答说，任何这样的威胁，“都根本无法让我放弃处理这个恶行累累的阶下之囚”。但在伊丽莎白气势汹汹的强横态度背后，她自己也完全不相信，处死玛丽是个明智之举。

沃尔辛厄姆给她写了篇论证严谨的文章——《如果暂缓处决苏格兰女王，英格兰和苏格兰可能会因其产生的危险变化》（*The Dangerous Alteration likely to ensue both in England and Scotland in case the Execution of the Scottish Queen be Stayed*），力主迅速处决玛丽。他告诫说：

> 希望苏格兰女王登上王位，置（伊丽莎白）于死地……的教皇党人、无神论者和反抗者会以不可思议的速度增加。
>
> 耶稣会会士、神学院学生以及他们的共谋者，把改变宗教的唯一希望都寄托在她身上，考虑到她身体虚弱，他们怀疑她再被严加管束会加速她的死亡，所以他们会发动更大规模的远

征解救玛丽，并由此做出能缩短女王陛下生命的行为……

至于苏格兰国王或是西班牙国王将会带来的危险，仔细考虑后可以发现，与玛丽周围可能滋生的危险相比，这些似乎完全不能相提并论。[8]

沃尔辛厄姆雄辩有力的言语和强烈的信念都是徒劳。女王还是无法做出决定。

12月下旬，伊丽莎白的犹豫不决让沃尔辛厄姆感到挫败、恼怒，他悻悻离开宫廷回到了巴艾尔姆家中。

他突然离开，背后可能有着更加令人信服的原因，即女王陛下拒绝把没收的巴宾顿房产授予给他（1587年1月上旬，女王将它奖励给了沃尔特·罗利爵士）[9]。当时，他的女婿菲利普·锡德尼爵士去世，欠了一大笔债，所以他正面临着严重的财务问题，而新寡的女儿弗朗西丝恰在此时又赶上难产，更是让他担忧不已[10]。此外，女王最近对克里斯托弗·哈顿爵士的建议和意见很上心，这也可能令他生了嫉妒之心。12月16日，沃尔辛厄姆写信给伯利，解释他火速从宫廷消失的原因，每一页信都透着怒火，他的怨恨像灯塔的光一般显而易见：

我谦恭地请求大人，原谅我不辞而别。

女王陛下对我不仁慈，让我很受伤，因此我留在这里得不到任何安慰。

但是，如果我有希望看到自己继续留在宫廷里，能为我国的宗教发展带来裨益，或是能为效忠女王陛下和国家立下更多功劳，我断然不会因为一己私欲而抽身离开。

他愤怒地抨击了宫廷里一些反对处死玛丽的人，补充说："然而，看到我们日渐失势，出身高贵的人却根本没有贡献，这令我觉得政府内的这些人都只是旁观者，而不是行动者，这样说再适合不过了。"

沃尔辛厄姆还恳求伯利不要再向伊丽莎白提及授予巴宾顿土地一事，"我已完全决定要到此为止了"。但是，面临着锡德尼堆积如山的债务，他还是对没有得到更多王室荣耀或是恩惠感到失意不满：

> 不管女王陛下对我或我的（工作）如何满意，我都不会再像过去那样在上面花大把时间了，我干着无止境的苦活，却得不到宽慰，还捞不着兰开斯特公爵领的美差。[11]

这里，他说的是想得到兰开斯特公爵领大臣（Chancellor of the Duchy of Lancaster）这个清闲的肥差。接着，他虔诚地说道："我希望，无论世俗君主怎样对待我，我都能从万王之王耶稣基督那里得到宽慰。"

8天后，圣诞节前夕，沃尔辛厄姆从苦恼中恢复过来许多，他写信给莱斯特，埋怨伊丽莎白在处死玛丽一事上迟迟不下决定："令我忧心忡忡的是，女王陛下一再拖延早已打算好而且必须执行的处决，这会令她置身险境，而且比其他任何的苦难更甚。"[12] 1月5日，他写信给伯利，直截了当地重申了自己的观点：

（在上帝之后）唯一的办法就是让女王陛下的宠臣劝服她保护自己的安全。

这只是小小的补救，国土内的恶疾是无法根治的，它也经受不住长时间的耽误。

因此，我祈求上帝去指点女王陛下做那些能护她安全的事情。[13]

对于伊丽莎白的摇摆不定，沃尔辛厄姆现在几乎是黯然神伤，他生病了。他告诉伯利，内心的忧虑“让我染上了重病，大人和贝利（Baily）医生（聊一聊）就会了解我的病情（贝利是沃尔辛厄姆的内科医生）”。

伊丽莎白的深宫之中进行了许多次火药味十足的谈话，从国外资料中大致可以知晓一二。西班牙人察觉出，就处死玛丽这件事，伊丽莎白的首席大臣和顾问官之间产生了分歧，但西班牙却搞错了这出戏中的角色。1 月下旬，身在巴黎的门多萨向腓力二世报告，伯利说，

虽然他一贯公然反对苏格兰女王，但他的对头莱斯特伯爵和沃尔辛厄姆大臣却设法让（伊丽莎白）防备他，说他比任何人都要忠于（玛丽）。

然而，伊丽莎白在他的保险柜中发现了几份对莱斯特不利的文件。女王告诉莱斯特和沃尔辛厄姆，说他们俩就是骗子。现在，她清楚地知道，她因为没有听从她某些正直忠诚的臣民的建议，让自己受战争所累，却又无力支撑，难以为继，她现在正面临着失去王位和性命的危险。

她说，如果要按女王职责行事，她该把他们绞死。[14]

除了伯利和沃尔辛厄姆，其他人也一直在向女王施压，让她批准行刑。其间，一份名为《处死苏格兰女王的原因》(*Reasons Touching the Execution of the Scottish Queen*) 的文件列出了10条杀死玛丽的贴切理由，显然就是特意写给伊丽莎白看的，作者很可能是哈顿：

一、如果不将苏格兰女王绳之以法，女王陛下就会助长和滋养天主教徒唯一的希望：在国内建立他们的宗教。

二、要想女王陛下安全、国家安定，苏格兰女王的性命就不能留下，因为她是国内外所有行动和阴谋的唯一根源。

三、仁慈和怜悯（在这种情况下，免除惩罚不会平息恶意，只会让其增加）不过是对苏格兰女王可悲的同情，经验告诉我们，她得到的帮助越多，就越会作恶。

四、当公众安全和公众需求迫切要求快速执行处决时（正如本案一样），那就不应为了顾及血缘、情感、荣耀……种种而反其道行之，因为与公众需求这么重要的事情相比，其他事都无足轻重。

五、赦免如此可怕的冒犯者，把成千上万名忠实臣民的生命置于险境，让一个恶毒的女人来摧残报复，这是一种耻辱和大不敬。

六、拿走苏格兰女王的性命，女王陛下就能平息国外君主的恶念。虽然在她活着的时候，他们不会保持沉默，但她死后，他们绝不会自找麻烦，替她报仇。

七、作为一名公众人物，女王陛下要特别重视对自身安全和整个国家的公共情形有重大影响的事情。

八、“*mortui non mordent*”（“死人不会咬人”），不论是否名正言顺，政客们对这句话很是推崇，而且这个案件明显十分公正，女王陛下不妨也相信一下此话。

九、虽然她还有一线希望得到残存于世，但在不确定情况下，明智之人总是会认可这条法则——“*prudentius est timere quam sperare*”（“与其希望，担心才更为慎重”）。

十、法律和正义都在谴责这个危险之人，如果女王陛下不拿走她的性命，那么此后当法律和正义都不能约束她的时候，就会有更加危险的阴谋产生。[15]

然而，仅仅是思想层面的论说，还不足以撼动伊丽莎白的想法。当年1月刚好又发现了一起意在谋杀女王的轰动性阴谋，这让她相信处死玛丽是很有必要的。

整件事很令人迷惑不解，彰显了沃尔辛厄姆在散布虚假消息和把握时机上的才能。尽管他抱怨伊丽莎白对他不仁，尽管他一直身体不好，但他要摧毁旧日死敌的决心还是和以往一样强烈。

1月8日，法国大使夏杜勒夫因涉嫌卷入一起暗杀伊丽莎白的新阴谋，突然被软禁在伦敦的家中。据称，英格兰驻巴黎大使爱德华爵士“粗俗下流、贪得无厌”的弟弟威廉·斯塔福德（William Stafford）联系了夏杜勒夫的秘书伦纳德·德斯·特拉普（Leonard Des Trappes），提议要实施一个杀死女王的计划。此事还涉及了债务人迈克尔·穆迪（Michael Moody）（后来坎特伯雷大主教下令，将他关在新门监狱），他也是一名臭名昭著的反抗者，“心里有各种不满，为了钱什么事都愿意做”。要杀死伊丽莎白，“要么就用火药、在她的马镫或鞋子处涂毒，或是用其他意大利人的计谋”[16]。据说，德斯·特拉普对这三个方法都不屑一顾，说它们只是“异想天开”而已，他希望“在英格兰找出像他那样的人，做出处决奥兰治亲王之类的事”[17]。

斯塔福德和德斯·特拉普被关进伦敦塔接受审问。[18] 1月10日，伊丽莎白急切地派人去请托马斯·菲利普斯，“让他务必要来”，并带上拦截到的夏杜勒夫的信件。次日，斯塔福德向沃尔辛厄姆认罪，穆迪则受到了副宫务大臣克里斯托弗·哈顿爵士、伊丽莎白的高级检察官兼检察总长波帕姆以及副检察长埃杰顿的讯问。

穆迪对情况非常了解，他有一份手书，肯定是特意写来煽动伊丽莎白去对玛丽采取行动的。穆迪告诉审讯者，一切希望还未消失。

> 他话里的意思是，苏格兰女王还活着，她还有活下去的希望……威廉·斯塔福德曾告诉他，苏格兰女王不会死。他从这儿的法国大使处知道这话是什么意思了。
>
> 斯塔福德将和苏格兰贵族、苏格兰女王在法国的亲属（吉斯家族）交涉，以获取钱财和其他必需品……企图反对女王陛下。
>
> 新年前夕，斯塔福德告诉他，法国大使说有必要让更多

的人参与到毁灭女王陛下的行动中去，而不是只靠两三个人。

于是，斯塔福德说，他的仆人戈德森（Godson）是一名勇敢的绅士，适合加入。[19]

考虑到这场“阴谋”，女王身边又多加了一层保护措施，侍卫人数增加了一倍。毫无疑问，这是要强调，玛丽活在世上一天，女王就面临着极大的危险。

夏杜勒夫愤愤否认自己参与其中，他也没有像斯塔福德说的那样赞成这个阴谋。斯塔福德是沃尔辛厄姆的密探，这似乎已是不争的事实[20]。或许值得注意的是，早在两年前，他就说他对超级间谍有某种很深的感激之情。1585 年 6 月，斯塔福德告诉沃尔辛厄姆：

我还是像以往一样臣服于您，世上还没有另外一个人能让我如此感激。如果要让我为您的事业流血牺牲的话，为了能报答您一些，我也会去做，因为我受了您很多恩惠。[21]

沃尔辛厄姆也认识穆迪，因为在 1580 至 1584 年间，这名超级间谍雇了他在伦敦和巴黎两地传送信件[22]。

不管这个阴谋起因如何，夏杜勒夫没有像友国大使应做的那样，立即向伊丽莎白政府揭露这个阴谋，这是他无法掩盖的事实。其实，他知道这是一个圈套，虽然对沃尔辛厄姆来说，这个做法在外交上非常危险。然而，这个阴谋不仅仅是给伊丽莎白施压的有效的心理武器，在伊丽莎白政府的危机时期，它还有效地让法国大使在一个月内都无法行动。值得注意的是，德斯·特拉普随后被秘密地从伦敦塔内释放，而且两个月后，危机解除了，伊丽莎白政府承认所有的一切都是糟糕的误会，他们还试图去熄灭法国的怒火。后来，超级间谍告诉大使，斯塔福德不过是为了敛财而做出了这事[23]。

沃尔辛厄姆和伯利担心斯塔福德“阴谋”还不够震撼，他们狡猾地散布了大量流言，旨在加强伊丽莎白的决心，让她和英格兰最终摆脱苏格兰女王玛丽带来的威胁[24]。国务大臣的间谍受命散布错综复杂的虚假消息，目的是煽动舆论，引起国内忠实臣民的恐慌。谣言说，西班牙的腓力二世正在里斯本集结大量大炮和军事装备，准备用它们来进攻英格兰；帕尔马公爵就要在低地国家发起行动，把苏格兰女王从福瑟临黑救出来，更可怕的版本是他要绑架伊丽莎白；更糟糕的是，吉斯公爵的强兵其实已在苏塞克斯登陆，正往伦敦进发，要与苏格兰同时入侵；也有流言说玛丽已经逃了。

但散布虚假信息的影响反过来作用于政府，给他们造成了无法摆脱的困扰。伊丽莎白宫中昏暗的走廊里弥漫着焦虑不安、阴谋四溢的气息，身处其中的沃尔辛厄姆和伯利接连不断地收到信息，虽然一些信件表明，此时全国普遍都感到了焦虑和紧张，但他们传谣工作的结果还是不尽理想，这肯定让他们感到挫败和气恼。

1月31日，彭布罗克伯爵（Earl of Pembroke）写信称，幸运的是，西班牙军队在米尔福德港登陆的消息并不属实[25]。2月3日，在一片要抓回苏格兰女王的抗议声中，心神不宁的埃克塞特市长兼高级市政官焦急地写信给伯利，急切地请示。他们听说玛丽其实已经逃脱，伦敦已经被英格兰的敌人放火烧了[26]，第二天“夜间 1 点”，他们派了一名信使去枢密院了解真相。一直到 2 月 6 日，还有伦敦塔中尉欧文·霍普顿爵士上报称，在他审讯威廉·贝林杰（William Bellinger）时，贝林杰交代说，他听到“一名金匠的儿子”亚历山大·佩恩（Alexander Payne）在讲玛丽是如何逃脱然后又被抓回的，她在拉扯中还弄断了胳膊。霍普顿也说“大家普遍认为不应该置苏格兰女王于死地”[27]。

波利特并不清楚政府煽动谣言的真相如何，他听了那些传闻后，于 1 月 30 日写信给新任第二国务大臣威廉·戴维森[28]：

> 看了这些随寄过来的信，您会感觉……眼下关于苏格兰女王逃脱或是被人带走的传闻，在这些信里说得都跟真的一样……
>
> 依我拙见，不能忽视这些反动谣言，而现在又的确没有方法征集军队，去实现那些下流的造谣者佯装担心的事情。
>
> 我不会让他们抱着妄想自以为是。承蒙上帝的恩宠，我不会让这名女士逃走，这是我的职责，只要我活着，任何武力都不能把她活着从我手上带走。[29]

谣言也传到了海外。2 月 1 日，沃尔辛厄姆接到了他在法国的“情报官”的消息，上面说：

> 许多天主教徒都对苏格兰女王逃跑的传闻不以为然，但法国大使相信她已经死了，认为传播谣言只是应对之策。如果

> 她现在还活着，那她就活得太久了，还有逃跑的危险。
>
> 如果她死了，这件事就得严厉处理。要严酷对付那些负责看管她的人，全国各处都要进行搜查，特别是在北安普敦郡，挤奶女工都不要放过，免得让狡猾的敌人发现（真相）。[30]

仿佛是为了证实英格兰有背信弃义的风气，沃尔辛厄姆的另一名间谍上报，有谣言说波利特杀了玛丽："上帝保佑，此事为真，她活的时间太长了：忠实的新教徒都责怪女王，说她总是在等上帝降旨让统治者严厉治国。"[31]

他比自己所想的要更接近事实。

现在，伊丽莎白拼命避免让双手沾染上玛丽的王室之血，她想去暗杀玛丽，那她就不用亲手签署处决令了。良心的呼唤从未进入过她的心里。她想的是，用本国的法律来处置他国女王，会严重打击君权神授这一概念。她十分清楚，这样的举动很有可能会给她和英格兰王位的后继者带来可怕的政治影响[32]。为解决困惑，她独自一人苦思冥想，据说有人听到她在自言自语，"*Aut fer, aut feri: ne feriare, feri*"——"是忍受，还是出击；想不受到攻击，那就只有出手"。

不知怎的，女王最终总算硬下心肠，把正在公园透气的戴维森召唤入宫，并让他把议院文件带来，2 月 1 日，她在格林尼治签署了处决令。

读完文件后，"她要了笔墨签下姓名，然后把它放在一边，问我（戴维森）看到文件签署，是不是很开心"。几番讨论过后，伊丽莎白"面带笑容"，问他还有什么文件要她签字，"她很满意要把所有文件都发下去，她心情十分愉悦，非常愿意这样做”。她还吩咐戴维森去叫大法官托马斯·布罗姆利爵士在处决令上盖下御玺，并把此事告诉沃尔辛厄姆。这名超级间谍仍旧远离宫廷，正在伦敦希兴里家中慢慢康复。伊丽莎白语气讽刺地戏谑道，这个消息“几乎可以让他悲痛欲绝”[33]。戴维森躬身告退时，她突然抱怨说波利特和其他人“本可能减轻她的负担”，这让他脚下一停，面如死色。

他立马猜出了她的言外之意，她想要波利特去谋杀苏格兰女王。

戴维森对这个计划表示反对，他很了解波利特的老实和正直，“我觉得他无论如何都不会做这样不道德的事情，然而她看来又很期望此事能做成，为了让她满意，我承诺会把她的意向告知大臣先生”[34]。

那天晚些时候，沃尔辛厄姆写信给波利特，直言不讳地告诉他，伊丽莎白想要让他去暗杀玛丽[35]：

从最近女王陛下说的话来看，我们发现，她感觉你工作缺少她所需要的关注和热情，因为这段时间你都不在宫内……想想只要那个女王活着，她每时都面临着巨大危险，得找一些法子来缩短那个女王的寿命（原文斜体）。

其中，除了对她疏于爱护外，她还明显感觉到，你对自己的安全也不大在意，更确切地说，是没有出于道德和政策所求，尽力去保护宗教和公众利益，还有国家的繁荣昌盛……

她越来越尖刻地认为，因为你没有履行职责，所以那些像你一样宣称爱戴她的人，应想尽办法卸下她的负担。如你所知，她不想引起杀戮，特别是对一名女性，一个有那样地位的人，而且那个女王在血缘上还和她很亲近。

我们发现，这些思虑让女王陛下大为苦恼……我们觉得还是要把陛下最近说的话告诉你，让你好好考量一下这些事。[36]

在附信上，戴维森敦促波利特要毁掉通信："请把这封信和原信烧掉，在你如女王陛下所愿给她答复之后，你的回信也将会被烧毁。"

次日下午5点，波利特在福瑟临黑收到了沃尔辛厄姆的这封令人震惊的信件。不到一个小时，波利特和助理德鲁·德鲁里爵士就愤然写下回信：

按您的指示，我会尽快做出答复，把它交到您的手上……我的心里极为悲痛、气愤，因为我最为仁慈的君主下令，让我去做上帝和法律所禁止的事情，有这样悲惨的一天，我倍感愁苦。

我优裕的生计和生活都是女王陛下所赐，如果她愿意，我已经准备好……明天就失去它们……

但是上帝不允许我让良知如此陷落，给我可怜的子孙留下巨大污点，在未获法律准许和执行令的情况下就沾染鲜血。[37]

虽然这封信署了波利特和德鲁里两个人的名，但上面的字写得歪歪扭扭，饱含了极大的痛苦，显而易见，前者才是信件作者。在附言上，波利特还补充说他的助手“在内心深处是赞同我的看法的”。波利特担心他的回应会惹恼女王，于是在信末急切想打动女王的善心：

> 女王陛下向来都十分仁慈，相信她会欣然接受我出于本分的回复……因为它来自一个对君主尽责、尊重、敬爱和服从、不逊于其他基督徒的子民。

后来，当枢密院书记员罗伯特·比尔在福瑟临黑的时候，他听说伊丽莎白想要杀死玛丽，一个叫“温菲尔德”[38]的人被选中去做此事。女王佯装苏格兰大使阿奇博尔德·道格拉斯以前暗示过她，暗杀玛丽是个合适的解决办法，而且莱斯特伯爵也支持此种观点[39]，但“伯利和沃尔辛厄姆这两位大臣却（对此）表示不喜”。无疑，伊丽莎白政府的看法是，不同于早先被谋害的爱德华二世（Edward Ⅱ）和理查二世（Richard Ⅱ），玛丽应该被公开处决[40]。沃尔辛厄姆对波利特的回信一点儿都不意外：他很了解这名清教徒和他虔诚的处事方式，所以他相信，波利特不会卑鄙下毒，或是提刀暗杀玛丽，以此让伊丽莎白摆脱她不愿意做的决定。

尽管女王多次直白地暗示，对她而言什么是快速、简单、更合意的结局，但沃尔辛厄姆仍然相信，依法处决是唯一途径。2月2日，那时的波利特可能还未收到那封惊人的信件，沃尔辛厄姆平静地坐着，起草在福瑟临黑处决玛丽的官方安排备忘录[41]。我们只能推测一下，当他在羊皮纸上留下凌乱、细长的字迹时，脑海里想的是什么。在政府工作的大部分时间里，他都忙于扼杀苏格兰女王的诡计，阻止因她待在英格兰所引起的各种阴谋。她会给伊丽莎白造成危险，但他高贵的主人却一直忽略他的警告。现如今，玛丽落入了他为她编织的大网，英格兰王权面临的危机马上就可以解除了。

沃尔辛厄姆办事从来都是有条不紊。在两页的文件里，他冷漠精明地布下了玛丽通往断头台的关键道路。起草完毕后，他派特别信使立即把文件带给伯利审阅，让他加上自己的意见。沃尔辛厄姆素来就清楚宣传的重要性，所以他建议，要特别写一份讲稿，让肯特伯爵和什鲁斯伯里伯爵在行刑时发言。以下是伯利对文件内容的意见，就草草写在沃尔辛厄姆提议的旁边：

> 要表现她多次企图摧毁女王和入侵我们的国家，给海内外我国的主要背叛者以希望和宽慰……
>
> 她的一举一动都是反对女王陛下的，她也如此供认了，接下来，按照上帝和人类律法，有充分根据把她判处死刑。
>
> 全国上下多次强烈要求要伸张正义，女王陛下不能再拖了。

沃尔辛厄姆还竭力主张，只有玛丽的“主要官员和仆从”可以陪她走向断头台，但“女子除外”。他要避免出现情绪爆发，这会扰乱阴森可怕的行刑进程。沃尔辛厄姆还建议要明确告诉两位伯爵，如果玛丽想要与她的仆从进行“私密谈话”，他们应该如何应对——显然，他迫切地希望，没有任何秘密指令、任何追思玛丽的有害遗言被偷偷传出福瑟临黑高高的墙壁之外。伯利补充说：“不要拒绝他们，（但是要限制人数）无论如何都只能有两三人。”参与的人越少，后期对他们的审讯就越简单。沃尔辛厄姆继续道：“她的苏格兰和法国仆人都要在国内拘留一段时间。”在这句话的旁边，伯利还加了句话：“让他们仍旧待在城堡内，等待下一步命令。”此外，波利特也要确保将城堡大门牢牢锁住。

沃尔辛厄姆接着还谈到了残酷的现实情况：“晚上把她的尸体埋在教区教堂这样重要的地方，两名伯爵应该会觉得合适。”他还问了是否要对尸体做防腐处理。然后，

> 如果北安普敦郡郡长在这里的话，把他也派去。
>
> 还要派遣刽子手过去。
>
> 下令不准她的仆人侵占她的珠宝和金银餐具。

此处，伯利补充说：“必须要把这事告知安德鲁·梅尔维尔（玛丽的管家）和她的主要女仆，让他们对此发誓守口如瓶。”最后，为了确保伊丽莎白不会在最后一刻发出不受欢迎的缓刑令，沃尔辛厄姆做出了惊人的无耻举动，他说：“宫廷里的贵族要散布不会处死玛丽的消息。”伯利在“宫廷里”三个字下面画了横线来强调他表示同意，这表明他也对最后时刻可能出来的缓刑令焦虑不已。

当天晚些时候，戴维森亲自将有女王签名和御玺盖章的处决

令送到了财政大臣手上[42]。伯利决定要迅速行动，不给焦躁的女王更多时间或机会来改变心意。

第二天，2月3日，尽管伯利因两周前的一次骑马事故留下了病痛，但他还是单凭自己的职权召开了一次枢密院特别会议，地点是他在格林尼治的宅邸接待室。其他顾问官都一致同意伯利的提议，他们决定隐瞒伊丽莎白，把处决令送到福瑟临黑，同时也要把枢密院的特别指令交给纹章院院长、肯特伯爵亨利和什鲁斯伯里伯爵乔治，因为伊丽莎白任命他俩监督行刑[43]。顾问官们觉得不"合适，也不方便再麻烦女王陛下了"，这充分说明，他们极其担心伊丽莎白会有"新的想法，打断或阻止司法进程"[44]。枢密院文件于凌晨两点签署，枢密院书记员罗伯特·比尔装成去调查赫特福德郡和贝德福德郡（Bedfordshire）依然棘手的公众抗议事件的特殊委员会委员，受命把执行令交给波利特，并向两位伯爵简要说明他们的严峻职责。约在2月5日，执行令抵达福瑟临黑。

这份两页半的文件满是解释——差不多就是借口——为什么需要按法律判决、处死玛丽。最后，上面命令什鲁斯伯里、肯特和其他三名贵族

> 你们有时间的话，就立即赶往福瑟临黑城堡，我们十分忠实的仆从、顾问埃米亚斯·波利特爵士在那里看押苏格兰女王，然后就由你们指挥，负责对她行刑，行刑时，你们和埃米亚斯·波利特爵士须在场……
>
> 你们要依照所说的方式，按规定的时间和地点，在那里执行此事。因为你们行事谨慎，没有违抗任何法律法规或条

例，所以每个人都会得到赞扬。[45]

枢密院给肯特的指令也告诫道，要严格对此事保密：

大人会从送信人（比尔）那里明白，很有必要对这里所说的事项严格保密，而且无论在什么情况下，委任的贵族不再参与这次事情。[46]

与此同时，戴维森还在担心，写给波利特的那封可以定罪的“刺杀”信件会带来什么后果。同日，他写了封短信给波利特，再三真切恳求他毁掉所有通信，还说：

我们那些信件不适合保留，请你告诉我你是如何处置它们的，好让女王陛下满意，因为她可能会因此事动怒。如果你以同样的方式处理这段附言，那你就做对了。[47]

结果，谨慎的波利特带着原信去了伦敦，考虑到紧张的政治气氛和宫廷里剑拔弩张的态势，他明智地采取了预防措施，把信件副本留给了他的家人，以防他有不测。2月8日，他回复戴维森说：

如果我说我把你（写的）信都烧了，会有人不信，所以我留着它们，去伦敦交到你手上。愿上帝保佑你，把你们所有的行动都变成他的荣耀。[48]

现在，沃尔辛厄姆又有别的事要担心了。2月4日，伊丽莎白笑眯眯地告诉戴维森，昨晚她梦到玛丽被处死，深感不安。她的话肯定让戴维森毛骨悚然。她是通过某种方式获悉枢密院暗中召开了秘密会议了吗？她虚伪的笑容背后是否压制着盛怒呢？她的坏脾气可是臭名远扬的。戴维森紧张地询问她是不是不打算按照行刑令“实施”处决了。“她回答说‘是的’，并言辞激烈、庄严发誓表示确定……她觉得应要采取更好的方式，因为这样做把所有的压力都转到她身上了。”[49]

第二天上午，女王得知波利特拒绝暗杀苏格拉女王。她大发脾气，和任何急躁的都铎王朝君主一样，她抱怨说“这些一丝不苟的家伙真是太拘泥于小节了，嘴上说会为了她的安全做出大事，但实际什么都没做”[50]。当她愤怒地在格林尼治宫的走廊里来回踱步时，她没好气地说“就算没有他们，我也能很好地做成此事”，她任命了“一个叫温菲尔德”的人，并非常确定地对戴维森说，温菲尔德“会和其他人一起去暗杀玛丽”。戴维森告诉女王，如果波利特和德鲁里谋杀了玛丽，他们就会把自己置于“绝境”：

> 他们真切关心着她的安危，如果他们如她所愿完成此事，她要么会认可他们的行动，要么就不承认。
>
> 如果她认可了，那她就让自己承担了这件事的后果，包括无尽的危险和耻辱。
>
> 如果她拒绝承认的话，那她不但摧毁了这些绅士，而且殃及了他们的后代和财产。[51]

但事实上，伊丽莎白了解她的法律。不管是对国内居庙堂之高，还是处江湖之远的人来说，英格兰法律都很明确。苏格兰女王不可能被依法处死，除非有加盖英格兰御玺的处决令准许。如果没有的话，波利特和德鲁里就会成为杀人犯，他们的生命、土地和财产都会立即会落入君主手中。即使在怒火、沮丧交织的最绝望时刻，伊丽莎白也知道那样行事是不公平的。

沃尔辛厄姆加紧敦促达成对玛丽的死刑判决。他的仆人安东尼·霍尔（Anthony Hall）与臭名昭著的刽子手布尔（Bull）见了面，地点在伦敦城主教门（Bishopsgate）外布尔的住所里。布尔是伦敦塔内一名很有经验的刽子手，他同意以 10 英镑（相当于今天的 1560 英镑）的价格将玛丽斩首。当时，国务大臣想把布尔安置在他的姻亲、财政大臣沃尔特·迈尔德梅爵士在阿普索普（Apthorpe）的家中，阿普索普位于福瑟临黑西北部，两地只隔三英里，这样就方便布尔行刑，但沃尔特爵士“不喜欢”让这样一个不受社会欢迎的人留宿家中。最终，这名刽子手和他的助手就住在“福瑟临黑的一家旅店里”，他们的出现“要保密，直到那天来临”[52]。沃尔辛厄姆也告知波利特，布尔到了福瑟临黑：

> 我已经派了刽子手过去，我可靠的仆人［乔治·迪格比（George Digby）］在一旁陪同，他们会在周日晚某时抵达福瑟临黑。
>
> 他的工具（斧头）放在一个大箱子里，他是以仆人的身份过去的。
>
> 要万分小心，对此事保密。

2月7日周二，用餐时间过后，比尔与肯特伯爵亨利·格雷（Henry Grey）、什鲁斯伯里伯爵乔治·塔尔博特到达福瑟临黑，此前比尔与他们会合，简单介绍了一下情况。在波利特和德鲁里的陪同下，他们上楼去玛丽的房间告知她，她马上就要被处决了。他们宣读了处决令，她竟出奇地冷静，不过她的眉头皱了起来。她想起了英格兰的过去，礼貌地询问道，她是否能像理查二世1400年在庞蒂弗拉克特城堡（Pontefract Castle）那样死去[53]。德鲁·德鲁里爵士告诉她："夫人，您无须顾虑，因为负责处置您的是一位仁慈的基督教女王。"其实他前几天就收到了伊丽莎白那封骇人的信，信上阴险地说要如何处置玛丽，当他说出那番安慰的话时，一种浓浓的讽刺感快要将他淹没了。

苏格兰女王转而对那两名伯爵说：

> 我不相信女王、我的王室姊妹会同意把我处死，因为我不受你们的法律约束，不在你们的管辖范围内。
>
> 但既然她会因此感到快乐，死亡对我而言会是最好的选择，如果我的肉体无法忍受刽子手刀击斧砍，我的灵魂就配不上天堂获得至高永久的福乐。
>
> 感谢你们给我带来这样一个好消息。让我从这世上离去，我非常高兴能够离开这个世界，你们将帮我一个大忙……
>
> 我对任何人都没有帮助，没有用处。[54]

玛丽虔诚地交叉双臂，祈求神灵保佑，接着还说道："我已经完全准备好了，我也非常开心，能够为了万能的上帝、救世主、造物主，为了天主教会，维持它在这个国家的权利而死去、牺牲。”她问她是否能与她的施赈吏、忏悔神父和管家安德鲁·梅尔维尔谈话，但施赈吏卡米尔·德·普雷奥（Camille de Préau）没去见她，坚定的新教徒肯特告诉她：“你的生就是我们宗教的死，你的死就是我们宗教的生。”[55]

玛丽吃了点儿晚餐，举杯祝她的仆人健康，还单独祈祷了一个多小时。然后她用法文写下了她的遗嘱，指定她的表兄吉斯公爵亨利、格拉斯哥大主教詹姆斯·比顿（James Beaton）和罗斯主教约翰·莱斯利为遗嘱执行人，并要求把她的尸体埋在法国[56]。凌晨 2 点左右，她写下了最后一封信给她的小叔法国国王亨利三世，上面是她写得最好的意大利古书写体，满满三页都是整洁的、上流社会所用的意大利风格的语言：

> 王弟，根据上帝的旨意，因为我的罪恶，我落入了女王、我的表姑母的掌控之中，在她手上，我遭受了近二十年的磨难，终于，她和她的国家判处我死刑……
>
> 晚饭后，他们向我告知了对我的判决。早上八点，我就要以罪犯的身份被处死了。
>
> 我没有足够的时间与你详说发生的每件事。如果你愿听听我的内科医生[57]和不幸的仆人的话，你就会了解到真相。万分感谢上帝，我无惧死亡，我发誓，就算我真的是他们的臣民，我也是清白无辜地去面对死亡。
>
> 我信仰天主教，上帝赋予了我承袭英格兰王位的权利，这两点原因让我被判了刑。

> 然而我担心，为了避免他们的宗教受到干涉，他们不会承认我是为了我的宗教而死。为了证明这一点，他们带走了我的神父，虽然他也在屋内，但是我无法让他获准过来，聆听我的忏悔，在我死后给我举行圣餐礼。相反，他们把自己的牧师带到了这里，非常急迫地要我接受他的抚慰和教导。
>
> 你是最笃信基督的君主（Most Christian Majesty）、我的小叔、我最坚定的盟友，一直坚持对我的关爱，我恳请你……能够奖赏我不幸的仆人，给他们工钱……在上帝面前为一个女王祷告，她生来就有着最笃信基督的名号，死时是一名天主教徒，所有财产都被剥夺。
>
> 我擅自给你寄了两块珍贵的宝石，都是对抗疾病的护身符，功用罕见，相信你能健康长寿，生活愉快……
>
> 明天我死时，我会为你向耶稣基督祈祷。为了耶稣基督，我会留下足够的钱，举行一次纪念弥撒，并按惯例去布施。[58]

她在信后署了名："你最友爱、最忠实的嫂嫂，玛丽·R。"

玛丽睡了几小时，早上6点，她的女仆叫醒了她。她穿着深红色天鹅绒长裙，外面仔细罩着一件黑色丝绸裙，头戴一顶白色麻纱帽，帽下系着长长的白色亚麻面纱，面纱一动，就露出了她阴郁的面容。她把仆从召到跟前宣读遗嘱，然后将其交给了她的内科医生多米尼克·布尔古安妥善保管。在女仆的一片哭泣声之中，众人做了祷告。

8点过后没多久，两名伯爵和郡长安德鲁斯砰砰敲响了玛丽住所的外门。赴死的时间到了。

他们流下更多的泪水，加紧祈祷，不断告别。陪同玛丽去行刑台的一行人已经列好队伍，离开了她的房间。

在一楼通往福瑟临黑城堡大厅的前厅里，玛丽的管家安德鲁·梅尔维尔双膝跪下等候着她，他哭得脸都皱了起来。玛丽由两名卫士搀扶，停下脚步告诉他：

> 不要悲伤，你应该要感到开心，因为你即将看到玛丽·斯图亚特结束她所有的烦恼。我的好仆人，整个世界不外乎虚空，就算倾尽泪海，也不够悲悼所有哀痛。
>
> 告诉他们，我是一名真正为我的宗教而死的女子，而我对苏格兰和法国也一样真诚。
>
> 有人盼着我死盼了很久，渴望要喝我的鲜血，就像雄鹿啜饮溪水一般酣畅淋漓，愿上帝宽恕他们。[59]

她转向两名伯爵，请求他们对“女性”网开一面，让她“可怜、忧虑的仆人”观看行刑，“这样他们可以亲眼看见，用心见证，他们的女王陛下是多么从容地”就义。

肯特立即驳回了她的要求，担心她的仆人会惹出什么麻烦，或他们可能会“做出一些无用的迷信行为……用手帕沾你的血，我们不允许这样的事情发生”。

玛丽再次绝望地放声哭泣，在某个可怕的瞬间，她的押送者担心仆人们要大声叫喊，拽着她去旁边大厅的刑场。在一阵匆忙的耳语商议后，两名伯爵同意她挑选“6 名她最喜爱的男仆和女仆”陪同她。玛丽擦了擦眼睛，选了梅尔维尔、她的外科医生雅克·热尔韦、药剂师皮埃尔·戈里安和一名老人[60]，还有她最喜爱的两名女仆伊丽莎白·柯尔（Elizabeth Curle）和简·肯尼迪[61]。“好了，我们走吧。”苏格兰女王说，一番装模作样的“表演”之后，她迅速恢复了镇定。

眼前的场景就是行刑台——巨大的火炉旁边搭了个木台，高5英尺，宽12英尺，覆以黑纱，火炉里燃烧着一块大木头，以驱赶早晨寒冷潮湿的凉意[62]。台上洒满了稻草，一角摆了把高木椅，但所有目光都迅速移向了对面角落矮矮宽宽的垫头木。行刑台三面围着18英寸高的围栏，那把毁灭玛丽的斧头就随意支靠在围栏上。刽子手布尔和他的助手都蒙了面，穿着一身黑衣，围着白色的围裙，在一旁等着他们的受刑人。尽管安排说要对行刑保密，但当地人都迅速知晓了正在发生什么。大厅内挤满了地位较高的观众——当地和邻郡的绅士，他们都来看那天早上可载入史册的事件。有一千多名民众就在城堡下方外庭寒冷的院子里等待，肩并肩紧挨在一起。

玛丽踩着低矮的台阶慢慢走上了行刑台，两边各有一个卫士搀着她，然后她坐在了高背椅上。罗伯特·比尔宣读了处决令，忠实的旁观者尽职地喊道：“天佑吾王。”玛丽听着，不说一句话，仿佛这些可怕之辞与她一点关系都没有——“她面带喜色，感到十分愉快，仿佛这是女王陛下对她的赦免令。”[63]一名旁观者如是说。

彼得伯勒教长（Dean of Peterborough）[64]理查德·弗莱彻（Richard Fletcher）走上前去拯救苏格兰女王的灵魂。“夫人，”他礼貌地开场，因您多次犯罪，侵犯最非凡的女王陛下神圣的生命和国家，她……已准备好将您正法。您的灵魂不久就要离开您的肉体，两者分离时，一定要真正信仰基督，她亲切关怀着您的灵魂，要让您得到万能上帝承诺给所有忏悔过自身余罪的、有信仰的基督徒的安慰……

就在他滔滔不绝地讲着他那冗长浮夸的新教论述时，玛丽打断了他两三次：

教长大人！不要再费心，也不要再搅扰我了，要知道，我坚定信奉着古老的天主教和罗马教廷。我要在上帝的帮助下，用我的鲜血去捍卫我的宗教信仰。

弗莱彻本是想做一次虔诚的布道，结果突然就转为了不合时宜的宗教辩论。他不得不停止演讲，双膝跪地，开始大声祷告。然而玛丽再一次打断了他，她用拉丁语说着自己的祈祷词，她脸上泪水滚滚，6 名站在断头台上的仆从也加入了进来，声音越来越大，故意要淹没教长的话。玛丽虚弱无力，痛苦不堪地从椅子上滑落，猛然跪在地上，为了“遭受折磨的基督教会，为了她苦难的终结，为了她那应该真诚皈依罗马天主教的儿子（詹姆士六世）”，甚至为了伊丽莎白，“让她长享和平与繁荣，恰当地为上帝服务”[65]，她继续用英语祈祷。这个场景全然就是个悲剧，而且还是剧中的高潮——此情此景与她之前的设想别无二致。玛丽紧紧抱着乳白色的十字架，祈求圣人能为她的灵魂说情，祈求仁慈善良的上帝不要降灾于英格兰岛“这座愚昧的岛屿”[66]。

肯特就坐在她的后面，对虔诚的他来说，这太过头了。“夫人，”他认真地说，“恳请你把耶稣基督放在心中……不要再说罗马天主教的那些歪理了。”玛丽全然不理会他，继续祷告，拼命利用这个场合烘托自己的悲壮殉道之举。

戴着黑色面罩的刽子手布尔和他的助手透着凶狠和邪恶，他们走上前去，跪在她面前，按惯例请求受害者原谅，因为他们马上就要让她吃苦头了。苏格兰女王告诉他：“我全心全意地原谅你，因为我希望死亡能结束我所有的苦楚。”[67]

玛丽的侍女伊丽莎白·柯尔和简·肯尼迪泪水涟涟，在她们的侍候下，刽子手开始给她解衣。布尔举起从她脖子上取下的神羔项链垂饰，按照惯例申明，女王在断头台上佩戴的所有贵重物品归他所有，成为他的部分工作津贴。这只是这种活计的一个特殊津贴而已。玛丽即刻阻止了他，说那个要当作礼物送给她的女仆。现在，她面带笑容，冷冰冰地说她从来都只听从上帝的指示，而且她从未在众人面前有过宽衣解带之举。她脱得只剩下衬裙，眼前景象让大厅里拥挤的人群吃惊、恐惧地吸了口气。

苏格兰女王玛丽只穿着一条血红色的丝绸裙——众所周知，红色是天主教徒献身殉道的颜色。

她迅速跪在垫头木前摆放的垫子上，没有“表现出一丝对死亡的恐惧”，简·肯尼迪拿出一方白布，上面用金线绣了基督圣体。肯尼迪亲吻了它一下，将它折叠三次，形成一个整齐的三角形，用作眼罩挡住她女主人的眼睛。玛丽引用《诗篇》第30章《赞美颂》中的话祈祷：“*In te Domino confido me confimdar in eternum*”——“耶和华啊，我投靠你，求你使我永不羞愧。”然后她摸索向前，伸手去够那个一英尺高的垫头木，把头和脖子放在了凹陷处。布尔的助手把她的手从垫头木那里移开，她伸展四肢，大声呼叫了“三四次”：“*In mamus tuas, Domine, commendo spiritum meum*”——“耶和华啊，我将我的灵魂交在你手里。”

现在约为 11 点，大厅内一片死寂。

什鲁斯伯里向刽子手示意。

玛丽的死亡时刻终于到来了。

布尔把斧头高举过头顶，要落下那致命一击。他块头很大，使尽全力挥下凶器。

一击即中，斧刃碰到了眼罩上的结，擦过，然后深深砍进了玛丽的脑后骨。苏格兰女王发出了“非常微小的声音”，但没有动。

布尔的第二斧从脖颈处劈下了她的头颅。[68] 接着，布尔拿住固定在断头上的帽子，直起身来大声叫喊：“上帝保佑女王！”[69]

令人震惊的是，头颅突然从他手上掉了下来，他哑了声，沾满血迹的双手只握着她的白帽子和红褐色卷发。玛丽一直都在戴假发。她死去的脸上，神经仍在抽动。

此前被指定去暗杀苏格兰女王的罗伯特·温菲尔德也正在拥挤的大厅里观看行刑。他报告说：

> 她的麻布帽从脑袋上落下，她脸色苍白，看起来好像有七十岁了，头发剪得非常短……头被砍下来之后，她的双唇上下微微动弹了约一刻钟。[70]

整个行刑过程严肃阴冷，大部分时间都由玛丽控制，甚至在她死后，她还要用另外一出生动的戏码来破坏敌人的胜利时刻。目瞪口呆、无言以对的什鲁斯伯里无奈哭了出来。

最终，彼得伯勒教区的教长弗莱彻打破了这片迷乱的沉默，他上前一步大喊："愿女王所有的敌人都如这般毁灭！"肯特大胆地附和道："这就是所有女王和基督的敌人的下场！"

很快，大厅里的旁观者都散了，一些人兴高采烈，一些人则被所见之景给吓住了。玛丽的仆人全都泪流满面，他们被押送回去锁进了房间。布尔和他的助手开始扒她的衣服，但发现了她的小宠物，一只叫伽顿（Geddon）的斯凯梗犬就躲在她浸满鲜血的衣服里。"泡在她血液里的那只小狗被带走，冲洗了一番……如果不用劲的话，根本就带不走它，它不愿意离开尸体，只是在她的头和身体之间来回跑动。"[71]

玛丽所有的衣物都血迹斑斑，外面燃起了熊熊大火，要把那些东西和挂在行刑台上的黑色棉质帷幔全都给烧了，以避免任何碎片留下来变成她的死亡圣物。沃尔辛厄姆不希望有象征着殉道的东西留下，被后人利用来号召发动阴谋。

她的尸体被简单包裹在从她被没收的台球桌上扯下来的粗呢里[72]，然后用担架抬上了楼，一名从附近斯坦福德镇来的内科医生要给尸体做防腐处理，还有两名外科医生在旁边帮忙。北安普敦郡郡长安德鲁斯把她的心脏和其他器官秘密埋在了城堡里面[73]。

什鲁斯伯里的第四子亨利·塔尔博特把玛丽的死讯带回了宫中，他受到严厉指示，只能把记载了所发生事情的官方报告交给枢密院顾问。

波利特办事很有效率，当天晚些时候他给沃尔辛厄写了封信，随后还附上了一份冗长的玛丽财产清单，有金银餐具、挂饰以及“其他家具”。

> 昨天，我的一些仆从把所有好东西都从这里移走了。我的仆人罗伯特·哈克索（Robert Hacksaw）在伦敦，请您尽快告诉他，要将那些钱币和其他物品运到何处。
>
> 在收到您的信之前，已故苏格兰女王的珠宝、餐具以及其他财产早已经被分成了许多份……所有人（除了肯尼迪和柯尔的姐妹）都说，他们的女主人没有留下什么书面文件来证实这些东西的归属，所有小件物品都是她亲手分的。
>
> 根据您的指示，我已经让梅尔维尔先生、内科医生和侍女肯尼迪太太保管那些珠宝、餐具和其他东西。[74]

第二天早上，伯利觉得“不适合突然告诉陛下”玛丽被处决的消息，所以他整天都没有告诉伊丽莎白此事。然而当晚，“通过别的渠道”，伊丽莎白听说了玛丽已死的消息，十分平静地接受了，但整个晚上，她都大为恼火，义愤之情绵绵不绝，第二天一早，她就派人去叫克里斯托弗·哈顿爵士。正如戴维森所记录的那样，伊丽莎白“勃然大怒”，否认自己曾下令或意图行刑，“责任都在于他们，但其实主要还是我在担着”。她生气地告诉他：“我辜负了她对我的信任，而我也承担着下发（处决令）的后果。”[75]

外面的情形则截然不同。伦敦新教徒都在为玛丽之死欢欣鼓舞。城内教会座座塔楼钟声不断，愉快地响了 24 小时，条条街道的十字路口篝火通明[76]。

伊丽莎白的顾问完全预料到了她会照旧大发脾气，于是提醒戴维森离开宫廷一两天，留出时间让女王把气给消了。不管怎样，他不得不离开，因为“前一天我身上发生了一个不愉快的意外，当时我的身体也有些微恙”。这个外交病来得真是时候！然而伊丽莎白需要一只替罪羊，她牢牢盯住了戴维森。

> 我返回家中，听到新消息说女王陛下决定把我关进伦敦塔。一开始，我觉得这很奇怪，根本就不相信，直到巴克赫斯特大人带来了女王陛下的命令，要把我关进塔内，等候她发落，因我生病，关押延迟了两三天。后来本月 14 日，我被关了进去。[77]

2 月 12 日，追悔莫及的枢密院官员们都可怜巴巴地试着给自己的行为找说辞，向仍旧怒不可遏的伊丽莎白解释。他们写的信都是巴结奉迎、自责懊悔之辞，其中两封信件的草稿保留至今，由伯利亲笔书写。它们是否被寄出去，现今还不确定。如果是的话，至少从信中可以看出，他们在万分焦急地向女王申辩说自己是无辜的。

第一封信是这样描述英格兰国内情形的：

> 当苏格兰女王还活着时……每日每时国家情形都变得越来越危险。
>
> 在日常会议上，我们甚至发现，国内各个角落都有大群

> 百姓，就苏格兰女王一事拿起武器造反，全国频频发出强烈的抗议之声，危险随即增长。从中，我们有理由去担心，骚动背后隐藏着巨大阴谋，而苏格兰女王可能会被军队……解救出去，女王陛下也会由此陷入极大的危险之中。
>
> 我们认为这是我们最应尽的义务，我们一心追随上帝，有责任为此事速战速决……所以我们想，万能的上帝会很乐意让陛下签署那份合理合法的委托书。戴维森先生给我们看了由陛下签字，盖下了英格兰御玺的委托书，为了荣耀和正义，凭此去阻止那个巨大危险，女王陛下便可性命无虞，并受到保护。我们一致认为，很有必要对此全然保密，立即行动，以免出现更大的危险。[78]

那么，伊丽莎白为什么会对他们下达的行刑指令一无所知呢？顾问官以恳求的口吻说：

> 我们全体一致认为，不宜告诉女王陛下我们的安排，以及行刑的时间和方式这样的细节……我们想着有很多原因让我们不便拿这种事情来麻烦女王陛下……

他们没有详细说明这“很多原因”是什么。这些解释难以令人信服，远不能平息女王的怒火。

第二份草稿悔改之意更甚，愈显懊悔之感，动笔之前，他们听闻伊丽莎白一气之下生了病。她似乎可能有某种形式的精神崩溃，拒绝吃饭，也睡不着觉。[79]

我们生来就是您的仆人和顾问，义务在此，事已如此……我们难过至极，以最卑微的姿态，恳求女王陛下，希望您先不要对我们严厉批评，听我们讲一讲，为何我们最近商讨要有序扫清对您生命的威胁，还有我们在其中是如何处理事情的。

与此同时，听闻女王陛下心里极度悲痛的消息，我们发自内心地感到万分抱歉，您生命所需的健康肯定也因此受到了影响，而我们若缺少支持，国家政府现在正面临着许多困境和危险，必定会受到更大的损害，难以恢复。[80]

枢密院代理人罗伯特·比尔就没有太懊悔。“我觉得，我应该要去执行命令，”他写道，

我是女王的仆人，有义务去服从她。在那些情况下，如果女王遭了险，那就是我的错。我相信，苏格兰女王死了，她就安全了。在她亲自签署的命令中，我发现有足够的理由这样做。[81]

然而，伊丽莎白并不会为他们所动，她要惩罚更高级别的政府官员。2 月 13 日，沃尔辛厄姆恳求财政大臣伯利去阻止女王，帮帮他的朋友戴维森：“恳请您用尽一切办法，消除女王陛下对戴维森大人的不满。”[82]

但太迟了，戴维森已经进了伦敦塔。

紧接着，伯利也感受到了女王怒火所带来的全部压力。女王拒绝接见他，甚至不读他的信——虽然上面洋洋洒洒写的都是他的自责和悔恨。其中有封信说财政大臣可以“躺在女王陛下脚边”，汲取“几滴您的仁慈之露，来浇灌我悲伤、喘息的心”[83]。忠心工作了近三十年之后，首席大臣险些失掉了女王的恩宠。

2月14日，伊丽莎白写信给玛丽的儿子苏格兰詹姆士六世，令人惊讶地否认她曾参与处死他的母亲。她开头这样写道：

> 我亲爱的伙伴：我想让你知道，虽然你并不这样认为，但我因这个惨痛意外心里极度哀伤，不知所措，它与我的本意背道而驰……
>
> 恳请你理解，上帝和更多的人都知道，我在这件事上是多么的无辜……
>
> 对你而言，想想吧，在这个世界上，你没有比我更忠实的亲人、比我更亲密的朋友，也没有任何人会比我更小心留意，要保护你和你的国家。[84]

女王还派了理查德·威格莫尔爵士（Sir Richard Wigmore）去苏格兰“执行秘密任务”。他的使命就是查明詹姆士的个人态度，“打消他要为母亲之死报仇的全部念头”，劝说詹姆士坚定他的新教信仰，依靠伊丽莎白和英格兰的友谊，而不是任何别的君主[85]。

2月28日，门多萨在巴黎听说了处决的消息，仓促地写了封急信给他的主人国王腓力二世。他说，枢密院的一个阴谋小团体强迫伊丽莎白签下了处决令，威胁说如果她不这样做的话，议会就不会批准给荷兰战争拨款。

> 国务大臣沃尔辛厄姆病了，所以由戴维森将处决令带去让女王签字。签完字后，女王命他不要把文件给任何人，待她亲自批准才行。
>
> 和其他人一样，戴维森是个可怕的异教徒，苏格兰女王的敌人……他把处决令给了他们。
>
> 他们找了名伦敦刽子手，派他带着执行令去找女王所在的那个郡的法官。法官一拿到处决令，就与负责看守苏格兰女王的波利特和格雷勋爵一同去了她的房内，他们就在那里用斧头砍断了她的头，在场的只有四人……
>
> 他们甚至不给她时间让她把灵魂托付给上帝……女王（伊丽莎白）令她的大使去通知国王（亨利三世）这件事，还向他保证，这事违背了她的意志，她会派一名特别大使去更为全面地解释这件事。虽然签了处决令，她没有想过要实施它。
>
> 在这事上，她免不了要受到指责，因为她错信了别人。[86]

这些是门多萨的线人英格兰驻巴黎大使爱德华·斯塔福德爵士告诉他的，这是伊丽莎白自己对悲剧事件的描述版本，她的“一面之词”，讲给国外的人听的。在国内，她对政府大臣和顾问的愤怒弄得人尽皆知。此时，她已经感觉好些了，于是询问了博学的法官，她是否能够使用君主特权，将可恶的戴维森绞死，而无须再走麻烦的审判过程。公仆伯利对此惊恐万分，他被逼入了死角，于是铤而走险，派信使送去他的呼吁书，让大家仔细想想该如何对女王进谏：“我认为，如果一个人为上帝和人民做了好事，却要遭受惩罚，这惩罚还不是按法律规定实施的，而是基于从法官那里得到的意见：女王的特权高于法律，那现在就是个艰难时刻。”[87]

但伊丽莎白仍旧义愤填膺，认为戴维森辜负了她的信任，所以她不会动摇。最后，她把戴维森的案子送交给了星室法庭。3 月 28 日，戴维森出席审判，被指控严重违抗女王发布了处决令，而且还对她隐瞒此事。果不其然，他被判渎职[88]，罚金高达 1 万马克（相当于今天的 108 万英镑）。“这对戴维森来说是一笔巨款，但就他的罪行来说，这个处罚算少了”[89]，然后他迅速被送回伦敦塔，关在那里等候女王发落。通过这件事，伊丽莎白已向世人坚定表明了自己的立场，但她却没有收到这笔罚金，而且 19 个月后，伯利和沃尔辛厄姆写信给伦敦塔中尉欧文·霍普顿爵士，下令说要“秘密”将戴维森转为私密拘禁，便把他放了出来[90]。从此，戴维森就再也没有在宫廷里任过职，不过他继续拿着国务大臣的俸禄，而且多亏沃尔辛厄姆的帮助，他还能得到一些职位津贴。

伯利则依旧被冷落。斯塔福德往伦敦送了急件，说巴黎对玛丽的死愤愤不平，这就如同火上浇油，让女王对财政大臣怒火更盛，以至于沃尔辛厄姆下令让斯塔福德停止送信，因为他的报告“加重了女王陛下对枢密院的气恼”。3 月 15 日，伯利写了封信给女王，此前她赏脸接纳了他，却立马又生起气来了：

> 不久前，陛下为低地国家的事情召我去，在莱斯特大人和沃尔辛厄姆大人面前对我言辞尖锐刺耳，以此来表明您怒

> 火难平，我心里很是伤心。在女王陛下责成我之前，我从未就苏格兰女王的事发表过任何言论，因为我知道陛下您的内心极度痛苦，而且不悦之意也与日俱增……
>
> 由于我的工作，长时间来，我无疑受到过很多非议，但是这次是人尽皆知，城镇中、宫廷里和乡村里全都知晓，因为我发现每天陛下对我都极为生气。我的敌人会借机揣测，在我受冷遇的这段时间，他们就我做的任何事编造恶意诽谤我的话，您都听得进。
>
> 因此，我急须韬光养晦，不主动执行任何国家层面上的公共任务，以表示我对陛下的敬畏。此间，在我可以觐见之前，陛下也未明确指派我去做过任何事。[91]

4月9日，在宫中与他势力匹敌的老对手莱斯特写信给他，暗示说女王对他无情是因为“此前，你的名望和她对你的称赞，让你与其他所有人相比，显得更为突出，在世人当中更出名……”他还加上了这些生硬的安慰：

> 我的好大人，您不在宫廷里为女王陛下服务，为国家服务，我深感遗憾。我会把您交托给统治一切的上帝，让他来保护您，他在一个小时当中给予您的真切安慰，全世界的人用一生都赶不上。[92]

最后，伊丽莎白意识到，她担不起失去如伯利这般老练大臣的政治手腕和政治敏锐度的后果。女王最近几次爆发脾气后，称他为卖国贼、缺德的无赖，伯利又重新得到了女王的接纳与尊重。

同时，堪比是影子人的沃尔辛厄姆，一直在避免引起别人注意，安静地履行自己的职责。伊丽莎白知道，她不能同时失去两位首席大臣，所以沃尔辛厄姆没怎么失宠。他因病在家待到了1587年2月中旬，因而躲过了宫廷了剑拔弩张的紧张时刻，但这其实也不算是什么优势。然而，他因敌人苏格兰女王玛丽被摧毁而获得的各种胜利和满足，不过是昙花一现而已。

现在，英格兰面临着一个更为严重的危机，而且迫在眉睫。

第七章

大败无敌舰队

我确信，若是女王陛下愿意花 1000 克朗来换些情报，那她就能在后面的战事中足足省下 2 万克朗。”

——1587 年 1 月 24 日，埃芬厄姆（Effingham）勋爵、
英格兰舰队海军上将查尔斯·霍华德（Charles Howard）
在“熊”号上写给沃尔辛厄姆的信[1]

许多人都相信，苏格兰女王玛丽被处决，触发了或至少加速了西班牙国王腓力二世袭击英格兰的计划，这个计划充满了野心，还会损害经济。事实上，想要入侵的念头更多是源于 1585 年。当年，弗朗西斯·德雷克掠夺并烧毁了开往西印度群岛（West Indies）的西班牙船只，莱斯特则远征低地国家[2]，惹得西班牙很不愉快。英格兰的这些举动，最终激得西班牙准备在海陆发起攻势。尽管腓力深感忧虑，怕攻击伊丽莎白的国家可能会刺激到法国——让法国担心他们会被西班牙领土完全包围，然后不得已与英

格兰勉强结盟，但他还是制订了计划。

沃尔辛厄姆志在必得，近乎狂热地渴望保护和推进刚兴起的新教，他一直担心西班牙会对英格兰发起军事行动。1585 年 10 月，超级间谍写信给威廉·哈本（William Harborne）[3]，三年前在他的建议下，哈本被派入奥斯曼宫廷，任英格兰驻伊斯坦布尔大使，信中沃尔辛厄姆令他劝说奥斯曼人去争夺西班牙在地中海（Mediterranean）地区的利益，或直接攻打西班牙南岸。

这个先发制人的突击明显是想声东击西，让西班牙把注意力从英格兰转向奥斯曼帝国。这种野心勃勃的外交高招生动地表明，沃尔辛厄姆不但理解并牢牢掌控了欧洲的整体形势，而且有着深刻而令人惊叹的战略远景，对海军力量的价值也有全面认识。实际上，一开始在 4 月，哈本就从沃尔辛厄姆信赖的佛罗伦萨间谍雅科莫·马努奇那里得到了口头指令，但现在，这名国务大臣迫不及待地要发起行动，便用密信确认了交给哈本的指示。西班牙近来在低地国家连连胜利，很有可能会挑起它和英格兰之间的“热战”，因此哈本要

> 为了那件事，极尽所能，孜孜不倦……因为……很明显，如果西班牙在非洲海岸受到突袭，或他们在意大利的领土有大贵人（奥斯曼帝国苏丹）的桨帆战舰出没，或是出现其他情况，可能就会让国王（腓力二世）忙得不可开交，你可能是最适合做那些事的人。
>
> 如果采取行动，从欧洲这边去搅扰他，他的力量就会被大大削弱、分裂，为女王陛下带来暂时性的战略优势，同时

可以让其他的基督教国家在将来受益。

通过这种方法，魔鬼的手足（天主教西班牙和奥斯曼帝国）就会互相敌对。在他们争执期间，真正的教会和基督教义就有时间去壮大，增长必需的实力去镇压二者……

告诉他们（奥斯曼人），以后不会有……比像现在更好的时机，他（腓力二世）和女王陛下陷入了纷争，女王会在欧洲这边设法干扰他，如果苏丹利用此次机会在另一边攻击他，毫无疑问，他会不堪重负……然后遭到重创。[4]

沃尔辛厄姆对哈本说，最起码要说服奥斯曼人在西边做做样子，调动他们的舰船威胁西班牙，由此让他们分心，不再执着于对英格兰的战争行为。

西班牙面临着一场两面受敌的战争，最后的战利品就是成为欧洲新教的统治者！这念头肯定是沃尔辛厄姆心里最为强烈、最为愉快的幻想，但是他向来很现实，从一开始就知道，西班牙是绝对不可能成功的[5]。哈本努力了三年，就是要去实现这些宏大、全面的计划，然而他屡屡受挫，奥斯曼帝国完全把心思放在了帝国东部与波斯（Persia）的斗争上，而且他们海上资源匮乏，无法在别处开展新一轮的军事冒险。

在这期间，沃尔辛厄姆在西班牙极度缺少可靠的线人。在那里提供情报的英格兰商人组织有些杂乱，1585年5月，西班牙对英格兰船只强行实施贸易禁令，不准它们在港口停靠，商人们的行动就更加受限了。最早的报告说，有一队战舰和军事运输船正在集合，通过一名于1585年12月抵达德文郡达特茅斯（Dartmouth）的商人得知，西班牙在意大利召集的军队已经到达了英格兰。

起初，沃尔辛厄姆细查了许多1586年早期西班牙方面的报告，里面内容互相矛盾，所以他不相信无敌舰队的威胁已经近在咫尺，没有理会船舶调动和应战准备之事，认为只是“西班牙在虚张声势”[6]。3月24日，他写信给莱斯特说西班牙起兵的威胁“（据本月10号从里斯本来的报告），在今年应该只是空谈，我希望明年他们起兵的可能性更小”。接着不知不觉中，种种怀疑开始侵蚀着他对此事的自信和确定。同月，超级间谍派安东尼·波因茨（在为西班牙驻巴黎大使工作）去西班牙搜集更多的情报，但波因茨向沃尔辛厄姆承认，他是一名双面间谍，在为两方做事。很明显，沃尔辛厄姆打算利用他给西班牙人提供虚假消息。

事实上，沃尔辛厄姆的直觉准确无误。就在两周前，3月12日，详细的入侵计划已经递交给了西班牙国王，计划中设想要调度各类船只共556艘（包括150艘“大战船”）、85332名海军和士兵，还有8890名炮手和骑兵。腓力坚定否决了这一计划，因为它太不切实际，花销巨大，还不如一开始就依靠西班牙陆军——从帕尔马公爵驻守低地国家的部队中拿出3万名久经沙场的老兵，乘坐平底拖曳船，运往英格兰[7]。无敌舰队也会去运载士兵，其人数和帕尔马在多个国家的分遣队人数大致相当。

通过一名安插在罗马的间谍，沃尔辛厄姆获悉了西班牙港口所有活动的真正含义，与众多在罗马的间谍一样，这名间谍主要负责监视和报告英格兰天主教流亡者，以及仍然受命潜伏在英格兰的神学院学生的情况。

一份在沃尔辛厄姆死后的第八年写成的纪事讲述了他是如何从一个精心安排在西班牙的情报源那里获悉情报的：腓力国王为了安全起见，亲手给教皇西克斯图斯五世写了一封信，简要说明了入侵计划。那时，在罗马的英格兰间谍十分警惕，当中有一人贿赂、威胁，或是在某种程度上引诱了教皇的内宫侍臣，让他去偷（更有可能是抄写）西班牙国王的信——它被锁在梵蒂冈宫教皇的写字桌或储藏柜中。那名内宫侍臣虽有威严，但有贪污腐败之疑。很明显，只有趁西克斯图斯睡觉时把他的钥匙从口袋中偷出来，才能做成此事[8]。

这个精彩的故事可能为杜撰之作，但后来的确是从罗马传来消息，腓力将他的侵略计划告诉了全体枢机主教，这样万一教皇去世，他比较容易获得他们的支持，这无疑证实了西班牙对英格兰图谋不轨。或许应该用“多嘴”一词来形容这群枢机主教，因为该情报很快就遭到泄露，不久便传到了伦敦，伦敦方面对此大为感激。

1587 年 2 月，越来越多关于西班牙准备入侵的情报涌到沃尔辛厄姆那里。海军上将霍华德手上的文件记录了估算出来的无敌舰队实力，舰队正逐渐聚集起来，西班牙从北部和别处调了 76 艘大船。[9]

2 月 1 日，著名海军将领约翰·霍金斯（John Hawkins）写信给沃尔辛厄姆，敦促他派出海军侦察队远征西班牙，或是实行小规模的封锁。他很清楚，要用什么理由让信的读者信服：

> 长时间以来，教皇党人在基督教国家内广泛勾结，为非

> 作歹，要改变国内政府，让其置于天主教势力掌控下，陷于贫穷和奴役，我愿意时时去做、去推动些什么，因为我有理由去怀疑他们的目的……
>
> 在这个时候，如果我们犹豫不决，静候不动，我们就是在引火自焚，我们的国家就会完全衰落……
>
> 因此，在我看来，我们的利益和最大的保障，就是要通过一场坚决果断的战争寻求和平。尚不可知这场战争是否既能少花点经费，又能让安全得到更多的保障，把我们海内外的……敌人和朋友区分开来，让全国百姓普遍感到满意。[10]

霍金斯竭力主张在西班牙海岸部署6艘英格兰战船作为永久兵力，上面备好可维持4个月的食物、饮用水和军火，再由6艘小一些的侦察船提供补给。这一海军“部队足以阻挠海上发生的任何事情”。据他估计，上面需要有1800名水手，每月军饷和物资总额为2700英镑（相当于今天的442792英镑）。最后，霍金斯还颇具说服力地补充道：“开战后，所有的耶稣会会士和心存恶意之人都会浮出水面，他们想要做坏事也做不成了。”

次月，经由一条迂回的渠道[11]，沃尔辛厄姆得到了关于西班牙战前准备进展的惊人情报：里斯本及其附近现有400艘战船和50艘桨帆战舰，意大利、西班牙、葡萄牙和佛兰德斯集结了7.4万名士兵。这个作战序列还不包括早已在西班牙待命的1200名炮手、8912名水手，以及逐渐累积起来的粮食：184557公担饼干，2.3万公担腌肉，2.3万桶葡萄酒，1.1万公担牛肉和4.3万公担奶酪[12]。入侵的时钟滴滴答答，转得越来越快。

沃尔辛厄姆收到的早期报告也提及了无敌舰队的军备，“大多数都是……铸铁大炮（加农炮），摆在非常高的地方，不会造成很大损害”[13]。后来，在即将到来的海战中，关于西班牙火力的重要情报帮英格兰确定了战术。

在伦敦，西班牙在进行战时准备的消息表明，英格兰必须要先发制人，对不断壮大的无敌舰队进行海上攻击，这样能为英格兰赢得更多的时间，因为它的防御准备工作慢得让人心焦，伊丽莎白的拖延和吝啬使其屡屡受阻。

众人力劝女王让弗朗西斯·德雷克爵士带领一个战舰分队假意去支持葡萄牙王位觊觎者唐·安东尼奥（Don Antonio），但事实上是要让他在西班牙港口发起攻击（那里储存了入侵所需的粮食供给），并要尽可能多地毁坏敌军船只。无敌舰队带来的威胁与日俱增，要想彻底解除是根本不可能的，但可以破坏其入侵计划，推迟舰队起航的时间。伊丽莎白还是老样子，尽管沃尔辛厄姆、莱斯特和海军上将霍华德都强烈赞成果断行动，但她犹犹豫豫，不同意这个大胆的计划。据后来西班牙间谍所说，罗利也是高声疾呼反对这项计划[14]。1587 年 3 月 15 日，女王最终（而且还是不情愿地）准许德雷克冒险行动，带领 27 艘舰船和 2200 名士兵组成讨伐西班牙的远征队。吝啬如她，只同意给德雷克 4 艘自己的战舰[15]，其余所需船只就由伦敦商人或其他私人投资商提供。

起航前夕，德雷克的水手大规模地开小差逃跑，所以耽误了时间，这让人十分窘迫，或许是政府之中反对此次海上冒险的人在暗中破坏，因为此次行动一直受到严格保密，只有身居高位的人才知道，但最终德雷克还是于 4 月 2 日起程了。舰队在泰晤士河中航行，德雷克在600吨位的“伊丽莎白·博纳文彻号”（*Elizabeth Bonaventure*）旗舰甲板上，给沃尔辛厄姆写下了最后一封带有炫耀语气的信：

> 恳求大人不仅对我要有好印象，还要如此看待所有参与此次行动的人……
>
> 风召唤着我离开。
>
> 我们的船正扬着帆。快！[16]

尽管此次航行的准备工作在暗中进行，但西班牙人还是很快就获悉德雷克离开了英格兰。4月7日，在英吉利海峡那边的鲁昂，他们的一名间谍详述了他与一位法国商人之间的对话，那商人前一天刚从英格兰回来。间谍报告说：

> 德雷克舰长已经驶离了泰晤士河，他带了40艘武装精良的舰船，其中5艘是女王的，每艘吨位在800～900之间，共载了5000人。这名商人在拉伊（苏塞克斯）看见舰队经过，要前往法尔茅斯（Falmouth），那里会有40或50多艘船加入……
>
> 传言说这支舰队要去与（西）印度群岛舰队交锋。
>
> 令我们感到十分惊讶的是，这支舰队装备速度极快，而且非常隐秘，直到现在，都没有一丁点消息传到这里来。[17]

为防止关于德雷克行动的消息泄露出去，英格兰政府已经下令关闭了南部港口。后来，西班牙人宣称：

> 他们使用的招数太狡猾了，就连沃尔辛厄姆大人都没给这里（巴黎）寄过一封他主人（伊丽莎白）的急件，所以信使可能都没有汇报任何相关事宜。[18]

几乎不可避免的是，伊丽莎白又开始另有想法了。她得到的报告说，西班牙的入侵准备已经放缓，但这或许只是西班牙人的宣传而已，和平的幻象浮现在她眼前，取代了她对那场昂贵战争的忧虑，战争不但让她在清醒时分焦虑不安，而且缠住了她看得死死的钱包。德雷克出航一周以后，她往普利茅斯（Plymouth）送了条紧急信息，命令他只要攻击海上的西班牙船只，并准确绕开西班牙港口。她的新指令禁止德雷克“强行进入国王（腓力）的港口、在陆地上主动出击或做出任何敌对行动”[19]。听到宫廷里的某些传闻，沃尔辛厄姆担心女王现在会召回全部军队。伊丽莎白派了一艘舰载艇把新命令送过去[20]，但因暴风雨，船只在比斯开湾（Bay of Biscay）搁浅，德雷克早就走了。女王的主意变得太迟了，毫不夸张地说，她错失了良机。

到了5月20日，门多萨发现了德雷克舰队的真正使命是什么。他显然是利用英格兰驻巴黎大使这个情报源得到了消息，之后他立即写信给腓力国王，报告说沃尔辛厄姆和霍华德在信上说：

> 他们以极快的速度让德雷克带着舰队离开，没有走漏一点儿风声，一周之后才有人知晓……
>
> （德雷克所受）指令就是要阻止陛下的舰队会合，将他的

舰队驶入能进去的港口。

他们从西班牙得到新的信件，报告说……（西）印度群岛舰队今年不会过来了，于是他们派了艘通信快船追赶德雷克，命令他绝不能进入任何西班牙港口，但是一定要去阻止西班牙的舰队会合，特别是意大利的三桅战舰[21]。他会伺机攻占两艘从意大利过来的大型商船[22]，上面载着军火。[23]

然而，就算是这条准得惊人的情报也没有囊括进所有事件。4月19日，德雷克冒险驶入西班牙西南方安达卢西亚（Andalucia）的加的斯港（Cadiz），把卫戍部队打了个措手不及，摧毁了停泊在那里的80艘舰船中的37艘，享受了半天火烧或炸毁船舰的乐趣[24]。4月27日，德雷克写信给沃尔辛厄姆，说他烧毁了一艘1500吨位的舰船，带走4艘船，要"卖给摩尔人（Moors）。上帝让我们心怀感激，感谢女王陛下及时派了舰船出来。任何伟大行动一定要有个开始，但是一直持续到最后，才会获得真正的荣光"[25]。

但他没有提到行动期间发生的一段不愉快的小插曲。发动攻击时，副指挥官威廉·伯勒（William Borough）[26]对德雷克的草率鲁莽非常愤怒，于是在行动期间，他闷闷不乐地把自己的小舰队驶离了港口。这次攻击只是英格兰海军表现其冲劲和蛮勇的一个例子，给加的斯带来灭顶之灾之后，德雷克又在四处寻找合适的临时目标。里斯本固若金汤，他们把那里的西班牙海军上将辱骂了一顿，但没能诱使他把船只开到公海，进行战斗，于是英格兰舰队继续航行，前往圣文森特角（Cape St Vincent）。

他们袭击拉各斯（Lagos）时被击退，但后来德雷克亲自领兵爬陡坡，攻打高高伫立在萨格里斯角（Cape Sagres）的堡垒。冒着轻武器的炮火射击，他们把木料、柏油和一捆捆柴火堆在堡垒的木质大门边，堆了老高，然后点燃，烈火还没能烧透，他们还没有攻进堡垒，里面的守卫者就懦弱地要讲和投降。

德雷克大胆地在堡垒占据了三周，将其作为他们的基地，他可以借此不断地袭击西班牙船只，约有100艘舰船被侵占，里面的货物则遭损坏。5月17日，德雷克的一名舰长托马斯·芬纳（Thomas Fenner）给沃尔辛厄姆派了封急件，说：

> 圣克鲁斯（Santa Cruz）侯爵（西班牙海军指挥官）率领7艘桨帆战舰靠近……但是没有发起攻击。女王陛下的12艘舰船与西班牙国王的全部桨帆战舰旗鼓相当。[27]

此行中有一个了不起的重要举动，即摧毁了西班牙可供一年之用的制桶的铁环和橡木板。仅这一点，后来就证明是无敌舰队战术上的祸患：食物和水不得不储存在未风干、有裂缝的木桶中，这样一来，淡水供应被耗尽，里面的食物很快就腐败变质了。

接着，这支小小的英格兰军队朝西驶向亚速尔群岛（Azores），以期截击从美洲来的运宝船，好为他们的商船赞助者攫取更多的战利品。德雷克的运气还是很好的。6月18日，他夺取了葡萄牙卡拉克船[28]“圣菲利普号”（*San Felipe*），上面所装货物是从东印度群岛（East Indies）运来的珍贵香料、象牙和丝绸，价值114000英镑，相当于今天的1790万英镑。

早先伊丽莎白还疑虑重重，现在则当即就把这些顾虑全都抛诸脑后了。她告诉法国大使夏杜勒夫，她在 5 月 13 日听说德雷克“烧毁了加的斯的船只，将那个地区洗劫一空”。大使觉得她的消息太夸张，难以置信。她挖苦道：“那么，任何有可能发生的事情，你都不会相信。”

1587 年 6 月 26 日，舰队返回了普利茅斯，举国上下把他们当英雄崇拜，对他们肆无忌惮地奉承着。德雷克摧毁并损害了共计约 1 万吨位的西班牙舰船，毁坏了无敌舰队储存的大部分给养，还夺得了一船货物的额外福利，其价值可以支付好几次这样的冒险，这无疑让女王和他在伦敦与数字打交道的赞助者兴奋不已。此外，他这次不计后果、令人畏惧的行为，让英格兰航海和海军战术一时威震四方，西班牙大肆吹嘘的海军和军事实力现在似乎是无力去反击了。更重要的是，他完成了此次行动的战略目标：将西班牙入侵力量的出航时间推迟了至少一年。难怪西班牙人要称他为 *El Dracque*——恶龙。

沃尔辛厄姆对此次远征大获成功也高兴不已。他敦促立即派德雷克返回亚速尔群岛，掠夺行动迟缓的运宝船——那些船定期从美洲运送银条，由此向腓力国王发动激烈的经济战争。“控制他们预谋”的最好方法，“就是要去阻挠印度舰队”，7 月 16 日他向伯利建议[29]。然而，不出所料，伊丽莎白拒绝了这个想法。

在西班牙港口或其附近攻打无敌舰队是一种策略，但沃尔辛厄姆明显还有别的办法来削弱或拖延他们的入侵计划。有迹象显示，他经常关注西班牙的岁入，用这种方法来估计西班牙是否有财政实力向英格兰发动战争[30]。要反击入侵舰队，沃尔辛厄姆的一条计谋就是切断它们的资金来源。为达成此事，他动员了极有势力的外国银行来帮忙。

通过伦敦资本家，超级间谍建议让意大利北部大银行，如科尔西尼（Corsinis）、热那亚（Genoa）和佛罗伦萨的黄金交易所拒绝给西班牙国王提供长期贷款，从而让无敌舰队得不到所需资金。商人、资本家及伦敦查特豪斯救济院的创办者托马斯·萨顿（Thomas Sutton）可能就是他的一名首要代理人，由他与精明的意大利银行家协商这项有益的合作[31]，所以银行家们都拒绝或是推迟了西班牙国王的贷款请求。

因资金不足，1587年，腓力不得不向梵蒂冈寻求帮助。对于从西克斯图斯五世那里获得财政支持，西班牙驻梵蒂冈大使奥利瓦雷斯（Olivarez）伯爵亨利·德·古兹曼（Henry de Guzman）却不那么乐观，“想从他那里拿钱，就好像要榨干他的血一样”，他失望地向他的王室主人报告[32]。作为历史上伟大的梵蒂冈财政改革者之一，教皇西克斯图斯五世无疑想要保留财富。再者，虽然教皇坚决反对伊丽莎白主张的所有政治宗教举措，但从他的一些信件和声明可以看出，他私下里还是很敬佩伊丽莎白的勇气和忠贞的。或许，他也严重怀疑西班牙计划获得成功的可能性。不过最终在7月29日，西克斯图斯与西班牙签署了一份条约，承诺给予腓力100万金币，相当于今天的4000万英镑，资助其“英格兰事业”。

尽管大使努力想要获得一笔丰厚的预付款，但最后达成的协议却十分精明：当西班牙军队真正在英格兰登陆时，教皇支付一半的金额，剩下的金额就从那时候起分期平均支付，两月支付一次。当今的律师认为这样的交易是一种“不胜诉，不收费”的条约。作为报答，腓力可以将英格兰王位授予他所希望的任何人，只要新君发誓，这个被击败的国度会恢复天主教信仰[33]。大家都认为，对于拯救一个桀骜不驯的国家，让其重回天主教信仰的请求，教皇不会直接拒绝，但他所给出的条款和条件却谈不上慷慨——几乎不能立刻帮到西班牙。

罗马来信告诉伯利，西班牙要俘虏伊丽莎白，高奏凯歌将她押回梵蒂冈：

> 他听到枢机主教说，西班牙国王赋予了所有舰长……重要责任，他们绝对不能伤害女王；而是在抓到她后，要对她保持尊敬，好好看守她。此外……服从指挥，把她带到罗马，好让教皇陛下也一起处理，这会让他高兴。[34]

先把成功的美梦置于一边，西班牙的腓力现在仍然面临着现金周转问题，他无法给无敌舰队的准备工作付费。8月，问题部分解决了，当时西班牙珍宝船队（Plate Fleet）从西印度群岛安全返回，船上带了1600万金币，这笔钱中的25%（相当于今天的1.6亿英镑），直接进入了国王空空如也的国库。

伊丽莎白依然执意坚持和平为重的想法，9月21日，恼火的沃尔辛厄姆写信给莱斯特，抱怨女王意识不到英格兰和她的王位正面临的危机：

> 想想西班牙国王，他的财宝已经进了家中，这次数额是最大的，他在意大利和德意志征了兵，使驻扎在低地国家（尼德兰）的军队人数加倍，他们即将到来，教皇也准备支持他

300万克朗[35]。所有反对英格兰的人都说要讲和，但在这样的情况下，他们会想要推翻女王陛下和那些国家（低地国家），而女王陛下却认为这只不过是幻想而已，因为向来都是强者给弱者制定法则。[36]

在德雷克"烧焦了西班牙国王的胡子"归来后不久，正当全国都在标榜他的英勇事迹的时候，沃尔辛厄姆却坐下来，制订了计划，以期从西班牙得到更多及时、准确的情报。他不能再碰运气，依靠在西班牙的商人偶尔寄个报告过来，现在那里已加强了安保工作，对于这些业余的线人来说，这种额外工作正变得越来越危险。

1587年4月，门多萨写信给腓力国王，说他

从一个忠实的线人那里听说，一名苏格兰商人自称是苏格兰国王的银行家，目前在西班牙，带了12艘配备精良的英格兰船只，船上运载了（英格兰）商品——水手也是英格兰人。陛下该给港口下令，把这名商人抓起来。他叫亨特（Hunter）。[37]

亨特住在里斯本，立马就被抓了起来，他被指控是英格兰间谍和异教徒支持者，然后受到审判，就关押在里斯本。随后，他的一封信证实了门多萨的怀疑完全正确，此信现存于大英图书馆。在信上，亨特讲述了他被监禁一事，但还大胆地加上了城里储存的武器和军火的细节。他在后面草草画了一只喇叭作为他的代码，信件安全到达伦敦后，沃尔辛厄姆在一旁写下了注释，确

认了写信者的真实身份："来自里斯本的亨特先生"[38]。他为什么要冒这个险，估计动机只能是——他或许是一名狂热的苏格兰新教徒？

英格兰人尼古拉斯·乌斯利（Nicholas Ousley）也是个勇敢之人，他住在马拉加（Malaga），把情报藏进葡萄酒桶中，偷偷带出西班牙。又是门多萨发现了他的秘密工作，1587 年 7 月 12 日，他在写给西班牙国王的记录上说：

> 乌斯利……在给女王（伊丽莎白）送消息。一收到他的信，沃尔辛厄姆就说乌斯利是他认识的最聪明的人，他定期送来的情报内容非常可靠，女王很是感激。[39]

乌斯里被抓，买通关系后又被释放，一直到 1588 年 4 月，他还在往伦敦送报告。后来，他在"复仇号"上当志愿兵，在英吉利海峡参与对抗无敌舰队的小规模战斗。海军上将霍华德写信给伯利，说起了他

> 此前在西班牙对工作很上心，从那里给我们送来很重要的情报，最近他又参与了对抗西班牙舰队的战斗。女王陛下会很乐意把伦敦圣海伦的房子赏赐给他。[40]

早在 1587 年，沃尔辛厄姆就需要一个更为可靠的情报网来抵抗无敌舰队的威胁。为达此目的，他运筹帷幄，彰显了特有的系统规划的本领。他写了一份题为《从西班牙获取情报的计划》（*A*

Plot for Intelligence out of Spain）的文件，计划要摆脱困境，获得有关敌军实力和意图的情报。

1. 爱德华·斯塔福德爵士（伊丽莎白的驻巴黎大使）要尽可能从威尼斯大使那里套出情报。

2. 与法国驻西班牙大使取得一些联系。

3. 下令让鲁昂的间谍多汇报从西班牙出发，抵达南特（Nantes）、纽黑文（Newhaven，今天的勒阿弗尔）和迪耶普的人的情况。

4. 特别选出两人，可以是法国人、佛兰德斯人或意大利人，去（西班牙）沿岸探查那里正在进行什么准备，要给他们提供信用证明函。

5. 在西班牙宫廷里安插情报人员，菲纳莱（Finale）[41] 和热那亚也要各有一个。

6. 在布鲁塞尔、莱顿（Leiden）[42]（和丹麦）安插情报人员。

7. 雇用邓塞尼（Dunsany）勋爵。[43]

超级间谍充分利用了他年轻时在欧洲的阅历，制订出了该计划，毫无疑问，他在低地国家和意大利现有的联络员也在其中得到了发挥。沃尔辛厄姆成功实施了多少计划，现在已不得而知。1587 年 3 月和 6 月，伊丽莎白勉强拨给他 3300 英镑（相当于今天的 574800 英镑）[44]，用作情报工作的花销，可能后来证明这个金额对他的情报搜集所需来说还不够，所以第二年她又拨了 2000 英镑。几乎毫无疑问的是，沃尔辛厄姆不得不自掏腰包来充实经费，以践行自己的信条：为了获取情报花费多少钱都是值得的。

沃尔辛厄姆仍旧在开展秘密警察行动，对付他认为在英格兰境内具有颠覆性的神学院，在此期间，他迫切地需要增加关于西班牙的情报。莱斯特在低地国家对抗西班牙的军事行动，更为重要的是，它的开支也吸引了女王的注意[45]。尽管国务大臣沃尔辛厄姆面临着一大堆的任务，但他找出了更为重要的事项，并相应做出了计划。

沃尔辛厄姆继续从许多情报源那里获取消息逸事，但要完全信赖在西班牙的线人似乎太过危险。1587 年 6 月，他安排往西班牙宫廷里安插了两名"情报员"，还派了两人去暗中监视西班牙在岸边的准备情况。他把目光更多地投向了大都市——威尼斯、佛罗伦萨和罗马——它们是获取情报的最佳地点。在意大利，沃尔辛厄姆早已布下了强大的间谍网，去监视那里的英格兰天主教徒，现在把间谍们派去执行上述任务也是件简单划算的事，因为他不需要再重新建立一个专门的间谍集团。不过，1587 年早期，他还是派了斯蒂芬·保罗（Stephen Paule）去威尼斯，每周报告他在那个繁荣的大都市听到的小道消息，他干了有一年多。11 月，保罗报告说迈克尔·吉拉尔迪（Michael Giraldi），一名"贝加莫人（Bergamase）"[46]，

> 假装成商人，起程去了英格兰。据说，因为一些原因，（他）受了教皇的唆使，要去毒害女王陛下。教皇打着支持反对异教徒战争的幌子，又干了一些大事，实则是为自己大力敛财。[47]

沃尔辛厄姆在海外最好的间谍是安东尼·斯坦登（Anthony Standen），他是一名天主教徒，行事鲁莽，化名为蓬佩奥·佩莱格里尼（Pompeo Pellegrini）以及“B. C.”这个假名缩写代称[48]。1565年，他在苏格兰女王玛丽的第二任丈夫达恩利勋爵亨利·斯图亚特的家中当值，后来在托斯卡纳定居工作。他是托斯卡纳公爵派往马德里的大使乔瓦尼·菲利亚齐（Giovanni Figliazzi）的密友，他利用了这层关系，许多信件都由沃尔辛厄姆的间谍马努奇经手转交。斯坦登在收集情报上十分积极主动。1587 年 5 月，他报告说，热那亚舰队中有 4 艘桨帆战舰往西班牙和无敌舰队方向驶去，他听说还有四艘船就要离开那不勒斯。他用暗码补充说：

> 因您上一封（信）上说想要知道有关西班牙事务的情报，所以我借了 100 克朗，派了一名佛兰德斯人去里斯本，他有个兄弟在里斯本给（西班牙海军元帅）圣克鲁斯侯爵当差。
>
> 我给了他地址，让他把给我的信交到（托斯卡纳）大使在马德里的宅邸，大使会直接把信寄给我。
>
> 他是合适的人选，文笔也不错。我送他和这 4 艘桨帆战舰一同离开了。[49]

这是谍报行动的胜利！尽管现在这条索取重要情报的渠道曲折又耗时，圣克鲁斯也于1588 年 2 月 9 日去世了（据说，他的死是腓力二世造成的，因为无敌舰队本来早已准备妥当，结果出航时间推迟，腓力二世就此事不断斥责他），但现在，沃尔辛厄姆有了一名在西班牙海军总司令家中的间谍。这名新间谍首次行动就获得了丰硕成果，其中一项就是抄写下了海军元帅的最新战争指令，日期为 1587 年 3 月 22 日，其内容完整，上面还有舰队的军饷支出细目，以及圣克鲁斯与海军秘书巴纳比·德·佩德罗萨（Barnaby de Pedrosa）的签名。

三个月后，斯坦登告诉沃尔辛厄姆，他坚信西班牙无法在那年及时做好准备，并利用天时派遣无敌舰队。他还报告了西班牙人对德雷克讨伐西班牙的远征做出的反应：

> 弗朗西斯·德雷克爵士在西班牙海岸做的事情让这些人恐惧不已。如果他一进入加的斯港就立即登陆的话，他肯定就能掠夺那个富裕的城镇。他拿走 100 万克朗，不过是对西班牙人的恶作剧而已。

超级间谍把这封信给了伯利，上面还评注道："我谦恭地请求大人保留蓬佩奥的这封信，要是这位绅士因我的失误而受到任何伤害，我会因此感到愧疚不已（原文如此）。"[50] 过去和现在一样，保证消息源的安全性十分重要，因为这样才能保护线人的身份不会被人揭穿。

1587 年 8 月 28 日，斯坦登寄来了更多的情报，部分用密码写成。他报告说，拉古萨（Ragusa）城允诺要向西班牙的腓力提供 80 艘舰船和 4000 名水手。

> 与其说西班牙国王……的英格兰事业是出于他的本意，不如说是他必须要……保护印度群岛的航运，那是他的花冠

上最美丽的花朵。教皇则一心都扑在入侵英格兰上面。[51]

在英格兰的大门——北海南部对面的低地国家，西班牙早就部署了大量的陆军兵力。1587 年，监视帕尔马公爵大本营的间谍报告证实，西班牙计划无敌舰队在英吉利海峡打败伊丽莎白的海军之后，就让这些兵力参与进攻。

从两名关押在英格兰的西班牙战犯——弗朗西斯科·德·巴尔韦德（Francisco de Valverde）和佩德罗·德·圣克鲁斯（Pedro de Santa Cruz）[52] 的报告中，就可以看出沃尔辛厄姆的侦察方法。1588 年 2 月下旬，他们知会门多萨，赫克托·努涅斯（Hector Nünez）医生[53] 的亲戚操控了一支间谍团队，努涅斯医生是伦敦著名的葡萄牙裔内科医生、沃尔辛厄姆的通信人，用现代间谍术语来说，他那里就是死信邮箱——以他的名义接受国外信件。这两名犯人告诉西班牙大使：

> 我们知道，大人你在城里（伦敦）有盟友，比起我们，他们可以给你更多有关这里军队和武器的信息。我们要说的就是，他们不过就是一群有几个领导者的乌合之众而已，宴会上的他们可比在战场上狡猾多了。
>
> 我们确定，他们不如在里斯本的葡萄牙人杰罗尼莫·帕尔多（Geronimo Pardo）和马德里的贝纳尔多·路易斯（Bernaldo Luis）[54] 那般勤快，他们俩是努涅斯医生的亲戚，医生现住在这里。这两人派船从西班牙出发传送消息，小心地向这里报告里斯本和马德里发生的所有事情……

（帕尔多）带了……两捆用暗码写成的信件，全面描述了西班牙正在进行的战争准备。转写过来后，他把那些信给了沃尔辛厄姆大人……

（另一艘船）带来了无敌舰队在里斯本的船只、人员及储备的完整消息。信件来的时候，努涅斯医生正在吃饭……他匆忙起身，径直去了沃尔辛厄姆大人的家中。[55]

两名犯人询问努涅斯的亲戚兼仆人弗朗西斯科·德·塔皮亚（Francisco de Tapia）是否还有更多帕尔多的信件。他告诉他们，那个葡萄牙人有叛国嫌疑，作为间谍为英格兰服务，已经在里斯本被抓了起来。尽管如此，看样子帕尔多还是劝服了一名德意志船只的船长，让他带信回伦敦，告诉他：

这事有关他的生死，你要把这封信带给赫克托·努涅斯医生……

船长把一捆信藏在羽毛褥子里，船一到海峡口就起了风暴，他被冲到了岸上，船员也都幸存，但所有东西都没了。

你们可以在里斯本把塔皮亚给抓住，因为他会乘一艘开往巴西的船去那里。船定会在那里停靠，由塔皮亚、帕尔多或是里斯本一个叫佩罗·弗莱雷（Pero Freire）的人开走。

那船伪装成一艘随便来往的船只，也会去加利西亚（Galicia）或葡萄牙的港口登陆。船和货物完全都是英格兰物品，根本就不属于那名谎称船主的葡萄牙人……还有一艘叫“黑乌鸦”英格兰船只，也要开往西班牙，假装是要做买卖，其实是在帮助转移一些佛兰德斯人。我们记下的所有情报都是从这里的忠实天主教徒处获得的，我们以此十字架发誓，我们动笔写此信时，满怀热忱为上帝和我们的国王服务。

这两名战犯竟然在监禁中享有足够的自由，来收集如此有用的情报，而且还有方法把它给送到国外，这似乎令如今的我们难以置信，同样也弄得伦敦城内的重臣们疑心重重，担心反抗者带来危险，因为他们始终都没搞懂这两人是如何与“忠实的”天主教徒自由取得联系的。显然，他们并没有被囚禁：巴尔韦德和圣克鲁斯与英格兰商人西蒙·博曼（Simon Borman）和詹姆斯·农顿（James Naunton）住在一起，英格兰当权者早就告诉过他们：“只要把关在塞维利亚（Seville）的几名英格兰人释放，我们就可以获得自由[56]。”

对于西班牙要成功入侵，需要多少兵力以及什么兵种，沃尔辛厄姆也在寻求专业意见，这样一来，他好量化正在收到的情报。就两栖作战和在敌方海岸建立桥头堡这样的技术性问题，沃尔辛厄姆曾寻求了英格兰在低地国家的海军指挥官威廉·温特（William Winter）爵士的意见：

从大人的信中来看，帕尔马公爵意在攻打谢佩（岛）、哈里奇或是雅茅斯（Yarmouth），我很了解谢佩岛和哈里奇两地，但是对雅茅斯并不清楚……

据说公爵有3万士兵，不过我向大人保证，要运送这么多（人），所需船只数量不是个小数目，而且船还得合适。没有

船，我认为他们不会起航，肯定至少需要 300 艘船……[57]

英格兰人预计西班牙会在南海岸某处登陆：朴次茅斯或是南安普敦，或许甚至是怀特岛，该岛是“这个国家的敌人主要考虑的地方”[58]。在敌方海滩上增补入侵军队是个棘手的问题，一些经验丰富的军队指挥官认为，西班牙可能会攻占一个大型港口，而普利茅斯是最靠近西班牙的主要港口，很有可能被认定为无敌舰队的首个军事目标。

在马德里和里斯本，西班牙人也正在掌握敌人的情报，但它们并不总是准确，因为偶尔会受到主观愿望的影响。腓力二世鼓励新任的无敌舰队指挥官梅迪纳·西多尼亚（Medina Sidonia）公爵：

> 抛开我们的士兵在数量和作战经验上的优势不讲，敌人的船只全都又旧又小——而我们在这里制作的船牢靠坚固，与他们的截然不同。[59]

他们也在想此次行动将会如何受欢迎。1587 年，他们逐郡罗列了一份长长的英格兰人名单，上面全是虔诚的知名天主教徒，值得信赖，可让他们支持甚至是参与入侵行动。但对这个消息的收集和评估并不客观。例如，下面是住在诺福克郡的天主教徒名单，我们可以看到有

> 亨利·贝尼菲尔德（Henry Benefield）爵士，是原来腓力国

王统治英格兰时的一名狱官，负责看守自封为英格兰女王的伊丽莎白。亨利爵士受了腓力国王和玛丽女王的命令去监禁她。

我真希望他们当时就烧死了她，她活该，而且其他的异教徒也应遭到处决。

如果早把此事做了，我们现在就该生活在安定与和平之中。

在约克郡，

理查德·斯特普尔顿爵士

布赖恩·斯特普尔顿（Brian Stapleton）爵士，他会为了国王陛下（腓力二世）豁出自己的性命

里斯比（Risby）的爱德华·克拉克尔（Edward Clerker）

霍尔德尼斯（Holderness）的亨利·康斯特布尔（Henry Constable）

巴布索普（Babthorpe）的威廉·巴布索普（William Babthorp）

克拉克尔（Clerker）的罗伯特·克拉克尔（Robert Clerker）以及其他许多绅士

其他列入名单的人可能是他们的敌人——一份早已制定好的待无敌舰队大获全胜、伊丽莎白倒台后的抓捕对象名单[60]。文件顺理成章地以枢密院成员开头，首先是莱斯特，最后是沃尔辛厄姆，他们所有人都是“控制宫廷政务的主要恶魔”。

该文件大力主张不要在南海岸登陆，而应在躁动不安的英格兰北部，在诺森伯兰郡或是威斯特摩兰郡，那里天主教依旧盛行：

如果国王陛下（腓力二世）打算派出舰队……要是不去其中一个郡登陆的话，就会遇到严重的阻碍。取道爱尔兰很危险。

因此，去柯库布里（Kirkcudbright）靠岸会更加安全，那里是莫顿（Morton）伯爵的地盘，现在伯爵在里斯本，会很高兴地接纳他们。

与在其他地方登陆相比，军队在柯库布里登陆然后进入英格兰余下地区，风险会少一些。[61]

这不是一个可靠的战略建议，腓力和他的海陆军指挥官看了都不会采纳。要驶向英格兰北部，这不但大大增加了入侵舰队的安排协调问题，而且给英格兰舰船提供了大好机会。他们可以趁无敌舰队还在航行途中就把它打得四分五裂，逐个击破。而且，入侵一个国家就面临着重重难题，别说再来第二个了——苏格兰。

除了控制英格兰海内外的间谍行动和镇压叛乱，沃尔辛厄姆也在英格兰的敌人和女王当中大力散布虚假消息，或称黑色宣传。1587 年 7 月，门多萨在写给腓力国王的信件中就谈过一次这种行动：

罗马给我寄来了一些东西，都是别人的英文信件，收信人是这里一名已去世的英格兰绅士。奥利瓦雷斯伯爵发现了它们，觉得该将其寄给陛下。

我知道这些信……它们都由沃尔辛厄姆手下一名官员写成，他是一位西班牙修道士的儿子，几年前与乌特雷拉

（Utrera）的一名修女从塞维利亚的圣伊西德罗（St Isidro）逃了出来，两人结了婚。

此人是一名异教徒，比他父亲要恶劣得多。他写信的时候，把日期写成了3月来欺骗那名收信的英格兰人……

他愿以这种礼节向这里的那位已故的英格兰绅士发誓，以便他能给他一些消息。

我告知陛下这件事，是想让您知道，虽然那些报告看似有几分可能，但实则是沃尔辛厄姆在欺诈作祟。[62]

理查德·吉布斯（Richard Gibbes），沃尔辛厄姆安插在里斯本的一名伪装成苏格兰人的间谍。西班牙人问了他许多关于英格兰港口河流的情况，看它们是否合适无敌舰队船只登陆。他误导他们说泰晤士河“非常难登陆，四目望去全是沙子，根本看不到陆地，海军部队不可能进得去”[63]。结果证明，西班牙人并不相信他，因为他们最后就把目标瞄准了泰晤士河，要让军队从一侧河岸登陆。

沃尔辛厄姆还要花招，打起了心理战。那些拥有罕见本事、可以预测未来的人预言说，1588年夏天会降临灾难，掀起狂风暴雨。这些预言被印在了小册子和年历上，广泛流传于巴黎和阿姆斯特丹。在西班牙，顶着这些预言，无敌舰队招兵买马开始受到影响，里斯本一名占星家因“做了虚假的令人沮丧的预测”，被抓了起来[64]。完全可以确信的是，沃尔辛厄姆在鼓动这种预言，打击西班牙人的士气。

但他要欺骗西班牙的最好机会在巴黎。1583年派往巴黎的英格兰大使爱德华·斯塔福德爵士成了双面间谍，他也在给西班牙人做事。在当大使的第一年，他与法国国王的弟弟阿朗松公爵弗朗索瓦一行人玩牌，累积下了大笔债务[65]。他坚持说，现在他已经戒掉了这种昂贵（和危险）的消遣。

然而，斯塔福德总是囊中羞涩。门多萨用金钱诱惑，鼓动斯塔福德给他提供情报——把一个人“转变”为有用的间谍，这是谍报行动中的经典情节。他代号为“胡里奥（Julio）”[66]，（按现代说法）属于“非法”留在巴黎。1585 年，门多萨向腓力二世报告说：“如果陛下您想做些什么，现在利用他（斯塔福德）的时候到了。从他的行为就可以看出，他很愿意如此。这名大使手头实在窘迫。”西班牙国王提议说要给他 2000 克朗，“或是如你所愿，给你珠宝”[67]。斯塔福德给吉斯公爵看了英格兰外交信件，从公爵处也得了 3000 克朗，他还与查尔斯·阿伦德尔（Charles Arundel）定期保持联系，阿伦德尔是一名流亡巴黎的天主教徒，生来就是个阴谋者。毫无疑问，沃尔辛厄姆很不信任这个大使，他甚至还在 1586 年派了手下化名为托马斯·罗杰斯的间谍尼古拉斯·伯登去监视斯塔福德，观察他在巴黎与英格兰天主教流亡者的关系。

斯塔福德很可能也怀疑沃尔辛厄姆对其忠诚度有所猜忌。1588 年 7 月 10 日，他写信给沃尔辛厄姆，抱怨说自己缺钱：

> 一直以来，我的生活过得是多么艰难，对于一般花销的限制……是多么不合理，尤为重要的是，特别是苏格兰女王统治时期，我既要维持生计，又要尽力为女王陛下服务，我想，如果大人真的了解我的状况，就不会对我的开销感到惊讶了。[68]

但他的背信弃义给了沃尔辛厄姆一个机会，利用他这个“清白无辜”的中间人，把有关英格兰的计划和军事实力的虚假情报告诉西班牙，超级间谍无疑想到了这一点并抓住了时机。然而这名大使最终为何没有受到弹劾仍旧是一个谜[69]。不过当然，无敌舰队战败之后，西班牙人就再也没有收到过来自巴黎的情报了。

教皇也在罗马仔细观察着无敌舰队的进展，以及欧洲各国不断上演的外交伎俩。10月和11月，腓力国王派往梵蒂冈的大使奥利瓦雷斯伯爵报告[70]，西克斯图斯获知法国国王亨利三世拒绝参与西班牙的入侵行动，“除非他把自己的事务给平定下来”。教皇还听说，伦敦的夏杜勒夫写信说，英格兰人“陷入了巨大的困惑和沮丧之中”。据称在苏格兰，国王詹姆士六世对无敌舰队入侵计划背后的动机表示了怀疑，他敏锐地认为，西班牙的腓力是想剥夺他继承英格兰王位的权利。一名苏格兰外交人士说，伊丽莎白下令让伯利和沃尔辛厄姆“无论如何要与西班牙讲和”，“沃尔辛厄姆问她：“那宗教怎么办？”她生气地回答说：“任何事都好商量，包括宗教也不例外。”

这些报告含有很多单凭主观愿望而表达的想法，夹杂着情报收集当中的老问题：军事政治领导人的部下顺从领导人的想法，给他们提供他们想听到的消息。

但在伦敦，制订一个可靠的防御计划切实面临着重重困难，计划的实施也是个问题，主要原因是女王不愿全面了解她的国家和王位正在面临的危机。更确切地说，就是女王不愿出钱保卫国家和王位。伊丽莎白仍旧想要讲和，伯利试图安慰备感失望的沃尔辛厄姆，告诉他说：

上帝最喜欢和平，所以女王陛下要让国家满意，最好的办法就是去讲和，如果讲不成的话，上帝和世人也会宽恕她……总而言之，要寻求和平，但也要做好打仗的准备。[71]

1587 年 10 月 9 日，枢密院听说伯利起草了一系列防御措施，包括动员常备海军，征用商船做战舰和供应船[72]，从低地国家购买更多的舰船，还要逮捕或监视国内危险的天主教反叛者[73]。大多事情都已安排妥当。他另外还补充了一点，让英格兰各郡治安官提前一小时接到通知后立即让当地部队开始服役，但这条要求在当时根本无法实现。不过下达的命令中还遗漏了重要的一点：王室战舰还未处于战备状态。伊丽莎白断然拒绝实施预防措施，她的顾问官们心灰意冷，他们最多能从国库中挤出一点儿钱，给停在英吉利海峡的小舰队再加两艘舰船——而这支小舰队只有六周的服役期。

1587 年大部分时间，沃尔辛厄姆的身体更加不适，他不能相信，在这种危急时刻，女王居然拿一切去冒险。11 月 12 日，他感到没有希望了，告诉莱斯特说：

在这个危险时分，我们这里却进展平平，漫不经心，这个样子……让我从身体恢复健康中得不到一点儿安慰，除非仁慈的上帝愿意奇迹般地保护我们，我们等不了太久。[74]

11 月 27 日，伦敦召开了一次军事会议，讨论西班牙会在英格兰何处登陆，建立桥头堡。同月末，有令人惊恐的消息说无敌舰队已在往英格兰进发，离开了爱尔兰海岸，随后报告证明此事为假，但这至少给了英格兰机会，让防御计划能够得到演练。海军舰船以惊人速度行动起来，商船也很快被征用，装满了此前贮存在伦敦塔的军火。南海岸边山顶的柱杆上支起了铁盆，里面燃起了烽火，用来警告逼近的西班牙入侵者，当地的治安法官下令要确保“烽火起到良好的警戒作用”[75]。沃尔辛厄姆也指挥经验丰富的官员去检查南部沿海各郡的民兵队伍[76]，命令各郡治安官限制住天主教反抗者的人身自由。但虚惊一场过后，海军就解除了战备状态，女王还把主要舰队的补给减半——又是为了省钱。

沃尔辛厄姆的健康状况还是不稳定，但他在宫中短暂露面肯定坚定了霍华德、哈顿和莱斯特等人的决心，他们一心要再度抢先攻击，把战火带给西班牙人。如果有需要的话，超级间谍也决意亲自在前线作战，他早已从低地国家订购了新的盔甲[77]。

1598 年 12 月 15 日，霍华德接到命令带领海军战舰出海，在英吉利海峡的西部航道（Western Approaches）设立前方保护屏障，德雷克（现在是海军中将）则受命领着约 20 艘舰船去西班牙港口攻击无敌舰队。但因天气恶劣，疾病又在德雷克的船员中蔓延，这次航行被彻底耽搁了。

虚假警报还在继续，在高度紧张时期，这也是意料之中的事。1588 年 3 月 10 日，霍华德的船正停泊在肯特海岸边的马盖特港外锚地（Margate Roads），他写信给沃尔辛厄姆，说起了西班牙舰船出发的消息：

> 昨晚，一人特意从敦刻尔克（Dunkirk）跑到这里来告诉

我，上周三，一名苏格兰绅士离开西班牙去了帕尔马公爵那里，身上带着国王的信件。那绅士说这个月20日，西班牙海军确定会趁月色离开里斯本，它们全体会合后，舰船数量会达到210艘，除水手外，士兵有3.6万人……

恐怕女王陛下会后悔很久，后悔她只凭自己的想法行事，但太迟了。[78]

除了收集情报，沃尔辛厄姆也在负责组织调动伊丽莎白的陆军。与许多贵族和乡绅一样，他自己也提供了一小支军队——有50名长矛轻骑兵、20名配有大型手枪[79]的骑兵及200名步兵[80]。1588年4月他亲手起草了一份文件，我们可以从中瞥见，要想组织英格兰进行防御，实施起来确实棘手至极。这是一份清单，上面记录了现在必做的紧急事项：

在海陆两处设立防御。

海上防御交给海军上将（霍华德）。

陆地防御——需再议：

国内要准备多少兵马。

骑兵还是步兵？

入侵来临时，如何指挥他们去进行援助？

各郡指派谁来当助理官员，谁来领导那些水平参差不齐的士兵？

各路人马委派哪些先锋（进行军事任务），用什么马车（补给）？

各路人马确定要用什么火药？

在近海某些郡，该把大炮和军火放在什么地方？

接着，沃尔辛厄姆还考虑了用什么战术能最好地击退入侵者：防御军在海滩攻打西班牙人，或是把他们引诱到岸上来，采用“焦土策略”，烧毁荒废乡村，以绝了他们的粮草，让骑兵和马拉车寸步难行，这样是否可行？

敌人还有可能会从哪里入手对抗我们国家？

怎样阻拦他们最好？是等他们登陆就发起攻击，还是要避免攻击（敌人可能会来干扰），然后再利用先锋攻打他们，撤回粮草，取得进展。

（在海岸边）那些可能会受到攻击的地方，要派多少人过去？

国内有哪些军事能人可以指导那些先锋？

最好在女王陛下周围安排什么兵力，骑兵和步兵（她的护卫人员）都要有？

如果他们在伦敦城内谋划了什么事，是用何种办法谋成的，用何种办法能最好地将其处理？

此时，战略布局已经发生了彻底的改变，威胁步步紧逼。4 月 22 日，在温莎城堡举行盛大的嘉德勋章（Order of the Garter）授予典礼的前一天，沃尔辛厄姆写信给他还在海上的表亲爱德华·诺里斯爵士（Sir Edward Norris）。若非自信之语，则是挖苦之言：

送信人会告诉你，我们在这里什么都没干，就是给圣乔治（St George）授予勋章，西班牙军队似乎很害怕他，因为我们听说，他们5月中旬之后才会准备好出发，但我相信是一年之后的5月。

西班牙国王年老多病，攻克不了我们的国家。[81]

这个超级间谍的情报准得惊人：5月18日至20日，在梅迪纳·西多尼亚的指挥下，无敌舰队离开了里斯本，为英格兰和荣耀进发。当月，沃尔辛厄姆从他在西班牙的间谍那里得到了一份更新的无敌舰队作战序列表，以及在尼德兰的西班牙军队船舶细目[82]。

6月下旬，康沃尔郡水手无意发现一些西班牙船只一直在锡利群岛（Scilly Islands）边集合等待：

康沃尔郡毛斯尔（Mousehole）的一艘三桅帆船要去法国运盐，途经英格兰海岸东北方，在锡利群岛和阿申特岛（Ushant）之间，撞见了9艘大船。帆船越来越靠近，运盐船因疑心他们是西班牙人，所以就守住上风远离它们。那些大船也注意到了它，开始追赶。最后，有三艘大船已经离它很近了，帆船上的英格兰人都怀疑自己无法逃脱。

第一眼看过去……上面飘扬着两面旗帜，不过突然就被收了进去。那些全部都是大船，最小的一艘吨位都在200到500甚至是800之间。[83]

但这只是无敌舰队的先锋部队。天气恶劣，暴风雨让一些船严重受损，舰队体积庞大，不得不在西班牙科伦纳（Corunna）等北部港口躲避风暴，他们暂缓行动，英格兰人才得以打磨他们的防御计划。

6月18日，女王按纹章类别召集了英格兰绅士和他们的随从，没过几天，各郡治安官接到命令，让民兵做好万全的准备[84]。一些军队被动员了起来：埃塞克斯郡东部很快就驻扎了1000名骑兵和5000名步兵，帕尔马的军队预计就要在那里登陆，现在各种措施也落实到位，要保卫泰晤士河口，包括用120根船桅（每根价格6英镑）做了个关卡，用链条把它们拴在一起，放在河里[85]。

7月9日，沃尔辛厄姆写信给诺里斯：

> 至于西班牙海军，我们最近接到（消息），因为极度缺少水手和必需的供给品，尤其是因为士兵染上了疾病，所以他们不得不返航解散。[86]

沃尔辛厄姆的情报已经过时了。三天后，7月12日，无敌舰队得到了补给、修整，在安达卢西亚海军司令梅迪纳·西多尼亚公爵的带领下，终于朝英格兰进发，他的旗舰上升起了一面神圣的旗帜，上面有圣母马利亚和抹大拉的玛丽亚（St Mary Magdalene），两人中间是一个十字架。天气很恶劣，舰队只能缓缓前行。后来梅迪纳·西多尼亚报告说：

> 海上波涛汹涌，所有水手都说，他们以前在7月从未见过这样的天气。不仅海浪涛天，海水也齐刷刷地拍打着船只……

这是我见过的最残酷的景象。[87]

7 天后，无敌舰队抵达英格兰西南海岸。7 月 21 日，霍华德在他的旗舰“皇家方舟号”（*Ark Royal*）上急急忙忙写信给沃尔辛厄姆：

> 先生，我不会再写长信来打扰您了，我们现在没有空暇，无法写信。
>
> 周五在普利茅斯，我收到情报，利泽德（Lizard）边上发现了许多舰船。当晚没有什么风，虽然不合常理[88]，我们还是一开始就离开了港口，到了周六，事态变得很糟糕，刮起了西南风。
>
> 下午 3 点，（我们望见）西班牙舰队，便全力抢占风向对我们有利的位置，今天早晨，我们实现了这一目的，（我们还观察到），他们舰队里有 120 艘舰船，其中有 4 艘是三桅战舰，许多船上都载满了东西。
>
> 上午 9 点，我们发起了攻击，一直打到下午 1 点。
>
> （在这场）战斗中，我们给他们一些人留了余地去堵住船上的裂缝。尽管如此，我们还是不敢冒险驶入他们当中，他们的舰队太强大了。不过，不能忽略或放弃任何可以用来打败他们的机会。

在匆忙写下的附言中，霍华德还急迫地呼求要用炮弹射击：

> 先生，看在上帝和国家的份上，请赶快给我们送一些好的大炮弹过来，也请一并带些火药过来，因为战事还要持续很久。[89]

7月23日，沃尔辛厄姆的老牌间谍尼古拉斯·乌斯利报告了德雷克“复仇号”在波特兰角（Portland Bill）附近发生的海战：

> 在21日和今天，我们从西班牙舰队旁经过。其中是唐·佩德罗·德·瓦尔德斯（Don Pedro de Valdes）在指挥这艘大帆船，他是这个队伍中的第三号人物，第一是（梅迪纳·西多尼亚）公爵，第二是海军中将胡安·马丁内斯·德·雷卡尔德（Juan Martinez de Recalde）。他们告诉我，他们现在剩下150艘舰船，我亲眼所见，它们分成了12个分舰队，在战斗中就一直保持这样优良的秩序，如果上帝不显奇迹的话，我们得在其中忙活一段时间了。

这将会是一场难分高下的战役，战火一路烧到英吉利海峡。马斯利眼瞧着沃尔辛厄姆对国家防御全心投入，枢密院在里士满宫永无休止地召集着一轮又一轮的会议，他很反常地有了一种要把握时机的意识，于是转而提及了更为私人的事情，谋求道：

> 我因为当间谍，写了许多信寄往伦敦交到大人您的手上，我被关了很久，大人您应该知道此事。后来发现，只有花大价钱贿赂，我才能够被释放。

而且，我花了三个月时间，骑马去了这支军队驻扎的大部分港口，我已经把此间他们的真实往来告诉大人您了。大人您也应该想想有什么适当的事能给我去做一做，在英格兰或爱尔兰都行。[90]

正如我们此前所看到的，他因在西班牙的工作，已经得到了奖赏。

截止到乌斯利写信那天，英格兰已经动员了约 2 万陆军来保卫国家。所有人都要自己携带武器，所以大多数人可能都是装备不良，而且只有一部分人受过训练。原先就有打算要去德意志购买轻武器和更多的盔甲，但伊丽莎白的国库空空如也，存放在伦敦塔和温莎城堡的设备也都老旧生锈，在数量和质量上都远远不能满足当前需要。8 月 1 日，莱斯特告诉沃尔辛厄姆：

伦敦塔内存着的许多轻盔[91]已经送过来了，但是没有一个士兵愿意买，他们羞于去戴这样的头盔。武器装备一定得更好看一些。我们现在很需要火药和军需品，这一情况连国外都知道了。[92]

但沃尔辛厄姆和他的枢密院同僚都清楚，如果西班牙军队真的踏上了英格兰土地，他们匆忙召集起来的毫无作战经验的民兵根本就敌不过帕尔马老练的士兵，只能在海上挟制并打败西班牙人。他们设法要保持给英格兰舰队供应火药和炮弹，7 月 23 日至 26 日，他们往朴次茅斯和肯特郡海岸送了 47 组（每 24 桶为一组）

的火药[93]。不幸的是，因为海战持续时间久，位置不断在变化，最后没什么弹药到了英格兰舰船的枪炮之中。只能从被攻占的西班牙船只中掠夺火药和炮弹，维持战争储备。物资严重短缺，霍华德手下英勇的将领无法施展手脚，打出致命一击。

尽管在英吉利海峡上的小规模冲突中损失惨重，但无敌舰队看起来毫无损伤，就好像一支无往而不胜的战斗队伍。7 月 27 日，舰队在加来抛锚，准备护送帕尔马的军队跨过北海南部，入侵泰晤士河口附近的海滩。但梅迪纳·西多尼亚没有法子通知帕尔马他们即将抵达，而这名陆军指挥官至少需要 6 天的时间让部队全部上船，他们从纽波特（Nieuport）和敦刻尔克出发，一路上因疾病困扰和逃兵不断，人数早已严重减少[94]。西班牙的时运来了个毁灭性的中断。

敌军舰队缓缓向英格兰的船靠拢过来，想让他们的精锐部队登上这些船，但是，敏捷的英格兰舰船轻易就挫败了西班牙人的这一如意打算。英格兰舰队的舷炮远程朝西班牙开火，但效果不佳。无敌舰队抛着锚，平静地在休息，但霍华德的新式武器火攻船一过来，他们就会成为活靶子。8 艘小船上载满了易燃材料——几桶沥青、焦油、木材和燃油，这样就成了浮在水面上的燃烧弹。7 月 28 日午夜过了没多久，小船就烧了起来，驶进了无敌舰队。西班牙人恐慌不已，砍断锚索，扬帆往广阔海域开去，他们一片迷惑，不知道到底发生了什么事。

此时，英格兰舰队有了更多的舰船，力量得到了充实。破晓，英格兰就向无敌舰队发起了进攻，在炮火猛烈打击下，无敌舰队逃离了格拉沃利讷（Gravelines），他们被逼着不断往东，最后一些舰船可能就要在泽兰海岸的沙坝上搁浅，那里暗藏危险。

风突然转向，把西班牙舰船往北带，英格兰舰队则如同猎狗一般嗅到了渴望已久的胜利气息，急切地追赶着他们。当无敌舰队进入了苏格兰海域时，因急需淡水、食物，更重要的是，缺少火药和炮弹，他们不得不停止了追击，留下西班牙人艰难缓慢地在苏格兰北海岸四处游荡。最后，无敌舰队离开驶入了波涛汹涌的大西洋，希望能向南航行，安全回到西班牙港口。

英格兰的火炮没能消灭无敌舰队，但狂风恶浪却将其彻底摧毁。超过 25 艘舰船在爱尔兰西海岸失事，约有 6000 名士兵和水手淹死，驻扎在爱尔兰的英格兰军队则将 1500 多名幸存者逮捕后杀死。

海难中的一名幸存者弗朗西斯科·德·切拉（Francisco de Chéllar）后来写下了被困西班牙人的恐怖经历，述说了爱尔兰总督（Lord Deputy of Ireland）兼英格兰军队指挥官威廉·菲茨威廉（William Fitzwilliam）爵士是如何

> 立即派出 1700 名士兵搜寻失事船只和那些逃跑的人。逃跑的人不多，不到 1000 人，光着身子，没有武器，就在每艘船沉没的地方游荡。大部分人被长官抓住，随即绞死。他还进行了其他处罚，并把那些收留我们避难的人给关了起来，尽他所能的去伤害他们。[95]

到了秋天，最后一批舰船零星地回到了西班牙领海，非凡的无敌舰队总共有 130 艘舰船，最后只有 6 艘回了家，2 万多名西班

牙水手和士兵在航行中死去。梅迪纳·西多尼亚无力地向腓力二世解释："我们所遭受的苦难和不幸难以向陛下描述。我在此前的任何一次航行中，都没有见过如此深重的灾难。"[96]

占星家的灾难预言对于西班牙人来说太过真实，但英格兰得救了。尽管沃尔辛厄姆再三请求，但为了省钱，女王还是立即撤回了英格兰军队。8月18日，德雷克写信给他：

> 我不是在恭维您，虽然我们英格兰海军与敌人多次作战，但都不及您用笔打赢的战争。您的名望，还有您在女王陛下周围不可或缺的侍奉，这些都不能忽略。站在敌人的对立面，您的英勇，您的奉献早已尽显无疑了。[97]

就连伊丽莎白也对她的这名超级间谍表示出了几分感激。费尽心力地平复了夏天爆发的一场冲突后，沃尔辛厄姆又病倒了。9月14日，御玺事务官（Clerk of the Signet）托马斯·温德班克（Thomas Windebank）写信给沃尔辛厄姆：

> 女王陛下看过信后，问的第一件事就是您情况如何……我回答说昨天您立即开始吃药了。
>
> 女王陛下……让我写信给您，说尽力寻找办法，及时接受治疗，王室成员有任何不适都要去医治，她希望您也能这样。
>
> 于是我说……在最近发生的这些麻烦事中，（上帝）给了您健康和力量去工作，让您远离病痛，结果您现在身体垮了。

女王陛下对此表示肯定，说了许多有关您的仁慈、宽慰的话。[98]

这个时刻可真罕见：女王对她忠实的超级间谍终于显露出了一丝怜悯。击败无敌舰队是沃尔辛厄姆情报收集工作的胜利，也是他长期为女王卖力工作最光辉的时刻。

第八章

穷困离世

我期望，待我死后，不以居我位者常受之盛大仪式厚葬，而是简单行事，以寄希望于来生复活，偿我今生之深重罪过，及身后妻女之窘境。

——弗朗西斯·沃尔辛厄姆爵士的遗嘱，
签署于1589年11月[1]

弗朗西斯·沃尔辛厄姆同伊丽莎白关系紧张，暗潮汹涌。作为女王的首席国务大臣，他负责执行女王的命令和决议以及枢密院的指令，每年俸禄100英镑[2]外加每日两餐。同时，女王还有无数需要紧急关注的日常问题，而他也要在其中提供指导和建议，法律、政治、外交等领域均有涉及。此外，他还是海外间谍和国内安全机构的领导者，这就意味着他时常不幸成为各种重大骚乱消息的传信人。

这样的君臣关系从来不会一帆风顺。处在被谣言和阴谋包围的伊丽莎白宫廷里，他不得不时常忍受女王的冷言冷语，以及他的对手在女王眼皮底下不懈抹黑他的企图。

伊丽莎白顽固不化地拖延军事和外交问题（还对支出吝啬不已），在他看来，那些都是事关王权和国家利益的重大问题，为此，沃尔辛厄姆时常感到沮丧不已，有时甚至彻底绝望。对于逼近王权——其实是危机她性命——的危险，伊丽莎白时而还会近乎偏执地拒绝承认它的存在。所以，就需要一个勇敢甚至是不计后果的官员，给她那错误的安全感泼一盆现实的冷水。而沃尔辛厄姆注定常常成为那个不幸的官员。

此外，有证据表明，伊丽莎白有时非常厌烦她的超级间谍和秘密警察。在她的大臣和顾问中，沃尔辛厄姆大胆进谏，有时甚至是吹毛求疵，常常缺乏宫廷礼仪的礼貌细致。对于上帝选中的英格兰君主——处在辉煌和显赫的君主统治中的“荣光女王”伊丽莎白来说，读完他满是苛责和抗议的进言已经困难至极，更别提去忍受它们了。

而且，他经常性地缺席宫中，这大多是因身体不适，但偶尔也是因为他的进言被忽视，让他愤懑不已；或是因为伊丽莎白嘲讽他，对他发脾气，不认可他兢兢业业的工作态度，让他觉得被轻视，甚至是被侮辱。1582 年 12 月 22 日，沃尔辛厄姆在巴艾尔姆乡村宅邸中写信给克里斯托弗·哈顿爵士：

> 当人们不在宫廷之时，嫉妒常常起到最恶毒的作用，因此我……请求您，我的朋友，请确保我能得到公正平和的待遇，而不是被暗地里诋毁。我相信我的离开并没有错，因为……我发现我的工作现在毫无用处。

迄今为止，任何作用都没有显现出来，如果真的有的话，我希望它们永远都不被发现，因为我更喜欢在公众面前保持神秘。[3]

伊丽莎白对于派遣德雷克去阻断无敌舰队的备战工作一事犹豫不决，此时，沃尔辛厄姆又成了她冷言冷语的对象。他告诉哈顿：

我听说女王陛下对我言辞不善，恐怕我再劝说她……让弗朗西斯·德雷克爵士出航只会适得其反。虽然出主意时，我曾和他们一起商讨……但还是作为主要顾问的我在其中受到责备。[4]

平时，沃尔辛厄姆会在女王面前为同僚辩解，但这种鲁莽让他付出了惨重代价——女王勃然大怒。例如，1584 年 6 月，汉斯顿（Hunsdon）勋爵乔治·凯里（George Carey）爵士冒犯了伊丽莎白，为此，沃尔辛厄姆试图向女王求情。但此举只是火上浇油，女王“为了发泄怒火”，对他“恶语相向”[5]。

一旦女王心意已决，就会油盐不进。1583 年 7 月至 8 月，尽管沃尔辛厄姆一再恳求，女王还是选他去苏格兰执行一件几乎无法完成的外交任务。说话经常有失偏颇的西班牙驻巴黎大使门多萨得意扬扬地报告说，还在病中的沃尔辛厄姆拼命讨好伊丽莎白，并“以上帝之名”发誓，就算女王下令要绞死他，他也不愿去苏格兰[6]。他知道，一旦此次任务出现了任何差池，他都要遭受指责。沃尔辛厄姆告诉一名同僚说：

> 陛下令我准备在（8月）13日或15日起程，虽然这次任务与我人生中的每项工作一样都困难重重，但我发现……现在事情已经发展到如此糟糕的地步，我担心……我到了苏格兰也没什么用。因此，如果有任何方法能让我达成此事，而不使陛下大怒的话，我很想避免此次出行。[7]

伊丽莎白可能还会不怀好意地对待沃尔辛厄姆。她强烈反对菲利普·锡德尼爵士与沃尔辛厄姆16岁女儿弗朗西丝的婚事。除了只是恶意任性妄为之外，女王动机不明，或许她害怕这桩婚事会拉近锡德尼的叔父莱斯特和沃尔辛厄姆的关系，宫廷里将会出现新的权力集团，所以她的怒火被点燃了[8]。1583年3月，她的首席国务大臣因病离开了宫中，其间她对这桩婚事提出了反对，在巴艾尔姆，沃尔辛厄姆再次写信给哈顿，信中满是苦闷和失望：

> 您正直、友善地支持锡德尼先生和小女的婚事，对此，我不胜感激。可陛下竟然对这门婚事感到恼怒，这令我十分不解……
>
> 我希望陛下能仔细衡量一下这桩门当户对、郎才女貌的婚事，而不是毫无缘故地持反对态度。
>
> 可能会有人觉得我太放肆了，用小女和一位还未成婚、门当户对的绅士的婚事来搅扰陛下。我无比希望，对陛下尽心尽力、忠心耿耿的我能有幸得到陛下应允，以她仁慈、慷慨

的善意，同意这桩婚事。[9]

他补充道，如果女王要再次提起这件事，她就应该明白婚事几乎已经“敲定了，（您应该）让陛下知道，如果陛下因此不悦，我有觉得不公平的理由”[10]。女王的反对声一直持续到了 5 月，当时罗杰·曼纳斯（Roger Manners）写信给他父亲——第三代拉特兰（Rutland）伯爵爱德华：“因为陛下尚未首肯这桩婚事……国务大臣先生有些苦恼……但我希望不久之后一切都可以好起来。”[11] 后来，情况果然如此。虽然伊丽莎白明显依旧对婚事不悦，这对新人还是在 1583 年 9 月 21 日结了婚，第二年 7 月，沃尔辛厄姆把他在威尔特郡和萨里郡众多财产和土地中的一部分赠给了这对夫妇[12]。

据说，超级间谍对这门亲事“十分满意”。然而，结成这桩婚事还包括了一个条件，即他要负责支付、偿还锡德尼“高达 1500 英镑”的债务（在今天相当于超过 25 万英镑），并且同意这对年轻夫妇和他们的仆从住在他的巴艾尔姆宅邸中[13]。两年多后，1585 年 11 月，他的外孙女出生。在他伦敦希兴里居所附近沃尔辛厄姆家族的哈特街圣奥拉夫教区教堂里，这名女婴接受了洗礼，取名为伊丽莎白，消了气的女王和莱斯特分别成了孩子的教母和教父[14]。显然，选择这个教名是故意要安抚陛下的情绪，去取悦她。

1586 年 6 月，这名年轻的女子又怀孕了，但“身体健康、心情愉悦”，她去了低地国家的法拉盛，她的丈夫在那里担任军队指挥官[15]。一支由巴斯托（Vasto）侯爵指挥的西班牙护卫队，在 3000 名步兵和 1500 名骑兵的保护下，前往艾瑟尔河（River

Ijssel）两岸给被围困的祖特芬（Zutphen）镇提供补给。英格兰军队在小镇附近垒起战壕，锡德尼加入其中，并效仿当时骑兵军官的风尚，没有全副武装上阵——他没穿护膝，即大腿防御物[16]。在对西班牙军队发动第二轮进攻时，锡德尼的战马被敌人从下方击中，他又重新跨上另一匹马。在第三轮袭击冲破了西班牙的防线后，锡德尼转而撤退，一颗火枪子弹击中了他右腿膝盖上方，导致他股骨粉碎，被带上了莱斯特的驳船，前往 20 英里（32 千米）以外的阿纳姆（Arnhem），在法官遗孀格瑞修森斯（Gruithuissens）太太的家中接受治疗。

9 月 27 日，莱斯特给沃尔辛厄姆写信，信中满是过分乐观的语气。他说锡德尼的外科医生来了封“十分令人宽慰的信”，上面说明了一下他女婿的状态。医生们对锡德尼恢复健康抱有“很大的希望”，“虽然昨晚他伤情加重，发起高烧。大约凌晨两点，他陷入安眠，醒来后，他感觉很好，并且不再浑身发冷”。[17]1586 年 10 月 17 日刚到下午，锡德尼就因坏疽去世，年仅 31 岁。[18]

莱斯特对侄子的离世大为震惊，把锡德尼年轻的遗孀带到了乌得勒支（Utrecht）

> 直到她能恢复些力气，自丈夫受伤开始，她就一直在照料，现在几乎崩溃。我更担心的是，她在回英格兰之前应该要恢复些体力，因为她还怀着孩子。[19]

11 月 5 日，伯利写信向沃尔辛厄姆表示哀悼。这位首席大臣一向务实，更为关心同僚沃尔辛厄姆此时背负的债务，他在信中说：

若大人事先没有想到为了保险起见把财产让与给别人的话，那您就完了。照律师的话来说，您把事情担在了自己身上，已陷入非常艰难的境地……我很遗憾，如果这是您出于父爱的冒险行为，应当能为其他人提供教训，即要以更大的把握去冒险。

您确实已经尽己所能，为那名年轻的女士即令嫒提供支持。且我听闻，她已怀有身孕，我希望她能诞下继承人，以减轻你的悲痛。[20]

遗憾的是，弗朗西丝又生了一个女孩，且早夭。

据估计，锡德尼的债务达到了惊人的6000英镑，相当于现在的100万英镑，但他的房产尚不足以偿清他债务的三分之一。沃尔辛厄姆告诉莱斯特：

因为这位高贵绅士的资产和债务难以打理，我须等到大人（从低地国家）回来，再安排他的葬礼事宜。我不知道如何既使得葬礼庄严肃穆，又能防止他的债主前来捣乱，这事会一直压在我的心头。[21]

锡德尼的葬礼在1587年2月16日才得以举行，场面庄严盛大。700名送葬人跟随仪仗队，蜿蜒穿过伦敦拥塞的街道，抵达他在旧圣保罗教堂北走廊的墓地。当队伍缓缓经过一处地方，那里的鼓全都饰有黑布，鼓声低沉，人群爆发出呼声："别了，我们曾拥有的最伟大的骑士。"当锡德尼的棺材慢慢降入墓穴时，伦敦城民兵队中的士兵鸣了两炮致意，以衬他新教战斗英雄的名号。

葬礼举办时正值苏格兰女王玛丽在福瑟临黑被处决后的第八天，宫廷里有些人批评道，这是沃尔辛厄姆故意安排的日子，以抵制公众对玛丽之死的哀悼。受特别委托，葬礼盛况被记录在一本价格不菲的书中，以示纪念，当中有 32 幅描绘行进队伍的插画，出自纹章官兼绘图员托马斯·兰特（Thomas Lant）之手[22]。

尽管沃尔辛厄姆一心一意为女王和国家服务，但伊丽莎白并未给她忠实的超级大臣授勋，一直到 1577 年 12 月 1 日，沃尔辛厄姆才在温莎城堡被封为爵士。奇怪的是，女王并不热衷于授予爵位，就连她的亲信也不例外，而伯利获封伯爵则是个罕见的例子。因为没有男性后裔来继承封号，沃尔辛厄姆可能并不寻求这样的爵位，同时这种奖励制度可能也会违背他的新教理念。事实上，在去世前不久，他曾轻蔑地写道：

> 至于封号，起初是彰显权力和褒奖其他优秀品行的标志，现在按他们的封号，他们就……像书籍标题，在大部分情况下，让一人仔细品味细读这些书，标题吹嘘越多，他在书中发现的实质性内容就越少。
>
> 我认为，一个人做了值得嘉奖的事情，即使没有得到荣誉，也比拥有荣誉而不副其实的人更快乐。[23]

然而，伊丽莎白授予了他数个职位。1587 年 6 月，他被任命为兰开斯特公爵领大臣。他对这个职位期待了很久，负责管理和保护公爵领之内的所有王室利益，由此他可定期获得 142 英镑 16 先令的报酬，还有购买笔墨的 4 英镑津贴。由于其他事务繁重，在处理公国佃农和地产相关问题时，沃尔辛厄姆的管理才能并没有彰显出来。1595 年，一位曾经受命提出施政改革之人的信件表明，沃尔辛厄姆的管理方式一点儿也不成功：

> 那些很早之前的事情，到目前为止，都完全失控，我没发现哪怕一条改革措施要施行的迹象，所以我要对所有信件都保持缄默，以免别人会认为我爱管闲事……
>
> 在我看来，这位令人尊敬的绅士（沃尔辛厄姆）被他所信任的人士利用……他要替他们制造的混乱……负起责任。[24]

1578 年 4 月 22 日，沃尔辛厄姆还被任命为嘉德骑士勋章大臣（Chancellor of Order of the Garter），每年津贴 100 英镑，并提供温莎城堡内的住宿以及每日餐饮补贴。他在这个庄严、荣耀的职位上待了 9 年，直至 1587 年他的好友埃米亚斯·波利特爵士接替此职。伊丽莎白还赐给了他土地和税收：1579 年赐予他巴恩斯庄园；1585 年 8 月赐予汉普郡奥蒂汉姆（Odiham）的税收；1587 年赐予肯特郡小奥特福德（Little Otford）的税收；1588 年 3 月赐予达勒姆和约克郡两处的庄园。此外，他也享有许多地方任命：索尔兹伯里总管事（Chief Steward），年俸禄 62 英镑 8 先令 4 便士；伊普斯威奇（Ipswich）、温彻斯特和泰晤士河上游金斯顿（Kingston）的总务官（High Steward）；萨福克郡伊普斯威奇的特委法官。他还是一名掌管档案的法官（Custos Rotulorum），或者说是女王在汉普郡的利益代表和利益保护人。

伊丽莎白还曾赠给沃尔辛厄姆一幅大型寓言画，上面描绘了都铎家族成员。亨利八世坐在中间，向跪在右边的儿子爱德华六世呈递正义之剑。他的左边是他与阿拉贡的凯瑟琳所生的女儿玛丽，以及玛丽的丈夫西班牙国王腓力二世，腓力身后，用宣传套话来说，"闪耀夺目地"站着玛尔斯（Mars）——战争之神。与之截然相反的是伊丽莎白，画中她把战争武器踩在脚下，周围则是象征着和平富裕的女神。画的最下方有两行金色字迹的题词赠言：

> 女王赠予沃尔辛厄姆此画
>
> 乃女王子民和自身的象征。[25]

女王极少公开对沃尔辛厄姆表示赞赏，而这份礼物表明了她对"女王的黑色荒原"（因为沃尔辛厄姆脸色黝黑）的欣赏态度。这幅画的所有者是佛兰德斯艺术家安东尼奥·莫罗（Antonio Moro）爵士，化名为莫尔·凡·达斯霍特（Mor van Dashorst）。1575年前后莫罗在安特卫普去世，所以沃尔辛厄姆可能是1573年成为国务大臣之后不久便得到了此画。画作的主题——和平，则可能与一年前沃尔辛厄姆主持签订的《布洛瓦条约》（Treaty of Blois）有关[26]。这幅画也有可能很早就挂在伊丽莎白的王室居所中，后来她在将画当作礼物赠送出去之前，才在上面题了字。

对沃尔辛厄姆来说更有利可图的是，他成功从女王手中获得了西部和北部所有重要港口的海关租借权，从1585年8月17日起，时间长达6年，年租赁费达11263英镑7便士[27]，这象征着国家进出口货物关税基本私人化。这些港口包括普利茅斯[28]、福伊（Fowey）、埃克塞特、普尔（Poole）、布里奇沃特（Bridgwater）、布里斯托尔（Bristol）、格洛斯特、米尔福德、加的夫（Cardiff）、切斯特（Chester）、贝里克（Berwick）、纽卡斯尔、赫尔（Hull）、波士顿（Boston）、金斯林（King's Lynn）和大雅茅斯（Great Yarmouth）。然而，沃尔辛厄姆谋利的希望很快破灭了。在前3年里，他支付给国库21050英镑，而不是租赁条约中规定的33789英镑1先令9便士。1589年，沃尔辛厄姆称，钱给少了，是因为"大家害怕与西班牙爆发战争"，以及其他一些贸易限制造成关税减少[29]。1586年5月28日，他写信给他的妹夫财政大臣沃尔特·迈尔德梅爵士，请求将沃尔特·罗利爵士及其他人欠他的829英镑关税算作按海关协定规定需支付的部分款项[30]。令人惊讶的是，伊丽莎白这个把钱包看得死死的人，居然免除了沃尔辛厄姆的债务，并把剩下的租金大大减少，让他每年支付7000英镑即可。

事实上，经科尼尔斯·里德证明[31]，沃尔辛厄姆从海关管理中获得了不菲的收益：1585—1586年，2053英镑；1586—1587年，3852英镑；1587—1588年，6695英镑；1588—1589年，1765英镑，因无敌舰队对海上贸易的影响，后面几年的税收减少了。总而言之，他抽走了每年从商业贸易中获得的58%的丰厚收入，但大部分可能被用来充实情报机关的经费了。

毫无疑问，沃尔辛厄姆对商业机遇慧眼如炬。1584年1月30日，威廉·佩吉特写信给他，提议将"爱尔兰的大理石"运往北非海岸，用于建设。佩吉特说"奥尔德曼·斯塔基（Alderman

Starkey）先生和莱斯特伯爵已商议过这个（计划）”，并且强烈建议国务大臣参与这次冒险[32]。沃尔辛厄姆还参与了粗布出口贸易，1574年9月，他获得交易许可证，可在4年内交易8000匹绒面呢或克尔赛呢，而且还获准在接下来的8年内进一步交易20万件产品[33]。关于这一点，可以近乎确定，他把他的权利卖给了像冒险商人公司这样的贸易公司。

1576年，马丁·弗罗比舍（Martin Frobisher）第一次远赴北美附近艰难寻找西北航道（Northwest Passage），进而再去远东，沃尔辛厄姆作为财政支持者之一投入了25英镑，但后来远航并未成功。在弗罗比舍第二次远航寻找珍贵金属时，沃尔辛厄姆可能出了200英镑，但1577年9月弗罗比舍回来时，船上只载着200吨黄铁矿——愚人金。尽管出师不利，1578年在他人的诱惑下，沃尔辛厄姆对第三次远航投入了800多英镑，结果依旧令人失望。相比之下，16世纪70年代末，弗朗西斯·德雷克爵士出航对北美西海岸线的西班牙殖民地进行掠夺，沃尔辛厄姆可能对其进行了投资，赚的钱更多。

1578年6月11日，沃尔辛厄姆还从女王那里得到特许，使得探险家汉弗莱·吉尔伯特爵士[34]能够去找寻“远方异教徒未开化的土地、国家和领土，上面没有任何基督教君主或百姓”，并在那里开展殖民活动，“让我们的百姓在美洲定居和种植”。此次事业的部分财政支持可能来自英格兰天主教徒。毫无疑问，沃尔辛厄姆十分鼓励这样的探索航行，他把北美的一个天主教殖民地视为自己摆脱某些反叛恶民的良策。他成功呼吁了布里斯托尔商人支持这次计划，他的继子克里斯托弗·卡莱伊尔（或姓卡莱尔）还极力游说在伦敦的俄国商人对此投入大量资金。1583年6月11日，吉尔伯特带领5艘船起航，并在纽芬兰（Newfoundland）登陆，但在回程中，他们一行人在海上迷了路，当时他的小船“松鼠号”在亚速尔群岛边沉没了。

暂且不论沃尔辛厄姆涉足商业领域的努力和探索，他的文书工作几乎压得他喘不过气来。哪怕身体孱弱、尚在病中，他仍然处理了工作中大量的日常信件。不难想象他脸色憔悴、躺在床上，饱受疼痛折磨，身边摆放着成捆的纸张和羊皮卷：其中有来自海内外优秀人士的信件；恶毒市民对邻居反抗者的指控信；一些可能还会是他的间谍网络传来的重要情报。

他的好些忠实秘书中，肯定会有一人总是在场，坐在房间一角，在主人消化每封信的内容时做好口述笔录，并决定对此采取合适的行动：将某些可怜的天主教徒送进监狱；因一名耶稣会神父被逮捕，费心去伦敦塔与施刑者理查德·托普克利夫进行会面；或更为世俗的，比如是否对某些渴求职位晋升和发财致富的请愿者予以帮助。

此外还有更多烦心事占据着沃尔辛厄姆的宝贵时间和精力。例如，1584年1月9日，什鲁斯伯里伯爵给他写信，寻求“对唐卡斯特镇的帮助”，那里曾因瘟疫而陷入贫困。最近，女王将赫克斯托普（Hextroppe）、亨特森林（Hunter Woods）和罗辛顿公园（Rossington Park）的林业权给了尼古拉斯·帕齐（Nicholas Pudsey），伯爵告诫说，这可能会迫使女王在唐卡斯特的工厂因木材短缺而衰落[35]。这实在是棘手的管理难题！同年9月，他忠实的老间谍马努奇“提供情报说，菲利波·柯尔西尼（Filippo Corsini）

在伦敦非法出口羊毛”，他还提议召集英格兰商人举行会议，讨论外来或外国商人在羊毛贸易上所引发的问题[36]。

1584年前后，沃尔辛厄姆陷入法纳姆（Farnham）、萨里的居民与他们的教区牧师丹尼尔·克拉夫特（Daniel Craft）的纠纷当中。据说，“克拉夫特是个半文盲，酒鬼”[37]，他的助理牧师托马斯·莫尔（Thomas Moore）和威廉·欧文（William Owen）也是酒鬼，更糟糕的是，他们还是“赌徒”，另外一名助理牧师托马斯·霍格（Thomas Hogge）则是“文盲”。虽然沃尔辛厄姆支持居民的诉讼，但主教克拉夫特还是拒绝对此付诸行动。通常沃尔辛厄姆还会面临一些内部琐事，比如1580年5月10日，他的仆人斯蒂芬·埃利斯（Stephen Ellis）在伦敦东部的怀特查佩尔（Whitechapel）被守夜人抓获，他则考虑要将埃利斯保释出来。

最后，因为沃尔辛厄姆为人正直稳重，所以经常有人请求他去调解家庭纠纷，比如在1582年，比彻姆勋爵（Lord Beauchamp）与霍诺拉（Honora）秘密结婚，霍诺拉是多塞特郡布莱恩斯顿（Bryanston）的理查德·罗杰斯爵士（Sir Richard Rogers）之女。年轻的新郎写信给沃尔辛厄姆请求帮助，使他能与父亲赫特福德伯爵和女王言归于好。女王之所以不悦，是因为她对贵族的这种任性行为总是抱有严肃古板的看法。沃尔辛厄姆清晰冷静地处理了此事。10月3日，他在温莎城堡写信给赫特福德，建议他去咨询教堂神父，他的儿子是否“可以摆脱这段婚姻”，如果答案是不能，那就只有忍受。当天，他也告诉比彻姆，“鉴于你违背他的意愿结了婚，大大惹怒了他”，他对自己的父亲应“谦卑、顺从”[38]。

沃尔辛厄姆良好的声誉也让他成了有魅力的老板：1582年，一个叫作约翰逊的人告诉沃尔辛厄姆，“希望今年能用大人的布料做一件制服，因为让别人知道我是您的仆人是一件骄傲的事”[39]。

由于时常疾病缠身，沃尔辛厄姆更加难以承受繁重的任务。虽然疾病症状不一，但久病不愈，有时他不得不长期离朝。他从早年任职开始就染上了疾病。1571年，在他首次担任驻法大使期间，曾写信给伯利说，他的病“越来越严重”，所以伊丽莎白应找人替代他。“相比死去，我更希望活着，这样能给女王带来更多利益。而我能否听从治疗，则取决于最后的这些想法”。[40]

9月初，他本要离开巴黎去往布洛瓦（Blois）参加重要外交会议，与会人士还有胡格诺派领导人海军上将加斯帕尔·德·科利尼和法国国王，但由于“治疗所需”[41]，他推迟了出行。沃尔辛厄姆没有明显好转的迹象，身体状况反而每况愈下，他不得不再次请求暂停工作，回伦敦休养。10月，女王终于派遣了外交官亨利·基利格鲁前往法国代沃尔辛厄姆任职，虽然姗姗来迟，但女王还是严令他找医生诊治。他的病假一直休到了次年2月末。12月2日，他写信给伯利：“我身上长了三种赘疣，需要更长的时间去治疗。”[42]“赘疣”是一种病变肉瘤，有时是突然生出来的肿瘤，这症状意味着沃尔辛厄姆可能患有某种癌症。回到工作岗位后，1572年4月初，他的病情轻微复发。同年8月，巴黎在圣巴塞洛缪节发生骚乱，大量胡格诺派遭到屠杀，之后，沃尔辛厄姆再次发病，这使得他无法亲自向法国国王递交外交信函。

在他回到英格兰当了两年国务大臣之后，1575年1月，当时的法国驻伦敦大使费奈隆称，为治疗“排尿问题”，沃尔辛厄姆从宫廷请了大约一个月的假[43]。事实上，他休了更长的病假。同年4月，他在伦敦家中写信给第四代莫顿伯爵、苏格兰摄政詹姆斯·道格拉斯（James Douglas）称，“至今，我还在家中接受内科医生的治疗，我希望可以痊愈，早日摆脱医生的治疗”。[44]

1576年2月，沃尔辛厄姆再次卧病在床，1578年1月他还遭受着“头痛和胃痛的折磨”[45]。三年后，他写信给掌玺大臣尼古拉斯·培根爵士（Sir Nicholas Bacon）之子安东尼·培根（Anthony Bacon）[46]，说他年轻时就经常因病而过度使用药物：

> ……在我还是你这般年纪时，我经历一事受了伤，像这样，如果你不及时救治，将来就会有各种不适。
>
> 在你这样的年纪，最好是通过有序锻炼和适度节食防止生病，而不是遵从医嘱，服用药物。在年轻时，如果没有用药的绝对必要，服用药物会大大改变生理机能——产生新的病变。[47]

到目前为止，沃尔辛厄姆快50岁了，即使在过去至少20年间遭受着病痛折磨，他的寿命也算长的了，因为这个时期人类寿命要短得多[48]。他可能罹患癌症或某种肾病，情况是否是因为如今所谓的快速疗法而变得糟糕，仍无定论，虽然这些快速疗法看起来似乎常常收效甚微。鉴于在都铎王朝时期，医生给不幸的患者开的药中有些毒性很强，沃尔辛厄姆或许是靠运气存活了下来[49]。如果他想摆脱疼痛，很可能会服用含鸦片的药物来舒缓，这就能解释为什么“服用药物”会使他精神不振。这些药可能还影响了他的免疫系统，使得他容易遭受感染和罹患疾病，比如发烧。当然，顽强的决心和全然的自信让他一直在工作，而普通人则会怀着感激，从繁重、疲惫和混乱的公职中优雅退休。

1583 年盛夏，沃尔辛厄姆又生病了。7 月 2 日，他写信给伯利，此前伯利曾拜访了卧病在床的他：

> 大人离开的当天晚上，我便急性绞痛发作到第二天午时。自那之后到现在，我受到悲痛和头痛的极大折磨，因此我不能提笔，希望大人原谅我没有亲自写信。[50]

两天之后，一封给沃尔辛厄姆的朋友——现任副宫务大臣托马斯·赫尼奇爵士——的信件称："国务大臣大人在您离开后身体并未好转，一直待在房间里。我将您的信交给了他，他考虑是否给在约克郡的您寄信。"[51] 8 月，沃尔辛厄姆仍然遭受着病痛的折磨，他告诉哈顿：

> 昨晚我身体右侧感到无比疼痛，让我无法入睡。此时疼痛依旧，因此，我打算听从吉福德和赫克托（Hector）的建议[52]。我发现疼痛总伴随着异乎寻常的眩晕感，且容易让人心情抑郁。
>
> 我希望比起在这个世界，我在另一个世界能享受到更多舒适感。[53]

正如我们此前所看到的，伊丽莎白拒绝把没收巴宾顿的房产赐给沃尔辛厄姆，而 1587 年 1 月，她又在处决苏格兰女王玛丽一事上优柔寡断，沃尔辛厄姆因而气恼悲痛，大为绝望，这些都让他“病情危笃”，在这时候，可能是一位叫贝利的医生侍奉在他左右[54]。那年末，沃尔辛厄姆在伦敦执行公务时疾病发作，他向莱斯特坦白说，在某一刻，他害怕自己会死去。他无法排尿的老毛病又犯了，许多治疗措施都无法改善这种令人心烦和痛苦的状况，这可能是由尿道感染造成的，还会引发高烧[55]。

虽然后来身体恢复，但到了 9 月，他再一次接受医生的诊治。9 月 9 日，伯利从宫廷写信给沃尔辛厄姆，当时他正在位于赫特福德郡西奥博尔兹（Theobalds）伯利的豪宅中休养，他在信中说很高兴看到“你的内外科医生都能给你带来慰藉”[56]（据推测，医生使用了大剂量的麻醉药）。然而，沃尔辛厄姆肯定是疾病发作了，因为两周多后，财政大臣伯利再次写信，担心发烧“会给他带来巨大的痛苦”[57]。无论沃尔辛厄姆得了什么病，毫无疑问这种病让人衰弱，因此从无敌舰队备战的关键时刻一直到 1588 年早春，这名超级间谍频繁请病假[58]。6 月 19 日，他再次卧床，“等待疾病发作”[59]。

第二年，他又发病了，医生命令他卧床休养。8 月 27 日，他写信给伯利，随信附上了他的一些文件，它们曾

> 由别人读给我听，因为我的内科医生建议我卧床休养，等待新一轮可能来临的高烧，毫无疑问，今晚又无法好好休息了。[60]

到了 1590 年，许多人都清楚，沃尔辛厄姆的身体已经药石罔效，或许是担心自己的身体和精神都将崩溃，他再次请求伊丽莎

白派人接替他的职位。3月，他将自己保管的一批政府文件交给伯利[61]，因为他已无力再处理了。4月2日，托马斯·温德班克写信给沃尔辛厄姆说他与女王谈及了他刚经历的疾病发作的情形，地点可能是在宫廷之上：

> 听莱克先生[62]说，大人昨晚疾病发作，我把此事告诉了女王陛下，想趁机让陛下快速减轻您的烦忧；鉴于此，陛下答应会尽快派遣另一个人来接替您。当时所有顾问官都在场，我想女王的决议将会生效。[63]

即使是最后一次为她的忠仆做安排，伊丽莎白依旧拖拖拉拉，还未决定继任者。温德班克还告诉沃尔辛厄姆，如果他身体状况不允许，那伯利应同“最近刚到的意大利人谈话”。

此时，沃尔辛厄姆已经充分意识到自己大限将至，此前他就慎重做出了精神和财务上的大量准备工作。1584年7月，他转让了大片土地，好让他的妻子和女儿弗朗西丝能有少量钱财。向来是虔诚新教徒的他，还希望能在伦敦宗教生活中深深留下他的烙印。1589年4月，他想出一个计划，要在伦敦城内“口授经文教理”，任命“两名大学里的杰出人才……由固定津贴和公众捐款支撑”，在伦敦法灵登坊（Farringdon Ward）的（新）方济各会里布道。“（教堂里）有些讲台可能要设成剧院那么大，以容纳大量观众；还要给所有女性设立一片专门的区域，一个为她们自己所有的地方”[64]。在他生命的最后几个月里，他还写了三篇有关哲学和道德的文章，最后一篇标题为《弗朗西斯·沃尔辛厄姆爵士对诚实、志向和毅力的剖析》(*Sir Francis Walsingham's Anatomising of Honesty, Ambition and Fortitude*)[65]。

1589年12月12日，当超级间谍“记性很好（感谢上帝）”的时候，他立下了遗嘱。这份十分简单直接的文件包含了许多宗教内容，很符合他忠实虔诚的教徒身份。他托付了自己的灵魂，当

> 万能的上帝，我的创造者和造物主……愿意把我的灵魂从我罪孽深重、俗世的肉体中分离，托付给三圣：圣父，我的创造者；圣子，我唯一的救世主；还有圣灵，我真正的安慰者……

虽然还活着，但他确信基督会继续庇护着他，“特别是在这样一个充满了罪恶和罪孽的时候”。他希望他会有一个“虔诚的、基督式的终结”——以“完整的意识和记忆”安然离世。这或许生动地表明，他非常担心自己的思维能力衰退，服用的药物可能带来了不利影响。沃尔辛厄姆“希望能愉快地复活”，要求他的肉体应

> 不以居我位者常受之盛大仪式厚葬，而是简单行事，偿我今生之深重罪过，及身后妻女之窘境。[66]

遗嘱提及他的女儿锡德尼夫人享有年金200英镑（相当于现在的2.8万英镑），这个决定在之前签订的契据下已经执行，而且，他的妻子厄休拉在世时每年还另向女儿支付100英镑。之前他就

下令卖出女儿的丈夫在林肯郡所拥有的土地，每年支付给她的100英镑就从这当中拿出。

他“深爱的妻子”是唯一的遗嘱执行人，偿清债务后，剩余的“所有财产、仆人、金银餐具及珠宝，都留给厄休拉夫人”。此外，共价值10英镑的金银餐具赠给“我最亲爱的伙伴”——他的姻亲兄弟们，即罗伯特·比尔、爱德华·卡尔（Edward Carle）、威廉·多丁顿——“纪念我对他们的深厚感情”。这三人是沃尔辛厄姆遗嘱执行的监督人。

在去见上帝之前，他心里显然很焦虑该如何做出合适的安排。1590年4月3日，沃尔辛厄姆将位于威尔特郡的阿克斯福德（Axford）庄园和奇尔顿（Chilton）庄园转让给了威廉·杰勒德（William Gerrard）、弗朗西斯·米勒斯（他的老牌秘书）和约翰·威拉德（John Willard），年租金分别为44英镑、13英镑6先令8便士，据推测是为了偿清当前债务[67]。

三日之后，即4月6日清晨，沃尔辛厄姆在希兴里的宅邸病故[68]。他的遗嘱在那里被发现，就藏在一个隐秘的橱柜里。

当时的历史学家威廉·卡姆登可能十分了解沃尔辛厄姆。他指出沃尔辛厄姆死于“赘疣增生、睾丸癌……或是滥用药物”[69]。确切地说，卡姆登还称超级间谍“坚持不懈地搜寻反抗宗教、君主和国家的隐秘行动”，使得他“花销极大，所以他卖掉了私人地产，负债累累”。

由于背负债务，且他的遗嘱中有指示，沃尔辛厄姆去世的第二日晚10点，他被秘密埋葬了。他最终的安眠之处位于旧圣保罗教堂圣坛的北走廊，紧挨着女婿菲利普·锡德尼爵士的墓地。

他的葬礼一定短暂而肃穆，在巨大而阴郁的哥特式教堂里，火把照亮了送葬人脸上的哀伤。作为伊丽莎白统治期间的一位重量级人物，他的葬礼完全没有象征着荣誉和权力的排场，这些东西本是要随着他走向墓地的。没有密集排列、一袭黑衣的专业送葬者队列，没有威风凛凛的仪式。他的葬礼凭证也没有进入纹章院，而地位和他相当的人都会这样做[70]。现在无法推断出，现金短缺对沃尔辛厄姆决定葬礼一切从简的影响有多大。不过，在晚上举行葬礼也确实免去了将旧圣保罗教堂挂上黑帷幕悼念的费用。这种悼念方式常见于像他这样重要的人物的葬礼上，是一种标志。他本身信奉清教教义倡导的单调、禁欲，这也决定了他对葬礼的选择。

诚然，后来他也没有巍然耸立、气势雄伟的棺椁，以雪花石膏做柱，并在遗体上竖立镀金纹章。这种纹章一般由从尼德兰过来避难、住在萨瑟克区、多为上流人士所用的雕塑家雕刻，他的许多枢密院同僚都有这样的纹章以表纪念。贵妇太太们坚称，之所以没有给沃尔辛厄姆和锡德尼立合适的纪念碑，是因为大法官克里斯托弗·哈顿[71]的墓地太大，如同两层房子般高耸，以致给旁边留下的空间太小[72]。当时一首由“快乐的诗人”所写的押韵两行诗无力地申辩：

> 菲利普和弗朗西斯在这里没有坟墓
> 因为克里斯托弗爵士占据所有地方。[73]

当时对沃尔辛厄姆墓志铭的内容有一些官方争论。现有几份文件保留了下来，其中一份表明，描述他的一生及工作的一些词语和短语“有待商榷”。有一两句话显然夸大了事实：

> 他的亲生……父母，父亲……是沃尔辛厄姆贵族后裔，这个家族在（诺曼）征服之前就已存在。（另一方面：）他的母亲出身于丹尼斯家族……
>
> （沃尔辛厄姆）确实促进和帮助阻止了许多国内外反抗女王和国家的威胁和阴谋，为搜寻这样的威胁和阴谋，他非常慷慨大方，以至于不计家产、不顾健康。[74]

有一份以拉丁文篆刻的铭文，最初可能只是写在一块不起眼的木板上，后来被刻在了没有标记的沃尔辛厄姆坟墓的墙或柱子上。1666 年，伦敦大火将旧圣保罗教堂夷为平地，这份铭文也在当中被焚毁。铭文翻译过来如下：

> 懿德高风、令人敬仰的
> 弗朗西斯·沃尔辛厄姆爵士
> 出身于高门巨族。
> 他足智多谋，
> 才高行洁，
> 愈显其家族之显赫。
> 青年时他游历多国，
> 且精确研究、批判理解
> 礼仪、法学、语言及政治，

无一不出类拔萃，
且利于江山社稷。
时值风华正茂，他自愿（在玛丽女王统治时期）
为保存宗教而捍卫国家。
正值壮年，法国动荡之时，
他被伊丽莎白任命为驻法国大使，
并任职多年。
不久之后，他二度担任法国大使。
且他曾出访苏格兰和荷兰，
同时也是女王枢密院官员。
他一共担任了十七年首席国务大臣。
此外他任职了三年的兰开斯特公爵领大臣。
在所有职位中，他的经营[75]
无比谨慎、节制、慷慨、
谦逊、虔诚、敬业、细心
因而使得国家免于许多危难，
保证了国家安全和疆域和平。
他乐于帮助他人，
尤其是艺术和军事方面的杰出人物。
他还乐于奉献，
竭尽所能、倾囊相助。
他有一位德行出众的好妻子，名叫厄休拉，
两人只有一女弗朗西丝，
先嫁给骑士菲利普·锡德尼爵士，

后嫁给十分尊贵的埃塞克斯伯爵，

最后嫁给了十分尊贵的克兰里卡德（Clanrickarde）伯爵理查德。

沃尔辛厄姆卒于1590年4月6日，

被秘密安葬。[76]

后来在柱子上也贴有一些离合诗，即把每列的首字母连起来就是弗朗西斯·沃尔辛厄姆的全名。诗文底下署名为E.W.，可能是沃尔辛厄姆的外孙女伊丽莎白·沃尔辛厄姆的名字缩写，据人们所知，她是一位诗人。

正如我们看到的那样，沃尔辛厄姆的间谍活动“耗费了他大量的钱财”。经营女王的间谍活动，对沃尔辛厄姆几近破产影响重大。在沃尔辛厄姆死后不久，伯利计算过他的资产负债，包括欠女王的12016英镑和欠其他人的15308英镑，总计27324英镑，相当于现在的400万英镑。其中，他最大的私人债权人是托马斯·舍利爵士（Sir Thomas Shirley），债款超过1.2万英镑。这可能是任英格兰军队在尼德兰的战时司库的那个舍利，他因欠了女王钱而陷入了困境[77]。舍利的儿子是一名士兵，在1589年被封为爵士，两年后因为秘密结婚而惹怒女王，被关进伦敦塔。

1611年，即厄休拉夫人去世9年后，沃尔辛厄姆的妹夫罗伯特·比尔对沃尔辛厄姆的资产进行了调查，并得出了一个新的评估，比他去世时的那个评估更有说服力，这也使得世人对经由国务大臣之手的政府贸易额之庞大有了深层次的了解。比尔的数据表明，在“为女王服务的过程中”，沃尔辛厄姆一共支出了38089

英镑 6 先令 11 便士的巨款，再加上有 10438 英镑 3 先令 6 便士归还给他的“仆人”（他们在那项服务中也有花费），共计 48527 英镑 10 先令 5 便士，相当于现在的近 700 万英镑。据当时计算，可以很精确地说，沃尔辛厄姆欠了女王 43181 英镑 7 先令 10 便士，当中还少给他算了 5346 英镑 2 先令 6 便士的大笔借款，相当于现在的 72.9 万英镑。当然，他的遗孀和女儿没见过这么多钱，因此她们几乎无力偿还债务的说法是合理的。1611 年，博学的法官朱利叶斯 · 恺撒（Julius Caesar）提出了一个公平的抵偿办法，消除了两边的债务[78]，这样一来，至少减轻了沃尔辛厄姆的负担。

这个决定在那年的 8 月 5 日生效，当时，菲利普 · 锡德尼爵士的遗嘱执行人弗朗西丝及他的女儿兼沃尔辛厄姆的继承人伊丽莎白被免除了“所有欠女王的款项和债务”[79]。

1590 年 6 月 30 日，伯利写信给佛罗伦萨的乔瓦尼 · 菲利亚齐伯爵（托斯卡纳外交官，他提供的无敌舰队情报对沃尔辛厄姆大有帮助），感谢他主动在伊丽莎白和西班牙国王之间调停。伯利还告知了他沃尔辛厄姆去世的消息：

想必在这之前大人已知晓，或将会听说……国务大臣沃尔辛厄姆大人已于 4 月 6 日离世……

虽然他现在过得更好，这一点我十分确信，因为他的灵魂升入了天堂，然而女王陛下和她的国家、我以及其他人，还有他的密友，都觉得损失重大，他长期坚守岗位、兢兢业业为公众奉献，而私下里，我也从我们的友谊中获得了慰藉。[80]

指挥人员一旦更换，总是会在任何情报收集活动中引起混乱。对于伊丽莎白政府，要确定神秘的沃尔辛厄姆是从何处、从何人那里获取宝贵情报是十分必要的。为掌握沃尔辛厄姆间谍的身份和所处位置，伯利的下属肯定在他的文件中疯狂查找了一番。不到一个月，他们就确立了部分名单：

> 国务大臣沃尔辛厄姆大人通常获取国家和公共消息的外国地区的名字。潜伏在边境、苏格兰境内、苏格兰女王玛丽身边、外国大使和教皇党人当中的间谍的名字。[81]

为保护权贵，捍卫伊丽莎白政府的名声，伯利的下属很有可能细细梳理了沃尔辛厄姆的文件，并拿走了大量公文。

在新主人手下，沃尔辛厄姆的一些间谍仍然很迫切地要去从事他们的肮脏工作。6 月 28 日，沃尔辛厄姆的线人，伦敦食品商托马斯·米林顿（Thomas Millington）给伯利写了封信，讲述了他对超级间谍的感激之情，“沃尔辛厄姆在他陷入困境时对他以朋友之礼相待，且使他免于敌人的伤害”。米林顿曾在国外为沃尔辛厄姆提供秘密情报，并十分乐意继续为伊丽莎白政府提供此服务。为了证明他的才能，作为将来的服务的开端，他告知“天主教徒开展了许多危险行动，例如，一个叫罗伯特·莫里斯（Robert Morris）的人把他的一名年轻亲戚带到西班牙接受洗礼”[82]。虽然沃尔辛厄姆的间谍们所获的既得利益没有发生变化，但他的情报网还是保留了下来。

沃尔辛厄姆的宿敌西班牙也很快知道了他去世的消息。4 月

18 日，一名在伦敦的西班牙间谍提供详细情报，说一支装配齐全的英格兰舰队近期“十分活跃”，挂着葡萄牙国旗起航，目的地可能是亚速尔群岛。最后他还补充说：“国务大臣沃尔辛厄姆刚刚去世，举国哀悼。”

后来，在一千多英里以外的马德里埃斯科里亚尔宫（Escorial Palace），西班牙国王腓力二世阅读了这封信。沉默片刻后，他提笔在页边写下了他对这名超级间谍死讯的个人看法：“在那个国家……确实会哀悼。但在这里，它是个好消息。”[83]

假如能听到这种对他一生工作的意外赞赏，沃尔辛厄姆可能会狡黠一笑。

后记

> 恳求陛下切莫担忧，而应高兴。虽然西班牙人胃口大，消化好，但这20年来，我给他们扔了块难啃的硬骨头……陛下不用忧心西班牙，若我点燃的大火意外减弱，您需要听我的信号，让英格兰不时在火上浇油，增强火势。
>
> ——弗朗西斯·沃尔辛厄姆爵士
>
> 关于西班牙倾覆法国的阴谋致女王伊丽莎白的信[1]

沃尔辛厄姆无疑是当时一位著名的新教英雄。他死后，威廉·卡姆登就曾写过一些东西，上面说在间谍活动和政府工作中：

> 他坚持不懈地搜寻教皇党人颠覆国教、女王和国家的秘密行动，其成果超出了女王的预期，而教皇党人则指责他图谋不轨，将人们引入危险境地，是狡猾之辈。[2]

罗伯特·农顿爵士（Sir Robert Naunton）曾阅读过沃尔辛厄姆的诸多“信件……和秘密，如果我能看看他的密码书（上面满是密码），它们就能告诉我当时的诸多消息”[3]。

文人也歌颂沃尔辛厄姆。1596 年，诗人埃德蒙·斯宾塞（Edmund Spenser）发表《仙后》（*Faerie Queene*），前面的十四行诗就认可了沃尔辛厄姆的德行和成就。

> 这位谦逊的缪斯就像脚步一样追寻，
> 飞往你的庇护，找寻帮助。
> 作为这个时代伟大的梅塞纳斯（Mecænas）*，你保护诗歌
> 还有所有各类艺术家，
> 就像战士渴望荣光，
> 她也渴求你的保护，因为她的弱小
> 如果你给予，或许能让她进阶
> 然后在更广的天地中，听到对你的颂歌。

托马斯·沃森[4]也是位诗人，于 1581 年在巴黎和超级间谍结为朋友，1590 年，他用拉丁文和英文写了一首《献给令人尊敬的弗朗西斯·沃尔辛厄姆爵士的挽歌》（*Eglogue upon the death of the Right Honourable Sir Francis Walsingham*），其中，“梅里博修斯”（Meliboeus）指代沃尔辛厄姆，“海音”（Hyane）指他女儿。挽歌的英文版献给了弗朗西丝，当中赞赏沃尔辛厄姆“是我们联邦的

---

* 梅塞纳斯是罗马帝国皇帝奥古斯都的谋臣、外交家，同时也是诗人和艺术家的保护人。——译者注

重要支柱，集美德、学识、绅士风度为一体”。

尽管有这些溢美之词，但实际上，沃尔辛厄姆却是英格兰的冷酷机器。

得益于我们21世纪的自由价值观，我们很容易就会赞同备受压迫的英格兰天主教徒对沃尔辛厄姆性格和行为的看法。如果我们不假思索地将伊丽莎白的这位无所不在的大臣等同于任何现代极权主义国家最臭名昭著、残忍至极的执行人，如控制着纳粹德国党卫军和盖世太保的帝国长官海因里希·希姆莱（Heinrich Himmler），就太过于简单了。这样草率的判断也可能完全是错误的，因为它极大弱化了沃尔辛厄姆所生活时代的残酷现实和他所面临的日常挑战。

宗教信仰是一种强大、具有排他性的情感，从古至今，它打着圣洁的名号，道貌岸然地对许多善良无辜的男女、儿童施以了无数暴行。可悲的是，这样的暴行以同样的借口一直延续到了今天。而且，对于我们打开电视或阅读报纸时看到的许多令人震惊的恐怖行为，仍然有很多人不能全然理解它们背后强烈的动机。这么多年来，唯一的变化就是，人们更容易对这些暴行感到震惊。但在400多年前，因宗教信仰不同而引发的矛盾有更加鲜明的轮廓，而且还会爆发十分激烈的冲突，它所上演的舞台没有那么复杂，却更显残暴。在16世纪的英格兰，没有我们如今诸多虚有其表的文明行为准则，那时的生活不但成本更低，而且更加简单，但并不美好。苦难和死亡离日常生活并不遥远。

可以看出，在这样严酷的环境下，沃尔辛厄姆是个完全超越世俗的人，他行事的首要准则就是去保护和维系他宝贵的新教国家，如同一艘航行在暴风骤雨下的小船，他被各方敌人包围——其实，这里面甚至还有国内的敌人。

在他的脑海中，伊丽莎白同父异母的姐姐、天主教徒玛丽一世在 16 世纪 50 年代中期残忍镇压新教徒的画面还历历在目，当时正值青年的他聪明地逃过了这场迫害。流亡回来的他确信，如果天主教被重新立为国教，那些火刑、那些杀戮、会不可避免地再次出现在英格兰。

随后在英吉利海峡彼岸发生的事件催生出他更大的恐惧，也令他坚定决心，要不计代价阻止其再度发生。在听到别人生动描绘占领低地国家的西班牙远征军是如何残忍对待“异端”尼德兰新教徒时，就和英格兰政府的其他人一样，他也感到了恐惧。1572 年 8 月，他目睹了巴黎圣巴塞洛缪节上残酷血腥、灭绝人性的大屠杀，肯定受到了精神创伤和惊吓。之后，作为国务大臣，他每天要不断处理间谍和线人提供的情报——一条又一条要刺杀女王的阴谋，以及久经沙场的天主教军队对他防御脆弱的国家的入侵计划。把这些经历对他的影响和他狂热的宗教信仰结合来看，我们或许可以开始理解他的决心——绝不能让西班牙军队用武力迫使弥撒重返英格兰的各个教区教堂。

无论是醒着还是睡着，沃尔辛厄姆无时不刻都有这样的担忧。它们没有给他留有丝毫余地去怀疑或顾虑，他要动用都铎王朝的一切黑暗武器，去粉碎他所感知到的来自被镇压的天主教众或英格兰海外敌人的威胁。于他而言，贿赂、背叛、勒索、胁迫、拘留、酷刑和国家支持的谋杀，都只不过是可以毫不犹豫地用来镇压蔓延的天主教叛乱和谋反的便捷手段而已。此外，我们也应该知道，这些手段是那个时期惯用的刑罚方式，位于低地国家、西班牙、法国和意大利的暴虐天主教政府和组织也会采取相似的手段。

从沃尔辛厄姆的文章中可以看出，简单却严格的新教思想在何种程度上塑造了他的思想和行动。对于这个世界，他可能抱有一种异常合乎情理、《旧约》中所彰显出来的观点。庄重、谦逊、服从的，甚至爱国精神所代表的“正义”一方显然是上帝的作品，而“邪恶”常常对应着天主教反基督的危害行为和邪恶意图。新教在英格兰的延续，就如同一座岛屿或堡垒，阻拦、反抗他眼中的欧洲天主教衣冠楚楚的罪恶，而对他来说，实现这种延续是他人生中一场彻底、绝对的个人使命。正如女王有时恼火却锐利地指出，这个使命对他的重要性超过了他对女王的关切和忠诚。60年后，护国主克伦威尔（Cromwell）建立了一个一本正经的新教徒共和国联邦，他可能会对此感到真正的慰藉吧。因此，沃尔辛厄姆是名宗教狂热者，用现代话语来说，就是一名宗教极端主义者，在他眼里，所有事物非黑即白，总是会有事物站在他与上帝的对立面。你要么站在他这一边，要么就被判定为他的目标和宗旨的反对者，并因而遭到相应处置。悬而未决的灰色地带是不存在的：正义一定会得到强权的维护，在他看来，强权即公理。

关于他的行事动机，就只有这么多。我们已经看到，为了保护国教和神圣的伊丽莎白，沃尔辛厄姆如何利用了一大片海外间谍和国内线人——这就是现代英国秘密情报和安全机构的先驱。国家拨的经费往往不够，面临这样的情况，他不得不依靠个人财务，支撑起他的信念，即“获取情报花费多少钱都是值得的”。他的方法论就是要对一切事物疯狂地保密，对当今情报机构的任何官员来说，这些都是业内常见的方式。虽然他要的某些手段，如伪造有罪的证据材料，会被西方社会所摒弃，但对他在收集证据过程中所采用的系统方法，那些官员也一样不陌生。

如果说他有什么缺点，那可能是他只有等到搜集好了每一条可获得的情报，才会去抓捕嫌疑人。宫廷里的政治忠诚如流沙般不断变化，而许许多多只靠金钱驱使的线人并不可靠，因此秘密警察的这种谨慎、偶尔犹豫或许也是可以理解的。

但尽管遇到了重重阻碍，沃尔辛厄姆还是坚定而成功地保护了英格兰和伊丽莎白。

他的情报收集活动对打败西班牙无敌舰队发挥了重要作用，首要行动人、传奇海盗弗朗西斯·德雷克对此也加以了肯定，而且，情报收集活动还阻挠了一个又一个阴谋，包括苏格兰女王玛丽接二连三的诡计。对于玛丽不断反对伊丽莎白和国家的阴谋，他予以了反击，这些尝试肯定算得上是英国历史上最伟大和最富戏剧性的个人冲突。在这场不宣而战的秘密宗教战争的别处，沃尔辛厄姆着眼于阻止西班牙和教皇的威胁，构思了一个十分宏大的战略愿景，他承认前线防守并不是沿着英格兰海岸，而是整个欧洲大陆。他充分理解利用海军力量去施加政治和外交压力的必要性；他利用经济战争阻止无敌舰队的备战；他借助黑色宣传降低英格兰敌人军队的士气。不幸的是，伊丽莎白不是总能理解他充满智慧的策略和他某些大胆的提议。随之产生的费用也常常让她无法接受，或令国库无法负担。但谁又能责怪她呢？毕竟，一旦在沃尔辛厄姆对抗西班牙的“大博弈”中，骰子掷出了倒霉的数字，她会损失惨重。

对于沃尔辛厄姆来说，除却政府日常的苦差事和一系列艰巨的外交任务，他还要处理作为超级间谍的繁重事务。他担任国务大臣时取得了惊人的智力成果，而他还时常疾病发作，身体虚弱，这就使得他的成果更令人难忘。纵然有一群秘书给他当助手，但是他的文书工作能力一定十分优秀。沃尔辛厄姆不是视野狭窄之辈：他对细节有无止境的渴求，这是任何超级间谍都具备的。通常，伯利的文件只有紧凑缜密的半页纸内容，但沃尔辛厄姆的信件总是洋洋洒洒数页纸张——确认细节、寻求情报、下达指令、提供建议。虽然他的工作压力巨大，但任何问题都会得到解决。因此，他肯定是英格兰最伟大的管理者之一。

在伊丽莎白统治期间，他用稳重、安定的双手操控着许多权力杠杆，难怪他会筋疲力尽。

如今，沃尔辛厄姆仍然是一个影子人，就像是在幕后念台词的戏剧主演，没有被观众看见。我们因他的名气而知晓他几分，却很少有人看了他的表现，再去赞赏他的精湛技艺。历史如同脚灯，它发出的耀眼光芒很少捕捉到人们好奇的目光，但如果没有沃尔辛厄姆的存在，过去的戏剧便不完整。现在，是时候让他走出舞台的阴暗侧面，接受观众的掌声了，在创造我们今天所知的英格兰、大不列颠时，他发挥了独一无二的作用。

沃尔辛厄姆的妻子厄休拉在丈夫死后的第十二年去世。她继续在伊丽莎白的统治中发挥影响，和女王交换新年礼物，不过有时候双方关系也会变得紧张。有一次，伊丽莎白拒绝请她帮忙，还专横说她会先看到厄休拉被绞死。1602 年 6 月 18 日，厄休拉在巴艾尔姆突然离世，死时大概不到 70 岁，第二晚她被秘密安葬在旧圣保罗教堂沃尔辛厄姆的墓附近[5]。1599年1月30日，她立下遗嘱，给8个仆人每人遗赠20英镑，前提是他们一直侍候直至她去世；厨师亨利·考尔索普（Henry Calthorpe）和约翰·科德尔（John Cordell）每人3英镑，“侍女”爱丽丝·普尔（Alice Poole）得到50英镑——她肯定对主人特别忠诚。在身份较高的人员当中，厄休拉的妹夫罗伯特·比尔和女王的副检察长托马斯·弗莱明（Thomas Fleming）各获得一件价值20马克的金银餐具。除却对在巴恩斯的穷人和她所在教区教堂的神父的遗赠外，她的“金银餐具和珠宝”，以及在林肯郡波士顿和西尔贝克（Skirbeck）的地产，全部留给指定的遗嘱唯一执行人[6]——她女儿弗朗西丝。

至于巴艾尔姆——“我简陋的屋舍”，沃尔辛厄姆这样称它[7]——詹姆士一世继任王位之后，将它授给了彼得·范罗（Peter Vanlore），范罗后被擢升为准男爵[8]。1694年，托马斯·卡特赖特将房屋重建，1771年，银行家理查德·霍尔（Richard Hoare）对它进行了一番改造。这个地方后来成了著名的罗内拉夫马球俱乐部（Ranelagh Polo Club）的所在地，但1954年俱乐部被拆。如今该地只留下一口观赏水池，一间后来所建房子附带的冰库，以及一座人工土堤[9]。

菲利普爵士和弗朗西丝·锡德尼夫人留下来的女儿伊丽莎白在1599年3月嫁给了拉特兰伯爵罗杰·曼纳斯，但1614年便去世了，年仅29岁，未诞下子嗣。她可以说是一位诗人，剧作家本·约翰逊（Ben Jonson）称她“诗才不逊于其父锡德尼”[10]。

令伊丽莎白女王恼火的是，大概在1590年3月，沃尔辛厄姆去世的几天前，寡居的弗朗西丝与她的第二任丈夫——风度翩翩的第二代埃塞克斯伯爵罗伯特·德弗罗（Robert Devereux）秘密成婚。1591年1月，弗朗西丝给德弗罗生了一个儿子，名叫罗伯特，之后还生了两个女儿——弗朗西丝和多萝西（Dorothy）。1601年2月25日，在伊丽莎白统治末期，德弗罗因意图谋反在塔丘被处决[11]。他们的儿子罗伯特在内战时期成了主要的议会领导人。

1603年，二度守寡的弗朗西丝再次成婚，嫁给了第四代克兰里卡德伯爵理查德·德·伯格（Richard de Burgh）。1604年，她为他生下一个儿子，叫作厄瑞克（Ulrick），他后来成为克兰里卡德侯爵；还有一女霍诺拉，嫁给了第五代温彻斯特侯爵约翰·波利特（John Paulet）。1633年2月17日，弗朗西丝去世。

1598年8月4日，为伊丽莎白兢兢业业服务了40年的伯利离世。他在人生中的最后几年深受疾病折磨，尤其是大腿痛风。1596年7月5日，他的儿子罗伯特被正式任命为首席国务大臣，之前，罗伯特已代他工作长达数年。仅此一次，坏脾气的女王态度大为缓和，向忠心的伯利表示感激，说她要为他所有的工作致以“深深的感谢”，并敦促他“尽可能地多休息，能在将来继续为我服务”。在他弥留之际，女王亲自探望，侍奉汤药[12]。

在沃尔辛厄姆去世后，被罗伯特·塞西尔爵士解雇的密码破译员和伪造者托马斯·菲利普斯就在为埃塞克斯伯爵工作。到1596年，由于来自欧洲的情报太多，菲利普斯应接不暇，于是政府又雇了4名秘书协助译码工作[13]。为答谢他的付出，政府任命他为伦敦港海关征税员，为年老的反叛者抓捕人、治安法官理查德·扬充当代理人。然而，菲利普斯却在这个利润丰厚的闲职上栽了跟头。他可能很擅长破译密码的演算，但对资金管理和现金账户却是一窍不通。短短两年，他就欠了王室 11682 英镑 6 先令 6 便士，因此丢了官职，还被送进了监狱[14]。1598 年，他请求通过分期的方式用自己的钱偿还债务[15]。

詹姆士一世继位后，菲利普斯因“插手了国王母亲，苏格兰女王玛丽的事情”，迅速给詹姆士写了一封道歉信，辩称自己只是破译了政府拦截的与巴宾顿相关的信件[16]。罗伯特·塞西尔爵士重新雇用他去破译新的怀疑对象的信件；有封信上还有塞西尔亲笔写的注释：“菲利普斯写的信，而且他建议对这些信进行伪造处理。”[17]菲利普斯这个老手继续耍着他最喜欢的把戏。1605 年，他被逮捕，并因为与海外不良分子的通信而遭到审问[18]。4 年后，他的旧日债务问题又找上门来，上面下达了一份令状，让“卸任的伦敦港海关征税员”[19]菲利普斯向罗伯特·凯里（Robert Carey）爵士支付 800 英镑来赎回自己的租借权。

他最后一次出现在国家档案上是在 1622 年，那时候的他一定是个老人了。当时他被关押在马夏尔西监狱，“因很早的一份关于我和一个叫泰腾（Tytten）的人的逮捕令，我被抓了起来”。罗伯特·科顿爵士（Sir Robert Cotton）称，菲利普斯被劝离开英格兰，

> 利用自己的本事，在国外找到事做。有人告诉他……让他去向国王求助，请陛下开恩，他也厌倦了这些年在外漂泊的生活，尤其不想离开英格兰。
>
> 随后他向陛下递交了请愿书，暗示说他曾被迫……交出（他）从事破译工作所得到的工钱，以偿还欠下上一任女王的债款，其实女王心里应该已经免除了这些欠款……

陛下可能因此感动——如果不是因为他破译密码工作的技术的话，由于他的这个技术……英格兰曾对他有所保留，而陛下以前也对英格兰心生排斥，虽然他并不知晓——就是因为现在还有别的事情可以让他做，可以让他一直偿还欠款，直到有什么事发生能让他重获房产和继续得到雇用，或许也可以让他去教会做些下等事……[20]

菲利普斯是否接受了那份地位低下的教会工作，历史上没有记载，这个职位与他过去可怕的伪造、破译工作十分不相称。

后来，间谍安东尼·斯坦登在波尔多监狱听闻了沃尔辛厄姆的死讯，讽刺的是，他因为被怀疑是西班牙间谍而被捕入狱。在斯坦登托人偷带信件给他的朋友安东尼·培根之前，他已在监狱里煎熬了9个月，信上签有他的假名“安德鲁·善多”（Andrew Sandal）。1591年6月，斯坦登写信给伯利，抱怨他为女王从事间谍工作没有得到报答，于是请求伯利帮他获得自由。沃尔辛厄姆曾告诉过他，他每年有100英镑的薪酬，是由心怀感激的君主拨给他的。

1588年，我从西班牙回到佛罗伦萨，得了一年的报酬，今年我从出行中得到的报酬还不够我的路费，尤其是上次我被迫滞留在热那亚5个月。

1588年，无敌舰队一蹶不振：根据（沃尔辛厄姆的）命令，我就待在里斯本宫中。在那里我可以观察到所有情形，并通过意大利为他们计谋中的整个环节提供建议，我在佛罗伦萨得到了他的信件，从信上可以看出，女王陛下对我的工作颇为满意。[21]

10月12日，斯坦登获释去了西班牙，并给伯利寄了一个新密码，他的新化名为“拉·法耶”（La Faye）。随后，伊丽莎白封他为爵士，但他后来得罪了詹姆士一世，因为有人发现了他就詹姆士的妻子丹麦的安妮（Anne of Denmark）可能改信天主教一事[22]给多位罗马枢机主教写的信。于是，他从1603年起被关押在伦敦塔，直到次年11月才被放了出来。

吉尔伯特·吉福德，沃尔辛厄姆在巴宾顿案件中的密探，也有一个不光彩的下场。回到法国之后，在众人惊异的眼光下，他接受任命成了神父，但1587年12月，他在巴黎逛妓院被人抓了个现行，然后立即被关押入狱，在法国的教廷大使试图告发他背叛天主教事业，但未成功。1590年11月，吉福德死于狱中。

托马斯·摩根，苏格兰女王玛丽安排在巴黎的间谍，先被关押在巴士底狱，后罗马方面要求将他释放，他也因此重获自由，这令伊丽莎白十分恼火。门多萨给这名威尔士人发放了一小笔津贴，并于1588年将他派去佛兰德斯，协助西班牙军队准备入侵英格兰。詹姆士一世继承王位后，摩根回到英格兰，但他很快就被遣返法国。意想不到的是，他在法国卷入了绑架亨利四世（Henry Ⅳ）私生子的密谋中。因他积习不改的密谋行为，从1604年6月到次年4月，他再一次被关押在巴士底狱。1608年，他最后一次往返英吉利海峡，不久之后便在英格兰去世[23]。

贝尔纳迪诺·德·门多萨，最狡猾的阴谋家，1590年失明，之后从公众生活中消失，但他的阴谋和奸诈却一直伴随他到生命的尽头。1604 年，他在马德里圣贝尔纳多（San Bernardo）修道院去世。

令人讨厌的拉肢行刑人理查德·托普克利夫则发展顺利。他成为下议院威尔特郡老萨勒姆（Old Sarum）的议员，发展了在各个产业上的商业利益，囊括了泥炭采掘、燃料冶炼生铁[24]和畜牧业。甚至在那段艰难时期，他利用酷刑获取情报这件事最后变得人尽皆知：1592 年斯坦登的一封信谈到有个人“温柔而亲切，与我们的托普克利夫（原文斜体）的习惯刚好相反，与那些通过拉肢获取情报的人相比，他可以套出更多的话来”[25]。虽然这是对托普克利夫狡猾的挖苦，但托普克利夫确实擅长抓捕有嫌疑的神父，粉碎他们的反抗：国家档案包含了许多来自他的受害人的招供[26]。

但慢慢地，托普克利夫和他的残酷虐待手段受到了质疑。1592 年 6 月，他逮捕并拷问了神父罗伯特·索斯韦尔，之后有人就质疑了他虐待犯人的合法性以及他是否有官方授权。三年后，索斯韦尔在审判上说，托普克利夫用十种不同的方式虐待了他，但新上任的检察总长爱德华·科克爵士坚称，托普克利夫“没有必要四处去为他的用刑方式找理由”[27]。这名拷问老手能够证明，官方同意让他去给这名神父用刑，“只要不弄死或弄残就行”。

托普克利夫向来自以为是，傲慢自大。1595 年，因侮辱枢密院，他被暂时关押在马夏尔西监狱。在监狱里，他写信给女王，抱怨道“这次出丑……足以让忏悔节上在泰伯恩行刑场被处死的神父索斯韦尔[28]和在约克郡被处死的神父沃波尔[29]未寒的尸骨手舞足蹈”[30]。

重获自由后，他又回到了他制胜囚犯的道路上，之后的四年间，他受枢密院雇用，在伦敦布莱德维尔监狱审问犯人。在那里，他的拷问对象扩至盗贼、谋杀犯、“吉卜赛人和流浪者”[31]。1597年在弗利特监狱，他还审讯了讽刺喜剧《道格斯岛》（*The Isle of Dogs*）的作者、男主角托马斯·纳什（Thomas Nash），以及其他演员，这部剧作现已遗失。

托普克利夫的家在威斯敏斯特的圣玛格丽特教堂墓地附近，在家中，他还享受着一点儿轻松的家庭工作。他建了“一间配备各种镣铐的坚固房间”[32]，“以自己认为恰当的方式”拷问神父。他吹嘘说他家里有“一架自己发明的机器，与之相比，普通的拷问工具只是过家家的玩具而已”。一想到这种工具的运作和它施加在受害者身上的效果，或托普克利夫在用自制工具折磨不幸的犯人时的恶意瞥视，就令人不寒而栗。

托普克利夫时年66岁，饱受腿疾的折磨，毫无疑问，这是因为他一直待在潮湿的监狱而引起的关节炎在作祟。他的侄子埃德蒙宣布放弃姓氏，这算是承认了他叔叔的恶名，而托普克利夫的大儿子查尔斯则被判犯有重罪。托普克利夫离开伦敦，在位于林肯郡萨默比的家族庄园中度过晚年，1603年后，他则住在德比郡巴德利府（Badley Hall），那是他的新房产，以前归天主教徒托马斯·菲茨赫伯特（Thomas Fitzherbert）所有，后来托普克利夫迫害菲茨赫伯特家族，与他们签订了协议，这个庄园就是协议中的一部分[33]。1604年11月或12月，他在床上安然离世。

显然，他的结局并没有体现自然正义原则。

苏格兰女王玛丽遭处决的6个月里，她的遗体似乎被人遗忘在福瑟临黑，装在一口铅质人形棺材里。1587 年 7 月中旬，政府终于下令给这名被处死的女王举办一场王室葬礼。可能是因为伊丽莎白的良心罕见地受到了谴责，或更如实地说，是因为遗体快速腐烂，使得伊丽莎白的城堡中弥漫着一股令人恶心的气味。

7 月 30 日星期日，嘉德首席纹章官、主要纹章官威廉·德西克爵士（Sir William Dethicke）和他的 5 名同僚，在 40 名骑兵的护卫下，带着一辆“王室御用马车”抵达福瑟临黑，马车上覆盖着黑色天鹅绒，上面装饰着带有苏格兰纹章的盾徽。玛丽的遗体——铅质的内棺现在放在了一口木棺里面——被恭敬地放置在马车上。晚上 10 点，神情悲伤的短小送葬队伍出发前往彼得伯勒（Peterborough）。苏格兰女王的一些仆从，在闪烁的火把开路下，跟随纹章官步行踏上了长达 11 英里的旅途，当中有管家安德鲁·梅尔维尔，多米尼克·布尔古安，皮埃尔·戈里安和雅克·热尔韦[34]。

在大教堂的门口，送葬队伍碰见了彼得伯勒教长理查德·弗莱彻。讽刺的是，弗莱彻就是那个在玛丽遭处决时被玛丽玩弄于股掌之上的牧师。凌晨 2 点左右，玛丽的棺椁被快速下放至圣坛入口南边通道的墓穴里，过程中“没有钟声或圣歌响起”[35]。砖砌的墓穴拱顶上方留了一个小缺口。他们决定在举行葬礼前埋葬玛丽，因为她的棺椁

> 是铅质的，极其沉重，以至于绅士们无法在庄严的行进队伍中抬起棺材轻松迈步，而且，他们还担心铅质的内棺裂开，在炎热的天气里发出令人不快的气味。[36]

8月1日星期二举行了玛丽的葬礼仪式。主教宅邸的接见厅里装上了黑色帷幕，虽然厅中御座上挂有一块紫色天鹅绒华盖，但伊丽莎白却不愿参加这尴尬的葬礼，一如她没有出现在审判玛丽的现场。因此，主祭的责任便落到贝德福德伯爵夫人布丽奇特（Bridget）身上，她佩戴着代表君主的徽章。朝中许多官员、31名勋爵和夫人，以及8名苏格兰绅士参加了葬礼。尽管仪式有王室排场，但由于葬礼邀请了外国大使，所以被认为不够慎重。在宅邸外面，100名身穿特制黑色礼服的穷人正耐心等待扮演在苏格兰女王葬礼上充当送葬者象征性角色。

代替玛丽遗体或棺椁的是一尊真人大小的玛丽雕刻蜡像，[37]这尊蜡像现在正躺在主教宫殿的礼堂之中。上午一到10点，伴着唱诗班的歌声，蜡像被恭敬地抬往大教堂，放在面积为20平方英尺、高度为27英尺，覆上厚厚的黑色天鹅绒的灵车之中[38]。蜡像就放在一块紫色天鹅绒垫上，头上戴了一顶“缀有宝石的金王冠，贴得很紧”。

圣歌响起，苏格兰代表团全都急忙离场，除了玛丽的管家安德鲁·梅尔维尔和她的随从芭芭拉·莫布雷（Barbara Mowbray），苏格兰人说他们“不会等着看（新教徒）布道或仪式”[39]。这时，林肯主教威廉·威科姆（William Wickham）开始讲道，《诗篇》第39篇：“耶和华啊，求你叫我晓得我身之终！我的寿数几何？叫我知道我的生命不长！”今天，我们会觉得在这种布道中选择这样的篇章极不合适。玛丽在被告知即将要遭到处决后，她至少知道她的生命将在何时、以何种粗暴方式终结。对所有没有参与为苏格兰女王默哀的人，威科姆以下述安慰的话结束布道：

感谢上帝，给伟大而崇高的玛丽女王、苏格兰前任君主、法国国王遗孀快乐的解放。对于苏格兰女王玛丽的一生和死亡，我不必多言，因为我对她的一生不了解，她逝世时我亦不在场。

我将不会对她做出进一步的判断，因为我知道，她相信会得到基督之血的救赎，我们必定也希望她得到救赎。

因为就像路德神父常说的，许多生时是天主教徒的人，去世时就成了新教徒。[40]

16 世纪末的新教教士们有时会不可一世，但威科姆的态度反映出人们已经感知到了以玛丽·斯图亚特为代表的威胁，关乎英格兰新教国家的未来存续。

玛丽的纹章饰物——绣有她的纹章的外衣、佩剑、盾牌和头盔——都被庄严地摆在圣坛前[41]，林肯主教和彼得伯勒主教在埋葬玛丽遗体的墓穴前方宣读了悼词。伊丽莎白王室官员随后郑重、象征性地将他们的白色权杖高举过头然后折断，并将它们投进了下方的孔洞中。

随后，所有人都离开，前往主教的宅邸享受“最丰盛的王室盛宴”，而聚集在殿外耐心等候的穷人们则领到了施舍金[42]。留下来的玛丽仆从受邀参加此次盛宴，招待者们“请他们享受宴会，若想要任何东西，尽管开口，什么都不缺，这是他们主人（伊丽莎白）的命令”[43]。但他们和官方送葬队伍分开，坐在了一个单独的房间内，“用餐时食物和饮料里掺着伤心的泪水”[44]。

玛丽的遗体在彼得伯勒的墓穴里保存了 27 年。1603 年，她的儿子苏格兰詹姆士六世继承伊丽莎白的王位，成为英格兰国王詹姆士一世后，在威斯敏斯特修道院中亨利七世小礼堂的南侧廊修建了一间新墓穴来安置母亲的遗体[45]。萨瑟克区的雕刻家科尼利厄斯·丘尔（Cornelius Cure）受托修建一座宏伟的坟墓，他的儿子威廉于1613年完成了这项工程[46]。坟墓的造像显著地包含了代表胜利的人物形象。

伊丽莎白女王的豪华墓穴位于亨利七世小礼堂的北边，1606年，也是受詹姆士一世委托，由新教难民雕刻家马克西米兰·柯尔特（Maximilian Colt）修建。1603年3月24日清晨，星期四，在萨里郡泰晤士河岸的里士满宫，伊丽莎白在睡梦中离世，时年69岁。支气管肺炎和由烂牙毒性感染引起的败血症可能是她的死因[47]。

在世时，伊丽莎白和玛丽这两名女王在政治和宗教上有分歧，但去世后却葬在了同一座教堂里。沃尔辛厄姆是残忍屠杀玛丽的主要发起人，却又是保护伊丽莎白生命安全的主力。虽然伊丽莎白吝啬，喜欢拖延，但她是英格兰最伟大的君主之一。沃尔辛厄姆将新教的信条和价值观如同在全球范围暗暗涌动的潮水一般迅速传播开来。他是这个新兴新教国家的真正守护者。

附录

沃尔辛厄姆的间谍网络

下面是我第一次尝试列出的一份沃尔辛厄姆雇用的间谍和线人的综合名单。由于超级间谍沃尔辛厄姆十分醉心于保密工作，所以相关间谍和情报人员的姓名、位置和详细资料必定稀少。

所罗门·奥尔德雷德，双面间谍。在法国城市里昂开了一家裁缝店。后来他和妻子一起搬到罗马，成了罗马的英格兰圣徒学院的裁缝，教皇格列高利十三世还赐予了他津贴。1581 年 3 月 10 日至 20 日，以及 1583 年 3 月 11 日至 19 日，有记录显示他曾拜访过英格兰朝拜旅客招待所（English Hospice）[1]。

1582 年，罗马天主教领袖人物欧文·路易斯博士（Dr. Owen Lewis）告诉教皇秘书，奥尔德雷德可以提供从驻欧洲各国的英格兰大使们处截取的信件副本。

1583 年，米兰宗教裁判所监禁了亨利·温顿（Henry Unton）（或姓温普顿 Umpton）的哥哥爱德华。在沃尔辛厄姆的建议下，温顿准备协商释放他哥哥的事宜。米兰宗教裁判所要求支付现金，用来支持在罗马的英格兰传教士[2]。路易斯派遣奥尔德雷德前往里昂代表天主教的利益进行谈判。1583 年 6 月 2 日，亨利・温顿写信给沃尔辛厄姆：

> 我已经说服了奥尔德雷德——掌控着我哥哥命运的人，在你……确保他安全的情况下来英格兰。他看似单纯，实则比谁都更为清楚天主教对英格兰的做法。他告知我诸多内情，并向我承诺，只要他一离开英格兰，我就给他写信，并履行某些条件，他便会成为一个正直的英格兰绅士。虽然他现在有些勉强，不够诚实，但他依然十分值得被争取过来。[3]

8 月 18 日，伯利在里昂的间谍威廉・帕里告诉伯利，“奥尔德雷德于本月 10 日起程前往米兰，希望能带温普顿先生离开”，随后他告知，“本月 20 日，爱德华・温顿先生健康状况良好，但还未得到释放。奥尔德雷德将在两三天后离开米兰前往罗马，他很有把握完成任务”。[4]

次年，奥尔德雷德前往英格兰与沃尔辛厄姆会面。1584 年 11 月 15 日，奥尔德雷德从里昂写信给沃尔辛厄姆，请求为其提供间谍服务：“我向您保证，我对您和陛下忠心耿耿。若您有怀疑我的理由，可以让您的下属给我写信，我将会证明自己的忠心。”[5]

奥尔德雷德突然拜访伦敦的消息经从巴黎传至罗马，到 1585 年 2 月，圣城广泛流传着他成为叛徒的消息。教皇停止了他的津贴供给，某些天主教流亡分子警告奥尔德雷德，如果他到了罗马，“他将会被驱使，甚至因此殒命”。沃尔辛厄姆在里昂的间谍威廉・卢克诺（William Lewknor）告诉他的主人：

这可怜的家伙，除了津贴之外没有其他生活来源，被人逼到了危险境地，歪曲自己的良心。由于他是审问官，为了拿到他的津贴，他要得到比之前更多的信任，天晓得他要怎么做。[6]

在这时，沃尔辛厄姆计划在耶稣会会士和流亡国外的天主教士之间制造纷争，出于这个目的，他雇用了奥尔德雷德，在巴黎埋下纷争的种子。据耶稣会神父罗伯特·珀森斯所说，1585 年，奥尔德雷德带着巴特森（Batson，他后来成为耶稣会成员）前往伦敦，同哈顿、伯利及沃尔辛厄姆讨论"宗教的节制"，但"从一开始便在细节方面闹翻"。

1585 年 9 月，沃尔辛厄姆收到从法国巴黎发回的情报警告说，"现在有人调查奥尔德雷德（和）他的一举一动，他们煞费苦心，计划加害于他，但是他对自己的事情很谨慎"[7]。英格兰驻巴黎大使斯塔福德警告沃尔辛厄姆，奥尔德雷德"有点儿长舌"，而间谍应该"为了自己的安全起见而更加谨慎，因为有许多眼睛一眨不眨地盯着他们"[8]。1589 年 7 月，奥尔德雷德的名字依然在沃尔辛厄姆的薪水册上，沃尔辛厄姆正在支付他前三年的行动报酬。

1592 年，珀森斯评价说，奥尔德雷德是

天主教平信徒……他看似诚实，却喜欢搞派别活动。受雇于英格兰后不久，他常常去巴黎和托马斯·摩根、吉尔伯特·吉福德以及其他成员开会，在这些事上精力十足，因为他没多久就公然成了沃尔辛厄姆的人，公开表示他信奉异教，

是无神论者。1592 年，他在罗马凄惨离世，没有任何信仰。[9]

罗杰·阿尔蒙德，或姓阿蒙（Amon），化名威廉·瓦瓦苏。天主教叛徒，1583 年 3 月，他在爱丁堡附近的利斯背叛耶稣会神父威廉·霍尔特。之后，阿尔蒙德反复进出监狱。1583 年 9 月，他在法国的阿拉斯（Arras）监狱遭受折磨，沃尔辛厄姆最终解救了他。他一回到英格兰就在温彻斯特被捕了。1584 年 10 月，在诺丁汉郡的纽瓦克（Newark），第四代拉特兰伯爵罗杰·曼纳斯扣留了阿尔蒙德[10]。这名间谍“自称是沃尔辛厄姆的下属，他拿出一份秘密获得的委任状，伪装成刚刚被抢劫了马匹的人”。这份署于 1584 年 9 月 26 日的委任状被寄给郡长约翰·斯宾塞爵士（Sir John Spencer），上面指示斯宾塞去协助威廉·瓦瓦苏逮捕耶稣会会士罗伯特·珀森斯和其他天主教徒。然而阿尔蒙德还是因为持有未授权的委任状而再次被捕。

他最后一次出现是在 1612 年，因被控蔑视王权罪，被关押在伦敦的新门监狱。为获得自由，他向詹姆士一世提供了 100 英镑的赎金[11]。

罗伯特·巴纳德，化名罗伯特·伍德沃德，有时也自称为“P. H.”，在英格兰追捕神父和反叛者。1581 年 1 月他开始为沃尔辛厄姆工作，住在伦敦。他似乎常常陷入穷困，曾在某时企求沃尔辛厄姆：“我必须谦卑地恳求您考虑我，我欠了房东 4 英镑多，他以此威胁要将我送进监狱。在过去的 3 个月内，我没有从大人那里得到任何东西。”

1584年12月，他成了一名流动间谍，在游历米德尔塞克斯、诺丁汉郡，以及后来的柴郡、兰开夏郡、威斯特摩兰郡、诺森伯兰郡和约克郡期间，他根除了许多反叛者和躲藏的神父。

托马斯·巴恩斯，后来化名“鲁滨逊”。他是密探吉尔伯特·吉福德的表兄弟，和吉福德一起待在伦敦。他卷入巴宾顿阴谋之中，充当苏格兰女王玛丽的信使，传递她和法国大使间的信件。后来他同意监视巴黎的天主教流亡者，求得了英格兰政府的原谅[12]。1588年3月，巴恩斯到达巴黎，成了托马斯·摩根、查尔斯·佩吉特以及天主教流亡人员圈子的密友。1589年4月，他回到伦敦，在沃尔辛厄姆去世以后依然同法国的英格兰天主教徒保持联系[13]。

帕特里克·贝尼布里奇（Patrick Baynebridge），化名“汤普森”。他是英格兰驻爱丁堡大使罗伯特·鲍伊斯爵士的间谍，却通过英格兰驻巴黎大使向沃尔辛厄姆传递关于在法国的苏格兰天主教徒的情报[14]。1583年5月，在被迫离开苏格兰时，他伪装成了法国驻英格兰大使梅因维尔勋爵弗朗瓦索·德·罗恩彻罗勒斯的随行人员。[15]

“B. C.”，安东尼·斯坦登的化名。

托马斯·贝克纳，身在法国鲁昂的英格兰布商。因为沃尔辛厄姆帮他解决了一桩控告他的诉讼，所以从1584年开始，作为报答，他便定期为其提供法国天主教徒的信息和重大事件的情报。

尼古拉斯·伯登，化名托马斯·罗杰斯，他能够伪造笔迹，且拥有多重身份。他是著名天主教平信徒乔治·吉尔伯特的仆人，陪同主人去了罗马。

1583 年，他给沃尔辛厄姆写了封信，记录了“罗马为苏格兰女王所进行的活动”，因而首次接触间谍工作。很快，伯登被流放的天主教徒控以叛变罪，监禁在罗马教廷的圣天使城堡。在发誓忠于天主教之后，他被释放，回到了英格兰。不久后，他又开始为沃尔辛厄姆做间谍工作，1585 年 3 月，他在伦敦从事间谍工作，受命监视阿伦德尔伯爵菲利普·霍华德的活动，霍华德被怀疑正在谋反。

1585 年 8 月到 1586 年 1 月，他被派到法国监视巴黎和鲁昂的英格兰天主教团体的活动，用显隐墨水书写情报。事实上，他是一名双面间谍，因为他在给那些英格兰天主教团体收发信件，并在他们之间传播从英格兰搜集的情报。他提议“要与各方保持全面通信，以便向沃尔辛厄姆通报情况”。

1586 年仲夏，在抓捕巴宾顿阴谋相关人员之前，伯登一回到英格兰就审查了名单上关押在伦敦的神父和反叛者。他告诉菲利普斯：

> 我给大人（沃尔辛厄姆）写了回信，以我所知所得，我十分仔细地研读了回信。那些我标明要绞死的人，心性最为叛逆。那些我标明要流放的人，最符合流放标准，因为他们都十分贫困而又好辩。那些我标名要关押在威斯贝奇（城堡）的人，严肃又好学，而且完全能够支付他们的花销。这样做可能让大

人比较满意，要是将他们全部绞死，大人应该十分满意。

1588 年，天主流亡者查尔斯·佩吉特（自称叫“诺瑞斯”）写信给伯登，不满地抱怨造成苏格兰女王玛丽死亡的“恶行”，“国务大臣沃尔辛厄姆在其中起了显著作用”。[16]

同年，在度过了 5 年间谍生涯之后，伯登决定不再从事险象环生的间谍工作，而是选定一种“普通一点儿的生活”，他写信给沃尔辛厄姆，请求其应允他王室家禽供应商一职——这是在“我父亲在世的时候”从事了三年的工作。一个月之内，在沃尔辛厄姆的推荐下，他的请求得到了批准。

“贝斯特”（Best），间谍，伪装成不忠的英格兰人，试图揭露教皇推翻伊丽莎白女王的计划。他的情报来源于驻巴黎的西班牙大使的秘书。1580 年 7 月，在法国首都街道的一场可疑争斗中，贝斯特被残忍杀害。

罗杰·波登罕姆（Roger Bodenham），被派驻在西班牙圣卢卡（San Lucar）的英格兰商人。1580 年，他汇报说西班牙正在精心做海军备战工作。

弗里亚尔·鲍彻修士（Friar Boucher），提供关于巴黎的英格兰天主教徒的情报。

爱德华·布里奇斯（Edward Bridges），化名埃德蒙·格雷特

利（Edmund Grateley）。

罗伯特·布鲁斯（Robert Bruce），苏格兰贵族，莱尔德·宾尼（Laiird Binnie）的弟弟，通过英格兰驻苏格兰大使斯塔福德，提供关于在巴黎的托马斯·摩根和其他天主教流亡者的情报。1585 年 1 月，大使告诉沃尔辛沃姆：

> 他（布鲁斯）承诺要提供重大情报，但他直截了当地表示，“工人得工价是应当的”。在不确定得到奖赏之前，他不会将自己置于危险的境地。
>
> 他在此处欠下了近 200 克朗的债务。因为这是一份特别的奖励，我认为有必要告知您，陛下会因此而开心，而他也值得因工作受到嘉奖。
>
> 此人是一个资深的教皇党人……在我看来，能够得到这样的服务，花 200 克朗也十分值得，因为我认为他有意愿，也有能力获得重要情报。[17]

焦尔达诺·布鲁诺，化名**亨利·法戈**。在信件中签署的是占星术中的木星标志。在法国大使卡斯泰尔诺家——弗利特街外的索尔兹伯里宅邸，他的身份是一名留宿的意大利籍宾客。1583 年年末，他向沃尔辛厄姆提供情报致使思罗格莫顿阴谋破败。

爱德华·伯纳姆，沃尔辛厄姆的仆人。1577 年，他被派到皮卡第以及法国北部其他地方，“在那里观察和了解法军为进入低地国家的征税情况”。之后在无敌舰队备战阶段，他在帕尔马公爵驻低地国家的兵营当看守人。

托马斯·凯西（Thomas Casey），菲利普斯的仆人。他充当被捕神父和嫌疑犯的信使和陪护。

马利维尼·卡特林恩，自称“II”。他是一名清教徒和退伍士兵，对演员和话剧怀有强烈的宗教仇恨。他在低地国家为沃尔辛厄姆工作，1586年4月22日，他从鲁昂写信给沃尔辛厄姆，主动表示要监视法国天主教流放者。同年7月，他被监禁在朴次茅斯，后被蓄意送往马夏尔西监视被关押的神父。1586年8月开始，他在叛乱分子聚集的英格兰北部充当情报提供者。同年秋天，他回到伦敦，监视对天主教抱有同情的贵族成员。

大卫·柯布瑞特（David Cobrett），被派驻在迪耶普。

约翰·邓恩（John Dunne），在西班牙西北部科伦纳的英格兰商人。1580年，他提供情报说腓力二世在精心准备同葡萄牙的海战。之后，他伪装成天主教徒，从一个西班牙修士口中得知，一名爱尔兰主教正在集结20艘战舰，准备侵略爱尔兰[18]。

亨利·法戈，化名为意大利人焦尔达诺·布鲁诺。

威廉·福勒，苏格兰诗人和神学家。1583年，在被禁止从事研究工作后，他去往英格兰，却立即被捕。作为对重获自由的回报，他同意为沃尔辛厄姆做间谍工作。他以提供苏格兰事务的相关情报为由，劝服法国大使卡斯泰尔诺，反过来又将卡斯泰尔诺对苏格兰的态度告知了英格兰政府。

约翰·福克斯利（John Foxley），化名埃德蒙·格雷特利。

托马索·弗兰基托上尉，化名弗朗索瓦上尉，被派驻在托斯卡纳的卢卡。1568 年 8 月，他向沃尔辛厄姆告发，有人密谋在伊丽莎白的寝具中下毒谋杀她。之前 40 年，他一直受雇于法国王室。

弗朗索瓦上尉，化名托马索·弗兰基托上尉。

托马斯·哲明（Thomas Germin），1584 年 5 月 24 日，沃尔辛厄姆曾就可将秘密交流渠道托付何人寻求了他的意见。[19]

理查德·吉布斯，被派驻在西班牙的英格兰人。在里斯本期间，他乔装成苏格兰人。1587 年，他向沃尔辛厄姆汇报，在许多港口观察到大约 150 艘战舰，且西班牙人曾就无敌舰队适合停泊在哪些英格兰港口和河流询问了他的意见。

吉尔伯特·吉福德，据说“年轻，没有胡须”。他来自一个天主教家族，是一名历经坎坷的见习神父。他被逐出罗马的英格兰圣徒学院，但在 1982 年，他又获准加入了兰斯的学院。三年之后，他成了教会执事和哲学准教授。1585年12月上旬，他离开法国去往英格兰，带有格拉斯哥大主教、托马斯·摩根和天主教流亡者查尔斯·佩吉特写给苏格兰女王玛丽的信，但在拉伊被逮捕。他和沃尔辛厄姆见了面，成为其在巴宾顿阴谋中诱捕苏格兰女王的密探。

回到法国之后，他继续担当沃尔辛厄姆的间谍。他被任命为神父，但在1587年12月，被人在巴黎的妓院里抓了个现行。他立即被捕入狱，法国教廷大使试图告发他背叛天主教会，但并未成功。1590年11月，他在巴黎的主教监狱中去世。

亨利·吉尔平（Henry Gilpin），在那不勒斯的英格兰商人。1575到1576年间，他汇报了托马斯·斯塔克利爵士和教皇可能侵略英格兰的交易。

埃德蒙·格雷特利，化名约翰·福克斯利或爱德华·布里奇斯。他是阿伦德尔伯爵菲利普的专职牧师，1584年夏天逃往法国。他是导致伯爵被抓的告密人，之后，他代表沃尔辛厄姆加入了抓捕耶稣会神父的策划当中。1586年8月4日，他告诉沃尔辛厄姆："我生来便属于女王陛下，对您亦是忠贞不贰，即使您会改变对我的态度，我对您的态度也不会变"[20]。1586年6月，他和吉福德合作出了一本书，为伊丽莎白对天主教的政策和驻低地国家的英格兰军队进行辩护。这是一本逻辑错乱的书——连沃尔辛厄姆的主要译码者菲利普斯都认为这是一部"极度狂放之作"。因为此书，格雷特利在罗马宗教裁判所的监狱里待了五年。

亚瑟·格列高利，为沃尔辛厄姆拆信和封信的专家。在沃尔辛厄姆去世之后，伯利之子罗伯特·塞西尔爵士雇用他继续从事类似工作。

约翰·哈特，耶稣会神父。1581 年被关押在伦敦塔，他以监视天主教团体为条件求得了原谅。他声称自己和“艾伦博士（英格兰天主教流亡者实际上的领导人）关系亲密……（这使得）他能发现艾伦的所有计划，知道他心里所有的秘密”[21]。1589 年 4 月 14 日，在威斯敏斯特大厅审判阿伦德尔伯爵菲利普·霍华德时，他的供词被用来当作驳回霍华德的证据。

博托尔夫·霍尔德（Botolphe Holder），身在里斯本的英格兰商人，1578 年，他汇报说爱尔兰叛党詹姆斯·菲茨杰拉德（James Fitzgerald）装载了一艘吨位为 80 吨的舰船，招募了“100 名小贩和恶棍”充当士兵，并购买了 200 门重炮和加农炮[22]。1580 年，他汇报说西班牙海军正在精心备战。

亨特先生，住在里斯本的苏格兰商人。1587 年，他被判为英格兰间谍和异教支持者，所以遭到逮捕及监禁。

约翰·杰尼根（John Jernegan），1584 年在加来活动的英格兰间谍，他和被驱逐的西班牙驻伦敦大使贝尔纳迪诺·德·门多萨谈话，从而证实了西班牙企图颠覆英格兰的“恶意计划”。

大卫·琼斯，1574年7月，他为沃尔辛厄姆搜集伦敦监狱里的神父信息。身无分文、贪得无厌的他告发了考金斯太太，一个“声名狼藉的天主教徒”，而这位太太曾在他忍饥挨饿时伸出过援手。

尼古拉斯·勒克莱尔，库尔瑟莱勋爵，法国驻伦敦大使卡斯泰尔诺的秘书。他被亨利·法戈收买后为沃尔辛厄姆做间谍工作，为其提供信件副本。

威廉·卢克诺，身在里昂的英格兰商人，提供在这座城市的天主教徒的相关情报。

雅科莫·马努奇，佛罗伦萨人。1573至1574年，他在里昂和法国其他地方为沃尔辛厄姆工作，但是被凯瑟琳·德·美第奇监禁[23]。后来他回到伦敦，住在恩德夏夫特圣安德鲁教堂教区里，控制着部分欧洲英格兰间谍网络，代理沃尔辛厄姆执行机密任务，常常通过口头而非书信传达沃尔辛厄姆的指令。

克里斯托弗·马洛（1564—1593年），1586年，当他还是学生时，就在巴黎和兰斯为沃尔辛厄姆工作。由于从事间谍工作，他的文学硕士学位岌岌可危，但是在1587年6年，枢密院告知剑桥大学当局，“他为女王陛下忠心服务，他的忠诚值得被奖励”，因而保住了他的学位。1587年他创作的亵渎神明的话剧《帖木儿大帝》被免于政府起诉，作为回报，几乎可以确定，他继续在伦敦从事了反对天主教阴谋的间谍工作。1593年5月30日，他在德特福德（Deptford）的一家饭铺因争斗丧生，沃尔辛厄姆的间谍罗伯特·普利目睹了他的死亡。

伯纳德或巴纳德·莫德，来自牛津大学三一学院（Trinity College），之前是约克大主教埃德温·桑兹的仆人；1582 年 5 月，莫德误告说主教是宗教异端，并指控他与唐卡斯特的布尔旅馆主人威廉·西森斯（William Sissons）之妻有不正当关系，对其进行勒索[24]。桑兹向莫德和他的朋友交付了 600 英镑封口费。后来经过调查，莫德被迫退还主教的钱财，且须向女王缴纳 300 英镑的“罚款”，由于犯有勒索罪，他在伦敦的弗利特监狱关了三年。如果他当时不招供，“如同普通罪犯一样，他的耳朵将会被切下来”。沃尔辛厄姆提早释放了他，作为对他同意为伊丽莎白政府从事秘密工作的回报。他在法国和英格兰监视神父约翰·巴拉德。

史蒂芬·莫德（Stephen Maude），在渡过英吉利海峡的船上认出了神学院神父约翰·巴拉德。

弗朗西斯·米勒斯，沃尔辛厄姆的私人秘书之一，控制着伦敦的间谍网络和犯人审讯事宜。

托马斯·莫菲特（Thomas Moffett），被派驻到鲁昂的间谍。[25]

迈克尔·穆迪，之前是英格兰驻巴黎大使爱德华·斯塔福德爵士的天主教仆人，他可能是1587年早期“斯塔福德”阴谋的密探以及双面间谍。之后他被投入新门监狱（由坎特伯雷大主教下令逮捕），他还是出了名的“贪得无厌之人，会为了金钱做任何事”。沃尔辛厄姆十分了解此人，因为从1580到1584年间，沃尔辛厄姆付费让他捎带伦敦和巴黎之间的信件。1587年1月开始，他在监狱里待了三年。1591年以后，他在低地国家为埃塞克斯伯爵工作。

马尔伯里（Mulberry），在英格兰揭发反抗者和流亡神父的告密人或间谍。

安东尼·芒迪（Anthony Munday，1553—1633），罗马的英格兰圣徒学院的叛逆学生，被带回伦敦指认神父，是伦敦书商之子；1576年，他成为文具商约翰·爱利德（John Alide）的学徒，之后两年在罗马的英格兰圣徒学院学习如何成为神父。他回到伦敦并写了《英格兰人在罗马的生活》（*The English Roman Life*）一书。后成为神父搜捕者和行刑人理查德·托普克利夫的手下，托普克利夫形容他“不乏任何才智”。1581年，他写了一篇描绘埃德蒙·坎皮恩被捕的反天主教文章。到1584年，他被委任为女王枢密院的信使。其后成为二流剧作家和诗人，创作了18篇剧作，其中有4篇仍然存世，他还写了一些流行的骑士故事。

弗朗西斯·尼达姆（Francis Needham），沃尔辛厄姆最信任的下属之一。他被派到低地国家担任莱斯特伯爵的秘书，被沃尔辛厄姆用来监视伯爵的行为举止。莱斯特曾写信给沃尔辛厄姆称："大臣先生，我要再三感谢您，送了我一个这样诚实能干的年轻人。"[26]

托马斯·诺埃尔（Thomas Nowell），之前是罗马的英格兰圣徒学院的学生，后回到伦敦指认传教神父。

赫克托·努涅斯医生，在伦敦的葡萄牙内科医生。他是沃尔辛厄姆的通信者之一，以现代的间谍术语来说，就是死信邮箱，代表沃尔辛厄姆接收国外的信件。

尼古拉斯·乌斯利，在西班牙马拉加活动的间谍，利用葡萄酒桶将情报偷运出西班牙。1587 年 7 月 12 日，门多萨在写给西班牙国王的信中披露了乌斯利的秘密工作，门多萨补充道："沃尔辛厄姆收到乌斯利的某些信件，立马便说乌斯利是他知道的最聪明的人之一，女王十分感激其定期提供的可靠情报。"[27]

后来乌斯利被逮捕，利用贿赂出了监狱，一直到 1588 年 4 月他还在为伦敦输送情报。之后，在英吉利海峡对抗无敌舰队的小规模战斗中，他自愿去英格兰"复仇者号"上服役。作为对他的工作的报酬，他得到了圣海伦主教门（St Helen's Bishopsgate）教堂的租赁权。

霍雷肖·帕拉维希诺（Horatio Palavicino），热那亚商人。他将沃尔辛厄姆的经费分发给法国北部的间谍，且负责监视英格兰驻巴黎大使爱德华·斯塔福德爵士[28]。1586 年，他去往德意志招募新教徒军队以侵占法国。之后，他被加封为爵士。

威廉·帕里医生，双面间谍。据说他是一个“非常骄傲，干净整洁”的人，可能有些精神失常。16 世纪 70 年代，他在罗马、巴黎和锡耶纳为伯利监视英格兰天主教徒。

1580 年，他闯入他的债权人休·黑尔在伦敦圣殿区的家中将其袭击，并致其受了重伤。但他逃过了死刑，在普特利监狱待了一年多，缴纳了 1000 英镑保证金后出狱。作为重获自由的回报，他被命令再次为伯利和沃尔辛厄姆监视海外的英格兰天主教徒，先是在巴黎，后在威尼斯，最后在米兰和里昂。

1584 年 1 月，帕里回到伦敦。他告诉伊丽莎白，他被牵扯进了试图谋杀伊丽莎白的秘密交易中，这桩交易由教皇格列高利十三世和苏格兰女王玛丽在巴黎的间谍托马斯·摩根商定[29]。他宣称所牵涉的事情可以揭露英格兰“用心险恶之人”的计划。1584 年，他获得了议会下议院的昆伯勒席位。

为增加收入，帕里继续回归间谍工作，成了策划谋杀女王的自由密探。他向被流放的叛党威斯特摩兰的兄弟埃德蒙·内维尔建议谋杀伊丽莎白。内维尔背叛了帕里，致使他被捕，1585 年 3 月 2 日，他在威斯敏斯特的大宫殿庭院被处决。

斯蒂芬·保罗，1587 年上半年，沃尔辛厄姆派他到威尼斯查找关于无敌舰队的情报。在一年多时间里，他每周都会寄出情报。1587 年 11 月，保罗汇报说一名叫迈克尔·吉拉尔迪的“贝加莫人”[30]假扮成商人，起程去了英格兰。据说，出于一些原因，（他）

受了教皇的唆使，要去毒害女王陛下。教皇打着支持反对异教徒战争的幌子，又谋划了一些重大阴谋，实则是要为自己大力敛财。[31]

蓬佩奥·佩莱格里尼，化名安东尼·斯坦登。

"P. H."，化名罗伯特·巴纳德。

托马斯·菲利普斯，译码者和造假者。他还控制着许多沃尔辛厄姆的间谍，其中比较有名的是回了法国的吉尔伯特·吉福德。菲利普斯是伦敦海关官员威廉的儿子。他还是剑桥大学文学硕士，熟练掌握法语、意大利语、拉丁语，略懂西班牙语。苏格兰女王玛丽形容他"个头矮小，很瘦，褐色头发，一张脸上全是小麻子，视力不好，看起来 30 岁的样子"[32]。

1578 年，沃尔辛厄姆派他到巴黎破译截获的信件。那时他被派去监视在法国的间谍，并携带伊丽莎白在宗教内战期间秘密提供给法国胡格诺派教徒的资金。他在不同时期使用的假名是"约翰·莫里斯"和"商人彼得·哈林斯"[33]。他的仆人凯西经常被派去执行棘手的任务。

后来他接替理查德·扬出任伦敦港口海关征税员。短短两年他便欠下王室巨额债款，累计多达 11682 英镑 6 先令 6 便士，因而丢了官职，被关进大牢[34]。1598 年，他请求分期付清债款，用自己的钱偿还债务。

罗伯特·普利，沃尔辛厄姆女儿的仆从之一。耶稣会神父威廉·韦斯顿形容他“天生机智灵敏，于欺瞒上足智多谋”。他在自己家中“以丰盛的菜肴”[35]宴请了许多在伦敦的主要天主教徒。沃尔辛厄姆的机要秘书弗朗西斯·米勒斯认为他是个出了名的“不讲信用的无赖”。他是巴宾顿阴谋中的间谍。1592年，他在法拉盛和布鲁塞尔为托马斯·赫尼奇爵士工作，1593年5月30日，他在德特福德目睹了克里斯托弗·马洛的死亡。

安东尼·波因茨，公认的双面间谍。他是托马斯·赫尼奇爵士妻子的兄弟，女王的内宫司库，内殿法律学院的学生，却经常陷入法律纠纷中。1586年12月，他被派到巴黎监视西班牙大使门多萨，但是很快便暴露了身份。后被沃尔辛厄姆派往马德里搜查关于无敌舰队的情报。

鲁滨逊，化名托马斯·巴恩斯。

托马斯·罗杰斯，化名尼古拉斯·伯登。

安德鲁·善多，化名安东尼·斯坦登。

托马索·迪·维琴佐·萨塞蒂上尉（Captin Tomaso di Vicenzo Sassetti），佛罗伦萨译码员。他在法国为沃尔辛厄姆做间谍工作，后搬去伦敦，为获得50英镑年薪，成为了莱斯特伯爵的护卫。

肖特（Short），负责监视在英格兰的反叛者和流亡神父，并且提供情报。

查尔斯·斯莱德，1579年，他伪装成天主教徒潜入罗马的英格兰圣徒学院，住在后来也成为了沃尔辛厄姆间谍的裁缝所罗门·奥尔德雷德家中。1580年5月，他一回到英格兰，便写下了他在法国和意大利遇见的天主教流放人员和神父的名单，有些还附有外貌特征描述。他将这些名单连同在罗马写下的一本日记交给了沃尔辛厄姆。他后来留在伦敦，成了一名成功的神父搜捕人员。

约翰·萨默斯（John Somers），沃尔辛厄姆的秘书，精通破译密码。

威廉·斯塔福德，1587年所谓的"斯塔福德"阴谋的密探。人们形容他"淫荡、贪得无厌"，他是英格兰驻巴黎大使爱德华·斯塔福德爵士的弟弟。据说他曾联系法国驻伦敦大使夏杜勒夫的秘书伦纳德·德斯·特拉普，试图策划谋杀女王。而在两年前，即1585年6月，他还对沃尔辛厄姆给予的帮助十分感激，称"我愿听候您的差遣"。

理查德·斯塔林吉，身在鲁昂的英格兰商人。他从广泛的通信员圈子中获取消息和小道传闻，将其寄给沃尔辛厄姆。

安东尼·斯坦登，化名蓬佩奥·佩莱格里尼和"B. C."[36]。1565年，他是苏格兰女王玛丽的第二任丈夫达恩利勋爵亨利·斯图亚特的仆从。后在托斯卡纳工作和生活。他是托斯卡纳公爵派往马德里的大使乔瓦尼·菲利亚齐的密友，他的信件就利用了这段友谊，其中许多都由沃尔辛厄姆的间谍马努奇经手转交。他还在西班牙海军总司令圣克鲁斯侯爵府中担任间谍。

因被怀疑是西班牙间谍，他被关在波尔多监狱，在此期间，他听闻了沃尔辛厄姆去世的消息。在监狱待了近 9 个月后，他以化名“安德鲁·善多”偷运了一封信给安东尼·培根。1591 年 6 月，他写信给伯利，抱怨自己从事一年间谍工作的 100 英镑报酬还未发放。之后，他被伊丽莎白加封为骑士，但后来得罪了詹姆士一世，因为有人发现了他就詹姆士的妻子丹麦的安妮可能改信天主教一事给多位罗马枢机主教写的信。他从 1603 年起便被关押在伦敦塔，直到第二年 11 月才获释出狱。

托马斯上尉，法国内战期间在保皇党军队服役的爱尔兰间谍。他逃往英格兰，伪装成天主教徒，随后潜入被流放的天主教团体。1570 年，他监视了卡舍尔（Cashel）大主教莫里斯·菲茨吉本（Maurice Fitzgibbon）在爱尔兰的行动。5 年后，他揭露了在爱尔兰的叛乱计划，但被法国政府逮捕。最终，英格兰大使瓦伦丁·戴尔博士解救了他。

汤普森，化名帕特里克·贝尼布里奇。

劳伦斯·汤姆森，沃尔辛厄姆的秘书。1580 年，他被派往意大利北部城市博洛尼亚，同教皇身边的间谍会面以买入情报。他被告知，教皇格列高利十三世计划派雅科莫·博纳坎帕尼尼招募军队。这位将军将在吉斯公爵亨利的协助下入侵英格兰，推翻伊丽莎白。

威廉·瓦瓦苏，化名**罗杰·阿尔蒙德或阿蒙**。

罗杰·沃尔顿（Roger Walton），之前是诺森伯兰夫人的护卫和侍者。1588年仲夏，他被沃尔辛厄姆派去巴黎监视那里的天主教流放人员。斯塔福德没有意识到沃尔顿是英格兰间谍，写信提及他：

> 他（睡在）离我不远的地方……在有些人面前，他是一个十足的天主教徒，在其他人面前，他又是一个新教徒……他既不信上帝，也没有其他宗教信仰，情况十分糟糕，他是一个没有节制的咒骂者，上帝的亵渎者，知名的嫖客……
>
> 这个沃尔顿年轻，面部没有毛发，二十来岁的年纪，长脸，身形瘦削高挑，面色灰黄，（总是穿）一件黑色配有深红天鹅绒的紧身上衣。[37]

回到英格兰之后，沃尔顿向沃尔辛厄姆吹嘘，他取得了吉斯公爵和在巴黎的英格兰耶稣会领导人达比希尔神父的信任，并获取了许多重要秘密。

沃尔特·威廉姆斯，邮递员，有时会涉足间谍工作，之前是托马斯·科普利爵士（Sir Thomas Copley）的仆人，科普利是身在法国的天主教流放人员，曾在1582年试图贿赂沃尔辛厄姆[38]。1582年8月，他被安插进拉伊监狱调查天主教暴动。沃尔辛厄姆利用其中的情报监视爱德华·斯塔福德爵士，但当威廉姆斯还在因成功获得斯塔福德阴谋的细节而“兴高采烈”时，大使灌醉了他。

爱德华·伍德肖（Edward Woodshaw），在安特卫普活动的间谍，1573年，在安特卫普的约翰·李被捕后，伍德肖接替了他的工作。据说他是“不正直的狡猾人物”，在间谍工作上有着卓越的智慧。1569年，北境叛乱后，他被特别委派监视在佛兰德斯逃亡的英格兰流放人员。

罗伯特·伍德沃德，化名罗伯特·巴纳德。

大事年表

1532 年	沃尔辛厄姆出生的大致年份。
1542 年 12 月 8 日	苏格兰女王玛丽在林利斯戈（Linlithgow）出生，她是苏格兰国王詹姆士五世（James Ⅴ）和其第二任妻子吉斯的玛丽的女儿。1542 年 12 月 14 日詹姆士五世突然离世，玛丽继承苏格兰王位。1544 年 4 月 12 日，吉斯的玛丽成为苏格兰摄政，直至 1560 年 6 月 11 日在爱丁堡去世。
1548 年 11 月 12 日	沃尔辛厄姆被剑桥大学国王学院录取，可与研究员同桌吃饭，但未取得学位。
1551 年	威廉·塞西尔被任命为枢密院顾问官，爱德华六世的国务大臣，伊丽莎白公主的房产鉴定人。
1552 年	沃尔辛厄姆进入格雷律师学院学习法律。
1555 年 12 月 29 日	沃尔辛厄姆在意大利帕多瓦大学民法系被推选为英格兰领事。
1558 年 4 月 24 日	苏格兰女王玛丽与亨利二世（Henry Ⅱ）的儿子、法国王太子弗朗索瓦在巴黎圣母院大教堂（Cathedral of Notre Dame）成婚。
1558 年 11 月 17 日	伊丽莎白继承玛丽一世的王位，成为英格兰女王，玛丽一世是她同父异母的姐姐，信仰天主教。塞西尔被任命为枢密院顾问官和国务大臣。
1559 年 1 月 15 日	伊丽莎白一世在威斯敏斯特修道院加冕。

1559 年 1 月 16 日	苏格兰女王玛丽与她的丈夫获得尊称和头衔：“承上帝洪恩，苏格兰、英格兰及爱尔兰的国王与王后，弗朗索瓦和玛丽。”她的纹章上加入了英格兰盾徽。
1559 年 7 月 10 日	苏格兰女王玛丽的丈夫当上法国国王，成为弗朗索瓦二世。
1560 年 12 月 5 日	玛丽成了寡妇。
1561 年 8 月 19 日	苏格兰女王重返苏格兰，在爱丁堡附近的利斯登陆。
1562 年	沃尔辛厄姆娶了安妮·卡莱伊尔，或姓卡莱尔。她是伦敦一名葡萄酒商的遗孀，父亲是伦敦前市长。1564 年安妮去世，留下了与前夫所生的儿子克里斯托弗。
1562 年 1 月 12 日	沃尔辛厄姆成为代表牛津郡班伯里和多塞特郡莱姆里杰斯两地的下议院议员。
1562 年 10 月 10—25 日	伊丽莎白染上天花，暂时不能说话。
1565 年 7 月 29 日	苏格兰女王玛丽再嫁，她第二任丈夫是达恩利勋爵亨利·斯图尔特，伦诺克斯伯爵的儿子和继承人。达恩利被称为“苏格兰亲王”。
1566 年 3 月 9 日	玛丽的法国事务秘书、意大利人大卫·里齐奥（David Rizzio）在爱丁堡荷里路德宫被杀，玛丽目睹其过程。
1566 年 6 月 19 日	玛丽的独子詹姆士在爱丁堡城堡出生（后来他成为苏格兰国王詹姆斯六世，1603 年当上英格兰国王，称詹姆士一世）。
1566 年？8 月	沃尔辛厄姆娶了第二任妻子厄休拉，她是怀特岛阿普尔库姆的理查德·沃斯利爵士的遗孀。不久之后，厄休拉的两个儿子在一起火药爆炸事故中意外死亡。
1567 年 2 月 10 日	苏格兰女王玛丽的丈夫达恩利勋爵亨利在柯克欧菲尔德宫被杀，死前患有梅毒。
1567 年 5 月 15 日	玛丽与博思韦尔伯爵詹姆斯在荷里路德宫以新教仪式完婚。
1567 年 6 月 15 日	玛丽在卡伯里山（Carberry Hill）向苏格兰新教“贵族联盟”投降。博思韦尔逃往丹麦，11 年后在那儿去世，死时精神错乱。苏格兰女王被关在位于利文湖（Loch Leven）中小岛上的城堡中。

1567 年 7 月 24 日	玛丽被迫把王位禅让给了她的儿子。5 天后詹姆士六世在斯特灵（Stirling）加冕。8 月 22 日，她同父异母的哥哥莫里伯爵成为苏格兰摄政。
1568 年 5 月 2 日	苏格兰女王玛丽从利文湖逃脱，召集支持者。
1568 年 5 月 13 日	在格拉斯哥附近的兰塞德战役（Battle of Langside）中，莫里伯爵领军将玛丽打败。3 天后，她渡过索尔威湾（Solway Firth）进入英格兰。
1568 年 8 月 18 日	伊丽莎白的国务大臣威廉・塞西尔雇用沃尔辛厄姆从事秘密工作。
1569 年 11 月 14 日	诺森伯兰伯爵和威斯特摩兰伯爵带领 300 名武装骑手，闯入达勒姆大教堂，毁坏了英文版《圣经》和祈祷书，后来往南进军。北境叛乱爆发。
1569 年	沃尔辛厄姆写下宣传小册子《关于诺福克公爵和苏格兰女王虚假婚姻的论述》
1570 年 2 月 25 日	教皇庇护五世颁布教皇诏书《在至高处统治》，革除伊丽莎白的教籍，剥夺这个“自封的女王”的王位，解除了她的臣民对她的任何效忠义务。
1570 年	秋沃尔辛厄姆担任驻法大使。
1571 年 3 月	塞西尔获封贵族爵位，成为伯利勋爵。
1571 年	里多尔菲阴谋。
1571 年	伊丽莎白统治时期通过了第二个《叛国法》（Treasons Act）（伊丽莎白一世第 13 号法令，第一章），里面规定，叛国是指要“策划、设计、密谋和意图杀死或摧毁女王，或是给女王造成任何人身伤害”，或者是“剥夺、废黜”女王的“头衔、荣耀、或是这个国家拥有最高王权的君主名号”。此外，说伊丽莎白是“异教徒、分裂者、暴君、无信仰者或是王位篡夺者”的言论也属叛国。
1572 年 1 月 16 日	诺福克公爵在威斯敏斯特大厅受到其他贵族的审判。
1572 年	伯利被任命为财政大臣。

1572 年 6 月 2 日	诺福克公爵在塔丘被处决。
1572 年 8 月 24 日	圣巴塞洛缪节当天，法国胡格诺派遭到大屠杀。
1573 年 4 月 20 日	瓦伦丁·戴尔接替沃尔辛厄姆成为驻巴黎大使。
1573 年 12 月 20 日	沃尔辛厄姆成为枢密院顾问官，与伯利共担首席国务大臣。
1574 年 5 月 30 日	法国国王查理九世离世，年仅 24 岁。亨利三世即位。
1577 年 12 月 1 日	伊丽莎白在温莎城堡封沃尔辛厄姆为爵士。
1578 年 4 月 22 日	沃尔辛厄姆被任命为嘉德骑士勋章大臣，每年俸禄 100 英镑。
1578 年 6 月	沃尔辛厄姆和科巴姆勋爵前往尼德兰执行外交任务。
1579 年	沃尔辛厄姆购得萨里郡的巴恩斯庄园。
1580 年 7 月	沃尔辛厄姆的次女玛丽去世，年仅 7 岁。
1581 年 7 月	沃尔辛厄姆参与同法国协商一项新条约，还讨论了伊丽莎白与安茹公爵亨利可能的婚事。
1581 年	针对反抗者和天主教传教士的法规出台——伊丽莎白一世第 23 号法令，第一章。
1583 年 8 月	沃尔辛厄姆前往爱丁堡执行外交任务。
1583 年 9 月 21 日	沃尔辛厄姆的女儿弗朗西丝与菲利普·锡德尼爵士成婚。
1583 年	思罗格莫顿阴谋。
1584 年 1 月 19 日	西班牙大使贝尔纳迪诺·德·门多萨被逐出英格兰。
1584 年 7 月 1 日	荷兰新教领袖奥兰治的威廉在米德尔堡遭到暗杀。
1584 年 7 月 10 日	弗朗西斯·思罗格莫顿因叛国罪，在泰伯恩行刑场处决。
1584 年	议会批准《联合契约》，起草该文件，是为了保护伊丽莎白免遭暗杀。
1584 年	帕里阴谋。
1584 年	沃尔辛厄姆被任命为汉普郡掌管档案的法官，埃塞克斯郡科尔切斯特（Colchester）记录法官。
1585 年 3 月 2 日	威廉·帕里博士因叛国罪，在威斯敏斯特处决。
1585 年 5 月	沃尔辛厄姆担任威斯敏斯特郡长。
1585 年 8 月 17 日	伊丽莎白把英格兰主要港口的海关租赁权给了沃尔辛厄姆。
1586 年	沃尔辛厄姆在牛津大学设立神学讲师一职。

1586 年 9 月 13—14 日	安东尼・巴宾顿同其他 6 人以叛国罪受审，判决有罪。9 月 20 日，7 人全部遭到处决。
1586 年 9 月 15 日	巴宾顿的其他共谋者，爱德华・阿宾顿（Edward Abington）、查尔斯・皮尔尼（Charles Pilney）、爱德华・琼斯、约翰・特拉弗斯（John Travers）、约翰・查诺克（John Charnock）、杰罗姆・贝拉米（Jerome Bellamy）和罗伯特・盖奇因参与巴宾顿阴谋，以叛国罪受审。9 月 21 日遭处决。
1586 年 10 月 11 日	伊丽莎白任命的委员抵达福瑟临黑，要以叛国罪审判苏格兰女王玛丽。
1586 年 10 月 17 日	菲利普・锡德尼爵士在低地国家阿纳姆作战受伤，因伤口坏疽死亡。沃尔辛厄姆有责要偿还他的债务。伊丽莎白拒绝把巴宾顿的收入和土地，以及其他叛国者的房产授予沃尔辛厄姆。
1586 年 10 月 25 日	苏格兰女王玛丽的审判继续在威斯敏斯特宫的星室法庭举行。玛丽被判死刑。
1587 年 1 月	“斯塔福德”阴谋。
1587 年 2 月 1 日	伊丽莎白签署处死玛丽的执行令。
1587 年 2 月 8 日	苏格兰女王玛丽在福瑟临黑遭斩首。
1587 年 7 月 31 日	苏格兰女王玛丽的葬礼在彼得伯勒举行。后来他的儿子、时任英格兰国王的詹姆士一世将其遗体重新埋葬在了威斯敏斯特修道院。
1588 年 7 月—8 月	英格兰大败西班牙无敌舰队。
1590 年？3 月	沃尔辛厄姆的女儿弗朗西丝・锡德尼嫁给第二代埃塞克斯伯爵罗伯特・德弗罗，婚礼仪式秘密举行。
1590 年 4 月 6 日	沃尔辛厄姆在伦敦希兴里家中去世，负债 2.7 万英镑。第二晚，他被埋葬在旧圣保罗教堂。
1598 年 8 月 4 日	伯利离世。
1602 年 6 月 18 日	弗朗西斯・沃尔辛厄姆的遗孀厄休拉在巴艾尔姆去世。
1603 年 3 月 24 日	伊丽莎白一世驾崩。

人物表

有关弗朗西斯·沃尔辛厄姆爵士手下的著名间谍和线人的详情，可在附录“沃尔辛厄姆的间谍网”中找到。

阿方索·阿加扎里，耶稣会会士，罗马的英格兰圣徒学院首任院长，1586 年结束任职，调去锡耶纳政府。

弗朗塞斯·德·阿拉瓦，西班牙驻巴黎大使。

威廉·艾伦博士，后任“英格兰枢机主教”（1532—1594 年），伊丽莎白统治期间，领导着流亡欧洲的英格兰天主教徒。1565 年逃往低地国家，1567 年出现了一份抓捕名单，上列要捉拿的“轻慢顽固”之人，他的名字就在名单首列。第二年，艾伦在杜埃建立了一个学院，教授英格兰人天主教教义。1578 年学院不为杜埃所容，在兰斯重建。艾伦受命成为教皇使节、坎特伯雷大主教和天主教政府的大法官，支持腓力二世在英格兰登基。死后遗体埋葬在罗马的英格兰圣徒学院下面的圣三一教堂（Church of the Holy Trinity），靠近圣器室的南面墙壁上，还保留了一块他的纪念碑。

托马斯·安德鲁斯，北安普敦郡郡长，按照法律，由他负责确保苏格兰女王玛丽被顺利行刑。

克劳迪厄斯·阿夸维瓦（Claudius Aquaviva），**耶稣会会士**（1543—1615 年），1581 年 2 月成为耶稣会第五任总会长，直至去世。

查尔斯·阿伦德尔（？1540—1587 年），第四代诺福克公爵托马斯·霍华德的第二个外甥。英格兰天主教流亡者，狂热崇拜苏格兰女王玛丽。1583 年思罗格莫顿阴谋破灭后，逃离英格兰。

罗杰·阿斯顿，詹姆士六世的机要代理人。

安东尼·巴宾顿（1561—1586 年），天主教阴谋者，年纪不大，帮助天主教传教士在英格兰四处流亡。他与苏格兰女王玛丽的信件，详细谋划了外国入侵，天主教徒起义和暗杀伊丽莎白之事。这也是后来他遭到伊丽莎白指控并被处死的主要原因。1586 年 9 月 20 日，巴宾顿在泰伯恩行刑场被处决。

约翰·巴拉德，化名福蒂斯丘（Fortescue）。众人称他为“上尉”，天主教神父，巴宾顿阴谋的领头人物。和巴宾顿一起被处死。

罗伯特·比尔（1541—1601 年），弗朗西斯·沃尔辛厄姆的妹夫，1570—1573 年，沃尔辛厄姆任英格兰驻巴黎大使时，比尔给他当秘书。枢密院书记员，1578、1581 和 1583 年，沃尔辛厄姆不在宫廷之上时，比尔暂代沃尔辛厄姆处理国务大臣事务。曾将苏格兰女王玛丽的处决令带到福瑟临黑。

枢机主教詹姆斯·比顿（1517—1603 年），格拉斯哥大主教，玛丽的驻法大使。

乔治·鲍伊斯爵士（1527—1580 年），1569 年天主教徒在北境叛乱，苏塞克斯伯爵领兵前去镇压，鲍伊斯担任军中宪兵司令。

托马斯·布罗姆利爵士（1530—1587 年），1569 年任副检察长，1579 年起任英格兰大法官，直至去世。主持审判苏格兰女王玛丽。

托马斯·萨克维尔，第一代巴克赫斯特勋爵（1536—1608 年），律师，枢密院顾问官，外交官。1586 年，宣布判处苏格兰女王玛丽死刑。从 1599 年起到去世一直担任财政大臣。

布尔，处死苏格兰女王玛丽的刽子手，行刑时有一名助手协助。正式受雇于伦敦塔。

伯利勋爵——参见威廉·塞西尔。

圣埃德蒙·坎皮恩（1540—1581 年），耶稣会殉道者。1557 年伊丽莎白正式访问牛津大学时，他曾做过发言。1573 年加入耶稣会，1578 年接受圣职，成为神父。1580 年与罗伯特·珀森斯一起，被选去英格兰执行使命。1581 年 7 月 17 日，在伯克郡莱福德（Lyford）被捕，带往伦敦塔，受了三次拉肢刑。酷刑让他受到严重摧残，审判时他无法举起右手，申辩自己“无罪”。1581年11月14日，坎皮恩在泰伯恩行刑场被处死。1886年12月教皇为他行了宣福礼，1970年教皇保罗六世封其为圣徒。他的遗物保留在罗马、布拉格（Prague）、伦敦、牛津以及斯托尼赫斯特（Stoneyhurst）。

安妮·卡莱伊尔，或姓卡莱尔（死于1564年），弗朗西斯·沃尔辛厄姆的第一任妻子，两人于1562年成婚。伦敦葡萄酒商亚历山大的遗孀，与其育有一子，名为克里斯托弗。

克里斯托弗·卡莱伊尔，或姓卡莱尔，弗朗西斯·沃尔辛厄姆的首任妻子带过来的儿子。在爱尔兰和低地国家参过军，后来在西印度群岛对抗西班牙人。资助英格兰船队远航殖民北美，在爱尔兰拥有土地，年收入300英镑。

米歇尔·卡斯泰尔诺，拉·穆维谢尔勋爵，1575—1585年任法国驻英格兰大使。

威廉·塞西尔，伯利勋爵（1520—1598年），伊丽莎白的首席大臣，1572—1598年任财政大臣，国内外情报网络的组织者。

让·德·卡姆普安（Jean de Champhuan），**鲁伊索爵士**，玛丽在法国的秘书。

查理九世（1550—1574年），法国国王，亨利二世与凯瑟琳·德·美第奇的次子。

克劳德·德·卢比斯宾·德·夏杜勒夫，从1585年8月起任法国驻英格兰大使。

托马斯·科塔姆（1549—1582年），在法国苏瓦松接受任命成为天主教神父。1580年6月在伦敦向当权者投降，在萨瑟克区的马夏尔西监狱首次主持弥撒，1582年5月30日，在泰伯恩行刑场遭处决。1886年12月29日，教皇利奥十三世为他行了宣福礼。

乔治·克利福德（George Clifford），**第三代坎伯兰伯爵**（1558—1605年），海军指挥官，担任处决苏格兰女王玛丽的委员，但没有参与到事件当中（参见德比伯爵、彭布罗克伯爵）。

伊丽莎白·柯尔，吉尔伯特·柯尔的妹妹，苏格兰女王玛丽的侍女，处决玛丽时她就在现场。

吉尔伯特·柯尔（死于1609年）苏格兰女王玛丽的秘书和密码破译员。1586年8月被沃尔辛厄姆的间谍抓住审问，证实了“巴宾顿信件”的真实性。在牢里关了一年。

威廉·戴维森（1541—1608年），1586—1587年任英格兰第二国务大臣和枢密院顾问官。因“泄密渎职，藐视王权”，下发了苏格兰女王玛丽的处死令，他受到罚款，关在伦敦塔里。后来在财政署当职。

亨利·斯坦利（Henry Stanley），**第四代德比伯爵**（1531—1593年），担任审判苏格兰女王玛丽的委员，但是没有参与对她处决，尽管受命如此。1589年成为内务大臣（参见坎伯兰伯爵，彭布罗克伯爵）。

阿奇博尔德·道格拉斯，苏格兰驻英格兰大使。

弗朗西斯·德雷克爵士（？1540—1596年），英格兰海军指挥官和航海家。弗朗西斯·沃尔辛厄姆的朋友。

德鲁·德鲁里爵士（？1531—1617年），伊丽莎白和后来詹姆斯一世的内宫礼仪官（Gentleman Usher），埃米亚斯·波利特爵士的助理，从1586年11月到1587年2月，两人一起在福瑟临黑看守玛丽。

弗朗西斯·恩格尔菲尔德爵士（可能死于1596年），英格兰的天主教流亡者，苏格兰女王玛丽在西班牙的间谍。1585年被褫夺公权，死后遗体埋在西班牙巴利亚多利德（Valladolid）。

伊丽莎白一世（1533—1603年），1558—1603年为英格兰女王。

伯特兰·德·萨利尼亚克·德·拉·莫特·费奈隆，1568—1575年法国驻伦敦大使。

乔瓦尼·菲利亚齐，佛罗伦萨外交官，在马德里帮助英格兰收集西班牙无敌舰队的情报，成为沃尔辛厄姆的朋友。

理查德·弗莱彻，**彼得伯勒教长**（死于1596年），在处决苏格兰女王时和她的葬礼上扮演重要角色。1583年当上伊丽莎白的牧师，1589年成为布里斯托尔主教，1593年任伍斯特主教，1594年担任伦敦主教。他再度结婚后，伊丽莎白暂停了他的职务。

丰特奈（Fontenay）**先生**，克劳德·诺的兄弟，1584年苏格兰女王玛丽派往詹姆士六世处的特使。

弗朗索瓦二世（1544—1560年），1559—1560年任法国国王，苏格兰女王玛丽的首任丈夫。

帕特里克，格雷大少爷；后来的第六代格雷勋爵。詹姆士六世的亲信，1584—1585年，1586—1587年任苏格兰驻英格兰大使。1587年失势。

夏尔·吉斯，洛林枢机主教（1525—1574年），苏格兰女王玛丽的舅父，拥护法国天主教对抗胡格诺派的事业。

亨利，第三代吉斯公爵（1550—1588年），苏格兰女王玛丽的表兄，圣巴塞洛缪节当天，巴黎开始了对胡格诺派的大屠杀，他参与其中谋划，并成立了天主教联盟。1588年被杀。

吉斯的玛丽（1515—1560年），嫁给了苏格兰詹姆士五世，苏格兰女王玛丽的母亲，1554—1560年在苏格兰摄政。

克劳德·汉密尔顿勋爵（约1543—1622年），苏格兰女王玛丽在苏格兰的间谍，1586年吉斯家族委任他去与玛丽和她的儿子詹姆士六世和解。后来精神失常。

威廉·哈本（死于1617年），首任英格兰驻伊斯坦布尔大使，1582—1588年在职。

克里斯托弗·哈顿爵士（1540—1589年），副宫务大臣，后来成为英格兰大法官。

托马斯·赫尼奇爵士（死于1595年），伊丽莎白的副宫务大臣，沃尔辛厄姆之友。

亨利二世（1519—1559年），1547—1559年任法国国王，苏格兰女王玛丽的公公。

亨利三世（1551—1589年），1574—1589年任法国国王，苏格兰女王玛丽的小叔。

查尔斯·霍华德，第二代埃芬厄姆的霍华德勋爵（1536—1624年），英格兰海军上将。

亨利，霍华德勋爵（1540—1614年），第四代诺福克公爵托马斯·霍华德的弟弟，涉嫌参与天主教阴谋，屡次被关进大牢。

圣菲利普·霍华德爵士，阿伦德尔伯爵（1557—1595），第四代诺福克公爵托马斯·霍华德的长子，1584年成为天主教徒，逃离英格兰未果后，于1585年被监禁。因唱弥撒祈祷无敌舰队获胜，被判处死刑，但未执行，死于伦敦塔。1929年教皇庇护十一世（Pius XI）为他行了宣福礼，1970年教皇保罗六世追封他为圣徒。

乔治·凯里，第一代汉斯顿勋爵（约1524—1596年），1569年，在镇压北境叛乱中十分活跃，1583年成为伊丽莎白女王宫中的宫务大臣。

苏格兰詹姆士六世，后英格兰詹姆士一世（1566—1625年），苏格兰女王玛丽与达恩利勋爵亨利·斯图尔特之子。1603年从伊丽莎白手中接过英格兰王位。

圣埃德蒙·詹宁斯（1567—1591年），天主教神父，在霍尔本街口被托普克利夫处死，1970年10月25日教皇保罗六世追封他为圣徒。

爱德华·琼斯（死于1590年），1587年加入兰斯的英格兰圣徒学院，次年接受圣职，进入英格兰。1590年在弗利特街一家杂货店被抓，同年5月4日在店外被处决。

德尔尼斯的威廉·基思（William Keith of Delnies），1586—1587年苏格兰驻英格兰大使。

简·肯尼迪，苏格兰女王玛丽的侍女，玛丽被处决时她就在现场。

圣卢克·柯比（约1549—1582年），出生于约克郡比代尔（Bedale）,1576年进入杜埃学院，两年后接受圣职。后来去了罗马，于1579年4月23日加入英格兰圣徒学院。次年6月，他一抵达多佛就被捕，关在了伦敦塔。1581年11月17日被判刑，1582年5月30日在泰伯恩行刑场被处决。1886年12月29日，教皇为他行了宣福礼，1970年10与25日，教皇保罗六世追封他为圣徒。

罗伯特·达德利，莱斯特伯爵（约1532—1588年），有人推测他在1560年害死了自己的妻子艾米。担任英格兰枢密院顾问官和御马官，是伊丽莎白女王的亲信。1584年，他接受建议，成立了一个保护女王安全的团体。1585年，领兵远征低地国家，支持新教起义者抗击西班牙。次年成了当地绝对的统治者。

欧文·路易斯博士，威尔士天主教流亡者，卡萨诺（Cassano）主教，在罗马天主教事务中很有影响力，是威廉·艾伦的死对头。

丹尼尔·利贡斯（Daniel Liggons），苏格兰女王玛丽派往低地国家的代表。

罗伯特·道格拉斯，林克鲁登区长，苏格兰枢密院顾问官。

夏尔，洛林枢机主教，苏格兰女王玛丽的舅父。

约翰，第一代拉姆利勋爵，英格兰天主教贵族，1571年卷入里多尔菲阴谋当中。

威廉·梅特兰，苏格兰大臣，1587年7月起任苏格兰御前大臣（Chancellor of Scotland）。

圣卡斯伯特·梅恩（1544—1577年），首位被伊丽莎白政府处死的天主教传教士，1575年在杜埃受封成为神父，次年进入英格兰，成为弗朗西斯·特雷根的牧师，伪装成管家，待在特雷根在康沃尔中部戈尔登（Golden）的家里。1577年11月30日在康沃尔朗斯顿被处死。1970年10月25日，教皇保罗六世追封其为圣徒。

凯瑟琳·德·美第奇（1519—1589年），法国王太后，1533年嫁给奥尔良公爵，后嫁法王亨利二世。

安德鲁·梅尔维尔，苏格兰女王玛丽的管家。

贝尔纳迪诺·德·门多萨，1578—1584年西班牙驻伦敦大使，苏格兰女王事业的支持者。牵涉进了思罗格莫顿阴谋，1584年1月被逐出英格兰。1584年11月担任西班牙驻巴黎大使，又参与进巴宾顿阴谋当中。出生于1541年之前，父亲是科伦纳伯爵，从1567年起在西班牙军队任骑兵队长，进攻低地国家。1590年失明，1604年在马德里圣贝尔纳多修道院中去世。

安东尼·米德尔顿（死于1590年），1582年1月9日进入兰斯的英格兰圣徒学院，1586年5月30日担任圣职，同年抵达英格兰，在克勒肯维尔被扣押，1590年5月6日在伦敦弗利特街遭到处决。

沃尔特·迈尔德梅爵士（约1520—1589年），财政大臣，沃尔辛厄姆的妹夫。

托马斯·摩根（1542—1606年左右），詹姆斯·比顿枢机主教的密码破译员，自称是苏格兰女王玛丽最忠实勤勉的仆人。1584年因密谋对抗伊丽莎白，关押在巴士底狱。但他有可能一直都是英格兰政府的双面间谍。

克劳德·德·拉·布瓦瑟利耶·诺（Claude de la Boisseliere Nau）（死于1605年），1575年起任玛丽的秘书，和吉尔伯特·柯尔一样，1586年遭到了审讯，1587年9月获释返回法国。

托马斯·霍华德，第四代诺福克公爵（1538—1572年），大贵族，纹章院院长，苏格兰女王玛丽中意的结婚对象，成了数次反对伊丽莎白的天主教阴谋的中心。据说，他参与了第二次里多尔菲阴谋，为此于1572年6月2日遭到处决。

托马斯·珀西爵士，第七代诺森伯兰伯爵（1528—1572年），1569年北境叛乱的首领之一，后叛乱失败，逃往苏格兰，但是被移交回去，于1572年被斩首。1895年5月，教皇利奥十三世为其行了宣福礼。

托马斯·诺顿，沃尔辛厄姆的首位拉肢行刑人。

查尔斯·佩吉特（死于1612年），比顿枢机主教的秘书，1572年玛丽派其去巴黎担任大使一职，自称是玛丽的仆人和间谍，与托马斯·摩根有紧密联系，同摩根一样，他也有可能是沃尔辛厄姆的双面间谍。

托马斯，第三代佩吉特勋爵（死于1590年），英格兰天主教徒，1583年思罗格莫顿阴谋破产后就一直流亡，他是苏格兰女王玛丽在西班牙的间谍，1587年被褫夺公权。

亚历山大·法尔内塞，帕尔马公爵，西班牙在低地国家作战中的指挥官。

威廉·帕里（死于1585年），阴谋者，1579年前后秘密成为天主教徒，1585年受指控要谋杀伊丽莎白，后被处死。

埃米亚斯·波利特爵士（约1536—1588年），1576—1579年任英格兰驻法国大使，1585年4月—1587年2月，负责看守苏格兰女王玛丽，1587年成为嘉德骑士勋章大臣。

亨利·赫伯特（Henry Herbert），**第二代彭布罗克伯爵**（约1534—1601年），担任委员处决苏格兰女王玛丽，但没有参与到事件中去（参见德比伯爵、坎伯兰伯爵）。

罗伯特·珀森斯（1546—1610年），耶稣会传教士，出生于萨默塞特，其父是铁匠，家中有11个孩子，他排行第六。牛津大学贝列尔学院（Balliol College）研究员，于1575年离开，在帕多瓦（Padua）学医，但没待多久。1575年7月4日，加入罗马耶稣会，1578年受封圣职，1588年成为罗马的英格兰圣徒学院院长，在那里组织耶稣会会士前往英格兰。死后埋葬在英格兰圣徒学院教堂艾伦枢机主教墓地旁边，也有一块纪念碑。

菲利普二世（1527—1598年），1556—1598年任西班牙国王，伊丽莎白同父异母的姐姐玛丽一世的丈夫，玛丽一世于1558年去世。

教皇格列高利十三世（1502—1585年），1572—1585年担任教皇，支持各种推翻伊丽莎白和她的新教政府的阴谋。

教皇庇护五世（1504—1572年），1566—1572年担任教皇。1570年2月25日，颁布诏书《在至高处统治》，将伊丽莎白赶出教会，剥夺这位“自封”女王的王位。

教皇西克斯图斯五世（1521—1590），1585年4月—1590年任教皇，1588年发布诏书（很有可能是由威廉·艾伦枢机主教起草），支持无敌舰队。

罗伯托·里多尔菲（1531—1612年），佛罗伦萨银行家，1561年来到伦敦，之后5年，受命把教皇庇护五世的秘密资金带给英格兰天主教徒，以帮助他们推翻伊丽莎白及其政府。分别在两起阴谋中都作过密探。为表感谢，庇护五世任命他为教皇议员，此后，他在佛罗伦萨生活了40年。

约翰·莱斯利，罗斯主教（1527—1596年），1569年玛丽派往伊丽莎白处的大使，1571年因与里多尔菲阴谋有牵连被关进了伦敦塔。1574年之后定居欧洲，主要是法国。

拉尔夫·萨德勒爵士，兰开斯特公爵郡大臣，1584年8月—1585年4月负责看守苏格兰女王。

乔治·塔尔博特，第六代什鲁斯伯里伯爵，1569年—1584年负责监管苏格兰女王玛丽，玛丽行刑时，伊丽莎白派了两名委员过去，他就是其中一人。

菲利普·锡德尼爵士（1554—1586年），诗人、战士。1583年9月21日，与沃尔辛厄姆的女儿弗朗西丝成婚；在低地国家作战时受伤未治而死，遗留下大笔债务。

迭戈·德·古兹曼·德·席尔瓦，1564—1568年，担任西班牙驻伦敦大使。

斯佩斯·古尔拉，1568年9月—1571年12月，担任西班牙驻伦敦大使，最后因卷入里多尔菲阴谋，伊丽莎白将其驱逐。

爱德华·斯塔福德爵士，英格兰驻法国大使。

阿贝拉·斯图亚特郡主，继伊丽莎白女王后英格兰王位的潜在竞争者。

弗朗西斯·思罗格莫顿（1554—1584年），来自西米德兰兹郡（West-Midlands）的一个天主教大家族，充当玛丽和她的间谍托马斯·摩根之间的中间人。因参与阴谋，思罗格莫顿被处决，西班牙大使贝尔纳迪诺·德·门多萨则被遣返。

理查德·托普克利夫（1532—1604年），沃尔辛厄姆的行刑人，主要拷问者，1572年以贝弗利（Beverley）选区议员的身份进入议会，1586年，继续代表老萨勒姆选区重返议会，之后离开，没过多久就去世了，死于1604年。

弗朗西丝·沃尔辛厄姆（1567—1633年），弗朗西斯·沃尔辛厄姆与厄休拉·沃尔辛厄姆存活下来的女儿。1583年嫁给菲利普·锡德尼爵士，大约在1590年3月，秘密嫁给第二代埃塞克斯伯爵罗伯特·德弗罗。她的第三任丈夫是理查德·德·伯格，第四代克兰里卡德伯爵，两人于1603年成婚。

厄休拉·沃尔辛厄姆夫人（死于1602年），弗朗西斯·沃尔辛厄姆的第二任妻子，于1566年结婚，厄休拉是怀特岛阿普尔库姆的理查德·沃斯利爵士的遗孀。

查尔斯·内维尔，第六代威斯特摩兰伯爵（1543—1601年），1569年北境叛乱领导者之一，叛乱失败，逃往佛兰德斯。1571年因叛国罪被剥夺了公权，1581年前往罗马，最后死于佛兰德斯尼乌波特。

注释

序言

1 《国家审判》（‘State Trials’）第 1 卷，第 145 页。

2 德·克里茨（约 1552—1642 年）后来是詹姆士一世的宫廷画师。可能是他负责过两幅沃尔辛厄姆的肖像，画于 1585—1587 年，现存于伦敦的国家肖像馆。他的其他作品（或是归于他的作品）有第一代多塞特伯爵托马斯·萨克维尔（Thomas Sackville）的肖像（1601）；第一代索尔兹伯里伯爵罗伯特·塞西尔的肖像（1602）；第三代南安普敦伯爵亨利·赖奥思利（Henry Wriothesley）与他的宠物猫在伦敦塔的画作（1601），这幅画很出名，现存于南安普顿郡的鲍顿庄园（Boughton House）。

3 参见里德利（Ridley）所著图书的第 264 页。

4 天主教档案协会出版物（CRS）第 39 卷《罗伯特·珀森斯神父的信件和记录》（*Letters and Memorials of Father Robert Persons*），第 86 页。

5 原文中的“recusant”来于拉丁语“*recusare*”，意为“拒不服从（英格兰国教权威）”。

6 大英图书馆其他文稿 48029 号［耶尔弗顿（Yelverton）搜集的文稿 33 号］，第 131—141 页 B 面。这篇文章登载在天主教档案协会出版物第 53 卷《耶尔弗顿收藏手稿杂集》（*Yelverton MS Miscellanea*）第 194—245 页上。大英图书馆 48023 号其他文稿中的第九篇文章是其另外一个版本，两者稍微有些不同，后者有一个前言，有可能是写给沃尔辛厄姆的。据记载，沃辛顿被捕后，在 1586 年 7 月被关进了威斯敏斯特宫的门房里。参见天主教档案协会出版物第 2 卷《杂集》（*Miscellanea*），第 254 页。

7 亨利八世第 35 号法令，第 1 章。

8 国家档案馆公共档案 E23/4/1，亨利八世的遗嘱，日期为 1546 年 12 月 30 日。参见哈钦森所著图书的第 210—216 页，亨利八世遗嘱内容是如何让新教发动政变，建立一个爱德华六世政府。

9 《萨德勒档案》（‘Sadler Papers’），第 2 卷，第 325 页。

10 酒的沉淀物或残渣。

11 约翰·洛思罗普·莫特利（John Lothrop Motley）所著图书《荷兰共和国的兴起》（*Rise of the Dutch Republic*）（纽约，1904），共三卷。原话来自第 1 卷，第 297 页。

12 约等于今天的 54.2 万英镑。他是在要求赔偿吗？

13 夏普（Sharp）所著图书的第 387 页。

14 同上。

15 同上，第 143 页。

16 同上，第 173 页。

17 同上，第 143 页。

18 珀西出生于 1528 年，他父亲的财产曾被剥夺，之后 1557 年玛丽一世将其归还。1895 年 5 月，教皇利奥十三世（Leo XIII）为他行了宣福礼。他的妻子诺森伯兰伯爵夫人安妮在这次叛乱中起到了非常积极的作用。乔治·鲍伊斯爵士报告说“他的妻子比他还要壮实，一直催促鼓动他要坚持下去，还与他们的军队一同骑马来来回回，四处奔波”（夏普所著图书的第 77 页）。叛乱失败后，她逃往佛兰德斯，伊丽莎白对此大动肝火：这个伯爵夫人“理应被烧死，她活该”，女王如是说。参见萨默塞特（Somerset）所著图书的第 301 页。1591 年安妮死于天花。

19 1571 年内维尔因叛国被剥夺公权，由此失去了自己的财产。1601 年，他在佛兰德斯的尼乌波特去世。

20 巴斯（Busse）所著图书的第 14 页。

21 1566—1572 年庇护五世担任教皇，严厉苦行，品行端正，以前在米兰和伦巴第（Lombardy）做过天主教异端审问裁判人。1672 年教皇为他行了宣福礼，1712 年克莱雷芒十一世（Clement XI）追封他为圣徒。

22 富勒（Fuller）所著图书的第93—94页。庇护五世说："没办法，我们需要拿起正义的武器对抗她，我们的悲伤无法缓解，在整个国家的基督教徒中，教皇的权力完全被剥夺，她的先辈负有很大的责任，我们要一起惩罚伊丽莎白……宣布她是一名异教徒和异端的支持者，她的追随者……都被逐出教门，与统一的基督教会分隔开来。此外，我们要剥夺她自封的君主头衔，以及所有的统治权、尊严和光荣等任何东西，贵族、臣民，在那个国家的人以及其他所有对她宣过誓的人，也将永远解除奉行于她的效忠和各种义务……"所有人都得到了禁令，"不要听从她或是她的……指令和法规，违背者我们也会一个一个判决，将其逐出教会"。

23 诏书于5月25日凌晨两三点被钉在了门口，当天是基督圣体节。作恶者约翰·费尔顿（John Felton）是一名富裕的天主教绅士，来自萨瑟克区的伯蒙塞修道院（Bermondsey Abbey），他在加来收到了好几份这个诏书，不到24小时，他就被抓了起来。费尔顿"个子不高，面色暗沉"，他在拉肢架上受了三次刑，于1570年8月8日在圣保罗教堂院子中被处决。据称，刽子手拿着他仍在跳动的心脏时，他在叫唤着耶稣的名字。1886年教皇利奥十三世为他行了宣福礼。费尔顿的妻子以前是伊丽莎白同父异母的姐姐玛丽一世的侍女，她的前夫是玛丽的审计员。

24 玛丽一世，伊丽莎白同父异母的姐姐，英格兰的前任君主。

25 此处指的是1554年怀亚特叛乱，为阻止玛丽一世嫁给西班牙的腓力二世。2月上旬，叛乱就在伦敦西郊被镇压。伊丽莎白与两名叛乱头目威廉·皮克林爵士（Sir William Pickering）和詹姆斯·克罗夫茨爵士（Sir James Crofts）联系紧密，也牵连在此阴谋中。后来她被送进伦敦塔，但受其叔外祖父、海军上将威廉·霍华德（William Howard）的影响，对她的叛国指控最终还是没成。参见萨默塞特所著图书的第47—55页。

26 《主要存于罗马的有关英格兰事务的国家档案年鉴》（CSP Rome），第2卷，第551页。

27 玛格丽特是苏格兰女王玛丽的祖母，死于1541年。

28 《国家档案年鉴（国外篇）》（CSPF）（1572—1574年），第93页。1572年1月31日，沃尔辛厄姆写给莱斯特伯爵的信。

第一章 服务于我们的时代

1 报酬或所受贿赂。

2 这封信写于沃尔辛厄姆生命的末期，当时他还是伊丽莎白的首席国务大臣。这条建议包含在一份文稿中，其所有者是拉特兰郡伯利（Burley on the Hill）的下议院议员乔治·芬奇（George Finch），文稿在19世纪毁于一场火灾之中。沃尔辛厄姆告诉他的侄子要阅读经典历史记录，“留意在过去的政府管理中，各种事务是如何得到处理的，你得把它们用在这个时候，用在我们的国家，看如何用它们来服务于我们的时代……”里德对此也有引用，《沃尔辛厄姆大臣先生》（*Mr Secretary Walsingham*），第1卷，第11—12页。

3 一些作者认为他出生于1536年，但他的父亲在1534年3月1日的遗嘱中对他有所提及，很明显，此观点是不成立的。他很可能是出生于他父亲在肯特郡奇斯尔赫斯特的家中。

4 对于安东尼·丹尼的描述，以及他在亨利政府所扮演的角色，参见哈钦森所著图书第151—158页。

5 韦布（Webb）、米勒（Miller）与贝克威思（Beckwith）所著图书的第126页。

6 《英国人物传记辞典》（第一版）（DNB1），第59卷，第228页。他死于1550年，埋葬在肯特郡奇斯尔赫斯特教堂的斯凯德伯里小礼拜堂中。

7 大英图书馆哈利父子（Harleian）搜集的文稿807号，第4页。哈利父子搜集的文稿1174号第53页与5520号其他文稿第173页都记有沃尔辛厄姆家族家谱，后者可能是基于格洛弗的早期作品在18世纪的副本。

8 《亨利八世的国内外信函和文件》（*LPFD Henry VIII*），第4卷，第2部分，第1170页。11月17日，亨利在格林尼治宫写信给伦敦市议会，凯瑟琳则于11月19日写信。但他们遇到了一些反对意见，需要有第二轮投票来决定是否任命他。公设律师是伦敦市长的法律顾问。

9 韦布、米勒与贝克威思所著图书的第377页。

10 1540年，约翰·凯里被任命为赫特福德郡汉斯顿王室庄园的管家，1547年爱德华六世登基后不久便获封为爵士，他的兄弟威廉·凯里（William

Carey）娶了安妮·博林的姐姐玛丽。

11 学院内有一幅沃尔辛厄姆的肖像，画于 1587 年，画者不详。

12 取自伦敦旧圣保罗教堂内他的墓志铭，用拉丁文写成，现已遗失。

13 施特林（Stählin）所著图书的第 89—90 页。

14 沃尔辛厄姆的继父死于 1552 年。乔伊斯的葬礼于 4 月 6 日举行，由伦敦兼售衣料的裁缝亨利·梅钦（Henry Machyn）负责安排，用现在的话说，他就是一名殡仪员。不幸的是，他叫错了举办葬礼的教堂的名字，把死亡年份弄错，乔伊斯第二任丈夫的姓氏也给拼错了。然而，葬礼还是办得很隆重，“摆有 4 支大蜡烛，4 个火把，30 个纹章盾”。参见约翰·高夫·尼科尔斯（John Gough Nichols）所著的《亨利·梅钦日记……》（*The Diary of Henry Machyn...*）（伦敦，卡姆登出版社，1848），第 193 页。

15 最年长的姐姐伊丽莎白先是嫁给了杰弗里·盖茨（Geoffrey Gates），他的兄弟约翰野蛮凶狠，是安东尼·丹尼爵士在亨利八世内宫的“代理人”，简·格雷郡主登基一事破产后，约翰因在其中扮演的角色而丧命。杰弗里死后，伊丽莎白改嫁给了牛津郡利林斯通洛弗尔（Lillingstone Lovell）的彼得·温特沃思（Peter Wentworth），他们女儿玛丽的婚姻出现在了 1574 和 1592 年肯特郡巡视记录中，作者是第二纹章官（Clarenceux Herald）罗伯特·库克（Robert Cooke）。参见《巡视记录》（‘Visitations’），第 124 页。二姐芭芭拉（Barbara）嫁给了托马斯·锡德尼（Thomas Sidney），他被挖苦为是沃尔辛厄姆在诺福克的庄园领主。埃莉诺嫁给了威廉·谢林顿（William Sherington），克里斯蒂安娜（Christiana）的第一任丈夫是王室仆从约翰·塔姆沃思（John Tamworth），后来她嫁给了威廉·多丁顿，铸币厂官员。

16 沃尔辛厄姆和迈尔德梅的纹章一起出现在伊曼纽尔学院礼堂的一扇窗子上。

17 农顿（Naunton）所著图书的第 20 页。

18 1592 年纹章官格里芬（Griffin）在肯特郡巡视，据他的记录，是他给沃尔辛厄姆画了纹章，《巡视记录》，第 39 页。格言则出自菲尔波特（Philpot），见大英图书馆哈利父子搜集的文稿 3917 号，第 2 页。

19 第一次议会组建是在 1562 年 1 月 12 日。

20 国家档案馆公共档案 PROB 11/47 PCC 32 史蒂文森（Stevenson）。韦布、米

勒与贝克威思对此也有引用，第380页。这里的“奖学金”是指给孩子提供教育所需。

21 她是萨默塞特绅士亨利·圣巴布（Henry St Barbe）的女儿，在林肯郡波士顿以及郡内其他地方都拥有自己名下的土地。

22 沃斯利是怀特岛长官。阿普尔库姆被誉为“栽满苹果树的山谷”，庄园大约是在1090年由理查德·德·雷德弗斯（Richard de Redvers）所建，过去是本笃会僧侣的居所，他们来自诺曼底（Normandy）的圣玛丽蒙茨伯格（St Mary Montsburg），属于库唐斯（Coutances）教区。参见威廉·达格代尔爵士（Sir William Dugdale）所著的《修道院剪影》（*Monasticon Anglicanum*）（伦敦，1718），第1卷，第73页。1690年，沃斯利家族中有一幅庄园的版画，见第181页。1710年，怀特岛总督、海军中将理查德·沃斯利爵士将庄园推倒，建了一所新房子。参见珀西·斯通（Percy Stone）所著的《怀特岛上的古建筑》（*Architectural Antiquities of the Isle of Wight*）（伦敦，1891年），第1卷，第57页，书籍共两卷，由作者自费出版。后来尼古劳斯·佩夫斯纳（Nikolaus Pevsner）和大卫·劳埃德对庄园也有过记录，见《英格兰建筑：汉普郡和怀特岛》（*Building of England: Hampshire and the Isle of Wight*）（哈蒙兹沃思，1967），第29、729和800页。

23 沃斯利（Worsley）所著图书的第216—217页脚注。这段描述来自于约翰·奥格兰德爵士（Sir John Oglander），他从其中一名幸存者詹姆斯·沃斯利那里得到了事故的第一手消息。

24 国家档案馆PROB 11/48 PCC 35 克莱梅斯（Crymes）和莫里森（Morrison），遗嘱日期为1566年3月9日，用拉丁语写成。

25 里德所著图书《沃尔辛厄姆大臣先生》，第1卷，第29页，以及沃斯利所著图书的第217页。

26 施特林所著图书的第199页。这个词是伦敦俚语，意为“神父”，源于信仰圣仁爱（St Charity）和福音书作者圣约翰的兄弟会，1430年此房被用于收容“贫穷无助的神父”。房客们“都身有残疾，或是一贫如洗，在这里都感到放心。因为他们有了住所，还有一定的生活补助：面包、水和煤，一位老人和他的妻子负责接待他们，并保持屋内干净”。1548年，爱德华六世政府查封了该兄弟会。参见斯托所著图书的第 1 卷，第 146 页。

27 它的全称为“圣母马利亚、圣厄休拉（St Ursula）和一万一千名圣女”教区教堂，取自圣厄休拉和她的圣女们，她们在欧洲大地四处奔波，圣厄休拉最后遭到砍头，以身殉道。教堂东端上方有一个斧头标志：这就是教堂绰号的由来。伊丽莎白执政早期，这个建筑不见了，后教堂中下部分重建，成了免费的文法学校。参见威尔伯福斯·詹金森（Wilberforce Jenkinson）所著图书《大火前的伦敦教堂》（*London Churches Before the Great Fire*）（伦敦，1917 年），第 105 页。

28 施特林所著图书的第 194 页。

29 国家肖像馆油画 1705 号，2005 年此画没有公开展览。画板油画，规格：15½ × 13¾（394 × 340 毫米）。

30 历史手稿委员会记录（HMC），《芬奇》（‘Finch’），第 18 页。

31 施特林所著图书的第 194 页，4 号脚注。

32 国家档案馆公共档案 PROB 11/75 PCC 33 德鲁里。

33 国家档案馆公共档案 SP 46/17，第 18 页。

34 1573 年 1 月 7 日，时任国务大臣的托马斯·史密斯爵士写信给伯利，说他想劝女王把沃尔辛厄姆从法国给召回来，因为他“要支撑不住了，开销一直都很大，所有东西都越来越贵，而且他妻子在这里，还怀有身孕”。参见大英图书馆哈利父子搜藏的文稿 6911 号，第 9 条。

35 1580 年 7 月 16 日，刚刚结束英格兰驻巴黎大使任期的埃米亚斯·波利特爵士写信给沃尔辛厄姆，对玛丽去世表示慰唁。参见大英图书馆科顿（Cotton）收藏的文稿 Titus B ii，第 345 页。

36 《国家档案年鉴（国内篇）》（SPD），《爱德华六世，玛丽与伊丽莎白，1547—1580 年》（*Edward VI, Mary & Elizabeth, 1547–80*），第 278 页。

37 思罗格莫顿（1515—1571 年），1560 年被任命为驻巴黎大使，1562 年在德勒（Dreux）战役中被天主教势力俘虏。1565 年，他被派去苏格兰，阻拦苏格兰女王玛丽和达恩利勋爵的婚事。1569 年因有同情英格兰北部叛乱者的嫌疑，被关进了大牢。伦敦城的思罗格莫顿街就是以他的名字命名。

38 《国家档案年鉴（国内篇）》，《爱德华六世，玛丽与伊丽莎白，1547—1580

年》，第 314 页，写于 1568 年 8 月 18 日。里德对此也有引用，《沃尔辛厄姆大臣先生》，第 1 卷，第 55 页。

39 里金斯（Richings）所著图书的第 117 页。

40 同上，第 123 页。1569 年 1 月，玛丽向斯佩斯承诺，有了腓力二世的帮助，三个月之内她就能当上英格兰女王，让国家重新信仰天主教。参见拉巴诺夫·罗斯托夫斯（Labanoff Rostovsky）所著图书的第 2 卷，第 237 页；《西曼卡斯档案年鉴》（‘Cal. Spanish’），第 2 卷，第 97 页及以后各页。斯佩斯却不那么乐观，他相信“英格兰人十分讨厌外国人，他们想要行动做出改变，而且还不能落入任何其他国家手里”，里金斯所著图书的第 157 页。他太了解英格兰人了！

41 里金斯所著图书的第 123 页。西班牙大使住在温彻斯特庄园（Winchester House），位于伦敦萨瑟克区。

42 农顿所著图书的第 60 页。

43 里金斯所著图书的第 134 页。

44 施特林所著图书的第 203 页。

45 《国家档案年鉴（国内篇）》，《爱德华六世，玛丽与伊丽莎白，1547—1580 年》，第 315 页。

46 同上，第 317 页。

47 同上，第 320 页，写于 1568 年 10 月 21 日。

48 同上，第 324 页。

49 此信写于 1568 年 12 月 20 日。里德对此也有引用，《沃尔辛厄姆大臣先生》，第 1 卷，第 58 页。

50 她是威斯特摩兰郡坎斯威克（Cunswick）的约翰·莱兰爵士（Sir John Leyland）的女儿，嫁给了戴克（Dacre）勋爵托马斯，1566 年 7 月托马斯去世，留下了四个年幼的孩子。1567 年 1 月 29 日，诺福克在伦敦与她结婚，“没有任何仪式和喜庆之气”。参见威廉姆斯所著图书的第 127 页。

51 鲁滨逊所著图书的第 52 页。

52 其他的委员包括第三代苏塞克斯伯爵托马斯·拉德克利夫（北境枢密院大臣）和拉尔夫·萨德勒爵士。其他代表则由苏格兰女王玛丽和苏格兰摄政，莫里伯爵詹姆斯·斯图尔特任命。

53 他逃离爱丁堡外的柯克欧菲尔德宫（Kirk o’ Field）未果，有人企图暗杀他引发了爆炸，最后他被勒死。参见盖伊（Guy）所著图书的第 299—303 页。

54 12 月 6 日，玛丽的代表退出会议，这名苏格兰女王拒绝为自己辩解。1569 年 1 月 10 日，会议结束，没有得出任何结论。

55 她的母亲安妮·博林是亨利八世的第二任妻子，第二代诺福克公爵托马斯的外孙女。法国驻伦敦大使早就把这个婚事的谣言报告给了法国国王。参见费奈隆所著图书的第 1 卷，第 17—18 页。

56 鲁滨逊所著图书的第 60 页；威廉斯所著图书的第 141 页。提到枕头，是要让人回想起达恩利伯爵被杀一事。

57 同时她也一直在寻找法子，让她与第四代博思韦尔伯爵詹姆斯·赫伯恩的婚姻无效（他们是以新教仪式结的婚），这样以确保她能够自由嫁给诺福克。

58 布雷南（Brenan）和斯泰瑟姆（Statham）所著图书的第 2 卷，第 453 页。威廉斯在第 159 页也引用了此话。诺福克扩建了在诺里奇的公爵府，现在那里有一个 180 英尺长的保龄球场和有顶的滚木球场。他还拥有自己的戏院。

59 安德森所著图书的第 2 卷第 21 页及以后各页，当中说到，这篇文章是要寄给当时的英格兰驻爱丁堡大使托马斯·伦道夫，在出版前看看他的意见。这个说法很可信。伦道夫除了要掌控好英格兰的外交影响力，他与沃尔辛厄姆也关系友好，因为他娶了托马斯·沃尔辛厄姆爵士的女儿安娜，她是弗朗西斯最早的堂亲。

60 在那个时代，许多人抄写了那本小册子，大英图书馆中就存有几份——哈利父子搜集的文稿 290 号，第 117 页，以及哈利父子搜集的文稿 4314 号，第 120 页，这都要归功于沃尔辛厄姆。还有一份印刷版小册子，存于大英图书馆科顿搜集的文稿 CaligulaC ii，第 284—291 页。哈利父子搜集的文稿 290 号中的内容收录在了里德的书中，《沃尔辛厄姆大臣先生》，第 1 卷，第 68—79 页。

61 她参与谋杀了达恩利。

62 玛丽的母亲是吉斯的玛丽（Mary of Guise），吉斯家族是法国有权有势的天主教贵族。

63 一本出版名为《对一本诽谤之书的回答》(*An answer to a slanderous book*)的小册子，即回应沃尔辛厄姆的《论述》，日期为 1570 年 3 月 15 日，存于大英图书馆科顿搜集的文稿 Julius F xi，第 391 页及以后各页。

64 爱德华兹所著图书《绝佳机会》(*The Marvellous Chance*)，第 29 页。

65 施特林所著图书的第 246 页及以后各页。1569 年 3 月，法国大使费奈隆告诉法国王太后，里多尔菲“受教皇委托，亲自与天主教贵族协商……让英格兰重回天主教信仰。他主要与阿伦德尔伯爵和拉姆利勋爵交涉，他们之间有交易往来，里多尔菲借了钱给他们……他发现……如果诺福克公爵不参与的话，他们不敢发起任何事情。要赢得支持非常困难，结果到最后，他自己被说服了……”，参见费奈隆所著图书的第 1 卷，第 233—237 页。

66 《国家档案年鉴（国内篇）》，《爱德华六世，玛丽与伊丽莎白，1547—1580 年》，第 345 页。里多尔菲一直待在沃尔辛厄姆的家中，“不能与外界进行交流，除非从他那里审出一些与女王陛下密切相关的事情”。

67 同上。

68 同上，第 346 页。里德对此也有引用，《沃尔辛厄姆大臣先生》，第 1 卷，第 67 页。

69 1570 年 1 月 26 日，塞西尔写信给沃尔辛厄姆和奥尔德曼·鲍伊斯(Alderman Bowes)，正式释放里多尔菲，“在等候女王发落期间，让他待在自己屋里，限制其自由”。参见《国家档案年鉴（国内篇）》，《爱德华六世，玛丽与伊丽莎白，1547—1580 年》，第 362 页。

70 卡姆登所著图书的第 394 页。

71 11 月 25 日，作为安全预防措施，她被转移到考文垂(Coventry)。1571 年 1 月 2 日返回塔特伯里城堡。

72 施特林所著图书的第 299 页。

73 同上，第 270—271 页。

74 里德对此也有引用，《沃尔辛厄姆大臣先生》，第 1 卷，第 105 页。

75 沃尔辛厄姆骑马而行，抵达多佛用了 8 匹马，从布伦(Boulogne)到巴黎又用了 16 匹马，每匹马 2 先令 6 便士。他用了两艘三桅帆船，或几艘小帆船，把他的家当和骑马从多佛运走，费用总计为 12 英镑 13 先令 4 便士，其中还包括给脚夫的小费，以及在港口给“搜查员”的过关费。他和他的马车在离开布伦时，还花了 6 英镑雇了两名向导。他的仆人约翰·德·鲁塞（John de Russe）也有安全通行证。参见《国家档案年鉴（国内篇）》,《爱德华六世，玛丽与伊丽莎白，1547—1580 年》，第 432 页。

76 《西曼卡斯档案年鉴》，第 2 卷，第 288 页。

77 参见《日志》(‘Journal’)，此书在文章中有多次提及。

78 同上，第 5 页——“丹塞特（Dansett）先生和我提起了诏书的事，那诏书颁发下来是要反对女王，我的女主人……（原稿此处空白）。”

79 迪格斯（Digges）所著图书的第 45—46 页。

80 4 月 21 日，沃尔辛厄姆的妻子去了法国宫廷，“王太后（凯瑟琳·德·美第奇）、年轻的王后、洛林伯爵夫人和玛格丽特小姐（瓦卢瓦的玛格丽特）……等各种人都招待了她”。真奇怪，厄休拉做了什么，让她受到如此款待。

81 迪格斯所著图书的第 29 页。1571 年 1 月 28 日，沃尔辛厄姆写给莱斯特的信。

82 同上，第 29—30 页。

83 在玛丽一世统治时期，基利格鲁和众多新教徒一样，在外流亡。1558—1566 年，1572—1591 年，伊丽莎白雇用他在苏格兰执行各种外交任务。1591 年他被封为爵士，1603 年去世。

84 史密斯（1513—1577 年），1562—1566 年担任驻法大使，1571 年成为枢密院成员，一年后当上首席国务大臣。他死后第六年,《论英国人的共和国》(*De Republica Anglorum*）英文版出版，这是他关于都铎宪政的著作。

85 《国家档案年鉴（国外篇）》,《1572—1574 年》，第 9 页。

86 《国家档案年鉴（国内篇）》,《爱德华六世，玛丽与伊丽莎白，1547—1580 年》，第 62—63 页。

87 迪格斯所著图书的第 343 页；大英图书馆科顿搜集的文稿 Vespasian F vi，第 107 页，写于 1572 年 7 月 13 日。

88 迪格斯所著图书的第 212 页。

89 吉尔伯特（约 1539—1583 年），沃尔特·罗利爵士的继兄弟，镇压了芒斯特（Munster）叛乱，手段残忍，杀死叛乱地区的男女老少，烧毁房屋和田地。

许多人死于他的士兵手下，他还要把尸体斩首，把头颅钉在营地的柱子上以警告众人，情形可怖。

90 火绳钩枪，或叫“火绳枪”，是一种无线膛，用火绳引燃的枪，步枪的前身。一个“S”型弯钩一端固定在枪上，另一端就把燃烧的火绳往一个小口中推，里面装有起爆火药，进而引燃枪中的弹药。

91 施特林所著图书的第 527 页，1 号脚注。

92 费奈隆所著图书的第 6 卷，第 330 页。

93 《主要存于罗马的有关英格兰事务的国家档案年鉴》，第 2 卷，第 45 页。后来的圣帕普（St Papoul）主教安东尼奥·萨尔维亚蒂（Antonio Salviati）告诉科莫枢机主教，他对“沃尔辛厄姆处决胡格诺派以及在他家中抓捕布里克穆尔（Briquemault）……很不满，对此他告诉他的密友，他已经写信给英格兰女王，请女王施以援手，这事关她的荣誉。他有充分的理由要将此事告诉王太后（凯瑟琳·德·美第奇）”。这封信于 1572 年 9 月 15 日在巴黎用意大利语写成。

94 根据一份罗马在 10 月 29 日的简报，大屠杀的消息传来时，查理九世“正在教堂里。他心意已决，宣告众人，除了天主教，不容许国内有其他任何宗教存在，此举甚是合适，为此他虔诚地向上帝表示感谢”。《主要存于罗马的有关英格兰事务的国家档案年鉴》，第 2 卷，第 64 页。

95 罗讷河（River Rhône）上漂浮着许许多多里昂人的尸体，阿尔勒人（Lyonese）三个月都不能喝河里的水。

96 施特林所著图书的第 530—531 页。

97 迪格斯所著图书的第 238 页。1573 年 9 月 14 日，他向伦敦寄去急件，列了一份在巴黎被害的妇女和小孩的名单。参见大英图书馆其他文稿 48126 号，第 103 页 B 面。

98 博西（Bossy）所著图书《鼹丘之下》（*Under the Molehill*），第 55 页。

99 《主要存于罗马的有关英格兰事务的国家档案年鉴》，第 2 卷，第 42 页。

第二章　国家之毒

1　枢密院法案（APC），第 15 卷，第 330 页。

2　接替他出任大使的是瓦伦丁·戴尔博士。

3　参见纳托尔（Nuttall）所著图书的第 191—197 页。

4　大英图书馆哈利父子搜集的文稿 290 号，第 88 页。

5　爱德华兹所著图书《绝佳机会》，第 35 页。

6　上面写着："聪明的人应该行事慎重，说话前要琢磨，做事前要核查，小心他们的手下，最重要的是要提防他们的亲信。"日期为 1571 年 4 月 10 日，参见皇家历史遗迹委员会的《伦敦》（RCHM）第 5 卷，第 84 页。他还在一块装饰木板上刻过字，木板上带有"HIS"的字母花纹，看起来很庄严，上面还额外刻上了："公元 1571 年 9 月 10 日。不能忍受逆境的人是世上最不幸的人，因为人不是被逆境给杀死的，杀死他的是他的急躁。*Tout vient a poient quy peult attendre*（等待着，一切事情都会到来）。*Gli sospirine son testimony very dell angoscia mia*（我的叹息真正见证了我的悲伤）。查尔斯·贝利，29 岁。"参见皇家历史遗迹委员会的《伦敦》第 5 卷，第 84 页；爱德华兹所著图书《绝佳机会》，第 29 页。皇家历史遗迹委员会的《伦敦》第 5 卷，图 31 就是这块木板，也可在爱德华兹书中第 192 页找到。塔内一楼也有他的刻字，用拉丁文写成。

7　从 18 世纪出版的威廉·莎士比亚的《一报还一报》（*Measure for Measure*）中可以发现拉肢架是如何运作的。此书的编辑艾萨克·里德（Isaac Reed）想要解释这句对白："十恶不赦的也许逍遥法外。""法"在这里指的拉肢架，在伦敦塔内查找一番后，他发现了这个遗留下来的"可怕工具"。铁架子和三个木质滚筒还在，但是少了把手和绳子。中间的滚筒和两边的滚筒用绳子连接，受害者的头和脚就绑在两边的滚筒上，很明显，拉肢行刑人用把手转动中间的滚筒，就可以拉伸受害人的躯体。2003 年伦敦塔特别展出了一个仿真拉肢架。

8　威廉斯所著图书的第 199—200 页。

9　迪格斯所著图书的第 95 页；国家档案年鉴（国外篇），《1569—1571 年》

（*1569—71*），第 445 页。

10 鲁滨逊所著图书的第 63 页；威廉斯所著图书的第 200—202 页。

11 赫尔勒提供的情报现存在大英图书馆科顿搜集的文稿 Caligula C iii 中，第 57—60 页，第 166—169 页。开头赫尔勒就抱怨说“必需品奇缺”。

12 大英图书馆其他文稿 48023 号，第 150 页。

13 大英图书馆科顿搜集的文稿 Julius F vi，第 2 页上面列出了审讯诺福克的问题。

14 大英图书馆科顿搜集的文稿 Caligula C iii，第 96 页。

15 《主要存于罗马的有关英格兰事务的国家档案年鉴》，第 2 卷，第 3 页。

16 同上，第 2—3 页。

17 关于他入狱和审判的情况，参见大英图书馆科顿搜集的文稿 Julius F vi，第 200 页 B 面；48027 号其他文稿，第 83—125 页 B 面。布朗（Brown）书中（及其他地方）记载了宣判话语，《哈利父子杂集》（*Harleian Micellany*），第 5 卷，第 414—421 页中所刊载的审判报告中对此也有记录，但是两者差别很大。48023 号其他文稿中有他写给孩子的最后一封信，感人至深，在第 153—156 页。

18 卡姆登所著图书的第 140 页。

19 布朗所著图书的前言；爱德华兹所著图书《绝佳机会》，第 398 页。

20 哈特菲尔德庄园，塞西尔档案 90/150。

21 大英图书馆科顿搜集的文稿 Vespasian F vi，第 261 页，写于 1573 年 1 月 18 日。

22 国家档案年鉴（国内篇），《爱德华六世，玛丽与伊丽莎白，1547—1580 年》，第 466 页。

23 沃顿（1548—1626 年）和爱德华·斯塔福德爵士曾被考虑过要接替沃尔辛厄姆担任国务大臣，但这个想法只是暂时的。最后，伯利不得不担此重任。

24 国家档案年鉴（国外篇）（1577—1578 年），第 457 页。当时的英格兰驻巴黎大使埃米亚斯·波利特爵士买来了丝绸，然后寄往伦敦。沃尔辛厄姆告诉他，女王很喜欢这个礼物，“我以前送礼物给她，从未得到过这般感谢”。

25 伯特兰·德·萨利尼亚克·德·拉·莫特·费奈隆，1568—1575 年任法国驻伦敦大使，米歇尔·德·卡斯泰尔诺，拉·穆维谢尔勋爵，1575—1585 年任法国驻伦敦大使。

26 几乎可以肯定，说的就是伊丽莎白女王。

27 大英图书馆其他文稿 48149 号，第 3 页 B 面至第 9 页 B 面。

28 大英图书馆哈利父子搜集的文稿 290 号，第 84 页。

29 里德对此也有引用，《沃尔辛厄姆大臣先生》，第 2 卷，第 267 页。

30 《西曼卡斯档案年鉴》，第 2 卷，第 595—596 页。

31 尼古拉斯所著图书《哈顿回忆录》（*Memoirs of ...Hatton*），第 361—362 页。

32 小册子原本是用拉丁文写成，英译本以 J· 克雷斯韦尔（J. Creswell）的名义出版。

33 参见迈耶（Meyer）所著图书第 177 页。

34 大英图书馆兰斯唐（Lansdowne）搜集的文稿 97 号，第 154 页。

35 《国家档案年鉴（国内篇）》，《伊丽莎白，1581—1590 年》，第 126 页。

36 同上，第 161 页。门多萨说，爱德华 · 阿登（Edward Arden）、他的妻子玛丽，以及休 · 霍尔（Hugh Hall）神父都要被处死。但是妇女不能遭受车裂之刑，这在英格兰是违法的。玛丽当时怀着孕，所以判决推迟。《国家档案年鉴（国外篇）》（1583 年 7 月—1584 年 7 月），第 651—652 页。另请参见里德，《沃尔辛厄姆大臣先生》，第 2 卷，第 381 页脚注。

37 国家档案年鉴（国外篇）（1583 年 7 月—1584 年 7 月），第 651 页。1583 年 12 月门多萨写给帕尔马公爵的信。

38 同上，第 652—653 页。

39 斯塔克利（约 1530—1578 年）1563 年起一直是伊丽莎白的私掠船船长，但七年后逃往西班牙，在那里腓力二世给了他一笔津贴。后来加入军队远征摩洛哥（Morocco），在阿尔卡扎（Alcazar）战役中被大炮打中双腿身亡。

40 《主要存于罗马的有关英格兰事务的国家档案年鉴》，第 2 卷，第 19 页。

41 同上，第 54 页。

42 同上，第 140—141 页。

43 同上，第 208 页。特赦令于 1571 年 6 月 13 日签署。

44 更多关于特雷根（1548—1608 年）的情况，参见天主教档案协会出版物第 32 卷《汇编》（*Miscellanies*）（伦敦，1932），其中的文章由 P. A. 博扬（P.

A. Boyan）夫人提供，作者是 17 世纪的西多会修道士弗朗西斯·普伦基特（Francis Plunkett）。

45 天主教档案协会出版物第 2 卷《杂集》，第 191 页。抓捕队伍在梅恩的文件中发现了一份教皇的特赦诏书。在受审期间，他拒不服从，坚称如果任何天主教贵族“要侵略他国，改正恢复罗马教廷的权威……那么被外侵国家的天主教徒应该准备好去提供帮助”。参见 A. L. 劳斯（A.L. Rowse）所著图书《都铎时期的康沃尔》（*Tudor Cornwall*）（伦敦，1941），第 346—351 页。特雷根则被关押了起来。

46 《国家档案年鉴（国内篇）》，《爱德华六世，玛丽与伊丽莎白，1547—1580 年》，第 32 页。

47 大英图书馆哈利父子搜集的文稿 360 号，第 65 页。文件未标明日期，由伯利修正。

48 这座城堡是由“征服者”威廉（William the Conqueror）建造。后来成了伊利主教的住宅，时而会用作监狱。1315 年，金斯林的理查德·兰伯特（Richard Lambert）被非法监禁在这里，“受到非人对待，被癞蛤蟆和其他害虫侵咬，他的妻子绝望不已”，参见维多利亚郡史（VCH），第 4 卷，第 252 页。1478—1483 年，城堡大规模用砖重建，四周围了一条壕沟，后被推倒，1816 年在原场地或附近建了一座庄园。

49 沃森出生于 1513 年，1584 年 9 月死于威斯贝奇。他的教区 20 年都无人管理，教会收入为君主所有。

50 他是最后一位修道院院长，出生于 1510 年前后，也是在 1584 年死于威斯贝奇。

51 维多利亚郡史，第 4 卷，第 252 页。

52 科温顿（Covington）对此有所引用，第 70 页。更多关于威斯贝奇的介绍，参见普里查德（Pritchard）所著图书的第 78—101 页。

53 维多利亚郡史，参见前面所引用的书。后来，关押在威斯贝奇的耶稣会会士和神学院神父爆发了争吵。1587 年耶稣会领导者威廉·韦斯顿被关进城堡，他与 1582 年才皈依天主教的里斯托弗·巴格肖（Christopher Bagshaw）发生纠纷，威斯贝奇的居住环境是两人的争吵点。韦斯顿和他的支持者认为城堡纪律应该更加严明，这样更与他们的圣洁相称，并指责其他人生活放纵，不道德。监狱外的忠实信徒送来的救济品，耶稣会会士得的最多，所以他们的关系没有得到改善。在 1594 年圣诞节庆祝活动上，一匹木马出现在神父当中，矛盾就开始激化了（在大众娱乐活动上，木马是众人取笑的对象——它或许就是今天哑剧马，哑剧牛的原型）。参见沃森所著图书《威斯贝奇镇的历史记录》（*Historical Account of the Town of Wisbech*），第 127 页；科利尔（Collier）所著图书的第 1 卷，第 7 册，第 643 页。

54 国家档案馆公共档案 SP 12/141/29。

55 《西曼卡斯档案年鉴》，第 3 卷，第 38 页。

56 霍西是枢密院顾问官，莱斯特的亲信，1569 年指挥保皇骑兵攻打北境叛乱者。1583 年身染瘟疫死于怀特岛。

57 《国家档案年鉴（国内篇）》，《爱德华六世，玛丽与伊丽莎白，1547—1580 年》，第 690 页。

58 伊丽莎白一世第 23 号法令，第一章。

59 伊丽莎白一世第 27 号法令，第二章。

60 据记载，科塔姆，或称科瑟姆（Cotham），1581 年被关在伦敦塔——参见天主教档案协会出版物第 2 卷《杂集》，第 221 页。1580 年 5 月，他在苏瓦松（Soissons）接受圣职，成为神父，在多佛被逮捕，但逃脱。后向伦敦当权者投降，在伦敦塔受到折磨。1582 年 5 月 30 日被处死，身体各部位放进大桶内煮开，防止被用来当作圣者遗物。1886 年教皇利奥十三世为科塔姆行了宣福礼。

61 后来在 1582 年，柯比与科塔姆，以及另外一名神父威廉·菲尔比（William Filby）被处死。他的名字出现在天主教档案协会出版物第 37 卷《鲁伯尔书》（*Liber Ruber*），第 9 页上，页边还写上了“殉道者”一词。

62 在法国北部。1568 年威廉·艾伦在那里建立了一所英格兰圣徒学院，培养神父。

63 庞德，“一名非常顽固的反抗者，坚持维护天主教”。据沃尔辛厄姆记载，1586 年 11 月，他被关在萨瑟克区的白狮监狱，后来，他的名字列在了一份文件当中，说“适合”将他转移到威斯贝奇，该文件约写于 1587 年年末。参见天主教档案协会出版物第 2 卷《杂集》，第 262、265 和 278 页。

64 参见天主教档案协会出版物第 2 卷《杂集》，第 200 页。

65 1587年，耶茨家里又遭到突然搜查，但这次是爱德华·温顿干的，他向沃尔辛厄姆报告，在他家中发现了“许多教皇党遗物”。他的两名仆从都被抓了起来，一个名字疑为约翰·多伊（John Doe），另一个叫理查德·巴克利（Richard Buckley）。随后两人供认，坎皮恩在家里避难时，他们参与弥撒，归顺了罗马天主教。参见《国家档案年鉴（国内篇）》,《伊丽莎白，1581—1590年》，第384—385页。

66 将犯人游街示众这一做法是要刻意去强调国家的权力。然而，有些神父认为这种不光彩场面更像是基督在被钉死在十字架之前所遭受的磨难。参见科温顿所著图书的第62页。

67 R. 辛普森（R. Simpson）所著图书《埃德蒙·坎皮恩的一生》（*Life of Edmund Campion*）（伦敦，1866），第338页。沃尔辛厄姆的《日志》中记载了他那天的离开，第43页。

68 大英图书馆哈利父子搜集的文稿6911号，第57条。

69 科塔姆和柯比都在这个刑具上受过刑，1580年12月9日，柯比在上面忍受了一个多小时的酷刑。

70 她背躺着，双手绑在木杆上，一块很沉的重物不断降低，压在她身上。参见莫里斯（Morris）所著图书的第1卷，第397和432页。

71 大英图书馆兰斯唐搜集的文稿97号，第9、10项。

72 参见大英图书馆其他文稿48023号，第26—58页B面，第26页B面—27页，第33页B面，第42—43页B面，第48页B面。1572年，诺顿向女王请愿，竭力主张要处死诺福克公爵——同上，第163—164页B面。

73 《国家档案年鉴（国内篇）》,《伊丽莎白，1581—1590年》，第48页。前一年的5月3日，枢密院令诺顿去审查“一个自称为布赖恩特的耶稣会会士，如果他拒不招供，就给他用刑，让他感到痛苦和恐惧，从他那里逼问出相关事情的消息”。

74 同上，第22页。布莱恩特来自萨默塞特郡，1581年在泰伯恩行刑场被处决，1970年和众多殉道者一样，被教皇追封为圣徒。

75 同上，第130页。

76 同上，第130页。1583年11月18日，沃尔辛厄姆告诉托马斯·威尔克斯。

77 大英图书馆其他文稿 48029 号，第 58—72 页 B 面。这不是诺顿第一次参与公众论战了：1571 年，他写了本小册子反对苏格兰女王玛丽，大英图书馆牛皮封面装订的 48098 号其他文稿存有一份副本，里面还有修正，以及他亲笔书写的部分段落。按那个时候的标码来算，小册子一共有 71 页。

78 大英图书馆兰斯唐搜集的文稿 155 号，第 84—106 页 B 面。

79 《国家档案年鉴（国内篇）》，《伊丽莎白，1581—1590 年》，第 260 页。这场争斗就是个误会：士兵以为巴萨诺是名西班牙人。诺顿和瓦伦丁·伍德（Valentine Wood）两人说，乐师对士兵“口出恶言”，他们之间肯定爆发了骚乱，他“险些被杀”。女王有三名从威尼斯来的乐师，巴萨诺就是其中一位，1572 年他获得了马克街（Mark Lane）的贝尔酒馆。他的妻子名叫玛格丽特，死于 1623 年，伦敦塔旁的万圣教堂（All Hallows' Church）里就有她的黄铜纪念牌，上面刻有文字。

80 枢密院法案，第 17 卷，第 205 页。下个月，坦卡德被带到牛津巡回法庭接受审判。同上，第 329 页。

81 《英国人物传记辞典》（新版）（DNB2），第 55 卷，第 28 页。威廉·理查森（William Richardson）所写。

82 尼科尔斯（Nichols）所著图书的第 2 卷，第 217 页。

83 卡拉曼（Caraman）所著图书的第 69 页。1597 年，杰拉德沿着从码头牵过来的绳子爬，跨过堡垒壕沟，逃离了伦敦塔。

84 枢密院法案，第 16 卷，第 235 页。在后来的海军作战中，还逮捕了一名叫乔治·埃利斯（George Ellis）的水手。1595 年他写信给伯利抱怨普克利夫，并写下了“他能为国家所找出的发现”。参见大英图书馆兰斯唐搜集的文稿 79 号，第 93 项。关于在和无敌舰队作战期间，对其他被捕英格兰人的审讯，参见大英图书馆其他文稿 48029 号，第 85—91 页。

85 他化名为波特蒙（Portmon）、惠特吉夫特。1587 年 8 月，在罗马的英格兰圣徒学院接受圣职，1592 年 2 月 20 日被处决，参见天主教档案协会出版物第 37 卷《鲁伯尔书》，第 27 页。

86 天主教档案协会出版物第 5 卷《未公开文件》（*Unpublished Documents*），第 210—211 页。关于波尔蒙特的记录上交给了枢密院书记员威廉·瓦德

（William Waad），1592 年 11 月还给了女王看。他们的反应并没有记载下来，但是显然，托普克利夫逢凶化吉，继续直接和女王通着信。

87 大英图书馆兰斯唐搜集的文稿 72 号，第 39 项。其他文件中有一份托普克利夫在 1592 年写给枢密院的报告，说他“发现了几名危险的神学院神父的踪迹”，当中还提及了对付神父的“最佳方法”。

88 索斯韦尔，约于 1561 年出生在诺福克，1595 年在泰伯恩行刑场被处决。1970 年教皇追封他为圣徒。

89 科温顿所著图书的第 88 页。

90 福利（Foley）所著图书的第 1 卷，第 350 页。她还揭露说，她家的乌森登庄园里有个神父的秘密藏身之所，就在米德尔塞克斯的哈罗（Harrow on the Hill）附近。

91 《国家档案年鉴（国内篇）》，《伊丽莎白，1581—1590 年》，第 207 页。

92 威廉·科比特（William Cobbett）等著，《国家审判》（伦敦，1809—1828）共 33 卷，第 2 卷，第 184 页。科温顿在书中第 160—161 页中也有引用。

93 1970 年 10 月 25 日，教皇保罗六世追封他为圣徒。

94 主祷文。

95 天主教档案协会出版物第 5 卷《未公开文件》，第 204 页。

96 1586 年 5 月 30 日，米德尔顿在兰斯被任命为神父，后来同年进入英格兰，在克勒肯维尔（Clerkenwell）被抓。

97 1588 年，琼斯在罗马的英格兰圣徒学院被任命为神父。

98 大英图书馆其他文稿 48029 号，第 121—141 页 B 面。天主教档案协会出版物第 53 卷《耶尔弗顿收藏文稿杂集》中重印了该内容，在第 193—245 页。

99 天主教档案协会出版物第 53 卷《耶尔弗顿收藏文稿杂集》，第 227 页。

第三章 女王的情报机关

1 《国家档案年鉴（国内篇）》，《伊丽莎白，1581—1590 年》，第 615 页。

2 劳埃德所著图书的第 2 卷，第 514 页。

3 《国家档案年鉴（国内篇）》,《爱德华六世，玛丽与伊丽莎白，1547—1580年》，第477页。

4 大英图书馆科顿搜集的文稿 Caligula C iii，第217页。两天前，沃尔辛厄姆也提到，他派了一名手下，“伪装成天主教徒”和托马斯·达比希尔（Thomas Darbyshire）就苏格兰女王玛丽的事情见了面。参见历史手稿委员会记录，《芬奇》，第19页。达比希尔是“很受欢迎的耶稣会老神父，通常住在巴黎”。天主教档案协会出版物第21卷《尊者菲利普·霍华德》（*Ven. Philip Howard*），第272页脚注。

5 佛罗伦萨人托马索·迪·维琴佐·萨塞蒂。后来他搬到伦敦，成了莱斯特伯爵的护卫，每年入50英镑。参见里金斯所著图书的第137页。

6 大英图书馆哈利父子搜集的文稿6991号，第39条，1573年8月20日。

7 《国家档案年鉴（国内篇）》,《伊丽莎白，1581—1590年》，第373页。

8 同上，第140页。

9 同上，第633页，1589年12月11日。

10 克尔赛呢是一种粗布，有棱，由长股羊毛织成。

11 《国家档案年鉴（国内篇）》（1584年8月—1585年8月），第40页。

12 同上，第358页。

13 《国家档案年鉴（国内篇）》（1583年1月—6月及附录），第335页。

14 同上，第52页。

15 《国家档案年鉴（国内篇）》,《伊丽莎白，1581—1590年》，第32页。

16 大英图书馆哈利父子搜集的文稿6991号，第58条。

17 2月20日，科凯恩写信给伯利，带来了有关苏格兰女王玛丽在英格兰的支持者的新情报。在信中，他还请求伯利为他取得伊丽莎白的宽恕。参见大英图书馆科顿搜集的文稿 Caligula C iv，第249页。他在任务报告上是花了时间的：3月18日，他告诉沃尔辛厄姆，西班牙谋划要绑架年幼的苏格兰国王詹姆士六世，他还点出了一些参与者的名字。大英图书馆科顿搜集的文稿 Caligula C v 第6—20页中有对于那些人的调查和指控书初稿。亚历山大·汉密尔顿的供词在第15页，日期为5月21日。

18 1575年3月9日，沃尔辛厄姆写给莱斯特的信。里德也引用了此话，《沃尔辛厄姆大臣先生》，第 2 卷，第 354 页。

19 汤姆森以前是日内瓦大学的希伯来语讲师，他根据 1560 年版的《日内瓦圣经》，编辑修订了《新约》，1576 年在伦敦出版。《日内瓦圣经》由泰奥多尔・贝扎（Theodore Beza）从希腊文翻译过来。1584 年，汤姆森当选为下议院多塞特郡梅尔库姆里吉思（Melcombe Regis）议员。

20 在这里，琼斯指的是加在顽固反抗者身上的罚款。《国家档案年鉴（国内篇）》，《爱德华六世、玛丽与伊丽莎白，1547—1580 年》，第 486 页。

21 《国家档案年鉴（国内篇）》，《伊丽莎白，1581—1590 年》，第 36 页。

22 同上，第 51 页。

23 亨利・亨肖（Henry Henshawe），玛丽一世统治时接受圣职的"老牌"神父，以前是牛津大学林肯学院的院长。据记载 1560 年他被关在弗利特监狱，约死于 1598 年。参见天主教档案协会出版物第 2 卷《杂集》，第 3 页脚注。

24 威廉・霍尔特，牛津郡人，1583 年 3 月被沃尔辛厄姆的间谍罗杰・阿尔蒙德出卖。参见《国家档案年鉴（国内篇）》，《伊丽莎白，1581—1590 年》，第 207 页。

25 贾斯帕・海伍德（Jaspar Haywood），在海上被抓，1582 年 12 月 9 日沃尔辛厄姆把他关进监狱。次年 3 月，他的名字出现在萨瑟克区克林克监狱的被关神父名单中。1584 年 2 月 9 日他在王座法庭受到起诉，后被驱逐，1595 年死于那不勒斯。参见天主教档案协会出版物第 2 卷《杂集》，第 177、190、232 页。

26 《国家档案年鉴（国内篇）》，《伊丽莎白，1581—1590 年》，第 17 页。

27 可能是威廉・卡特（William Carter），书籍装订工，住在伦敦，据 1583 年 3 月 23 日记载，他被关在伦敦塔内，拒不服从国教。参见天主教档案协会出版物第 2 卷《杂集》，第 228 页。

28 天主教档案协会出版物第 5 卷《未公开文件》，第 30—31 页。

29 来自 1582 年 11 月 15 日约翰・哈特写的信——参见天主教档案协会出版物第 2 卷《杂集》，第 74 页。

30 无双宫由亨利八世建造，从 1538 年开始用了 9 年时间完成，花了 2.4 万英镑，但是后来玛丽一世把无双宫卖给了拉姆利的岳父阿伦德尔伯爵。1592 年，伊丽莎白将它要了回来，归王室所有，拉姆利欠她的债务则一笔勾销。

1670 年，查理二世（Charles Ⅱ）把宫殿给了她的情妇芭芭拉·卡斯尔梅恩（Barbara Castlemaine），1682 年卡斯尔梅恩开始拆除这个庞大的建筑。1959—1960 年著名考古学家马丁·比德尔（Martin Biddle）发掘出无双宫遗址。

31 鲁滨逊所著图书的第 77 页。伯德（约 1538—1623 年），托马斯·塔利斯（Thomas Tallis）的学生，1569 年在王室礼拜堂和他人共同担任管风琴师。据记载，他是名天主教徒，1578—1588 年住在米德尔塞克斯的哈灵顿（Harlington）。1589 年他创作了《圣歌集》第一集，1591 年创作《圣歌集》第二集。

32 她怀疑他。

33 国家档案馆公共档案 SP12/175/110，1584 年 12 月。他在埃塞克斯、萨福克、诺福克、德比郡、诺丁汉郡和米德尔塞克斯搜查揭发教皇党人，在大英图书馆 48023 号其他文稿中可以看到他的记录，第 110—111 页。

34 他是珀森斯的朋友，后来和坎皮恩一起被判了刑，但没有被处死，而是一直待在伦敦塔。1585 年他被驱逐出英格兰。

35 坎皮恩、珀森斯和乔治·吉尔伯特都是教会会议的成员。1581 年 6 月 14 日，珀森斯在伦敦写信给教皇格列高利十三世，说吉尔伯特“是名出身很好的年轻人，非常有钱，在（英格兰）宫廷很受支持，他倾尽所有，投身保卫天主教”。珀森斯还补充说：“我不知道女王为何这么渴望要抓捕这些勇敢的人。”参见天主教档案协会出版物第 2 卷《杂集》，第 67 页。1583 年 10 月，吉尔伯特死于罗马，临终时加入了耶稣会。

36 约翰逊在杜埃接受培训，不料于 1580 年 5 月 2 日跨越海峡前往英格兰。后被关押在普特利债务人监狱，接受审判后，在 1582 年 5 月 28 日与坎皮恩一同被处死。

37 参见艾伦（Allen）所著图书的第 28—75 页、83 页。

38 天主教档案协会出版物第 2 卷《杂集》，第 94 页，1581 年 8 月 24 日写于伦敦。在离开英格兰之前，珀森斯从伦敦出发去了苏塞克斯的米歇尔格罗夫（Michelgrove），那里的谢利家族强烈支持反抗者。

39 斯特赖普（Strype）所著图书的第 3 卷，第 2 册，第 611 页。

40 卡特林恩写信向沃尔辛厄姆抱怨：“每天，舞台剧上不断传来辱骂的声音，极大地冒犯了虔诚之人，严重阻碍了福音的传播，教皇党人对此不亦乐乎。这都是事出有因。一周七天城内的大街小巷全都贴有表演节目单：有些是女王陛下仆从的演出团，有些是莱斯特伯爵的，还有牛津伯爵的，海军上将的……所以当观众中响起钟声，舞台上一片叫喊，邪恶的罗马教派就乐得大笑，而虔诚之人则伤心哭泣。悲哀的是，教堂都空了，剧院里却麻烦不断，一方面座位票难求，而另一方面空位却有一大把。”大英图书馆哈利父子搜集的文稿 286 号，第 102 页。

41 《国家档案年鉴（国内篇）》，《伊丽莎白，1581—1590 年》，第 35 页。

42 大英图书馆哈利父子搜集的文稿 286 号，第 266 页。

43 同上，第 97 页；科温顿所著图书的第 68 页。

44 天主教档案协会出版物第 2 卷《杂集》，第 179 页。

45 威廉·萨默塞特（William Somerset），第三代伍斯特伯爵（1526—1589 年）。沃尔辛厄姆的怀疑可能是无根据的：后来在 1588 年，伍斯特还征集了陆军去击退无敌舰队。

46 刘易斯（Lewis），第三代莫登勋爵（1538—1601 年），贝德福德郡郡长。在玛丽一世统治期间，他的父亲在镇压新教中扮演了积极角色。

47 一种小帆船。

48 《国家档案年鉴（国内篇）》，《伊丽莎白，1581—1590 年》，第 370 页。

49 大英图书馆哈利父子搜集的文稿 286 号，第 95 页。

50 也叫作希兴（Sything）或希顿里（Sydon Lane）。斯托在书中描述道，希兴里大街上“建了许多集市和大房子”，第 1 卷，第 131—132 页。埃塞克斯伯爵也住在附近。

51 硫酸铝钾。今天用在发酵粉中，还可净水和硝牛皮。

52 沃尔辛厄姆的间谍，化名为托马斯·罗杰斯的尼古拉斯·伯登从巴黎寄出的报告就用了密写墨水。过了一段时间后，字迹就会变成深褐色，难以辨认。

53 哈特菲尔德庄园，塞西尔档案 Petitons 2424。

54 波伦（Pollen）所著图书的第 liv 页；《波利特》（*Paulet*），第 119 页。

55 1 马克等于 13 先令 4 便士。

56 《波利特》，第 115 页。

57 《苏格兰档案年鉴》（'Cal. Scot'），第9卷，第109页。过去一个叫劳伦斯·史密斯（Lawrence Smith）的人对菲利普斯公开指责，后者对此事很恼火。1580年，他写信给伯利抱怨那些针对他的"卑鄙、不实消息"。参见大英图书馆兰斯唐搜集的文稿31号，第23节。

58 《国家档案年鉴（国内篇）》，《伊丽莎白，1581—1590年》，第614页。

59 伯奇（Birch）所著图书的第1卷，第14—15页。

60 参见海恩斯（Haynes）所著图书的第48页。

61 同上，第48页；里德所著的《沃尔辛厄姆大臣先生》，第2卷，第371页脚注。

62 《国家档案年鉴（国内篇）》，《1583年1月—6月及附录》，第119—120页。

63 《国家档案年鉴（国内篇）》，《伊丽莎白，1581—1590年》，第207页。3月4日，鲍伊斯说有几名英格兰人从罗马和法国出发前往苏格兰，企图左右苏格兰国王和贵族，参见大英图书馆科顿搜集的文稿Caligula C vii，第106页，第115页则有3月14日沃尔辛厄姆的回信，指示要如何处理霍尔特。

64 阿尔蒙德总是进进出出于监狱之中。有指控说他背叛了巴黎的英格兰天主教徒，1583年7月，他在法国被捕。他留有一封沃尔辛厄姆写给他的信，"谈到了一些关于钱的问题"。他还曾与4名耶稣会会士去了阿图瓦（Artois），以便陪同他们去英格兰。一份法国文件上有注释补充说："从很多方面可以看出，为了达到目标，这个年轻人极为轻率地把自己置于了险境。他选择了一个糟糕的办法去妥协，这更多的是可惜，而不是说司法严厉。"［《国家档案年鉴（国内篇）》（1583年7月—1584年7月），第47—48页］阿尔蒙德在法国阿拉斯的一个监狱里受到了酷刑，9月，沃尔辛厄姆托人帮忙释放了他（同上，第79页）。次年10月，第四代拉特兰伯爵罗杰·曼纳斯在诺丁汉郡纽瓦克逮捕了阿尔蒙德。这名间谍"说他是沃尔辛厄姆的仆从，还出示了一张他秘密得到的委任状，假装他的马被抢走了"。这张签署日期为1584年9月26日的委任状是要给郡长约翰·斯宾塞，让他协助威廉·瓦瓦苏抓捕耶稣会会士威廉·珀森斯以及其他教皇党人，参见《国家档案年鉴（国内篇）》，《伊丽莎白，1581—1590年》，第207页。他最后一次出现是在1612年，因犯了藐视王权罪被关在伦敦新门监狱，凑了100英镑给詹姆士一世，作为"离开监狱的通行证"，但那个太难得到了。

65 3 月 18 日，鲍伊斯写信给沃尔辛厄姆，告知了他一个阴谋，“教皇和法国国王、西班牙国王要入侵我们国家”，参见大英图书馆科顿搜集的文稿 Caligula C vii，第 119 页 B 面。

66 博西所著图书《焦尔达诺 · 布鲁诺》(*Giordano Bruno*)，第 75—77 页。

67 同上，第 191 页。

68 大英图书馆科顿搜集的文稿 Caligula C vii，第 155 页。

69 《国家档案年鉴（国内篇）》，《1583 年 1 月—6 月及附录》，第 292 页。

70 大英图书馆科顿搜集的文稿 Caligula C vii，第 153 页。背面标记了“4 月，法戈”，日期显然错误。

71 霍华德（1540—1614 年）是被处死的诺福克公爵的弟弟。他“性情恶毒，不怀好意”。安东尼 · 韦尔登爵士（Sir Anthony Weldon）却不以为意，说他是一名“伟大的办事人，然而不是个明智的人，是世界上最庸俗的马屁精”。参见威廉姆斯所著图书的第 84—85 页。

72 大英图书馆 48029 号其他文稿中有他的供词，在第 64—65 页 B 面。

73 佩吉特（死于 1612 年）是第一代佩吉特勋爵威廉的儿子。1572 年前往巴黎，成为玛丽在瓦卢瓦宫廷的大使詹姆斯 · 比顿的秘书。

74 《驱逐西班牙大使的头号原因》(*'Heads of the causes of the dismissal of the ambassador of Spain'*)，《国家档案年鉴（国内篇）》(1583 年 1 月—6 月及附录)，第 333—334 页。沃尔辛厄姆在写给英格兰驻巴黎大使斯塔福德的信上也称，门多萨允许英格兰天主教徒“在他的家中举行弥撒，这违背了大使特权”，同上，第 301 页。

75 《西曼卡斯档案年鉴》，第 3 卷，第 516—517 页。

76 在加来，间谍约翰 · 杰尼根和门多萨谈过话，得知西班牙有一个“恶毒的计谋”，要对付英格兰。参见《国家档案年鉴（国内篇）》，《伊丽莎白，1581—1590 年》，第 158 页。

77 《国家档案年鉴（国内篇）》(1583 年 7 月—1584 年 7 月)，第 594 页。当天，在低地国家的间谍吉尔平也告诉沃尔辛厄姆，刺客很快就被处决了。“他的右手被压住，一个特制的烧得通红的铁器就烙在他手上。后来，有好些钳子，燃着火，把他双腿、双臂和其他部位的皮肤给拉扯了下来，他的躯体被活生生地剖开、分解。整个过程痛苦不堪，但他一直都很坚定，没怎么动过，太惊奇，太不可思议了”。同上，第 596 页。

78 后来，霍华德向巴黎的门多萨提供“机密、详细的报告，一周两次”，每年得到了 1000 克朗的报酬。参见鲁滨逊所著图书的第 85 页。

79 他在伦敦塔内的遗物清单可在大英图书馆埃杰顿（Egerton）搜集的 2074 号文稿中找到，在第 108 页。伦敦塔中尉欧文·霍普顿爵士后来证实，珀西房间的门从里面上了锁，他的护卫不得不用长戟把门给砸破。他的尸体就在床上，胸口上有枪伤，那把枪就在 3 英尺外的地板上。参见豪厄尔斯（Howells）所著图书的第 1 卷，第 1123 页。

80 菲利普斯署名：“‘B’敬上。”《国家档案年鉴（国内篇）》，《伊丽莎白，1581—1590 年》，第 148 页。

81 天主教档案协会出版物第 21 卷《尊者菲利普·霍华德》，第 70 页。

82 皮尔庞特被称作是“一名非常顽固的反抗者，维护着所有的神学院神父和教皇党人”。他先是待在马夏尔西监狱，后转移到伦敦塔。1586 年 6 月，他被送到威斯贝奇城堡。

83 罗什卡罗克来自康沃尔的圣恩德利恩（St Endellion），“不过因宗教问题……还有与耶稣会会士和神父有情报往来”坐了牢。据 1585 年 5 月记载，他“很危险，有可能会做出任何举动”，凭这一点就“可以把他驱逐”。参见天主教档案协会出版物第 2 卷《杂集》，第 238 页。

84 奥顿自己也是伦敦塔内的囚犯。

85 1585 年 4 月 6 日，天主教档案协会出版物第 21 卷《尊者菲利普·霍华德》，第 70—71 页。

86 在埃塞克斯的泰晤士河边。

87 说的可能是阿伦河（River Arun），在苏塞克斯的利特尔汉普顿（Littlehampton）。

88 天主教档案协会出版物第 21 卷《尊者菲利普·霍华德》，第 88 页。

89 同上，第 89 页。

90 海恩斯所著图书的第 86 页。

91 1593 年 5 月 30 日，马洛在伦敦东部德特福德的一家餐馆因付账问题与他人发生争吵，被杀。老间谍罗伯特·普利目睹了他的死亡。

92 《苏格兰档案年鉴》，第 9 卷，第 306—307 页。

93 他的外祖父是圣阿瑟夫（St Asaph）副主教彼得·康韦（Peter Conway）。他的父亲是哈利·阿颇戴维（Harry ap David），与两任妻子共生了 30 个孩子。值得注意的是，他似乎活到了 108 岁。

94 第一任妻子是卡马森（Carmarthan）的威廉·托马斯爵士（Sir William Thomas）的女儿，鲍威尔（Powell，存疑）的遗孀。第二任妻子叫凯瑟琳，伦敦王座法庭官员理查德·海伍德（Richard Heywood）的遗孀。

95 1580 年 12 月 17 日，帕里在狱中写信，抱怨说他应更好地服务于女王和国家，而不是被“一个狡猾可耻的放债人折磨”。参见国家档案年鉴（国内篇），《伊丽莎白，1581—1590 年》，第 33 页。

96 哈斯勒（Hasler）所著图书的第 181 页。

97 豪厄尔斯所著图书的第 1 卷，第 1103 页。

98 斯特赖普所著图书的第 3 卷，第 1 册，第 336 页。

99 天主教档案协会出版物，第 21 卷《尊者菲利普·霍华德》，第 114—115 页。

第四章　巴宾顿阴谋

1 大英图书馆哈利父子搜集的文稿 290 号，第 117 页。

2 大英图书馆科顿搜集的文稿 Caligula B v，第 159 页。第 222—223 页 B 面有《契约》的条款概要，由沃尔辛厄姆的书记员起草，供议会讨论。

3 大英图书馆其他文稿 48027 号，第 249—251 页 B 面。

4 《国家审判》，第 1 卷，第 143 页。

5 大英图书馆科顿搜集的文稿 Titus C vii，第 80 页。

6 原来是用威尔士文写成，开头是这样唱的：“奥兰治，又胖又讨人厌。你躺在坟墓里，人人都很开心……”这歌词真不怎么样。参见天主教档案协会出版物第 5 卷《未公开文件》，第 98—99 页。

7 《萨德勒档案》，第 2 卷，第 36 页。

8 哈特菲尔德庄园，塞西尔档案 13/77；大英图书馆其他文稿 48027 号，第 251

页 B 面。

9 伊丽莎白一世第 27 号法令，第一章。大英图书馆埃杰顿搜集的文稿 2124 号，第 10 页，有克里斯托弗·哈顿爵士为推行这条法令所做讲话的记录，里面强调女王臣民“有责任用我们自己的力量、生命，倾尽所有去保护女王”，抵抗“她所面临的危险，倾心相助，不遗余力”。

10 坦纳（Tanner）所著图书的第 419 页。

11 国家档案馆公共档案 SP 12/176/22。参见格雷夫斯所著图书的第 94 页。1562 年 10 月，伯利制订了一份类似的计划，那时伊丽莎白染了天花，身体衰弱，无法说话。

12 他也叫了布莱索（Bletso）的圣约翰勋爵去做这件事，勋爵考虑到监视玛丽所需的花费，而众所周知，伊丽莎白又迟迟不会清偿这些费用，所以他明智拒绝了这个荣耀之事。

13 在斯塔福德郡，玛丽就和沃尔辛厄姆抱怨过，她的信件来的总是不准时。参见大英图书馆科顿搜集的文稿 Caligula C v，第 129 页，1579 年 9 月 5 日。

14 《波利特》，第 6 页。

15 同上，第 51 页。

16 波伦所著图书的第 xxxi 页。

17 1587 年 8 月，在教廷大使的努力下，他被释放。

18 波伦所著图书的第 xxxi 页。

19 同上，第 92 页。

20 盖伊也有引用，第 480 页。

21 拉巴诺夫·罗斯托夫斯所著图书的第 6 卷，第 254 页。

22 《波利特》，第 153 页。

23 《国家档案年鉴（国内篇）》，《伊丽莎白，1581—1590 年》，第 307 页。

24 国家档案馆公共档案 SP 53/22；SP 53/23。

25 国家档案馆公共档案 SP 53/22/6。

26 国家档案馆公共档案 SP 53/22/1。

27 迪肯（Deacon）所著图书的第 27—28 页。另请参见费尔·史密斯（Fell Smith）所著图书的第 674 页。

28 《波利特》，第 191 页。

29 同上。

30 他娶了他的监护人的女儿，玛格丽特·德雷科特（Margaret Draycot）。两人的女儿玛丽 8 岁时就去世了。

31 波伦所著图书的第 cvi 页。

32 同上，第 lxxxv 页。

33 同上，第 xcv 页。

34 同上，第 xciv 页。

35 指的是 1570 年 2 月 25 日，教皇庇护五世颁布诏书，革除伊丽莎白的教籍。

36 波伦所著图书的第 19—22 页。7 月 13 日，诺告诉他，普利只给玛丽写过一次信，但不知道他的地址，玛丽就没有回信。“女王陛下与他交情不深，我不鼓励你太信任他。”同上，第 24 页。

37 同年，普利抵达巴士底狱，把克里斯托弗·布朗特（Christopher Blount）的信带给了摩根，布朗特是莱斯特伯爵扈从中的一名绅士，看起来是天主教的支持者。但实际上，他也是英格兰政府的双面间谍。

38 《波利特》，第 218 页。

39 拉巴诺夫·罗斯托夫斯所著图书的第 7 卷，第 205 页。

40 《波利特》，第 224 页。

41 大英图书馆科顿搜集的文稿 Caligula C ix，第 326 页。国家档案馆公共档案 SP 12/193/54 中有信末附言的副本。玛丽和巴宾顿所使用的密码副本见大英图书馆其他文稿 48027 号，第 313 页 B 面，他们的通信在第 258—262 页 B 面。另请参见《苏格兰档案年鉴》，第 8 卷，第 525—538 页。

42 卡姆登所著图书的第 438 页。

43 《波利特》，第 234—235 页。

44 同上，第 245 页。

45 同上，第 46—47 页。

46 莫里斯所著图书的第 184 页。

47 同上，第 381 页。

48 弗利特监狱不在名单之中，因为据 6 月份的报告，那个监狱只关押了两名天主教囚犯，由约翰·卡尔顿（John Calton）看守。他向沃尔辛厄姆报告说：“斯蒂芬·瓦伦杰（Stephen Vallenger），因发布（已被处死的神父）埃德蒙·坎皮恩嘴里的诽谤之辞，女王陛下的枢密院在星室法庭审判他有罪，在这里关四年。还有一个弗朗西斯·特拉金（Francis Trudgeon）先生，枢密院判他犯了藐视王权罪。”先前在4月，就有一个神父或反抗者，特拉维斯（Travis）先生死在了弗利特监狱。参见天主教档案协会出版物第2卷《杂集》，第250页。

49 《国家档案年鉴（国内篇）》，《伊丽莎白，1581—1590年》，第373—342页。另请参见天主教档案协会出版物第2卷《杂集》，第253页。

50 很长时间以来，债务人监狱以其糟糕的环境而臭名昭著，它的绰号为“地狱缩影”，正如约翰·韦斯利（John Wesley）在近两百年后写道，那里是“形形色色的罪恶的温床”。参见伦德尔（Rendle）所著图书的第13页。

51 在肯特郡莱德（Lydd）被捕，1585年11月关进监狱。

52 1586年3月，和约翰·史密斯一起在苏塞克斯的巴特尔（Battle）被扣押。

53 1585年6月在奇切斯特被抓获。

54 在奇切斯特（Chichester）被捕，1585年11月进了监狱。

55 在蓝开夏郡普雷斯科特（Prescot）被拘留，自1585年6月起就一直待在牢中。切斯特主教对他进行过调查，沃尔辛厄姆审讯了他两次。

56 自1585年6月起，就一直被关在监狱中。

57 1585年6月在萨福克郡洛斯托夫特（Lowestoft）被抓获。

58 奈特与博尔顿和克莱雷金特一起，在奇切斯特被拘捕。1585年11月被送进监狱。

59 约在1586年4月，布莱姆斯顿和克罗基特在苏塞克斯的阿伦德尔被捕，一起被抓的还有乔治·波特。

60 一种由囚犯划桨推动的小船。

61 在6月份的关押证上，威廉姆森、布伦特、韦伯斯特、格林、劳森、霍兰、伊兹和塔克被列为是反抗者——1572年起，格林就一直被关在监狱。那年4月，韦伯利和克拉布想逃到法国去，结果在奇切斯特港和另外三人一起被扣留，马夏尔西监狱把他们列为是“可怜的蠢蛋”。

62 这个监狱被称作“债务人监狱”，更多的人称其为“负债者监狱”（Comptor），在伦敦城奇普坊（Cheap Ward），为伦敦城的一名郡长所有。参见斯托所著图书的第1卷，第263页。

63 1584年因带入“诽谤性的”天主教书籍被抓。

64 威斯敏斯特宫或白厅的一个入口，在克林格宅邸（College Court）附近。参见斯托所著图书的第2卷，第122页。

65 据描述，包德温是一名“神学院神父”，在一艘船上被捕，“船从海外过来，停在雅茅斯锚地”。

66 名字是后来加上去的。伯登想要50英镑的贿赂金，再给他们自由。他们的名字后来遗漏，说明伯登已经安排好，释放了他们。参见天主教档案协会出版物第2卷《杂集》，第252页，254号脚注。

67 据描述，他是个小男孩，被理查德·托普克利夫逮捕，当时他“和一名神父在一起，那是他的叔叔”。

68 这也是伦敦城郡长特别建造的监狱，1555年竣工，在伍德街东边，靠近拉德（Lad）或莱德里（Ladle Lane）。参见斯托所著图书的第1卷，第296、350页。

69 后来在文件上，巴文特和舍伍德被改为“释放”。巴文特在罗马成为博士。

70 在6月的犯人名单中，这些人被列为反抗者。

71 白狮酒馆在萨瑟克区的圣乔治礼拜堂附近，在16世纪60年代改为萨里郡的犯人监狱。“纽因顿”由“纽敦”（New Town）一词转变而来，是萨瑟克区的一部分。参见斯托所著图书的第2卷，第52和60页。后来，它被改作为布莱德维尔感化院，毁于18世纪后期。参见伦德尔所著图书的第92页。

72 在6月犯人名单中，他被说成是一个“可怜简单的人”。

73 克林克监狱在萨瑟克区的泰晤士河畔，伦敦桥西边。克林克这个名字成了人们对监狱的一个俚语表达。

74 伯登开的小玩笑。1584年1月查尔斯·佩吉特写给苏格兰女王玛丽的信被截，上面说到了多尔曼：“按他平常那样，穿着像个正当的绅士，别人就会把他当成是治安法官。”参见天主教档案协会出版物第2卷《杂集》，第256页脚注。1557年在玛丽一世统治时期，多尔曼接受任命为神父（同上，第249页）。

75 波伦所著图书的第 131 页。

76 来自白金汉郡霍尔的德纳姆（Denham）。早在 1580 年，乔治·佩卡姆就因窝藏耶稣会会士坎皮恩和枢密院有了过结。他的儿子埃德蒙是“驱魔运动”的赞助人，该运动在天主教传教士当中进行，由耶稣会会士韦斯顿神父领导，在 1586 年大斋节上达到高潮。参见 R. H. 拉思伯里（R.H. Lathbury）牧师所著的《德纳姆史》（*History of Denham*）（阿克斯布里奇，1904），自费出版，第 265—266 页。

77 佩卡姆和杰拉德都没有卷入到巴宾顿阴谋中。在这之后，佩卡姆很快就去世了，而杰拉德仍旧被关在伦敦塔，直到他听从劝说，作证反对阿伦德尔伯爵菲利普·霍华德。

78 波伦所著图书的第 132—133 页。

79 亨利·邓恩，绅士，不久前还住在伦敦，巴宾顿阴谋参与者之一。

80 在扣押巴拉德的令状上，只能说他是名神父。

81 波伦所著图书的第 134 页。

82 同上，第 135—136 页。

83 查尔斯，第二代埃芬厄姆的霍华德勋爵。

84 大英图书馆兰斯唐搜集的文稿 49 号，第 25 条。

85 斯托所著图书的第 2 卷，第 349 页。

86 豪厄尔斯所著图书的第 1 卷，第 1132 页。

87 可能是约翰·斯丘达莫尔（John Scudamore），枢密院书记员。

88 位于乌森登的一所庄园，有壕沟。关于贝拉米家族在拷问人理查德·托普克利夫手下受到的煎熬，参见本书第二章。

89 豪厄尔斯所著图书的第 1136 页。

90 《巴登档案》（*Bardon Papers*），第 45、47 页。伯利写信给克里斯托弗·哈顿称：“我告诉了女王陛下，如果处决方式恰当有序地进行，拖长犯人所受的万般疼痛，让观众再看得久一点，这种处死方式就和任何新阴谋一样残忍，但如果不这样做，女王陛下就不满意。”

91 同上，第 47 页。

92 他们在绞刑架上的遗言，见大英图书馆其他文稿 48027 号，第 263—271 页 B 面。

第五章　苏格兰女王的审判

1　斯科特（Scot）所著图书的第 28 页。

2　《西曼卡斯档案年鉴》，第 2 卷，第 581 页。

3　卡姆登所著图书的第 323 页。

4　大英图书馆哈利父子搜集的文稿 290 号，第 131 页。

5　1573 年，她获准去德比郡巴克斯顿做泉水疗养。盖伊所著图书的第 66、445—446 页。另请参见安东尼娅·弗雷泽（Antonia Fraser）所著的《苏格兰女王玛丽》（*Mary Queen of Scots*）（伦敦，1969），第 443—446 页。

6　史密斯所著图书的第 18 页。

7　他是诺森伯兰公爵约翰·达德利（John Dudley）的儿子，在玛丽一世统治早期公爵因叛国罪被处决。

8　他的苛刻和狂热让威尼斯政府很头疼。1560 年回到罗马。

9　大英图书馆兰斯唐搜集的文稿 50 号，第 19—21 项。

10　拉巴诺夫·罗斯托夫斯所著图书的第 4 卷，第 236、314 页；洛奇（Lodge）所著图书的第 2 卷，第 2、42 页。

11　哈特菲尔德庄园，塞西尔档案 164/114。

12　《苏格兰档案年鉴》，第 9 卷，第 112—116 页。1586 年 10 月，《除〈民法〉之外，能公正合理地起诉苏格兰女王有罪的原因》（*'Reasons out of the Civil Law to prove that is Stands with Justice to proceed criminally against the Queen of Scots'*）。在菲利普·锡德尼爵士的请求下，约翰·哈蒙德（John Hammond）博士又写了一份法律意见书——《为〈罗马民法〉和〈世界普通法〉的辩护，支持处罚苏格兰先女王玛丽，她谋划了一场臭名昭著且可怕的阴谋，要反对最杰出的女王陛下》（*'A Defence of the Roman Civil Law and the General Law of the World, untruly surmised to favour the Impunity of Mary late Queen of Scots notwithstanding her notorious and horrible treason against the Queen's Most Excellent Majesty'*），存于大英图书馆其他文稿 48027 号，第 390—397 页 B 面。

13　大英图书馆科顿搜集的文稿 Caligula C ix，第 606 页。

14　《波利特》，第 286—287 页。福瑟临黑王室城堡现已消失，只剩下高高的土丘，标记着这个17世纪城堡主楼的位置，俯瞰着内内河（River Nene）与一个路堤，那是原来城堡堡场的遗迹。1913年，旧址上立起了一块纪念碑，以纪念玛丽和理查二世。

15 大英图书馆科顿搜集的文稿 Caligula C ix，第378页。

16 据估计，玛丽每年从她在法国的房产就可以得到7500英镑左右的收入，这笔钱由法国驻伦敦大使交给她。但到了16世纪80年代，收入减少了三分之一还多。她就是用这笔钱来支付仆人的工钱，但是日常开销都是由看守者来算的。波利特看守时，光是买食物一年就花了3000英镑，而吝啬的伊丽莎白从国库里给的钱，总是远远不够。参见史密斯所著图书的第12页；《波利特》，第172—173页，183—184页；利德（Leader）所著图书的第442—443页，第609页及以后各页。

17 西班牙在伦敦的间谍报告说，玛丽要被关进伦敦塔内，“任何人都不准和她当面说话，必须像对待修女那样，隔着两个格栅，而且得离她很远，所以说话要很大声，这样一来，说的每个字别人都能听见。不管是什么事情，她都受到了苛刻对待。她可以挑选两名侍女给她煮饭，免得被人下毒”。《西曼卡斯档案年鉴》，第4卷，第6页。

18 1584—1585年苏格兰驻伦敦大使。

19 哈特菲尔德庄园，塞西尔档案164/109。

20 哈特菲尔德庄园，塞西尔档案164/105。

21 这个房间长69英尺、宽21英尺。大英图书馆其他文稿48027号中，有一张福瑟临黑法庭的图纸，用墨水和铅笔画成，枢密院书记员罗伯特·比尔在背面用编上号的缩略语表明每个人的身份，在第569页。伯利对法庭布局的大致规划存在大英图书馆科顿搜集的文稿 Caligula C ix 中，第635页。

22 《国家档案年鉴（国内篇）》，《伊丽莎白，1581—1590年》，第360页。

23 10月5日，波利特写信给沃尔辛厄姆，就他的膳宿问题征得他的同意。“我很乐意为您准备一个房间，而且我也遵守指令照做了，但沃尔特·迈尔德梅爵士听了之后告诉我，给他准备的那个紧挨会议室的房间应该由您和他一起住，他说他知道您也愿意如此。在那个房间内，他也准备好了食物……您不会如我所想的那么快就抵达这里，我每天都在期盼您的到来。”参见《波利特》，第 294 页。

24 他还是高等代理法院（Court of Delegates）的登记员，在审问巴宾顿的时候，他也一直在场。关于政府起诉阴谋者的那个案件，他写了一份结论综述。可以确定，在审判玛丽当中，该综述派上了用场。参见大英图书馆其他文稿 48027 号，第 353—355 页 B 面。

25 《苏格兰档案年鉴》，第 9 卷，第 82 页。

26 斯图尔特（Steuart）所著图书的第 38 页。

27 盖伊所著图书的第 488 页。

28 斯科特所著图书的第 30 页。

29 波伦所著图书的第 cxciv 页。

30 斯科特所著图书的第 32 页。

31 同上，第 42 页。

32 审判委员会共有 42 名委员。

33 这些法官包括：王座法庭庭长克里斯托弗·雷爵士，高等民事法庭大法官爱德华·安德森爵士（Sir Edward Anderson），以及罗杰·曼伍德爵士（Sir Roger Manwood），财税法院首席大法官。

34 瓦伦丁·戴尔（死于 1589 年），1563 年任英格兰驻佛兰德斯大使，1573—1576 年任驻法大使（接替沃尔辛厄姆的外交岗位）；1572—1589 年之间 4 次成为下议院奇切斯特议员。1575 年担任威尔斯大教堂教长（Dean of Wells Cathedral），1588—1589 年为英格兰驻帕尔马公爵处的大使。

35 约翰·波帕姆（约 1531—1607 年），前下议院议长，后来成为王座法庭首席法官。1592 年获封为爵士，同年被委任为王座法庭庭长。

36 托马斯·埃杰顿爵士（约 1540—1617 年），埃尔斯米尔勋爵兼布拉克利子爵。1593 年被任命为检察总长，1594—1603 年担任卷宗主事官（Master of the Rolls），1593 年获封为爵士，后来成为大法官。

37 巴克对福瑟临黑审判过程的记录，以及对后来在威斯敏斯特宫星室法庭重新召集审判的记录，存于大英图书馆 48027 号其他文稿中，在第 540—554 页。文件边缘上的注释由伯利所写。枢密院书记员罗伯特·比尔用拉丁文书写了一遍，在 492—510 页。

38 斯科特所著图书的第 46 页。

39 斯图尔特所著图书的第 43 页。

40 斯科特所著图书的第 48 页。

41 同上，第 50—51 页。

42 斯图尔特所著图书的第 47 页。

43 斯科特所著图书的第 53—54 页。

44 《苏格兰档案年鉴》，第 9 卷，第 311 页。

45 斯科特所著图书的第 60 页。

46 同上，第 61 页。

47 斯图尔特所著图书的第 54 页。

48 《苏格兰档案年鉴》，第 9 卷，第 313 页。

49 副检察长托马斯·埃杰顿对星室法庭的审判文件的记录，存于大英图书馆 48027 号其他文稿中，在第 557 页 B 面—568 页

50 大英图书馆科顿搜集的文稿 Caligula C ix，第 2 页。

51 “审判苏格兰女王过程中”议会的起诉记录。大英图书馆其他文稿 48027 号，第 477—484 页。

52 大英图书馆 48027 号其他文稿中有公告副本，在第 448—450 页，枢密院书记员罗伯特·比尔做了注：“看一下就能注意到，在市长和百姓面前，这份公告宣读得十分庄严。”

第六章 “嗜血之渴”

1 《波利特》，第 353 页。

2 哈特菲尔德庄园，塞西尔档案 15/56；尼尔（Neale）所著图书《伊丽莎白一世》（*Elizabeth I*），第 133—134 页。

3 波利特因撕毁了华盖，受到了伊丽莎白的斥责。他告诉第二国务大臣威廉·戴维森，他“从宫中一些朋友那儿了解到，这名女士非常喜欢她的华盖，这让女王陛下感到不悦”。11 月 27 日，他和德鲁里在玛丽用餐的地方见

到了她。她在那里挂了“八九幅耶稣受难图和一些其他东西，都和烟囱上的帷幕系在一起”。玛丽告诉他们：“虽然我取下了她的华盖，但是她相信，我带不走那些她在这里立起来的东西。”《波利特》，第 317—318 页。

4 拉巴诺夫 · 罗斯托夫斯所著图书第 6 卷，第 461 页；波伦所著图书的第 cxcviii 页。1587 年 10 月 15 日门多萨才收到了这封信。

5 哈特菲尔德庄园，塞西尔档案 165/10。

6 拉巴诺夫 · 罗斯托夫斯所著图书的第 6 卷，第 475—478 页；《波利特》，第 338 页。1 月，波利特担心“行刑拖得太久，会让她（玛丽）燃起希望，希望接下来女王会大发慈悲”。她得知没有回信之后，还想“再写一封。她把信写好后，会交给我封装。我克制住自己，没有直接拒绝帮她转交信件，而是告诉她，对于她的举动我不会多言。老实说吧……她很狡猾，我很了解，所以我不希望她获准再给女王陛下写信”。参见《波利特》，第 346—347 页。

7 哈特菲尔德庄园，塞西尔档案 164/140。

8 里德所著图书《沃尔辛厄姆大臣先生》，第 3 卷，第 58—59 页。

9 伊丽莎白从没收的房产中只拿了一个时钟。参见大英图书馆其他文稿 6997 号，第 444 页。

10 1586 年圣诞节，沃尔辛厄姆写信给莱斯特：“感谢上帝……我的女儿和她的孩子有很大的希望康复。”不幸的是，那个婴儿后来没过多久就夭折了。参见大英图书馆科顿搜集的文稿 Titus B vii，第 24 页。

11 《波利特》，第 341—342 页。

12 大英图书馆科顿搜集的文稿 Titus B vii，第 14 页。

13 《波利特》，第 342—343 页。

14 《西曼卡斯档案年鉴》，第 4 卷，第 7 页。

15 大英图书馆埃杰顿搜集的文稿 2124 号，第 55 页；《巴登档案》，第 93—94 页。

16 《国家档案年鉴（国内篇）》，《伊丽莎白，1581—1590 年》，第 380 页。在她的床下或附近藏一袋炸药，用一连串火药引燃。伯利说穆迪是“顽固的恶棍”。参见哈特菲尔德庄园，塞西尔档案 16/17。

17 穆尔丁（Murdin）所著图书的第 2 卷，第 581 页。

18 他在前往英吉利海峡多佛港口的途中被捕。

19 穆尔丁所著图书的第 2 卷，第 579 页。穆迪以前是爱德华·斯塔福德爵士在巴黎的仆从。

20 1 月 7 日，斯塔福德写信给伊丽莎白，敦促说为了她的安全，要把穆迪“严加看守，除了我，任何人都不得和他说话”。参见历史手稿委员会记录《索尔兹伯里》（‘Salisbury’），第 3 卷，第 216 页。他在掩藏什么？

21 里德所著的《沃尔辛厄姆大臣先生》，第 3 卷，第 60 页。

22 海恩斯所著图书的第 82 页。

23 大英图书馆 48027 号其他文稿中存有斯塔福德的供词概要，在第 352—352 页 B 面。法国方面对于斯塔福德和法国外交官之间交易的描述，在国王文稿 119 号中，第 50 页。4 月 13 日，沃尔辛厄姆和夏杜勒夫会面，承认发生了误会，参见大英图书馆国王文稿 119 号，第 80 页。据记载，1588 年 8 月，斯塔福德仍旧被关在伦敦塔。

24 卡姆登所著图书的第 485 页。

25 《国家档案年鉴（国内篇）》，《伊丽莎白，1581—1590 年》，第 383 页。彭布罗克曾接到命令，在彭布罗克郡召集 2000 名士兵“对付外国阴谋”，钱多斯勋爵被任命去格洛斯特郡统领 3000 士兵。参见穆尔丁所著图书的第 785 页。

26 大英图书馆兰斯唐搜集的文稿 51 号，第 42 项。德文郡桑普菲尔德（Sampfield）的治安法官威廉·鲍尔曼（William Bowerman）下达命令，呼吁让当地的乡绅“快速准备好你们的盔甲和武器，违者处死”。其他人则受令穿上盔甲，“要赶快……伦敦着火了。我们要骑马去埃克塞特。快！快！快！”

27 《国家档案年鉴（国内篇）》，《伊丽莎白，1581—1590 年》，第 385 页。

28 戴维森（约 1541—1608 年）是沃尔辛厄姆的门生，自 1574 年起，成为沃尔辛厄姆的事务亲信。他精通法语和拉丁语，曾在英格兰驻苏格兰和尼德兰的大使馆工作过。1585 年，他担任低地国家法拉盛的指挥官，1586 年 9 月 30 日，他被任命为国务大臣和枢密院顾问官，但是他的任命制诰到 12 月 12 日才盖上了御玺。

29 《波利特》，第 356 页。

30 《苏格兰档案年鉴》，第 9 卷，第 263 页；大英图书馆哈利父子搜集的文稿 290 号，第 213 页。

31 大英图书馆哈利父子搜集的文稿290号，第104页。

32 62年后，1649年1月，又一名斯图亚特君主，查理一世（Charles Ⅰ）被议会审判，身首异处，付出了自己的代价。

33 《苏格兰档案年鉴》，第9卷，第288、297页。

34 同上，第289页。

35 沃尔辛厄姆在他家中亲笔写下了此信。据戴维森讲述，他告诉了同为国务大臣的沃尔辛厄姆女王的愿望，然后就离开了，当他后来再去希兴里的时候，发现信“已经写好准备寄走”。

36 《波利特》，第359—360页。

37 同上，第361—362页。

38 可能是罗伯特·温菲尔德写信给伯利讲述了处决玛丽的场景，他是波利特队伍中的一员。

39 莱斯特从低地国家写信给女王，竭力主张要毒死玛丽，将她秘密带走。参见卡姆登所著图书的第444页。

40 里德所著图书《暗杀玛丽的提议》(*The Proposal to Assasinate Mary*)，第235页，引自考尔索普（Calthorpe）手稿（31），第149页。几年后，法国有报告说“最好是把她毒死，或是用枕头闷死她，不要如此公开地把她处死”。

41 哈特菲尔德庄园，塞西尔档案164/9。

42 尼古拉斯所著图书《威廉·戴维森的一生》(*Life of William Davison*)，第264页。

43 会议现场还有伯利、德比伯爵、莱斯特伯爵、霍华德勋爵、汉斯顿勋爵、科巴姆勋爵、克里斯托弗·哈顿爵士、戴维森。尼古拉斯所著图书《哈顿回忆录》，第460页。

44 《苏格兰档案年鉴》，第9卷，第291、294页。

45 同上，第262—263页。

46 同上，第264页。

47 《波利特》，第361页。

48 同上，第363页。

49 《苏格兰档案年鉴》，第9卷，第291页。

50 同上，第291—292页。

51 尼古拉斯所著图书《威廉·戴维森的一生》，第 245—246 页。

52 斯科特也引用了此话，第 177 页。这个 15 世纪的建筑，过去是家旅店，现在成了农舍，边上有一条通向城堡的公共人行道。

53 理查二世被关押在城堡内的加斯科因塔（Gascoigne Tower）中，亨利四世有可能是下令将他饿死了。

54 斯图尔特所著图书的第 78 页；盖伊所著图书的第 499 页。

55 哈特菲尔德庄园，塞西尔档案 165/20—21，里面并未提到玛丽的神父也没有去见她，想必是不想伤害伊丽莎白的感情。

56 她最早的遗嘱于 1577 年 2 月在谢菲尔德写下，由秘书克劳德·诺保管，上面还有她的亲笔修改，现存于大英图书馆科顿搜集的文稿 Vespasian C xvi 中，第 145 页。大英图书馆 48027 号其他文稿中有遗嘱内容摘录，枢密院书记员罗伯特·比尔在上面做了注，第 530 页。拉巴诺夫·罗斯托夫斯所著图书的第 5 卷，在第 352—362 页重印了其中内容，但很不准确。

57 多米尼克·布尔古安。

58 普雷斯科特·琼斯（Prescott-Jones）所著图书的第 xii—xiii 页；盖伊所著图书的第 501 页。收信人是："笃信王，我的兄弟和坚定的盟友。"1918 年一群人将信件原稿买下捐给了苏格兰，现存于苏格兰国家图书馆，律师文稿 54.1.1 号。

59 达克（Dack）所著图书的第 3 页，来自当时罗伯特·温菲尔德的对行刑的描述。参见斯图尔特所著图书的第 80 页。她还告诉梅尔维尔："你一直都对我忠心耿耿，所以我请你继续服侍我的儿子，把我交托付给他。我没有质疑他的宗教，也没有质疑过别人的宗教，希望他能好好的，我已经原谅了所有在苏格兰冒犯我的人，我想他也应这样，并恳求上帝让圣灵出现，给他启示。"参见哈特菲尔德庄园，塞西尔档案 165/20—21。

60 可能是法国人巴尔塔扎尔（Baltazar），玛丽的裁缝，波利特说他"年老虚弱"，或是德迪尔（Dedier），一名为她配餐的老人。参见《波利特》，第 298 页。

61 达克所著图书的第 5 页。

62 有一份当时行刑场的草图，用墨水和铅笔画成，散成了几块，存于大英图书馆 48027 号其他文稿中，第 650 页。目击者的描述在第 636—650 页 B 面。

63 达克所著图书的第 6 页。

64 他是伊丽莎白的牧师，约翰·弗莱彻（John Fletcher）的父亲，剧作家，与威廉·莎士比亚一同创作了《亨利三世》(*Henry III*)。他对行刑的描述存于大英图书馆 48027 号其他文稿中，第 654—658 页 B 面。

65 达克所著图书的第 13 页。

66 《苏格兰档案年鉴》，第 9 卷，第 317 页。

67 达克所著图书的第 14 页。

68 同上，第 16 页。

69 其他报告称，他喊的是："这是玛丽·斯图亚特的头！" 参见《苏格兰档案年鉴》，第 9 卷，第 441 页。

70 达克所著图书的第 16 页。

71 同上。

72 《波利特》，第 314 页。

73 在城堡所在地发现了她的一枚戒指，1887 年在彼得伯勒展出。

74 《波利特》，第 366—367 页。

75 《苏格兰档案年鉴》，第 9 卷，第 293 页。

76 同上，第 441 页。

77 同上，第 293 页。

78 哈特菲尔德庄园，塞西尔档案 164/10。

79 史密斯所著图书的第 27 页。

80 哈特菲尔德庄园，塞西尔档案 164/15。

81 大英图书馆其他文稿 48027 号，第 636—650 页 B 面。

82 《国家档案年鉴（国内篇）》，《伊丽莎白，1581—1590 年》，第 387 页。

83 斯特赖普所著图书的第 3 卷，第 2 册，第 407 页。

84 大英图书馆科顿搜集的文稿 Caligula C ix，第 212 页。

85 大英图书馆哈利父子搜集的文稿 290 号，第 238 页。

86 《西曼卡斯档案年鉴》，第 5 卷，第 26—27 页。

87 尼尔所著图书《伊丽莎白一世和她的议会》(*Elizabeth I and Her Parliament*)，第 141—142 页。

88 行事错误，疏忽，来自法语“mesprison”，是“错误”的意思。

89 大英图书馆哈利父子搜集的文稿 290 号，第 224 页。戴维森与伊丽莎白之间有关苏格兰女王玛丽的案件谈过话，1587 年 2 月 20 日，戴维森被关在伦敦塔中时，写了一份谈话总结，现存于大英图书馆科顿搜集的文稿 Titus C vii，第 48 页。关于星室法庭对戴维森的诉讼，另请参见大英图书馆其他文稿 48027 号，第 666—690 页 B 面。

90 有关国务大臣威廉・戴维森下台和审判的文件见大英图书馆其他文稿 48027 号，第 398—403 页，其中还包括 1588 年 10 月 23 日对戴维森下达的调遣令。

91 斯特赖普所著图书的第 3 卷，第 2 册，第 410 页。

92 哈特菲尔德庄园，塞西尔档案 165/57。

第七章　大败无敌舰队

1 兰顿（Langton）所著图书的第 1 卷，第 46 页。

2 1585 年 9 月—1586 年 7 月，敢于冒险的德雷克讨伐西印度群岛，掠夺了许多西班牙城镇，其中就有伊斯帕尼奥拉（Hispaniola）岛的圣多明各（Santo Domingo，今天的多米尼加共和国），和位于哥伦比亚（Columbia）的加勒比（Caribbean）海岸线上的卡塔赫纳（Cartagena），他威胁要进一步摧毁这两地，由此勒索了大笔钱财。他还大胆攻占了佛罗里达海岸的圣奥古斯丁（San Augustin）。按今天的价格来算，据估计，舰队返回朴茨茅斯时，船上携带的战利品价值 830 万英镑。莱斯特被派到尼德兰，把当地新教百姓从西班牙军队的侵占中解救出来，而且还要“用几分基督的平和，来恢复他们古老的自由和政府”，但这个使命完成得不算成功，他未能阻止几个荷兰城镇沦陷，英格兰远征军的花费也让伊丽莎白很恼火。参见萨默斯所著图书的第 1 卷，第 417 页。

3 1579 年，英格兰与奥斯曼帝国达成协议，在伦敦设立了一个奥斯曼公司，威廉・哈本最初派过去是为了推动英格兰在奥斯曼帝国的贸易利益。1588 年之前，他一直在担任英格兰驻伊斯坦布尔大使，1617 年，哈本去世。

4 里德所著的《沃尔辛厄姆大臣先生》，第 226—228 页。

5 1587 年 6 月西班牙威胁越来越令人担忧，沃尔辛厄姆多次对哈本下达了加密指令，催促大使要说服苏丹，“他现在很有必要去做些什么去对付西班牙大军，事实上，西班牙的疑点比波斯要多得多。攻打西班牙的话，他的军队应该会齐心协力，而且对付西班牙国王，就像对付巴巴里（Barbary，北非海岸）的君主那样，军队装备几艘桨帆战舰就可，花点小钱，就可以让他大怒一场”。参见牛津大学图书馆坦纳搜集的文稿 79 号，第 127 页及以后各页。

6 大英图书馆哈利父子搜集的文稿 6993 号，第 125 页。

7 兰顿所著图书的第 1 卷，第 xxv—vi 页。原先的计划是要召集 150 艘战船，排水量共计 77250 吨；40 艘军需船，排水量为 8000 吨；320 艘小舰船，排水量合计为 25000 吨；6 艘三桅战舰；40 艘桨帆战舰。

8 韦尔伍德（Welwood）所著图书的第 8—9 页；里德所著的《沃尔辛厄姆大臣先生》，第 3 卷，第 285 页。种种迹象表明，是弗朗西斯科 · 普奇（Francesco Pucci）在克拉科夫（Krakow）获取了这个情报，他是一名双面间谍。参见迪肯所著图书的第 30 页。

9 “这些是吉普斯夸省（Guipuscoa）的情况：桑坦德（Santander）——16 艘新舰船，吨位在 100—140 之间；帕萨奇（Passage）——14 艘一样吨位的舰船；拉雷多（Laredo）——8 艘轻帆船（舰队补给船或小型通信船）；圣塞瓦斯蒂安（San Sebastian）——6 艘 300 吨位的舰船，4 艘 200 吨位的舰船；毕尔巴鄂（Bilbao）——6 艘轻帆船；菲格拉（Figuera）——4 艘 100 吨位的舰船。富恩特拉维亚河（Fuenterrabia）上也在造船。塞维利亚河——300 吨位和 200 吨位的舰船各 8 艘，还有 4 艘轻帆船。圣玛丽港（Saint Mary Port）——2 艘桨帆战舰，不长，但很宽，以及 4 艘轻帆船。”参见兰顿所著图书的第 1 卷，第 56 页。

10 同上，第 58—61 页。

11 同上，第 90 页。大多数情报都是来源于一名葡萄牙人，住在法国南特，把儿子送到了里斯本，他在里斯本有个亲戚在为无敌舰队提供补给。也有从布列塔尼（Brittany）来的报告。

12 1 公担就是 102 磅（46.28 千克）。每桶（大木桶）的容纳量不同，但是约为

108 加仑（477 公升）。

13 费尔南德斯·阿梅斯托（Fernandez-Armesto）所著图书的第 163 页。关于无敌舰队大炮位置的情报大部分都是正确的。但除小口径大炮外，西班牙人是避免使用铁质大炮的。这种大炮主体是焊接起来的铁棒，用铁圈绑在一起，不方便的时候，会习惯性地爆开，杀害自己的士兵。所以与情报截然不同的是，他们的大炮主要是用青铜铸造而成。

14 《西曼卡斯档案年鉴》，第 4 卷，第 24 页。西班牙驻巴黎大使门多萨说罗利"对海军准备非常冷漠，而且他还在秘密劝阻女王"。

15 在这个时候，王室海军的常备军大约有 25 艘舰船。战时就租用商船扩充队伍，许多城镇也要出钱供应更多的船。

16 科比特所著图书的第 1 卷，第 103—104 页。

17 对舰队规模和组成的估计过高了。《西曼卡斯档案年鉴》，第 4 卷，第 63 页。

18 同上，第 97 页。

19 科比特所著图书的第 1 卷，第 106—107 页。

20 一种有两根桅杆，横帆的小船，排水量约为 20 吨，船上有急件要送到岸上，或是岸上有急件要送到船上的话，就用这种船。

21 这种 16 世纪的战舰是桨帆战舰的放大版，有三根桅杆，上面装着三角帆，可载 300 名奴隶划桨。一排排的船桨上层放了许多大炮，这种船就从侧面开火。1588 年无敌舰队出征，里面就有 6 艘桨帆战舰，但是它们更适合在平静些的地中海海域航行，所以在北海和英吉利海峡时，这 6 艘船在暴风雨中受损严重。

22 一种大型商船，由西西里地区和拉古萨镇两个名字变化而来。

23 《西曼卡斯档案年鉴》，第 4 卷，第 87 页。

24 上面没有配备武器，或是没有士兵。

25 《国家档案年鉴（国内篇）》，《伊丽莎白，1581—1590 年》，第 411—412 页。

26 伯勒（1536—1599 年），著名航海家，进攻加的斯的海军中将。因为在远征期间，他对德雷克的命令提出了质疑，德雷克把他关押在他自己的船中，即关在"金鹿号"上。但是第二年，伯勒指挥了一艘舰船，在英吉利海峡口与无敌舰队作战。

27 《国家档案年鉴（国内篇）》，《伊丽莎白，1581—1590年》，第412页。

28 船上有3根桅杆，艏楼和艉楼，即甲板上层构造都很高，可装载1500多吨的货物，逆风航行有很大困难。

29 大英图书馆哈利父子搜集的文稿6994号，第76页。在枢密院，沃尔辛厄姆得到了海军上将霍华德，科巴姆勋爵和汉斯顿勋爵的支持。

30 “1584—1589年西班牙岁入大概为多少”这类问题参见大英图书馆其他文稿63742号，第99—105页。

31 韦尔伍德所著图书的第8—9页；里德所著的《沃尔辛厄姆大臣先生》，第285—286页脚注；《大英百科全书，或崛起于大不列颠的……最杰出人物的一生》（*Biographia Britannica, or the Lives of the Most Eminent Persons who have Flourished in Great Britain...*）（共六卷）（伦敦，1747—1766），第6卷《萨顿的一生》（‘Life of Sutton’），第3852页。《萨顿的一生》写于17世纪，共27页，现存于大英图书馆兰斯唐搜集的文稿1198号中，里面并没有提到萨顿参与了这场经济战争。

32 萨默塞特在书中第568页也有引用；《西曼卡斯档案年鉴》，第4卷，第127页。

33 迈耶书中有条约的全部内容，在第454页。

34 斯特赖普所著图书的第3卷，第2册，第551—552页。

35 关于借款金额，沃尔辛厄姆得到的消息不准。

36 大英图书馆科顿搜集的文稿Galba D ii，第86页。

37 《西曼卡斯档案年鉴》，第4卷，第62页。

38 大英图书馆科顿搜集的文稿Vespasian C viii，第207页。

39 《西曼卡斯档案年鉴》，第4卷，第123页。

40 同上，第123页脚注。伦敦城内，圣海伦主教门教堂的教区长住宅是王室赏赐的一部分。

41 这个港口城市位于意大利西北部，靠近萨沃纳（Savona），16世纪70年代早期被西班牙占领。

42 位于荷兰。1573—1574年莱顿冲破了西班牙军队的包围。每年的10月3日是莱顿的解放纪念日——居民们都会吃把胡萝卜、洋葱和土豆放在一起炖的杂烩，那些菜是莱顿被西班牙围困时城中仅剩的食材。

43 里德对此也有引用，《沃尔辛厄姆大臣先生》，第 3 卷，第 287 页。这名潜在的线人叫帕特里克·普伦基特（Patrick Plunkett），第七代邓塞尼勋爵，住在爱尔兰，死于 1601 年。

44 2004—2005 年，光是拨给英国国内安全机构军情五处的预算就达 13550 亿英镑，相比起来，伊丽莎白给的钱只算是杯水车薪——不过现在所需资金大大增加，是出于战略考虑：进行反恐战争（占 67%），阻止大规模杀伤性武器的扩散都需要资金。

45 1587 年 6 月，莱斯特又被派遣回到了低地国家，带了 1.5 万英镑给尼德兰联省议会（States General），以支付增加 5000 名士兵所需。

46 来自伦巴第的贝加莫（Bergamo）。

47 大英图书馆哈利父子搜集的文稿 296 号，第 48 页。

48 在大英图书馆哈利父子搜集的文稿 286 号第 46 页中有封信，落款为“斯坦登先生”。收信人是沃尔辛厄姆信赖的佛罗伦萨间谍雅科莫·马努奇，署有“B.C.”，但是上面的笔迹与“蓬佩奥·佩莱格里尼”写的其他信件笔迹相同。

49 里德对此也有引用，《沃尔辛厄姆大臣先生》，第 3 卷，第 290 页。

50 大英图书馆哈利父子搜集的文稿 6994 号，第 76 页。

51 大英图书馆哈利父子搜集的文稿 296 号，第 46 页。

52 1587 年 4 月，四艘英格兰私掠船从加那利群岛（Canary Islands）出发，在前往里斯本的途中，攻击了圣克鲁斯的船，并将他抓捕。1586 年，因暴风雨，巴尔韦德的船与西班牙舰队其他船只分散，后船中上了人，将他抓捕。

53 1582 年，沃尔辛厄姆在与西班牙协商和平条约时，很好地利用了努涅斯当中间人。参见里德所著的《沃尔辛厄姆大臣先生》，第 3 卷，第 125—126 页。

54 在文件原稿中，腓力二世在名字下加了下划线。

55 《西曼卡斯档案年鉴》，第 4 卷，第 221 页。

56 用来交换巴尔韦德的两人早已经被释放，圣克鲁斯要用五人来交换，其中四人已经获释，第五人叫詹姆斯·洛马斯（James Lomas），住在塞维利亚大主教的厨师家中时，患上了“恶性热病”。

57 兰顿所著图书的第 1 卷，第 213 页。

58 费尔南德斯·阿梅斯托所著图书的第 109 页。1545 年 7 月，法国舰队在攻击朴茨茅斯时，他们的军队就在怀特岛上登陆。参见哈钦森所著图书的第117—118页。

59 费尔南德斯·阿梅斯托所著图书的第114页。

60 在1940—1941年德国进攻英国的海狮计划中，盖世太保就写了一份类似的抓捕名单。

61 《西曼卡斯档案年鉴》，第4卷，第184—186页。

62 同上，第123页。信件日期为1587年7月12日。

63 迪肯所著图书的第20页。

64 同上，第35页。

65 尼尔所著图书《随记》(*Essays*)，第174页。

66 据说门多萨在英格兰大使馆中有三名线人，但这三人可能完全就是同一人。

67 迪肯所著图书的第18页。一些像尼尔（《随记》，第147—169页）这样的现代历史学家为斯塔福德辩护，坚持认为他没有背叛，他是在按自己的想法，故意提供误导性报告。其他以詹姆斯·麦克德莫特（James McDermott）（《英国人物传记辞典》(新版)，第52卷，第44页）为代表的历史学家则认为，有大量详尽的证据表明斯塔福德背叛了国家。

68 尼尔所著图书的《随记》，第153页；大英图书馆哈利父子搜集的文稿288号，第218页。

69 1590年11月之前，斯塔福德一直在担任英格兰驻巴黎大使，1605年2月他去世了。麦克德莫特（《英国人物传记辞典》(新版)，第52卷，第44页）认为，他之所以没有被弹劾，是因为沃尔辛厄姆并没有把握能在宫廷上取得成功，伯利一直都是斯塔福德忠实的朋友。1588—1589年，莱斯特和沃尔辛厄姆去世后，伊丽莎白免除了这名大使的一些债务，但在他死时，好些债务都没能还清。

70 《西曼卡斯档案年鉴》，第4卷，第164—165页。

71 里德所著的《伯利勋爵》(*Lord Burghley*)，第405页。

72 今天白厅在战时规划中也这样做过，这种方式叫自贸易征召（Ships Taken Up From Trade），缩写为STUFT。1982年马岛战争中，英国就广泛使用了这类船只。

73 枢密院法案，第 15 卷，第 252—254 页。

74 大英图书馆科顿搜集的文稿 Galba D ii，第 178 页。

75 国家档案馆公共档案 SP 12/198/64。

76 两个月前，基于花销考虑，伊丽莎白停止了检查计划。10 月 27 日，伯利告诉沃尔辛厄姆："当我告诉女王陛下……要派去各郡治安官那里的官员名单时……她改变了心意，让郡治安官直接回复情况就行，我想她是不想出那不到 200 马克（60 英镑）的费用。"参见穆尔丁所著图书的第 2 卷，第 590 页。

77 1588 年 7 月 15 日，低地国家来信，告诉沃尔辛厄姆："军械士艾德里安（Adrian）去了乌得勒支和阿姆斯特丹制作你的盔甲，在那里应该不需大费周章，东西很快就能到达大人手上。"

78 兰顿所著图书的第 1 卷，第 107 页。

79 一种大口径手枪，开火时需把枪托抵在胸口处。

80 历史手稿委员会记录，《福尔贾姆年鉴》（'Cal. Foljambe'），第 40 页。这支军队由威廉·达雷尔（William Darell）指挥，召集地点可能是在威尔特郡。除了哈顿和埃塞克斯伯爵，沃尔辛厄姆在其中的投入比任何英格兰贵族或枢密院成员都要大。

81 里德对此也有引用，《沃尔辛厄姆大臣先生》，第 3 卷，第 302 页。

82 大英图书馆科顿搜集的文稿 Vespasian C viii，第 97 页，1588 年 5 月 1 日梅迪纳·西多尼亚指挥军队的成员及装备清单；第 205 页 B 面，西班牙在尼德兰的船舶；第 75 页，1588 年 6 月 13 日船上大炮以及在敦刻尔克的储备情况。

83 兰顿所著图书第 1 卷，第 221 页。

84 枢密院法案，第 16 卷，第 138 页。

85 同上，第 168 页；国家档案年鉴（国内篇），《伊丽莎白，1581—1590 年》，第 507 页。伯利承认，他每晚都彻夜难眠，担心泰晤士河的防御。造这个关卡花了 1470 英镑，但完成后没多久就塌了。参见费尔南德斯·阿梅斯托所著图书的第 111 页。

86 莫特利（Motley）所著图书的第 2 卷，第 435 页，1 号脚注。

87 费尔南德斯·阿梅斯托所著图书的第 237 页。

88 在没有风的情况下，要把帆船移走是很费力的，需要反复尝试。锚索系住船锚，从船头抛出，落入海中。船员用辘轳把锚索卷起来，船就被拖着往船锚入海的方向移动。需要的话，这一操作要经常重复。

89 兰顿所著图书的第1卷，第288—289页；国家档案年鉴（国内篇），《伊丽莎白，1581—1590年》，第507页。

90 兰顿所著图书的第1卷，第301—302页。

91 一种头盔，有帽檐，两颊被包住。

92 国家档案年鉴（国内篇），《伊丽莎白，1581—1590年》，第520页。

93 枢密院法案，第16卷，第171、176—181和187页。一拉火药为24桶，每桶装有100磅（45.06千克）火药。

94 一开始，帕尔马计划要愚弄英格兰人，让他们相信他要进攻奥斯坦德（Ostend）。最后他的入侵部队有4000名西班牙人，9000名德意志人，8000名瓦隆人（Walloon），3000名意大利人和1000名勃艮第人，再加1000名骑兵——军队共计有2.6万人。由3个舰队，共173艘普莱塔斯船和小一点的虎牙船把他们送到英格兰。普莱塔斯船是内河船，长60~70英尺，宽15~20英尺，能载200名士兵。每艘船上还配有3~4名水手。参见加拉格尔（Gallagher）和克鲁克尚克（Cruickshank），第96页。

95 同上，第239页。他可能大大低估了爱尔兰海岸上的西班牙幸存者：船只失事后，唐·阿隆索·德·莱拉（Don Alonso de Leyra）就控制住了1520人。11月4日，菲茨威廉离开都柏林（Dublin），在阿斯隆（Athlone）转道去了斯莱戈（Sligo），再去了斯特拉班（Strabane），12月23日返回都柏林。

96 《西曼卡斯档案年鉴》，第4卷，第432页。

97 兰顿所著图书的第2卷，第126页。

98 大英图书馆哈利父子搜集的文稿286号，第149页。

第八章　穷困离世

1 国家档案馆公共档案PROB 11/75 PCC 33德鲁里。

2 按当今的币值来算，1573年12月他接受任命后，俸禄为14782英镑，但

16 世纪 90 年代，伊丽莎白时期的通货膨胀破坏了经济，所以他的俸禄降为 13630 英镑。

3 大英图书馆其他文稿 15819 号，第 37 页。

4 尼古拉斯所著的《哈顿回忆录》，第 189 页。

5 国家档案年鉴（国内篇），《伊丽莎白，1581—1590 年》，第 181 页。

6 《西曼卡斯档案年鉴》，第 4 卷，第 499 页。

7 施特林所著图书的第 57 页，1 号脚注。沃尔辛厄姆写给贝里克郡财务官员罗伯特·鲍伊斯爵士的信。事实上，8 月 17 日，在 80 人护送下，沃尔辛厄姆离开了英格兰。最终，他在 9 月 9 日见到了 17 岁的国王詹姆士六世。沃尔辛厄姆态度严厉，就国王选择顾问官一事提出了抗议，并直接点明了国王在理政中所犯的错误，包括他对苏格兰和英格兰边界暴行的默许。苏格兰人为了反击，雇了位叫凯特（Kate）的女巫，坐在珀斯（Perth）宫殿的门口，沃尔辛厄姆和他的同事抵达和离开时，就对他们辱骂一番。为此，她得了一个新的方格花呢长披肩作为实物报酬，然后还有 6 英镑现金。参考同上，第 100 页，1 号脚注；大英图书馆哈利父子搜集的文稿 291 号，第 146 页。

8 斯图尔特（Stewart）所著图书的第 250 页。

9 大英图书馆其他文稿 15891 号，第 101 页。写信时，沃尔辛厄姆身体"抱恙"，预计要离开宫廷，"这周末再回来"。

10 斯图尔特所著图书的第 349 页。

11 历史手稿委员会记录，《拉特兰》（'Rutland'），第 149 页。

12 他把布拉德福（Bradford）庄园，威尔特郡下面的阿特沃思（Atworth）、特洛伊勒（Troile）、斯托克（Stoke）、雷伊（Leigh）、拉克索尔（Wraxall）、霍尔特和温德斯利（Windesley）这几个村庄的房屋和土地，以及在巴恩斯、帕特尼（Putney）和莫特莱克（Mortlake）的房产让与给威廉·布伦克哈德（William Brunkhard）和托马斯·弗莱明使用。在他们死后，这些地产则赠给了菲利普·锡德尼爵士和他的妻子弗朗西丝。参见韦布 米勒与贝克威思所著图书的第 361—362 页。

13 斯图尔特所著图书的第 251 页。

14 生孩子时，莱斯特给了一个产婆兼护士 6 英镑报酬。

15 国家档案馆公共档案 SP 84/8/131。

16 据说当时威廉·佩勒姆爵士（Sir William Pelham）没有腿部盔甲，锡德尼便把自己的盔甲丢了，以表示两人团结一致，其实他更多的是在逞强。

17 布鲁斯（Bruce）所著图书的第 414—415 页。

18 在下个世纪，内心龌龊的约翰·奥布里（John Aubrey）说，他是因为在病床上与他年轻的妻子纵欲过度而死。

19 莱斯特写给沃尔辛厄姆的信，参见布鲁斯所著图书的第 446 页。

20 国家档案年鉴（国内篇），《伊丽莎白，1581—1590 年》，第 366 页。

21 布鲁斯所著图书的第 456—457 页。

22 兰特（1555—1601 年）在纹章院相继担任了铁闸随从纹章官（Porcullis Pursuivant）和温莎纹章官（Windsor Herald）。这本书的副本存于牛津大学基督教会学院图书馆的奥德里奇收藏品（Aldrich Collection）当中。

23 詹姆斯·豪厄尔（James Howell）（编），*Cottoni Posthuma*（伦敦，1675），第 338 页。

24 牛津大学图书馆阿什莫林（Ashmolean）搜集的文稿 1157 号，第 87 条。

25 参见韦布、米勒与贝克威思所著图书的第 129 页。这幅画规格为 51 × 71（1295 毫米 × 1803 毫米），由詹姆斯·韦斯特（James West ）在肯特郡斯凯德伯里的沃尔辛厄姆祖宅中买到，后来约书亚·雷诺兹爵士（Sir Joshua Reynolds）、霍勒斯·沃波尔（Horace Walpole）等人都当过画主。1890 年，这幅画在伦敦一个展览会上展出，现藏于格洛斯特郡休德利城堡（Sudeley Castle）。

26 斯特朗（Strong）所著图书的第 79—80 页，插图 82。原来说是由汉斯·伊沃斯（Hans Eworth）（在世期 1540—1573 年）所画，现在有证据表明，画者可能是卢卡斯·德·希尔（Lucas de Heere）。

27 大英图书馆哈利父子搜集的文稿 306 号，第 142 页。

28 自 1585 年 8 月 17 日圣米迦勒节（Michaelmas）起，之后 6 年，把普利茅斯和康沃尔郡福伊的海关费都给沃尔辛厄姆，以此作为条件。国家档案馆公共档案 SP 46/17，第 228 页。

29 大英图书馆哈利父子搜集的文稿 167 号，第 39 页。1589 年 4 月 23 日沃尔辛厄姆写给伯利的信。

30 国家档案馆公共档案 SP 46/34，第 65—66 页 B 面。

31 里德所著的《沃尔辛厄姆大臣先生》，第 3 卷，第 388—389 页。

32 国家档案年鉴（国内篇），《伊丽莎白，1581—1590 年》，第 156 页。

33 关于 1575—1580 年授予沃尔辛厄姆和其他人的许可证等之类问题参见国家档案馆公共档案 SP 46/16，第 223—224 页。

34 吉尔伯特（约 1537—1583 年）是沃尔特·罗利爵士同父异母的兄弟。

35 国家档案馆公共档案 SP 46/17，第 166 页。

36 国家档案馆公共档案 SP 46/125，第 143—143 页 B 面。同年 6 月，"年事已高无法上朝的"马努奇报告说，科尔西尼愿意借 400 英镑给沃尔辛厄姆，参见第 137 页。

37 萨里郡历史中心（Surrey History Centre）洛斯利（Loseley）收集的文稿 LM/1042/14。那些居民向很多人请了愿，其中一人就是威廉·莫尔爵士，还有就是沃尔辛厄姆妻子厄休拉第一任丈夫理查德·沃斯利爵士的遗嘱监督人。

38 朗利特庄园（Longleat House），西摩档案（Seymour Papers）SE/ 第 5 卷，第 152—155 页。11 月 16 日，比彻姆写信给他的父亲赫特福德，说他会恭顺自己的父亲，但"在这当中，丈夫也要顺从自己的妻子"（第 156 页）。

39 莉莎·皮卡德（Liza Picard）所著的《伊丽莎白的伦敦》（*Elizabeth's London*）（伦敦，2003），第 244 页；国家档案年鉴（国内篇），《伊丽莎白，1581—1590 年》，第 59 页。

40 迪格斯所著图书的第 136 页。

41 里德对此也有引用，《沃尔辛厄姆大臣先生》，第 1 卷，第 156 页。

42 迪格斯所著图书的第 145 页。1571 年 10 月 8 日，伯利写下指令，10 月 20 日，基利格鲁前往巴黎，带了一封伊丽莎白的信，因为沃尔辛厄姆或许很明显地指出，他自己需要赶快就医，"因为……迄今为止，你的工作都干得很好，我们明显感觉到，任命你（当大使）非常合适，你要恢复健康，我们还很希望你能够继续进行那份工作"。伊丽莎白对沃尔辛厄姆的工作表达了几分感激，这种情况不多见。因英吉利海峡刮着逆风，而且中途还出现了其他问题，基利格鲁 10 月 31 日才到达巴黎，接手沃尔辛厄姆的工作。

43 费奈隆所著图书的第 6 卷，第 358 页。

44 大英图书馆其他文稿 33531 号，第 151 页。

45 因沃尔辛厄姆告假，伊丽莎白写信给伯利，想让他回到宫廷上来。参见国家档案年鉴（国内篇），《伊丽莎白，1581—1590 年》，第 578 页。

46 安东尼·培根（1558—1610 年）1593 年成为埃塞克斯伯爵的私人“外事副秘书”。收到沃尔辛厄姆的这封信时，他 23 岁。

47 伯奇所著图书的第 1 卷，第 14 页；里德对此也有引用，《沃尔辛厄姆大臣先生》，第 3 卷，第 447 页。

48 在这个时期，男性平均寿命约为 45 岁。

49 对于都铎时期一些更为可怕的医疗方法，参见哈钦森所著图书第 130—133 页。

50 大英图书馆哈利父子搜集的文稿 6993 号，第 50 页。

51 历史手稿委员会记录，《芬奇》，第 24—25 页。

52 两人应该是他的医生。

53 大英图书馆其他文稿 15891 号，第 110 页；尼古拉斯所著的《哈顿回忆录》，第 340 页。

54 法国大使住在伦敦城西边弗利特街旁的索尔兹伯里宅邸，旁边也住了个贝利博士，这两个贝利是同一人么？参见博西所著的《焦尔达诺·布鲁诺》，第 49 页。如果是的话，那这不禁令人猜想，这名内科医生是否为沃尔辛厄姆的线人，向他提供大使宅邸来往人员的具体情况。

55 大英图书馆科顿搜集的文稿 Galba D i，第 248 页，1587 年 8 月 14 日，沃尔辛厄姆说自己“解不出小便”。

56 国家档案年鉴（国内篇），《伊丽莎白，1581—1590 年》，第 424 页。

57 同上，第 427 页。

58 1587 年 12 月 27 日，德比伯爵写信给沃尔辛厄姆，强烈希望他能“恢复往日健康”。国家档案年鉴（国内篇），《伊丽莎白，1581—1590 年》，第 446 页。

59 同上，第 491 页。

60 大英图书馆哈利父子搜集的文稿 6994 号，第 189 页。

61 国家档案年鉴（国内篇），《伊丽莎白，1581—1590 年》，第 657 页。

62 托马斯·莱克（Thomas Lake），刚受任为御玺事务官，是沃尔辛厄姆的仆从。

后来，他被封为爵士，成为国务大臣。参见伯奇所著图书的第 1 卷，第 57 页。

63 国家档案年鉴（国内篇），《伊丽莎白，1581—1590 年》，第 657 页。这封信上还谈到了其他政务事件，例如女王决定派她的军事指挥官约翰·诺里斯（John Norreys）爵士去爱尔兰。

64 同上，第 594 页。

65 詹姆斯·豪厄尔的 *Diverse choice Pieces of that Renowned Antiquary Sir Robert Cotton* 一书中就有这三篇文章，初版于 1651 年。参见里德所著的《沃尔辛厄姆大臣先生》，第 441 页脚注，第 442 页。

66 国家档案馆公共档案 PROB 11/75 PCC 33 德鲁里——1589 年 12 月 12 日，弗朗西斯·沃尔辛厄姆爵士的遗嘱。韦布、米勒与贝克威思书中也有刊载，第 384 页。

67 弗朗西斯·沃尔辛厄姆爵士死后，1592 年 9 月 27 日，在威尔特郡索尔兹伯里对他进行了死后调查，在场的有约翰·霍尔（John Hall）先生等人。韦布米勒与贝克威思书中有刊载，第 361 页。

68 肯特郡贝克斯利（Bexley）的教区记事簿上注明，他死于“3 月 25 日前后”，这明显不正确。在他的死后调查报告上，官方记录下了他的死亡日期。

69 卡姆登所著图书的第 394 页。

70 尼科尔斯所著图书的第 28 页。

71 他死于 1591 年。

72 达格代尔（Dugdale）书中第 82 页也有提到。这个狂妄自大者的墓地题字甚至命令让过路人“驻足停留，观看这名死者宅邸的写照”。1666 年伦敦大火烧毁了旧圣保罗教堂，但灾难过后，这个题字在教堂“废墟”之中还可以见到。

73 费希尔（Fisher）所著图书的第 8 页。

74 大英图书馆科顿搜集的文稿 Vespasian C xiv，第 215 页。第 185 页有一份拉丁文意见，在很大程度上，更像他为人所知的墓志铭。

75 行事、举止。

76 费希尔所著图书的第 8—11 页。达格代尔（第 101 页）和尼科尔斯（第 28—29 页）也用拉丁语记录了这个铭文。

77 1588 年，苏塞克斯郡郡长从威斯顿（Wiston，他在苏塞克斯的家）拿了许多东西来偿还他的债务，包括：72 床羽毛褥垫和 36 张奥斯曼地毯。自 1586 年担任战时司库以来，舍利无耻地侵吞了一大笔钱，那些钱筹集起来是要给在尼德兰作战的英格兰士兵发放军饷——甚至在离开英格兰之前，他还花了 8000 英镑。军中一名将领揭露，他把大部分钱都借了出去，还收利息，10 年内，他经手的钱有 150 万英镑。据称，他到处设局，一年赚了 2 万英镑。在 16 世纪 90 年代，他想贿赂伯利，给自己谋得审计大臣（Comptroller of the Household）一职，但是没有成功。1597 年他私吞资金，欠了女王 35175 英镑，被宣告破产，颜面尽失。沃尔辛厄姆试过要减轻他的债务？参见《英国人物传记辞典》（新版），第 50 卷，第 316 页［关于舍利的文章，作者是珍妮特·彭宁顿（Janet Pennington）］。

78 大英图书馆兰斯唐搜集的文稿 167 号，第 294 页。

79 国家档案年鉴（国内篇），《詹姆士一世，1611—1618 年》（*James I, 1611—1618*），第 66 页。

80 大英图书馆兰斯唐搜集的文稿 103 号，第 68 页。

81 国家档案年鉴（国内篇），《伊丽莎白，1581—1590 年》，第 664 页。

82 同上，第 674 页。

83 《西曼卡斯档案年鉴》，第 4 卷，第 578 页。6 月 9 日，西班牙方面（用意大利语）写了报告，补充说沃尔辛厄姆“第二天被埋葬在圣保罗教堂，他的女婿菲利普·锡德尼墓地附近。死时负债累累”。参见国家档案年鉴（国内篇），《伊丽莎白，1581—1590 年》，第 670 页。

后记

1 农顿所著图书的第 21 页。

2 卡姆登所著图书的第 394 页。

3 农顿所著图书的第 21 页。

4 沃森（约 1557—1592 年）创作了一些十四行诗，莎士比亚对它们都有过仔细研究。他也是斯宾塞 1595 年出版的《克劳茨回家记》（*Colin Clout's Come*

Home Again）中“阿闵塔斯（Amyntas）”的原型。

5 韦布、米勒与贝克威思所著图书的第 130—131 页。

6 国家档案馆 PROB 11/100 PCC 55 蒙塔古（Montague）。

7 给克里斯托弗·哈顿爵士的信，写于 1582 年 11 月 7 日。参见尼古拉斯所著的《哈顿回忆录》，第 279 页。

8 丹尼尔·莱森斯（Daniel Lysons）牧师所著的《伦敦的周边地区》（*Environs of London*），第 1 卷——《萨里》（‘Surrey’）（伦敦，1810），第 9 页。

9 奈恩（Nairn）、佩夫斯纳（Pevsner）与彻丽（Cherry）所著图书的第 105 页。

10 韦布、米勒与贝克威思所著图书的第 132 页。

11 汉普顿宫有一幅“身着波斯服装”的女子肖像，可以很明显看出这名女子怀有身孕，画作者是小海拉特（Gheeraerts the Younger），罗伊·斯特朗（Roy Strong）爵士确认该女子是弗朗西丝·德弗罗（Frances Devereaux），画于 1600 年，当时她怀着第二个女儿多萝西。

12 格雷夫斯所著图书的第 100 页。

13 萨默塞特所著图书的第 639 页。

14 关于他谦恭地向女王请求减轻他的债务一事，参见国家档案馆公共档案 SP 46/39，第 293 页。1596 年 10 月 5 日对他的法律诉讼暂缓，见 SP 46/40，第 110 页。

15 国家档案馆公共档案 SP 4/19/38。

16 国家档案年鉴（国内篇），《詹姆士，1603—1610 年》（*James , 1603—1610*），第 13 页。

17 同上，第 72 页。

18 同上，第 25、29 和 314 页。关于托马斯的对外通信，菲利普斯的兄弟斯蒂芬也受到了审问。

19 同上，第 504 页。

20 大英图书馆科顿搜集的文稿 Julius C iii，第 297 页；《波利特》，第 375 页。

21 伯奇所著图书的第 1 卷，第 66—68 页。

22 同上，第 502—505 页。

23 波伦所著图书的第 ccvii—ccviii 页。

24 在 16 世纪 90 年代某个时候，爱德华·盖奇（Edward Gage）写信给伯利询问托普克利夫“研究的用泥炭炼铁的方法”。参见大英图书馆兰斯唐搜集的文稿 59 号，第 74 项。

25 伯奇所著图书的第 1 卷，第 160 页。

26 “托普克利夫先生和（治安法官）扬先生（抓捕）了神学院神父”理查德·弗洛伊德（Richard Floyd），他化名为劳埃德，后“被关入牢中”，于 1590 年 8 月 31 日认罪。关于他以及其他人的供词，参见大英图书馆兰斯唐搜集的文稿 64 号，第 6 项。

27 詹姆斯·希思（James Heath）所著图书《酷刑和英国法：金雀花王朝到斯图亚特王朝的行政史和法律史》（*Torture and the English law: An Administrative and Legal History from the Plantagenets to the Stuarts*）（韦斯特波特（Westport），康涅狄格州（Connecticut），和伦敦，1982 年），第 143 页。

28 1595 年 2 月 21 日，索斯韦尔被处死，1970 年被追封为圣徒。

29 亨利·沃波尔（Henry Walpole），1558 年出生于诺福克的多金（Docking），1595 年 4 月 7 日在约克郡被处死，1970 年被追封为圣徒。

30 大英图书馆哈利父子搜集的文稿 9889 号。

31 《英国人物传记辞典》（新版），第 29 页，关于托普克利夫的文章，作者是威廉·理查森。

32 大英图书馆兰斯唐搜集的文稿 72 号，第 49 项。

33 16 世纪 80 年代早期，沃尔辛厄姆的间谍巴纳德报告说，约翰·菲茨赫伯特（John Fitzherbert）和他的妻子与“神父坦纳先生”出现在巴德利府，他们也是反抗者。

34 他们分别是玛丽的内科医生，药剂师和外科医生。

35 她的墓穴对面，就是阿拉贡的凯瑟琳的坟墓，她是亨利八世的第一任妻子，受尽了委屈。丧葬登记簿上记录：“公元 1587 年，伊丽莎白女王统治第二十九年。内容：8 月 1 日，苏格兰女王被埋葬在彼得伯勒大教堂，仪式极尽奢华。大约是在圣保罗日前，她在福瑟临黑被斩首，这都是她咎由自取。”没过多久，这个条目后又有一个记录说到了玛丽：“安东尼·莫尔（Anthony More），女王陛下厨房里的一个小孩，（8 月）3 日在苏格兰女王葬礼之后下葬。”

36 《考古学》(*Archaeologia*)(一),第三版(1804年),第383页,《回忆苏格兰女王玛丽的葬礼安排及方式》('A Remembrance of the Order and Manner of the Burial of Mary Queen of Scots')。"令人不快的气味"是一种委婉说法,指的是尸体散发出来的气味。据说棺材重9英担(457千克)。

37 在17世纪之前,在王室成员或高级别贵族的葬礼上,在棺材上放置这样的雕像是很正常的做法。

38 在那个时候,灵车是临时搭起来的木台,上面摆有蜡烛,用在葬礼仪式上,而现在它的意思指运载灵柩的车辆。德西克说这个木台"上覆盖着黑色月桂树枝,饰有金属纹章盾……每个角上都有尖顶,看起来很漂亮。有些上面只画了苏格兰纹章,而有些还穿插有法国纹章、达恩利纹章,还有圣安德鲁十字"。

39 达克所著图书的第23页。梅尔维尔是新教徒。参见《波利特》,第371页。

40 达克所著图书的第24页。

41 这些东西就一直挂在她的墓地上,后来她的遗体移去了威斯敏斯特大教堂,它们还仍旧挂在那里,1643年才拿下。

42 德西克制作了玛丽葬礼上的灵车,还有纹章装饰图案和装饰品,要价406英镑(按2005年的币值算,就是63150英镑)。参见国家档案馆公共档案AO 1/2,119/2。最后,他在葬礼上总共又要价700英镑(相当于今天的10.9万英镑),包括8英镑12先令8便士雇了"大马车",把玛丽的遗体运到彼得伯勒;3英镑6先令8便士买镶有金边的紫色枕头,蜡像的头就枕在上面;557英镑2先令购买挂在教堂里的黑色天鹅绒帷幕。遗憾的是,现在这些账目都被撕破了,上面还有水渍。参见国家档案馆公共档案E 101/676/48。"安东尼·波利特(Anthony Paulet)先生替他故去的父亲埃米亚斯·波利特爵士负责监督和收取……已故苏格兰女王的葬礼开销。但波利特先生最后确定的账目中,没有德西克所说的那些钱,"所以那名嘉德纹章官一直没拿到那笔钱"。

43 斯科特所著图书的第241页。

44 亚当·布莱克伍德(Adam Blackwood)所著图书《玛丽·斯图亚特的殉道》(*Martyre de Marie Stuart*)(巴黎,1644年),第703页。

45 1612年,就掘出玛丽遗体一事,詹姆斯写信给彼得伯勒教长和全体教士:"我认为这是我对我最亲爱的母亲的责任,就如同其他人、她的家人和我们的祖先通常做的那样，以及我们对我们亲爱的教友、伊丽莎白女王所做的那样，她的遗体应要受到类似的荣耀对待，并有一块突出的纪念碑。我已做出指示，要在威斯敏斯特教堂开展一次纪念仪式，历来这个国家的国王和王后都埋葬在那里……我还下令，把她的遗体……移入威斯敏斯特，埋在纪念碑那里，并把她的遗体从彼得伯勒运到威斯敏斯特的费用……给了考文垂和利奇菲尔德主教［理查德·尼尔（Richard Neale）］，由他负责搬运。”1612 年 10 月 12 日，玛丽的遗体从彼得伯勒移走。参见普雷斯科特·琼斯所著图书的第 xvii—xviii 页。

46 国家档案馆公共档案 E 403/2726 和 2727 中有对坟墓建造的支付款项，档案 E 403/2735 中记录给詹姆斯·蒙西（James Mauncy）支付了工钱，他负责刷漆和镀金工作。

47 克利福德·布鲁尔（Clifford Brewer）所著图书《国王之死》（*The Death of Kings*）（伦敦，2000 年），第 151 页。

附录

1 天主教档案协会出版物第 2 卷《杂集》，第 34 页脚注。

2 国家档案年鉴（国外篇），《1583 年 1 月—6 月及附录》，第 280 页。

3 同上，第 383 页。

4 天主教档案协会出版物第 2 卷《杂集》，第 34 页脚注；国家档案年鉴（国外篇），《1583 年 7 月—1584 年 7 月》，第 66 75 页。

5 大英图书馆哈利父子搜集的文稿 286 号，第 56 页。

6 国家档案年鉴（国外篇），《1584 年 8 月—1585 年 8 月》，第 193 页。

7 天主教档案协会出版物第 21 卷《尊者菲利普·霍华德》，第 81 页。

8 国家档案年鉴（国外篇），《1583 年 7 月—1584 年 7 月》，第 257 页。信件写于 1584 年 1 月 25 日。

9 天主教档案协会出版物第 2 卷《杂集》，第 204 页。

10 国家档案年鉴（国内篇），《伊丽莎白，1581—1590 年》，第 207 页。

11 大英图书馆兰斯唐搜集的文稿 153 号，第 86 页。

12 1586 年 3 月 17 日，巴恩斯写给沃尔辛厄姆的信。参见《苏格兰档案年鉴》，第 9 卷，第 335 页。

13 《国家档案年鉴（国内篇）》，《伊丽莎白与詹姆士，附录，1580—1625 年》（*Elizabeth &James, Addenda 1580—1625*），第 267 页及以后各页。

14 《苏格兰档案年鉴》，第 6 卷，第 123 页。这封信误记成 1582 年。

15 同上，第 446 页。

16 《国家档案年鉴（国内篇）》，《伊丽莎白，1581—1590 年》，第 460 页。

17 波伦所著图书的第 xxxv—xxxvi 页。

18 《国家档案年鉴（国内篇）》，（1579 年—1580 年），第 289 页。

19 《国家档案年鉴（国内篇）》，《伊丽莎白，1581—1590 年》，第 177 页。

20 《国家档案年鉴（国内篇）》，《伊丽莎白与詹姆斯，附录，1580—1625 年》，第 184 页。

21 《国家档案年鉴（国内篇）》，《伊丽莎白，1581—1590 年》，第 32 页。

22 《国家档案年鉴（国内篇）》，（1577 年—1578 年），第 493—675 页。后来他在爱尔兰丁格尔湾（Dingle Bay）登陆。

23 大英图书馆科顿搜集的文稿 Galba E vi，第 296 页。

24 海恩斯所著图书《看不见的力量》（*Invisible Power*），第 47 页。

25 大英图书哈利父子搜集的文稿 287 号，第 47 页。

26 里德对此也有引用，《沃尔辛厄姆大臣先生》，第 3 卷，第 247 页脚注。

27 《西曼卡斯档案年鉴》，第 4 卷，第 123 页。

28 海恩斯所著图书的第 44 页。

29 他对女王的自白，见大英图书馆哈利父子搜集的文稿 43 号，第 47 项。

30 来自伦巴第的贝加莫。

31 大英图书馆哈利父子搜集的文稿 296 号，第 48 页。

32 波伦所著图书的 liv 页；《波利特》，第 119 页。

33 海恩斯所著图书的第 13 页。

34 关于他谦恭地向女王请求减轻他的债务一事，参见国家档案馆公共档案 SP 46/39，第 293 页。1596 年 10 月 5 日对他的法律诉讼暂缓，见 SP 46/40，第 110 页。

35 莫里斯所著图书的第 3 卷，第 169 页。

36 大英图书馆哈利父子搜集的文稿 286 号中第 46 页中有封信，落款为“斯坦登先生”。收信人是沃尔辛厄姆信赖的佛罗伦萨间谍雅科莫·马努奇，署有“B.C.”，但是上面的笔迹与“蓬佩奥·佩莱格里尼”写的其他信件笔迹相同。

37 大英图书馆哈利父子搜集的文稿 288 号，第 218 页。

38 他每年都会从最近的土地收入中拿出 100 英镑给沃尔辛厄姆的妻子厄休拉。参见国家档案年鉴（国内篇），《伊丽莎白与詹姆士，附录，1580—1625 年》，第 66 页。但厄休拉拒绝了。

39 里金斯所著图书的第 139 页。